HIGH NOON

DAS ADC JAHRBUCH 2005

Art Directors Club für Deutschland ---- Verlag Hermann Schmidt Mainz

GO FOR GOLD!

Der
KAMPF
HAT SICH
GELOHNT:

DIE VORBILDLICHSTEN, RICHTUNGSWEISENDSTEN, HERAUSRAGENDSTEN,
KREATIVSTEN UND INNOVATIVSTEN

IDEEN

*wurden zu Berlin am 16. und 17. März 2005 ergriffen,
hernach in diesem Buche dingfest gemacht und der Öffentlichkeit
zur Schau gestellt.*

INHALT

Vorwort ... s.16
ADC Jurys ... s.20

DIE GEWINNER

PUBLIKUMSANZEIGEN ... s.30
PUBLIKUMSANZEIGEN LÄNGER LAUFENDER KAMPAGNEN ... s.50
FACHANZEIGEN ... s.62
TAGESZEITUNGSANZEIGEN (INKL. WOCHENZEITUNGEN) ... s.76
PLAKATE UND POSTER (INDOOR UND OUTDOOR) ... s.96
TEXT ... s.116
VERKAUFSFÖRDERUNG ... s.124
MAILINGS UND ANZEIGEN ... s.138 ⎫
INTEGRIERTE KAMPAGNEN ... s.150 ⎬ -- Dialogmarketing
TV-SPOTS ... s.156
KINOWERBEFILME ... s.184
MUSIKKOMPOSITIONEN/SOUND DESIGN ... s.200
MUSIKVIDEOS ... s.216
FILME FÜR VERKAUFSFÖRDERUNG/UNTERNEHMENSDARSTELLUNGEN ... s.220
TV-DESIGN/KINO-DESIGN ... s.224
FUNK-SPOTS ... s.230
ONLINE ... s.244 ⎫
WERBEMITTEL ... s.262 ⎬ -- Digitale Medien
OFFLINE ... s.270 ⎭
FOTOGRAFIE ... s.274
ILLUSTRATION ... s.306
PRINTKOMMUNIKATION/LITERATUR ... s.326
KALENDER ... s.340
KUNST-/KULTUR-/VERANSTALTUNGSPLAKATE ... s.352
CORPORATE DESIGN (GANZHEITLICHES ERSCHEINUNGSBILD) ... s.370
GRAFISCHE EINZELARBEITEN ... s.384
TYPOGRAFIE ... s.404
PACKUNGSDESIGN ... s.410
KOMMUNIKATION IM RAUM: TEMPORÄRE ARBEITEN ... s.416
EVENTS ... s.432
ZEITSCHRIFTEN GESTALTUNG ... s.444
ZEITSCHRIFTEN TITEL ... s.454
ZEITSCHRIFTEN BEITRÄGE ... s.464
MEDIA ... s.480

CHAIRMAN OF THE JURIES ... s.498
ADC JUNIOREN DES JAHRES ... s.500
ADC TALENT DES JAHRES ... s.502
ADC STUDENT DES JAHRES ... s.504
ADC EHRENMITGLIED DES JAHRES ... s.508
ADC KUNDE DES JAHRES ... s.514
CREATIVE PHOENIX ... s.516

Impressionen ... s.519

DER ADC

Mitglieder ... s.552
Ehrenmitglieder ... s.574
ADC Vorstand ... s.577
Fördermitglieder ... s.578

REGISTER

Die Agenturen, die Produktionen, die Verlage ... s.582
Auftraggeber: Die Firmen ... s.584
Auftraggeber: Die Produkte ... s.586
Die Macher ... s.587

Impressum ... s.596

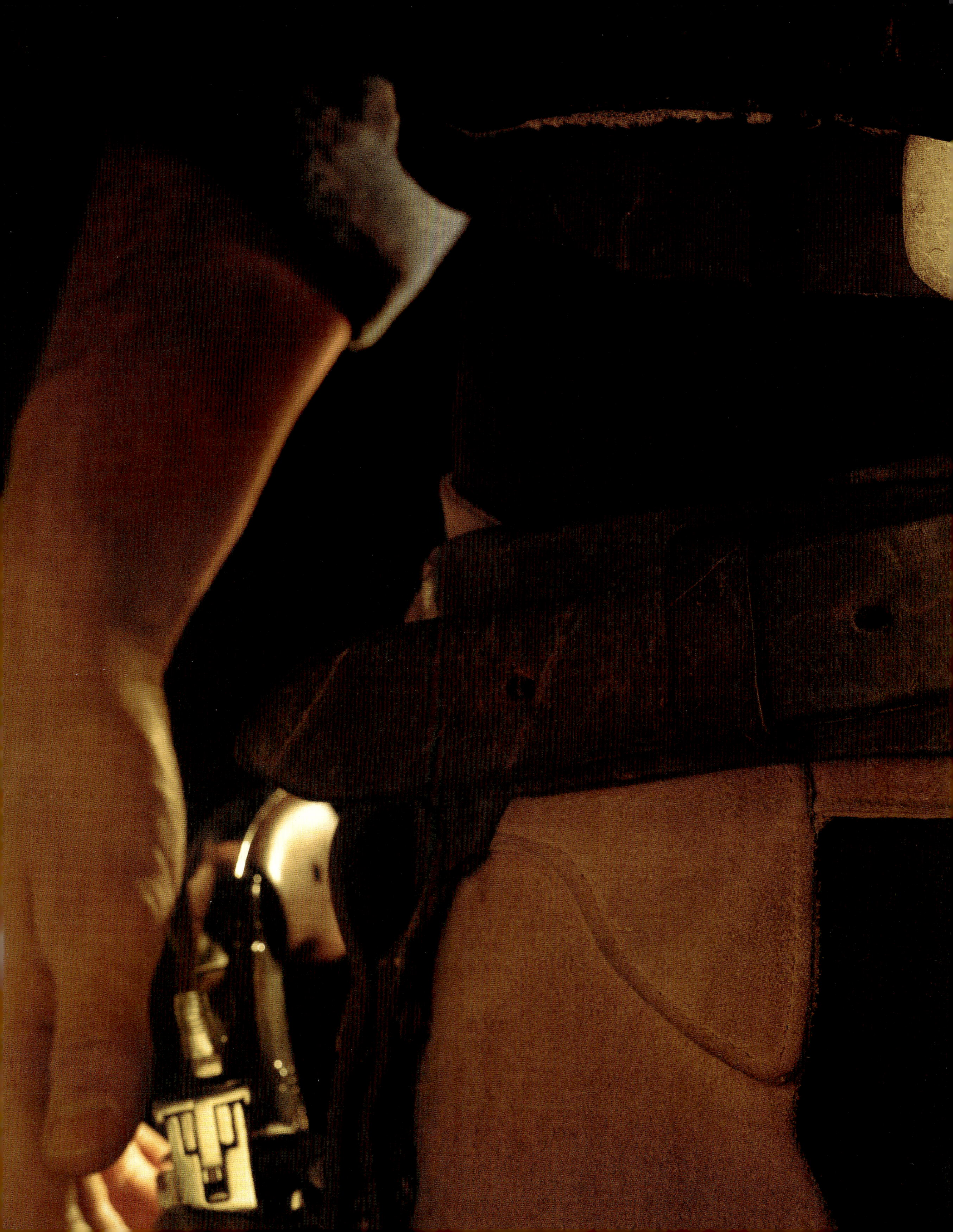

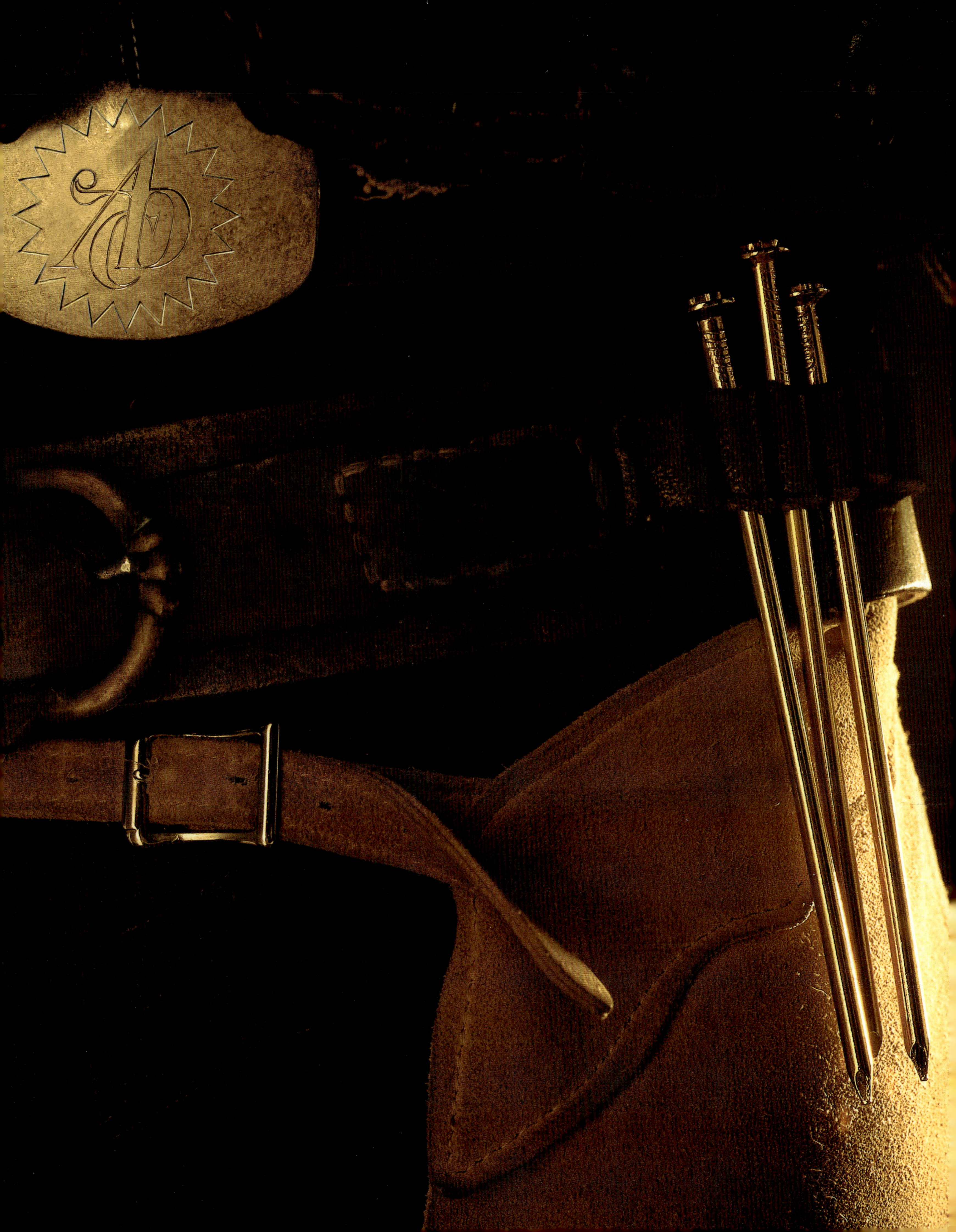

MODEL 1860 ARMY .44 CAL.

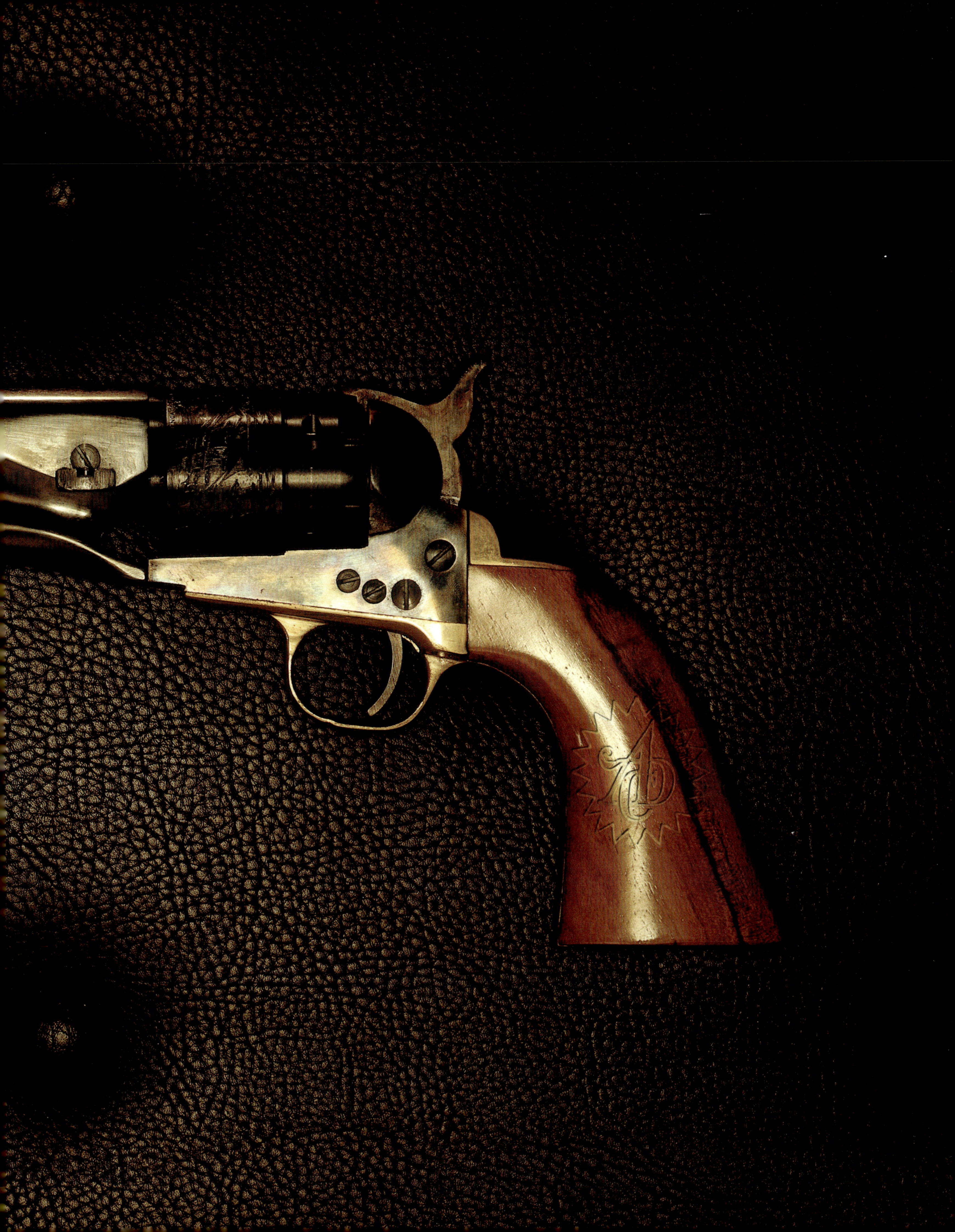

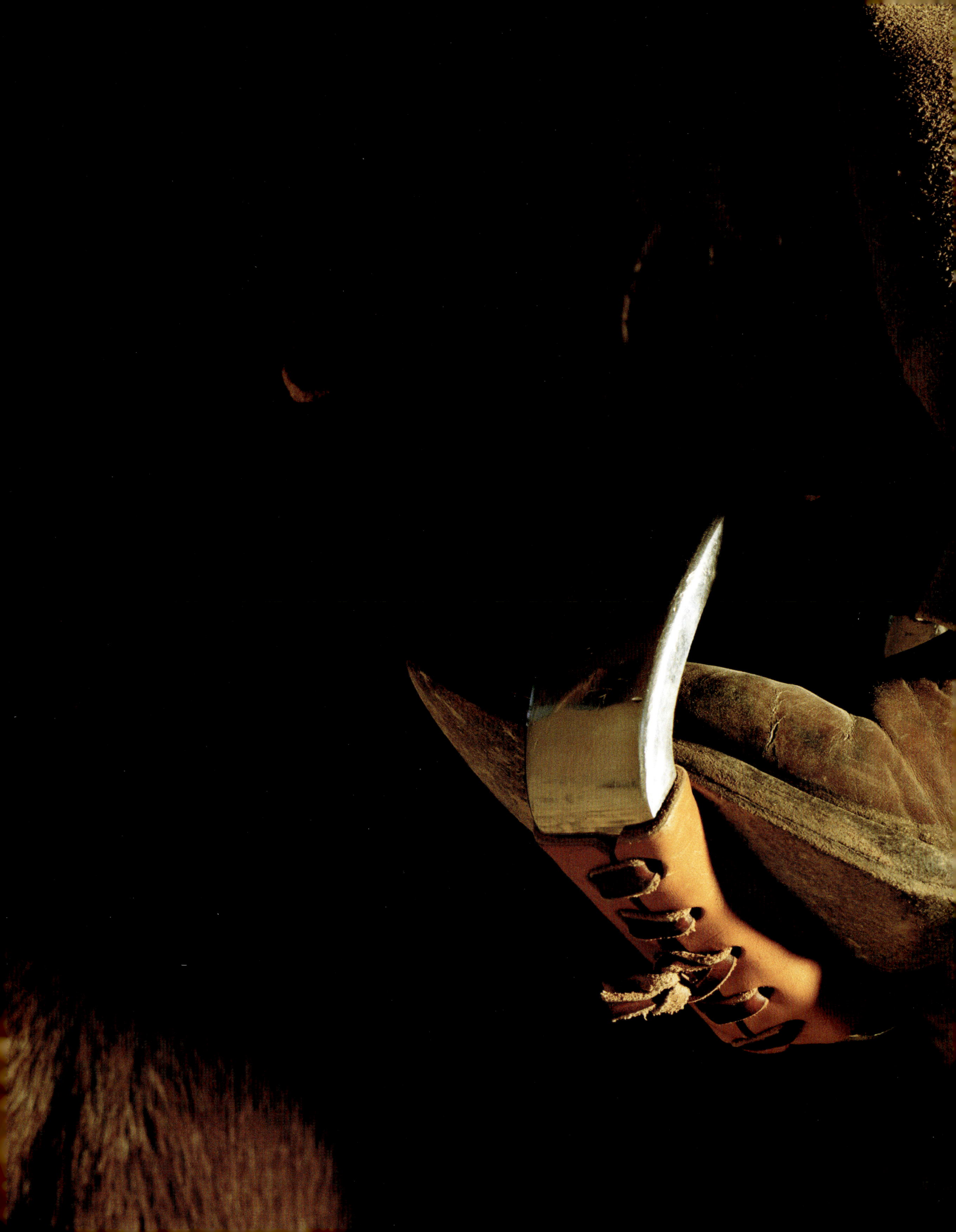

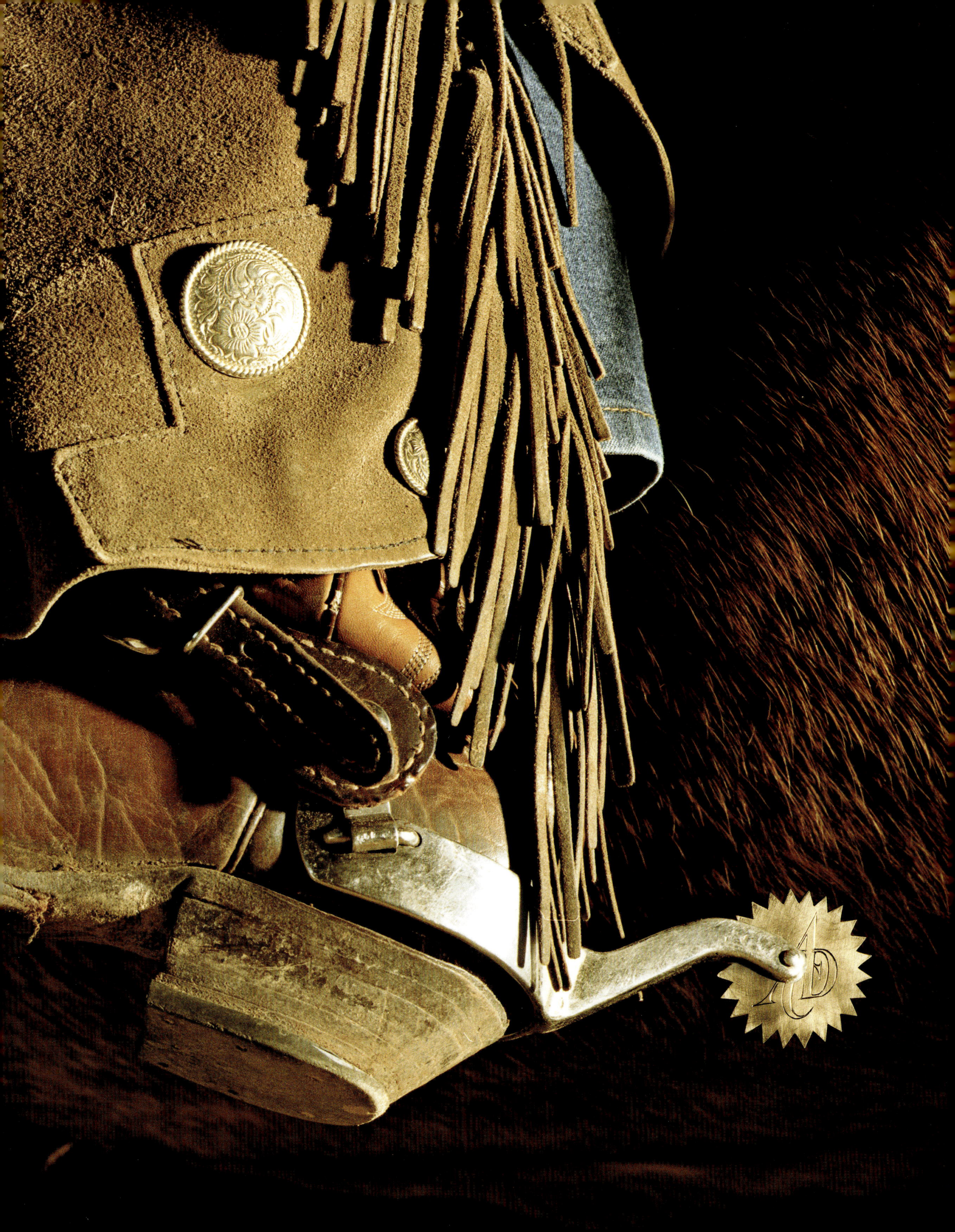

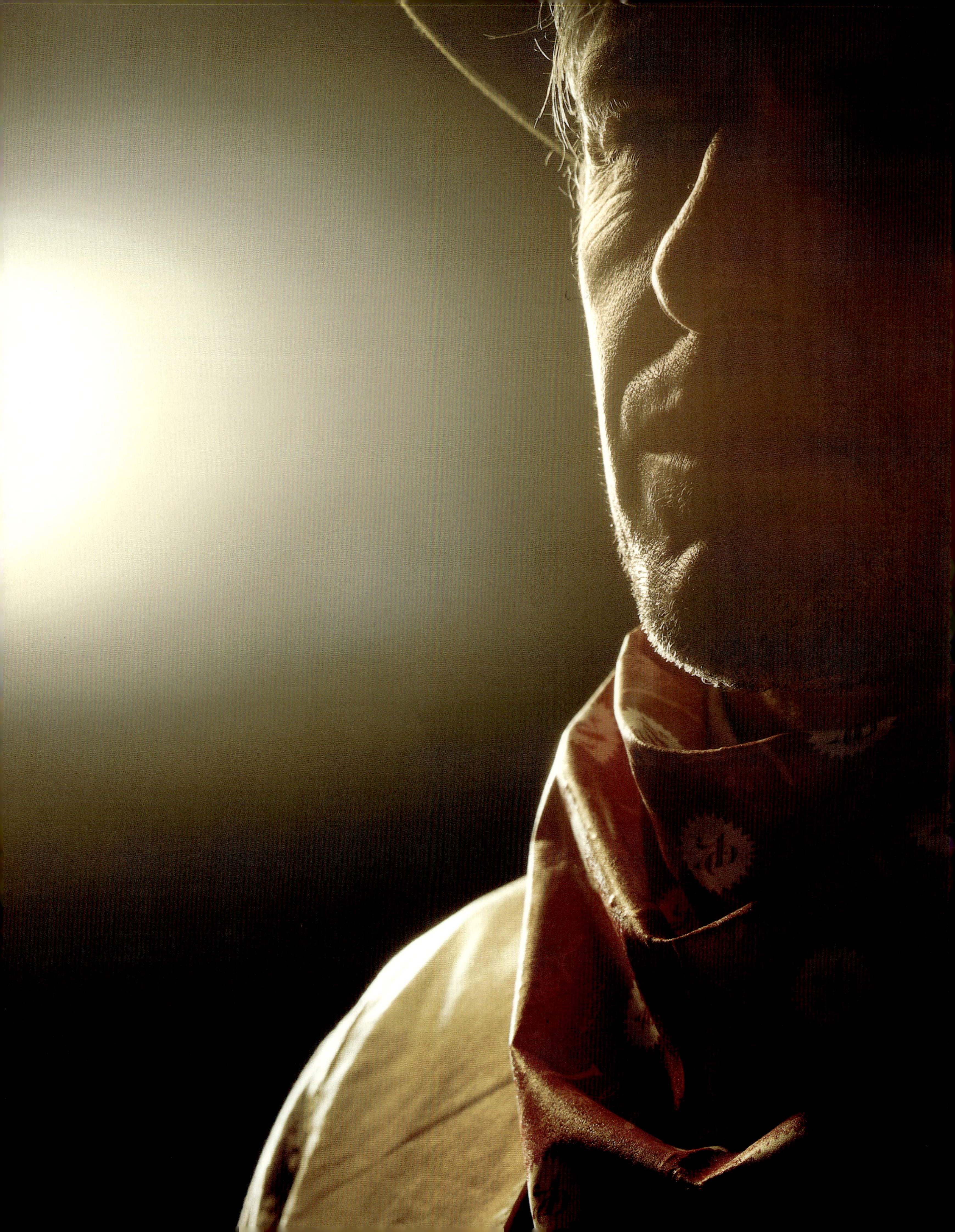

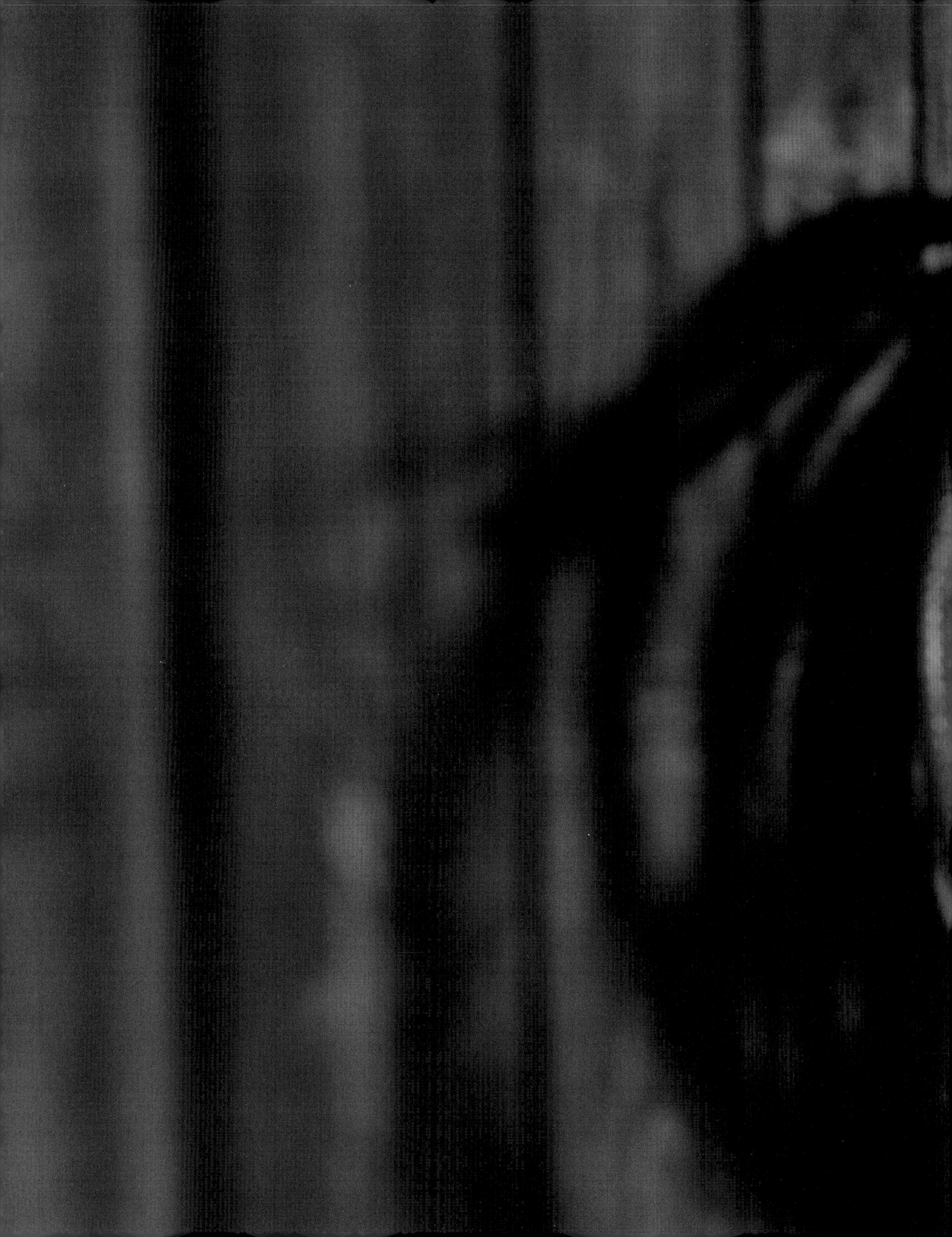

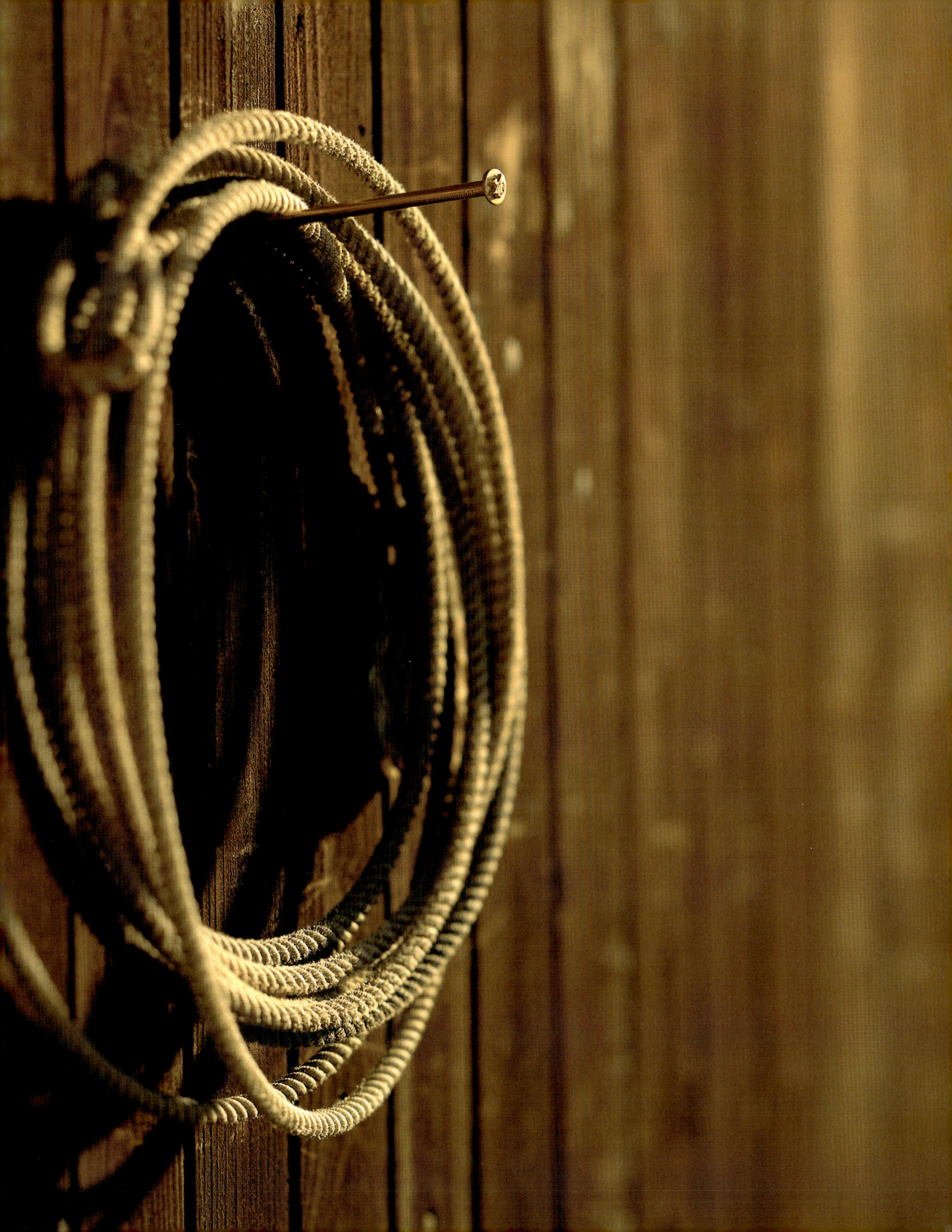

A WESTERN HEALTH BOARD ADVICE to our readers:

DON'T

turn

YOUR

HEAD

...

IDEE

turn THE BOOK!

Das ADC Jahrbuch 2005: für QUERDENKER *und andere, die in Bewegung bleiben.*

FALLWEISE VERÄNDERUNGEN DES BLICK- UND LESEWINKELS halten die Nackenmuskulatur gelenkig, kräftigen die Oberarme und stärken das Denkvermögen.
Mens sana in corpore sano.

SHOOT TO THRILL

2005

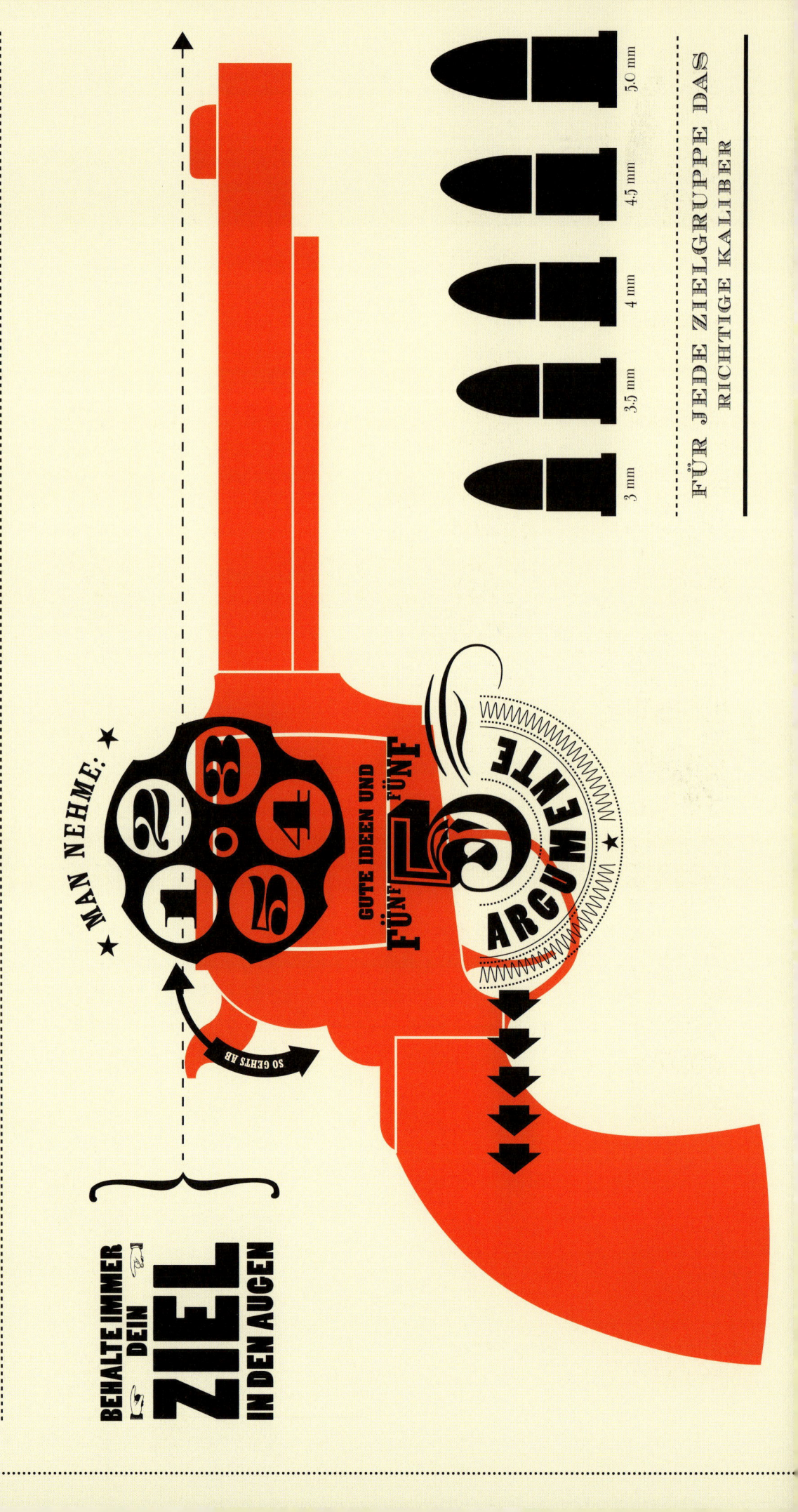

VORWORT VON MICHAEL PREISWERK, VORSTANDSSPRECHER DES ADC DEUTSCHLAND

FÜR JEDE ZIELGRUPPE DAS RICHTIGE KALIBER

3 mm · 3,5 mm · 4 mm · 4,5 mm · 5,0 mm

MAN NEHME: GUTE IDEEN UND FÜNF FÜNF ARGUMENTE

SO GEHT'S AB

BEHALTE IMMER DEIN ZIEL IN DEN AUGEN

Die **IDEENREICHSTEN** kommen in dieses Buch.

Beim 41. Wettbewerb des Art Directors Club für Deutschland wählte die **GRÖSSTE & BEDEUTENDSTE KREATIVJURY** des Landes aus über **7000** Arbeiten die Besten aus.

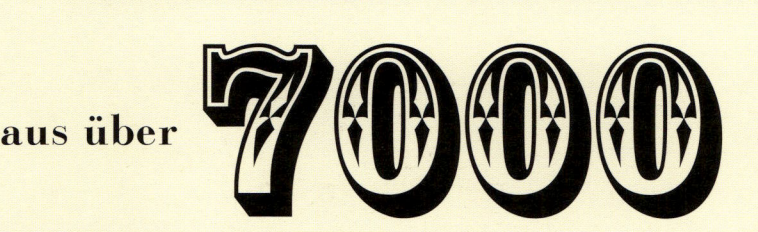

Das Ergebnis halten Sie in den Händen: **DAS ADC JAHRBUCH 2005**

--- 1. Unser jährliches Buch ist einmal mehr ein Beitrag, uns und anderen Mut zu machen, Neues zu erkennen und hervorzubringen. Geizen wir also nicht mit Ideen. „Geiz ist geil" heißt nichts anderes als wenig und billig ist gut. Und wenig und billig zerstört die gesellschaftliche Anerkennung für Arbeit, Produkte und Unternehmen.

--- 2. Das Buch soll aber auch als eine Art Wegweiser in die Zukunft der Kommunikation dienen. Unternehmen sind nicht erfolgreich, weil sie nur eine schöne Anzeige oder einen guten TV-Spot haben. Sondern weil hinter der Umsetzung eine frische, neue Idee steht. Das muss zwangsläufig dazu führen, dass Juroren nicht so leichtfertig Bewährtes oder ewig gleiche Mechaniken und Stile bewerten. Der ADC will über alle kreativen Disziplinen hinweg wegweisende Standards innovativer Kommunikation definieren.

--- 3. ADC Medaillen sind das Resultat von harter Arbeit und Leidenschaft. Jeder Einzelne unter uns, der etwas Neues gedacht, geschrieben oder gestaltet hat, fürchtet sich erst mal vor kollektiver Beurteilung. Vor Kunden-Gremien, Putzfrauentest oder sonstigen Pre-Tests. Mehr und mehr Werbeleute und Kunden haben hingegen großes Vertrauen in das Urteil der ADC Jurys und schicken ihre Arbeit für gutes Geld zur Beurteilung. Denn ADC Medaillen und Auszeichnungen sind keine kollektive Lotterie.

--- 4. Auch Ideen gehören zur freien Marktwirtschaft und der Markt reguliert sich am besten durch den Wettbewerb. Der ADC fördert und fordert dafür gleichermaßen die besten Ideen. Es ist deshalb nur eine logische Folge, dass in unserem diesjährigen Buch Auftragsarbeiten sind, die auch mit Blick auf den Wettbewerb entstanden sind.

Mit der ganzen Freiheit eines Kreativen. Aber auch mit den Gesetzen eines real existierenden Wettbewerbs. Für Erfolg im Markt ist kreative Qualität die Voraussetzung. Und nicht nur ein netter Nebeneffekt.

--- 5. So ist auch einer der schönsten Erfolge der diesjährigen Jurierung die Tatsache, dass trotz der schwierigen Zeiten so viele Kolleginnen und Kollegen am Wettbewerb teilgenommen haben. Sie haben die Verschwörung zur Qualität in der Werbung ein ganzes Stück breiter gemacht.

Michael Preiswerk

EL DORADO NAIL NEWS

2005 — DAS NEUESTE AUS DEM WILDEN WESTEN

2005 — THROUGH DUST TO GOLD

DER ART DIRECTORS CLUB FÜR DEUTSCHLAND INFORMIERT

ORIGINALITÄT, MACHART, FREUDE

KLARHEIT, ÜBERZEUGUNGSKRAFT

Art Directors Club für Deutschland e.V. Berlin

EDITION ~ 41 ~ Ausgabe Nr. 1/05

ACHTUNG!

ORIGINELLE & ÜBERZEUGENDE IDEEN

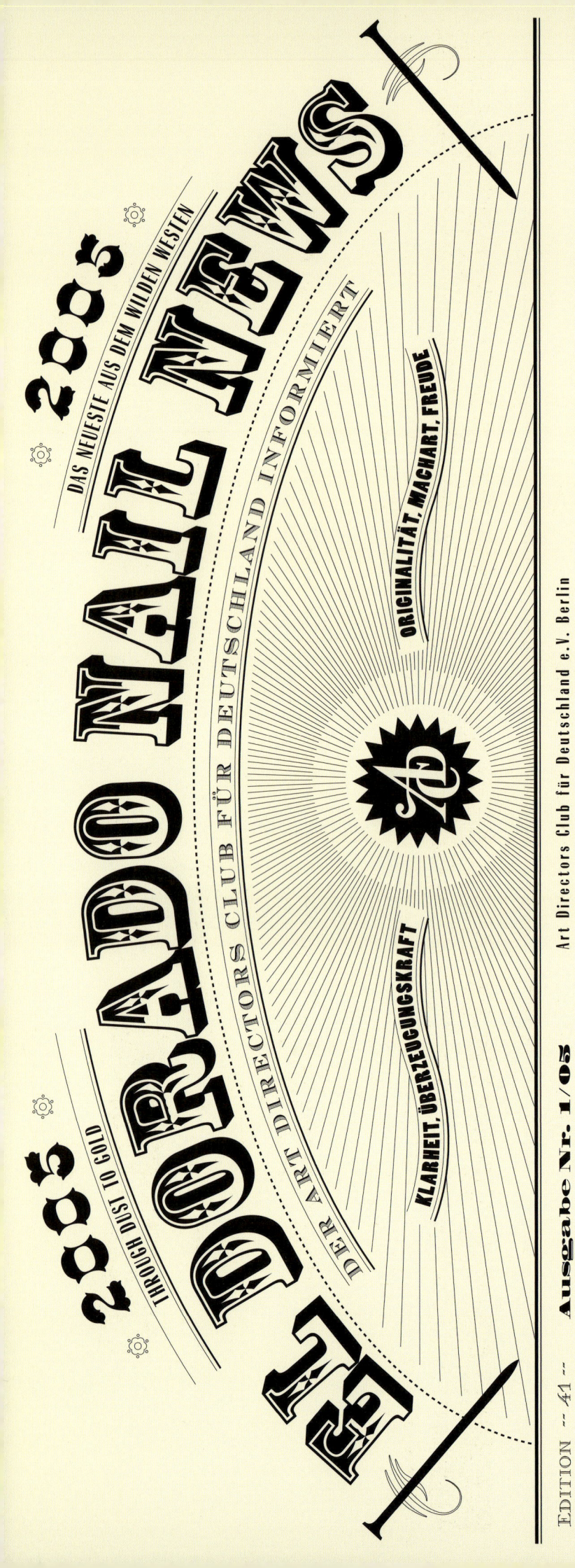

erregen HINTERRÜCKS und MIT ALLEN MITTELN UNSERE

AUFMERKSAMKEIT.

AUF IHRE ERGREIFUNG SIND NÄGEL AUS

GOLD

PUREM

AUSGESETZT!

[BERLIN--] Der Art Directors Club für Deutschland hat auf die Ergreifung der originellsten und bewegendsten Ideen in Deutschland Nägel aus Gold, Silber und Bronze ausgesetzt. Landesweit bekannte Kopfgeldjäger sind ihnen fieberhaft auf den Fersen. Aus allen Teilen Deutschlands wird von gnadenlosen Duellen berichtet.

Der ADC rät daher zu erhöhter Vorsicht!

Wenn Sie eine verdächtige Idee beobachten, melden Sie diese sofort dem ADC.

VORSICHT: Es besteht mitunter SUCHTGEFAHR!!

W............E............R............B............U............N............G

KREATIVE

FEUERWAFFEN
--- IN ---

ALLEN KALIBERN UND AUSFÜHRUNGEN

RIESENAUSWAHL!

Niedrigpreise!!

*Wir freuen uns auf Sie!
Ihre Hochschulen und Akademien*

Anzeige

DER

ADC Deutschland

RUFT ALLE AUFRECHTEN BÜRGER

auf, sämtliche

berühmt-berüchtigten

IDEEN

aus der

höchst suspekten Werbebranche

GENAUESTENS ZU BEOBACHTEN!

**Sachdienliche Hinweise:
auf den Folgeseiten.**

**JURY 1 – PUBLIKUMSANZEIGEN / PUBLIKUMSANZEIGEN
LÄNGER LAUFENDER KAMPAGNEN**
1: Paul Würschmidt / 2: Michael Preiswerk / 3: Mathias Jahn / 4: Thomas Pakull /
5: Hajo Depper / 6: Sebastian Hardieck / 7: Felix Bruchmann / 8: SEBASTIAN TURNER (JURYVORSITZ) /
9: Judith Homoki / 10: Uwe Marquardt (stellvertr. Juryvorsitz) / 11: Achim Szymanski /
12: Jan Rexhausen / 13: Michael Reissinger

JURY 2 – FACHANZEIGEN / TAGESZEITUNGSANZEIGEN
1: Thomas Kurzawski / 2: Ralf Nolting / 3: Arno Lindemann /
4: Hermann Waterkamp (stellvertr. Juryvorsitz) / 5: Oliver Oelkers /
6: Marco Mehrwald / 7: Stefan Vonderstein / 8: Detmar Karpinski /
9: Robert Krause / 10: Britta Poetzsch / 11: KURT GEORG DIECKERT
(JURYVORSITZ) / 12: Alex Römer / 13: Mathias Stiller

JURY 3 – PLAKATE UND POSTER
1: Ono Mothwurf / 2: Patricia Pätzold / 3: Stefan Zschaler / 4: Joachim Schöpfer / 5: Jan Leube / 6: Alexander Bartel / 7: Burkhart von Scheven / 8: Stefan Schmidt / 9: ALEXANDER SCHILL (JURYVORSITZ) / 10: Gerhard Peter Vogel / 11: Catrin Florenz / 12: Ludwig Steinmetz / 13: Matthias Berg (stellvertr. Juryvorsitz)

JURY 4 – VERKAUFSFÖRDERUNG / MEDIA
1: Ekkehard Frenkler / 2: Kathrin Berger / 3: Thomas Walmrath / 4: Matthias Schmidt / 5: Matthias Wetzel / 6: Thomas Wulfes / 7: Götz Ulmer / 8: Christoph Herold (stellvertr. Juryvorsitz) / 9: Thilo von Büren / 10: Doreen Jakob (Assi.) / 11: Jürgen Vossen / 12: MARC WIRBELEIT (JURYVORSITZ) / 13: Simon Oppmann / 14: Tim Krink

JURY 5 – TEXT / DIALOGMARKETING: MAILINGS, ANZEIGEN UND INTEGRIERTE KAMPAGNEN
1: Erik Heitmann / 2: Ulrike Wegert / 3: Amir Kassaei / 4: Andreas Geyer / 5: Ingo Höntschke / 6: Christian Schwarm /
7: Martin Pross (stellvertr. Juryvorsitz) / 8: Hans Neubert / 9: Michael Meyer / 10: Paul Apostolou /
11: MICHAEL KOCH (JURYVORSITZ) / 12: Benjamin Lommel

JURY 6 – TV-SPOTS
1: Jan Fröscher / 2: Fiete Osenbrügge / 3: Manfred Schneider / 4: Bettina Olf / 5: Jan Okusluk /
6: Stephan Ganser / 7: Mike Ries (stellvertr. Juryvorsitz) / 8: Klemens Schüttken / 9: Olaf Mierau /
10: Torsten Hennings / 11: OLAF OLDIGS (JURYVORSITZ) / 12: Peter Römmelt /
Johannes Krempl (nicht abgebildet)

JURY 7 – FUNK-SPOTS
1: Hermann Vaske / 2: KLAUS FUNK (JURYVORSITZ) / 3: Peter Hirrlinger / 4: Ralf Heuel / 5: Bastian Kuhn /
6: Dietrich Zastrow (stellvertr. Juryvorsitz) / 7: Michael Stiebel / 8: Detlef Krüger / 9: Jochen Leisewitz /
10: Jan Ritter / 11: Heike Sperling / 12: Till Hohmann / 13: Bernhard Lukas

**JURY 8 – KINOWERBEFILME / FILME FÜR VKF UND
UNTERNEHMENSDARSTELLUNGEN / TV-ON-AIR PROMOTION**
1: Joerg Jahn / 2: Andreas Grabarz / 3: Felix Glauner / 4: Raphael Püttmann /
5: Jürgen Assmann / 6: Carsten Heintzsch / 7: Thomas Wildberger / 8: Stephan Vogel /
9: GUIDO HEFFELS (JURYVORSITZ) / 10: Pius Walker / 11: Dörte Spengler-Ahrens
(stellvertr. Juryvorsitz) / 12: Wolfgang Jaiser / 13: Hans-Joachim Timm

JURY 9 – TV-DESIGN / MUSIKVIDEOS / MUSIKKOMPOSITIONEN / SOUND DESIGN
1: Asta Baumöller / 2: Marc Strotmann / 3: HANS-JOACHIM BERNDT (JURYVORSITZ) / 4: Constantin Kaloff (stellvertr. Juryvorsitz) / 5: Christine Rose (Assi.) / 6: Stephan Moritz / 7: John Groves / 8: Veronika Classen / 9: Matthias Harbeck / 10: Reinhard Besser / 11: Mathias Willvonseder / 12: André Kemper / 13: Rainer Bollmann / 14: Christian Seifert

JURY 10 – FOTOGRAFIE / ILLUSTRATION
1: Olaf Hajek / 2: Rainer Hellmann / 3: Hartmut Pflüger / 4: Volker Hinz / 5: CHRISTIAN VON ALVENSLEBEN (JURYVORSITZ) / 6: Christina Kloss (Assi.) / 7: Michael Schnabel / 8: Ove Gley / 9: Fritz Haase / 10: Georg Knichel / 11: Boris Schwiedrzik / 12: Stephanie Krink (stellvertr. Juryvorsitz) / 13: Julia Schmidt / 14: Dieter Blum

JURY 11 – KALENDER / PRINTKOMMUNIKATION / LITERATUR
1: Andreas Manthey / 2: Wolfgang Schneider / 3: Mirko Vasata / 4: Patrick They / 5: Conny J. Winter / 6: Uwe Düttmann / 7: Thimoteus Wagner / 8: RICHARD JUNG (JURYVORSITZ) */ 9: René Clohse / 10: Oliver Seltmann / 11: Dirk Haeusermann (stellvertr. Juryvorsitz) / 12: Lars Kruse / Heiner Rogge (nicht abgebildet)*

JURY 12 – TYPOGRAFIE / GRAFISCHE EINZELARBEITEN / PACKUNGSDESIGN / KUNST-, KULTUR- UND VERANSTALTUNGSPLAKATE
1: Ivica Maksimovic (stellvertr. Juryvorsitz) / 2: Norbert Herold / 3: Wolfgang Behnken / 4: Arnfried Weiss / 5: Jan Weiler / 6: Heico Forster / 7: Lars Wohlnick / 8: Petra Reichenbach / 9: Patrick Schrag / 10: Kirsten Dietz / 11: Klaus Hesse / 12: Helmut Himmler / 13: LUKAS KIRCHER (JURYVORSITZ)

JURY 13 – CORPORATE DESIGN
1: Eric Urmetzer / 2: Julian David Michalski / 3: Joerg Bauer / 4: Reinhard Spieker /
5: Christoph Steinegger / 6: Utz Rausch / 7: Jochen Rädeker / 8: Stefan Baggen /
9: Wolfgang Behnken (stellvertr. Juryvorsitz) / 10: Hendrick Melle / 11: Friederike Gauss /
12: Mieke Haase / 13: LO BREIER (JURYVORSITZ)

**JURY 14 – EDITORIAL: ZEITSCHRIFTEN GESTALTUNG / ZEITSCHRIFTEN TITEL /
ZEITSCHRIFTEN BEITRÄGE**
1: Reinhold Scheer / 2: Hubertus Hamm / 3: Dirk Bartos / 4: Uli Gärtler / 5: Armin Jochum /
6: FLORIAN ILLIES (JURYVORSITZ) / 7: Kurt Weidemann / 8: Oliver Diehr / 9: Holger Windfuhr /
10: Gudrun Müllner / 11: Michael Weies / 12: Diddo Ramm (stellvertr. Juryvorsitz)

JURY 15 – DIGITALE MEDIEN / ONLINE-WERBEMITTEL
1: Olaf Czeschner / 2: David Linderman / 3: Matthias Spaetgens / 4: Beat Nägeli / 5: Oliver Hinrichs /
6: MICHAEL VOLKMER (JURYVORSITZ) / 7: Nadim Habib / 8: Joachim Sauter (stellvertr. Juryvorsitz) /
9: Oliver Viets / 10: Armin Reins / 11: Frank C. Ulrich / 12: Niels Alzen / 13: Alexander Jaggy

JURY 16 – KOMMUNIKATION IM RAUM / EVENTS
1: Achim Heine / 2: Stefan Karl / 3: Johannes Milla (stellvertr. Juryvorsitz) / 4: Michael Keller /
5: Roland Lambrette / 6: Deneke von Weltzien / 7: Frank Brammer / 8: Matthias Birkenbach /
9: MATTHIAS KINDLER (JURYVORSITZ) / 10: Susanne Schmidhuber / 11: Michael Barche /
12: Kerrin Nausch / 13: Stefan Nowak

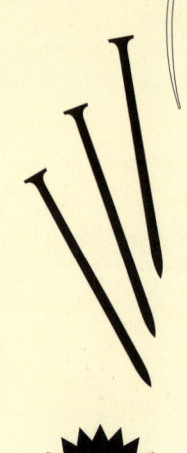

REWARD

DER ADC BRINGT SIE ZUR STRECKE:
DEUTSCHLANDS VORZEIGBARSTE
PUBLIKUMS
ANZEIGEN

DIE ERGREIFUNG

! * REICHLICH * **!**

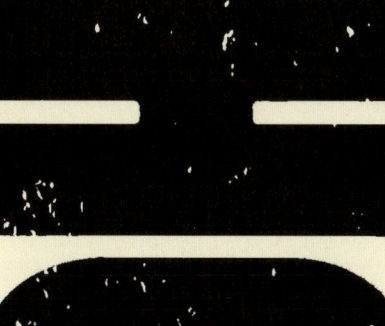

...... wird ......

* * *

BELOHNT!

**SILBERNE UND BRONZENE NÄGEL
FÜR DEN EHRLICHEN FINDER:**

2 SILBERNE NÄGEL, 1 BRONZENER NAGEL

&

12 AUSZEICHNUNGEN.

Mit freundlicher Unterstüzung von:

FOCUS

SILBER

Volkswagen Golf GTI®
Kampagne »Für Jungs, die damals schon Männer waren«

Auftraggeber
Volkswagen AG
Marketingleitung
Jörn Hinrichs, Lutz Kothe
Werbeleitung
Martina Berg
Agentur
DDB Berlin
Creative Direction
Amir Kassaei,
Mathias Stiller,
Wolfgang Schneider
Art Direction
Sandra Schilling
Text
Ulrich Lützenkirchen,
Ilja Schmuschkowitsch
Grafik
Michael Janke,
Andreas Böhm
Fotografie
F. A. Cesar
Illustration
Djamila Rabenstein
Kundenberatung
Wiebke Nowak,
Michael Lamm,
Cathleen Losch
Strategische Planung
Jason Lusty
**Producer/
Agentur Producer**
Elke Dilchert

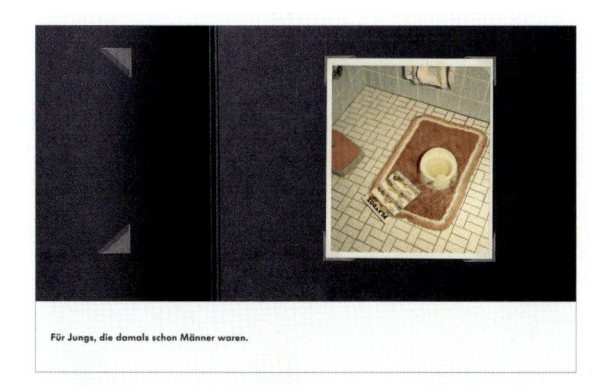

Zusätzlich erhielt diese Kampagne Silber in der Kategorie Tageszeitungsanzeigen (inkl. Wochenzeitungen) auf Seite 78/79, Bronze in der Kategorie Plakate und Poster (Indoor und Outdoor) auf Seite 104 und eine Auszeichnung in der Kategorie Fotografie auf Seite 303.
Der Film zur Kampagne erhielt Gold in der Kategorie Kinowerbefilme auf Seite 184 und Silber in der Kategorie TV-Spots auf Seite 180.

BRONZE

BMW »Weltkarte«

Auftraggeber
BMW AG
Marketingleitung
Dr. Wolfgang Armbrecht,
Bernhard Schneider
Werbeleitung
Claudia Kohl,
Daniela Wimmer
Agentur
Jung von Matt AG
Creative Direction
Deneke von Weltzien
Art Direction
Christian Kroll
Text
Alex Wilson Smith,
Philipp Barth
Grafik
Richard Weiretmayr
Illustration
Michael Albrecht
Kundenberatung
Christian Hupertz,
Christiane Grüger
**Producer/
Agentur Producer**
Marcus Loick
Sonstiges
Art Buying:
Susanne Nagel

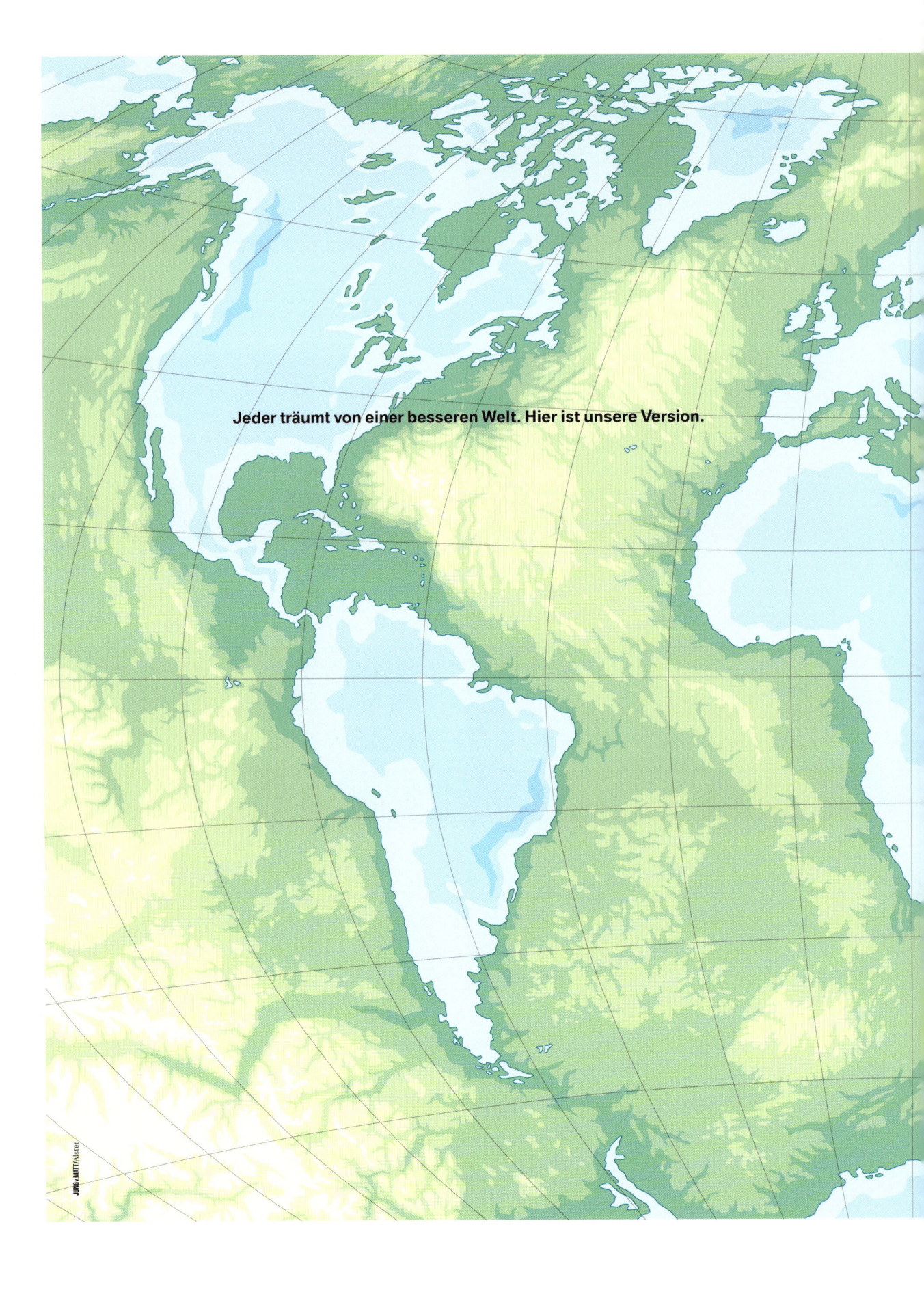

Jeder träumt von einer besseren Welt. Hier ist unsere Version.

BMW Automobile

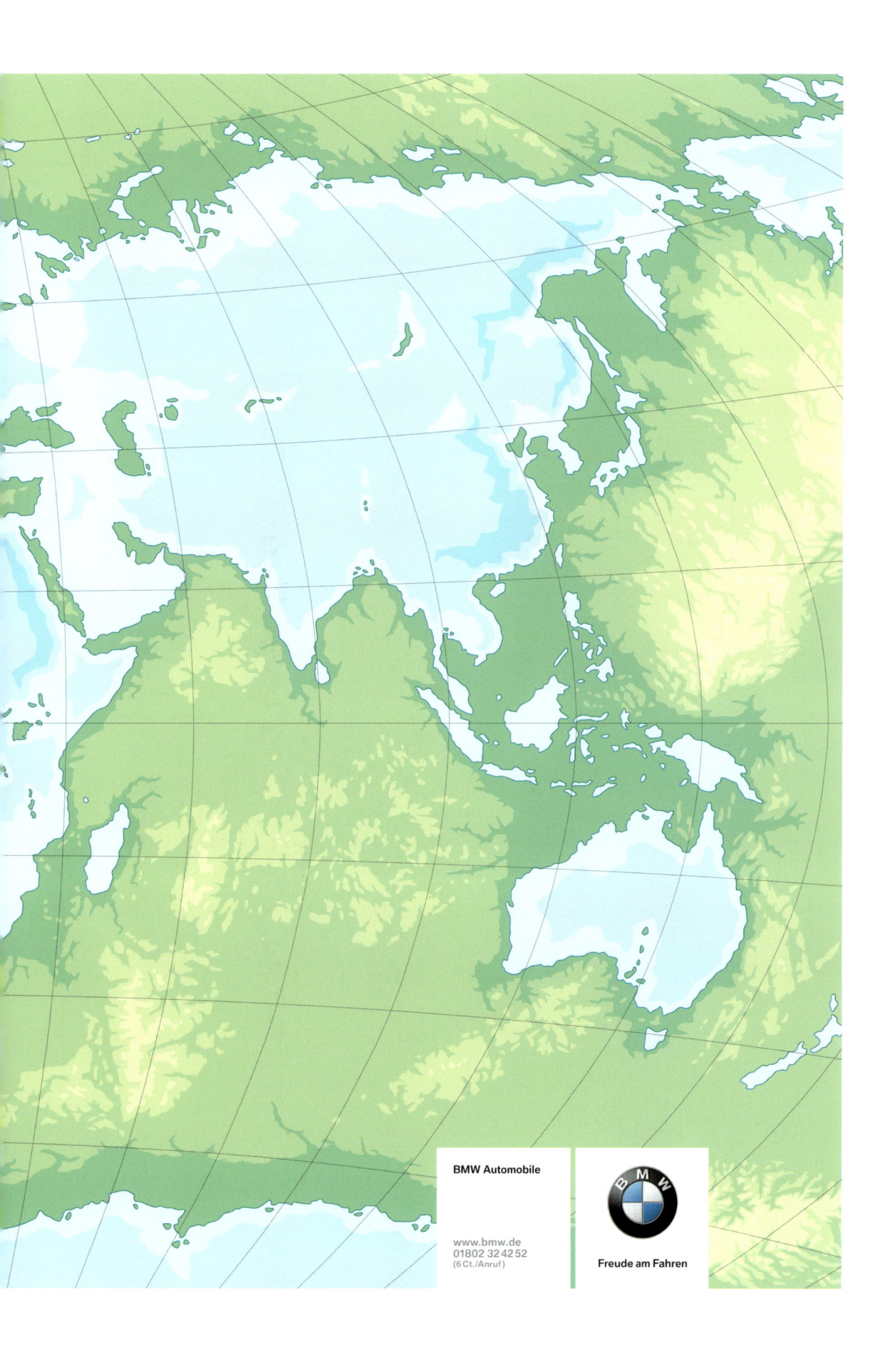

www.bmw.de
01802 32 42 52
(6 Ct./Anruf)

Freude am Fahren

AUSZEICHNUNG

MINI Kampagne
»Let's MINI«

Auftraggeber
BMW AG
Marketingleitung
Hildegard Wortmann
Werbeleitung
Jochen Goller
Agentur
Jung von Matt AG
Creative Direction
Oliver Voss, Götz Ulmer
Art Direction
Julia Ziegler,
Martin Terhart,
Tim Schierwater,
Hans Weishäupl
Text
Jo Marie Farwick,
Björn Lockstein,
Dennis May,
Sebastian Behrendt
Grafik
Simon Hiebl
Fotografie
Uwe Düttmann
Kundenberatung
Anke Peters,
Dennis Schneider
Strategische Planung
Daniel Adolph
**Producer/
Agentur Producer**
Marcus Loick
Sonstiges
Art Buying:
Susanne Nagel

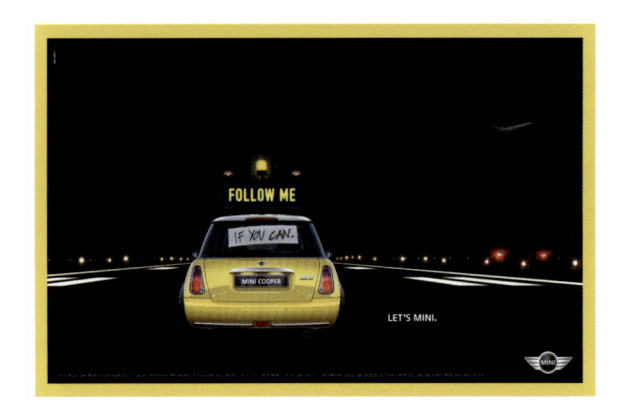

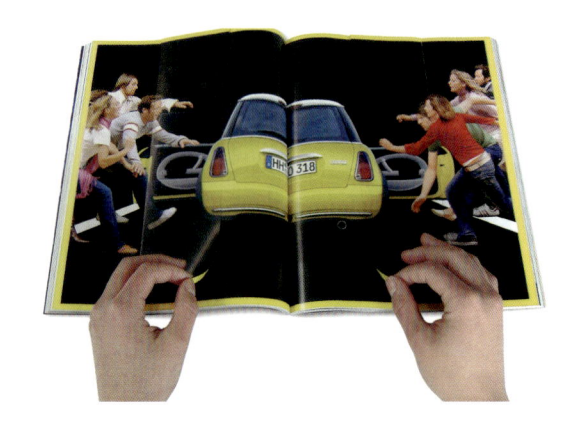

34 --- *Publikumsanzeigen*

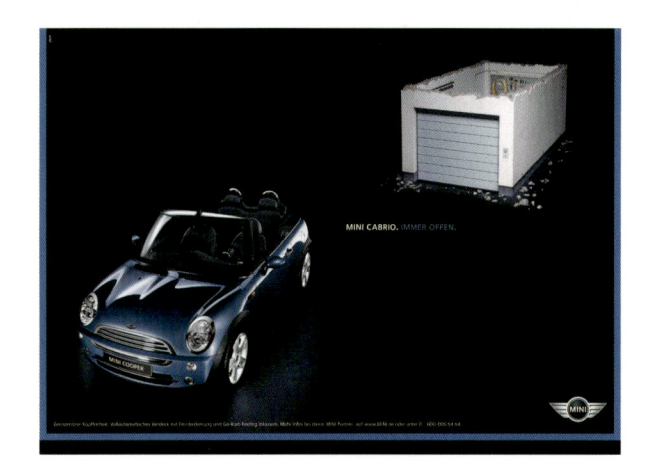

AUSZEICHNUNG

MINI Cabrio Kampagne
»Immer Offen«

Auftraggeber
BMW AG
Marketingleitung
Dr. Hans-Peter Kleebinder
Werbeleitung
Petra Leifert
Agentur
.start GmbH
Creative Direction
Marco Mehrwald,
Thomas Pakull
Art Direction
Stephanie Rauch,
Nicole Hoefer,
Katrin Stavrou
Text
Doris Haider,
Beate Bogensperger,
Anja Moritz,
Bert Peulecke
Fotografie
Heribert Schindler,
Igor Panitz
Bildbearbeitung
O/R/T München
Kundenberatung
Talke Krauskopf,
Monja Mohr

Publikumsanzeigen — **35**

AUSZEICHNUNG

Mercedes-Benz
Markenkampagne Beihefter
»Erkennen«

Auftraggeber
Mercedes-Benz
Marketingleitung
J. Justus Schneider
Werbeleitung
Lothar Korn,
Stefan Brommer,
Paula Picareta
Agentur
Springer & Jacoby
Werbung GmbH
Creative Direction
Tobias Ahrens,
Frank Bannöhr
Art Direction
Gerrit Zinke
Text
Jens Theil
Grafik
Nilguen Kayapinar-Yikici
Typografie
Wolfgang Klockmann
Fotografie
Ivo von Renner
Bildbearbeitung
S&J BLIND
Kundenberatung
Andrea Ey,
Esther Wiedemann,
Jasmin Schwarzinger
**Producer/
Agentur Producer**
Mini Kotzan
Sonstiges
Media: Julia Brünig,
Art Buying: Tanja Braune

Einen Mercedes erkennt man nicht erst am Stern.

Die erste Kopfraumheizung der Welt: der AIRSCARF.

Die kratzbeständigste Lackierung der Welt: der Nano-Klarlack.

Das erste viertürige Coupé dieser Art: die CLS-Klasse.

Die erste Hinterachse, die kompakte Autos so spurstabil macht wie große Limousinen: die sphärische Parabelachse.

Der erste Insassenschutz, der schon vor dem Crash reagieren kann: PRE-SAFE®.

Der erste Nebelscheinwerfer, der Licht in Kurven lenkt: das Abbiegelicht.

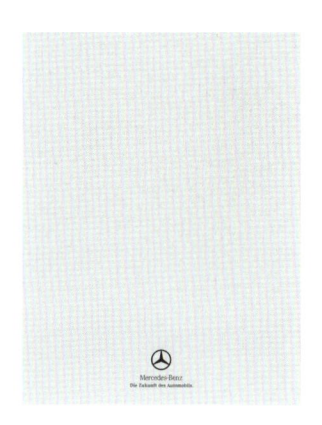

Publikumsanzeigen --- 37

AUSZEICHNUNG

Volkswagen New Beetle
»Turbo«

Auftraggeber
Volkswagen AG
Marketingleitung
Jörn Hinrichs, Lutz Kothe
Werbeleitung
Martina Berg
Agentur
DDB Berlin
Creative Direction
Mathias Stiller,
Wolfgang Schneider
Art Direction
Djamila Rabenstein,
Andreas Böhm
Text
Djamila Rabenstein
Fotografie
Jan Steinhilber
Kundenberatung
Lina Burchardt
Strategische Planung
Jason Lusty
**Producer/
Agentur Producer**
Elke Dilchert

Der New Beetle Turbo.

Aus Liebe zum Automobil

AUSZEICHNUNG

BMW »Verdeck«

Auftraggeber
BMW AG
Marketingleitung
Dr. Wolfgang Armbrecht,
Bernhard Schneider
Werbeleitung
Dr. Hans-Peter Ketterl,
Dr. Marc Eisenbarth
Agentur
Jung von Matt AG
Creative Direction
Thimoteus Wagner,
Bernhard Lukas,
Deneke von Weltzien
Art Direction
Mirjam Heinemann
Text
Christian Fritsche
Grafik
Olivier Nowak
Fotografie
Oliver Lassen
Kundenberatung
Christian Hupertz,
Christiane Grüger
**Producer/
Agentur Producer**
Malte Rehde
Sonstiges
Art Buying:
Amelie Krogmann

AUSZEICHNUNG

Mercedes-Benz C-Klasse
»Glatt«

Auftraggeber
Mercedes-Benz
Marketingleitung
Jochen Sengpiehl
Werbeleitung
Andreas Poulionakis,
Tim Steinküller
Agentur
Springer & Jacoby
Werbung GmbH
Creative Direction
Dirk Haeusermann,
Niels Alzen,
Tobias Ahrens,
Frank Bannöhr
Art Direction
Christian Jakimowitsch
Text
Marian Götz
Grafik
Alexandra Theux
Typografie
Wolfgang Klockmann
Fotografie
Iver Hansen
Bildbearbeitung
Claudia Stasch
Kundenberatung
Melanie Werner,
Melanie Noack
**Producer/
Agentur Producer**
Silvi Luft
Sonstiges
Media: Cornelia Brucker,
Art Buying: Tanja Braune

Zusätzlich erhielt diese Anzeige eine Auszeichnung in der Kategorie Media auf Seite 495.

AUSZEICHNUNG

BMW »Roter Teppich«

Auftraggeber
BMW AG

Marketingleitung
Dr. Wolfgang Armbrecht,
Bernhard Schneider

Werbeleitung
Claudia Kohl,
Thomas-Michael Koller

Agentur
Jung von Matt AG

Creative Direction
Deneke von Weltzien,
Thimoteus Wagner,
Bernhard Lukas

Art Direction
Kristine Holzhausen

Text
Miriam Eisele

Grafik
Kristine Holzhausen

Fotografie
Igor Panitz

Kundenberatung
Christian Hupertz,
Peter Stroeh,
Andreas Bilgeri

Producer/ Agentur Producer
Malte Rehde

Sonstiges
Art Buying:
Susanne Nagel

AUSZEICHNUNG

WC-ENTE AirDeo
Kampagne
»Blumen-WCs«

Auftraggeber
Düring AG
Marketingleitung
Hans Beer
Agentur
walker Werbeagentur
Creative Direction
Pius Walker
Art Direction
Glenn Gibbins
Text
Simon Roseblade
Grafik
Patricia Walker
Fotografie
Sophie Broadbridge
Bildbearbeitung
Steve Warner
Strategische Planung
Heinz Düring
Sonstiges
Art Buying: Susi Morley

AUSZEICHNUNG

Guhl Kampagne
»Biershampoo
– for real men«

Auftraggeber
Kao Brands Europe –
Guhl Ikebana GmbH
Marketingleitung
Karin Kinzel
Agentur
Scholz & Friends
Creative Direction
Richard Jung
Art Direction
Martin Dlugosch
Text
Dennis Lück
Fotografie
Sven Jacobsen
Bildbearbeitung
Metagate
Kundenberatung
Frank-Michael Trau,
Tina Kupka
Sonstiges
Art Buying:
Kerstin Mende

AUSZEICHNUNG

Süddeutsche Zeitung
Klassik Kampagne
»Bücherregal,
Zebrastreifen,
Wäscheleine«

Auftraggeber
Süddeutsche Zeitung GmbH
Marketingleitung
Klaus Füreder
Werbeleitung
Yasmin S. Hammerling
Agentur
GBK, Heye
Werbeagentur GmbH
Creative Direction
Alexander Bartel,
Martin Kießling
Art Direction
Felix Hennermann
Text
Ansgar Böhme
Fotografie
Jan Willem Scholten
Bildbearbeitung
Patrick Debaf
(Dog Postproduction)
Kundenberatung
Markus Goetze,
André Musalf, David Jao

Zusätzlich erhielt diese Kampagne eine Auszeichnung in der Kategorie Fotografie auf Seite 299.

Münchner AIDS-Hilfe e. V.
Kampagne »Souvenir«

Auftraggeber
Münchner AIDS-Hilfe e. V.
Marketingleitung
Thomas Niederbühl
Werbeleitung
Alexander Kluge
Agentur
.start GmbH
Creative Direction
Marco Mehrwald,
Thomas Pakull,
Stefan Hempel
Art Direction
Isabell Handl
Text
Anja Moritz
Fotografie
Andrea Rüster
Kundenberatung
Nick Stasch,
Thi Nga Tang

UND WAS BRINGEN SIE IHREM PARTNER MIT?
Schützen Sie sich. Und andere. www.muenchner-aidshilfe.de

AUSZEICHNUNG

Deutsche Gesellschaft zur
Rettung Schiffbrüchiger
Kampagne »Schwere See«

Auftraggeber
Deutsche Gesellschaft zur
Rettung Schiffbrüchiger
Marketingleitung
Dr. Bernd Anders
Werbeleitung
Dr. Bernd Anders
Agentur
M.E.C.H. McCann
Erickson Communications
House GmbH
Creative Direction
Britta Poetzsch,
Reinhold Scheer,
Torsten Rieken
Art Direction
Thorsten Müller
Text
Alexander Rehm
Grafik
Nico Höfer
Fotografie
Corbis
Bildbearbeitung
Image Refinery
Kundenberatung
Matthias Hennes

Schon OK, wenn Sie uns nicht gefunden haben – Hauptsache, wir finden Sie.
DEUTSCHE GESELLSCHAFT ZUR RETTUNG SCHIFFBRÜCHIGER
Spendenkonto 107 2016, Sparkasse Bremen, BLZ 290 501 01
www.dgzrs.de

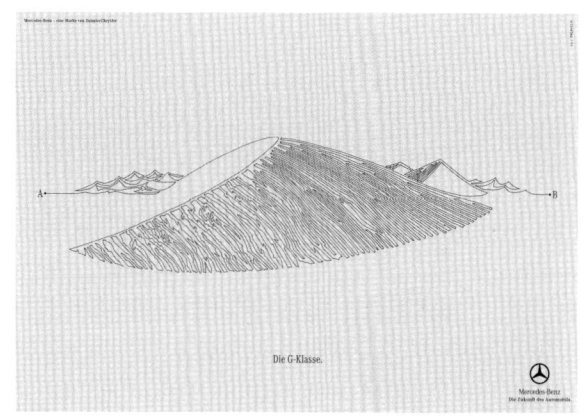

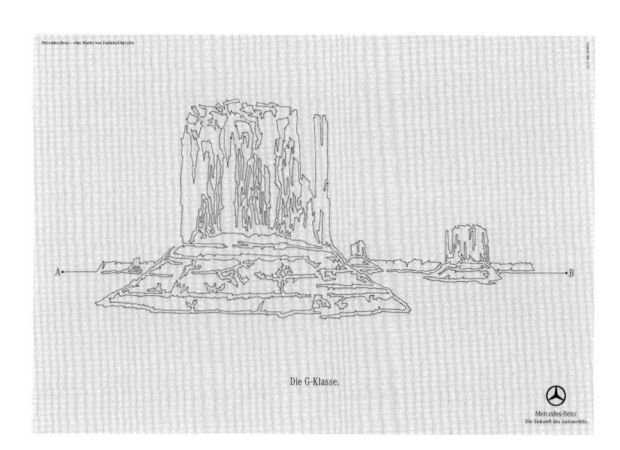

Zusätzlich erhielt diese Kampagne Gold in der Kategorie Fachanzeigen auf Seite 62/63 und in der Kategorie Tageszeitungsanzeigen (inkl. Wochenzeitungen) auf Seite 76/77, Silber in der Kategorie Plakate und Poster (Indoor und Outdoor) auf Seite 111 und Bronze in der Kategorie Illustration auf Seite 314/315.

SILBER

Mercedes-Benz G-Klasse
Kampagne »Von A nach B«

Auftraggeber
Mercedes-Benz
Marketingleitung
J. Justus Schneider
Werbeleitung
Lothar Korn;
Projektleitung:
Stefan Brommer,
Paula Picareta
Agentur
Springer & Jacoby
Werbung GmbH
Creative Direction
Stefan Meske,
Toygar Bazarkaya
Art Direction
Szymon Rose,
Jonathan Schupp
Grafik
Bill Yom,
Florian Barthelmess
Illustration
Szymon Rose
Kundenberatung
Andrea Ey,
Esther Wiedemann,
Jasmin Schwarzinger
**Producer/
Agentur Producer**
Mini Kotzan
Sonstiges
Media: Julia Brünig

PUBLIKUMS ANZEIGEN

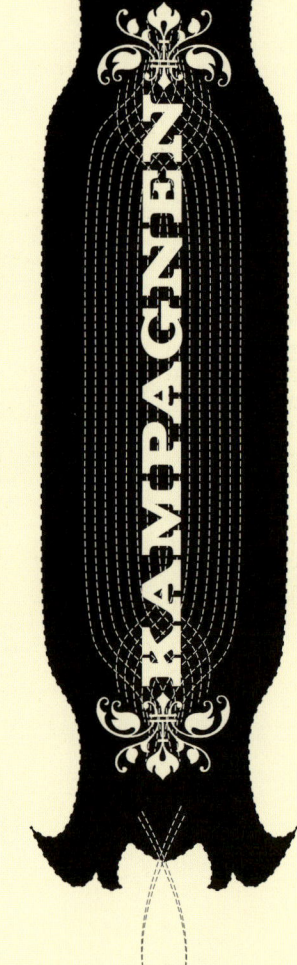

länger LAUFENDER

KAMPAGNEN

ACHTUNG!

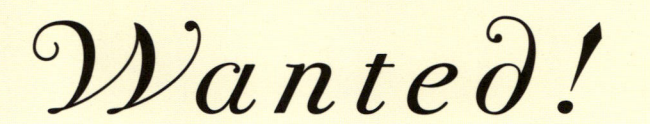

DARAN SIND DIE GEWIEFTESTEN LANGSTRECKENLÄUFER ZU ERKENNEN:

Ausdauer, KAMPFESLUST, AUSDRUCKSSTÄRKE, WITZ UND Geist.

Wanted!

REWARD ››››››››
2 bronzene
ADO NÄGEL
+
5 AUSZEICHNUNGEN

BRONZE

HORNBACH
Baumarkt AG
Kampagne »Helden 2004«

Auftraggeber
HORNBACH
Baumarkt AG
Marketingleitung
Jürgen Schröcker
Werbeleitung
Diana Weber
Agentur
HEIMAT, Berlin
Creative Direction
Guido Heffels,
Jürgen Vossen
Art Direction
Tim Schneider,
Marc Wientzek
Text
Sebastian Kainz,
Andreas Manthey
Grafik
Jois Lundgren
Typografie
Jois Lundgren
Fotografie
Alexander Gnädinger
Kundenberatung
Yves Krämer,
Barbara Widder
Strategische Planung
HEIMAT, Berlin

Schweiß fließt, wenn Muskeln weinen.

Falten sind o.k. Solange sie nicht in der Tapete sind.

Publikumsanzeigen länger laufender Kampagnen

Eiserner Wille.

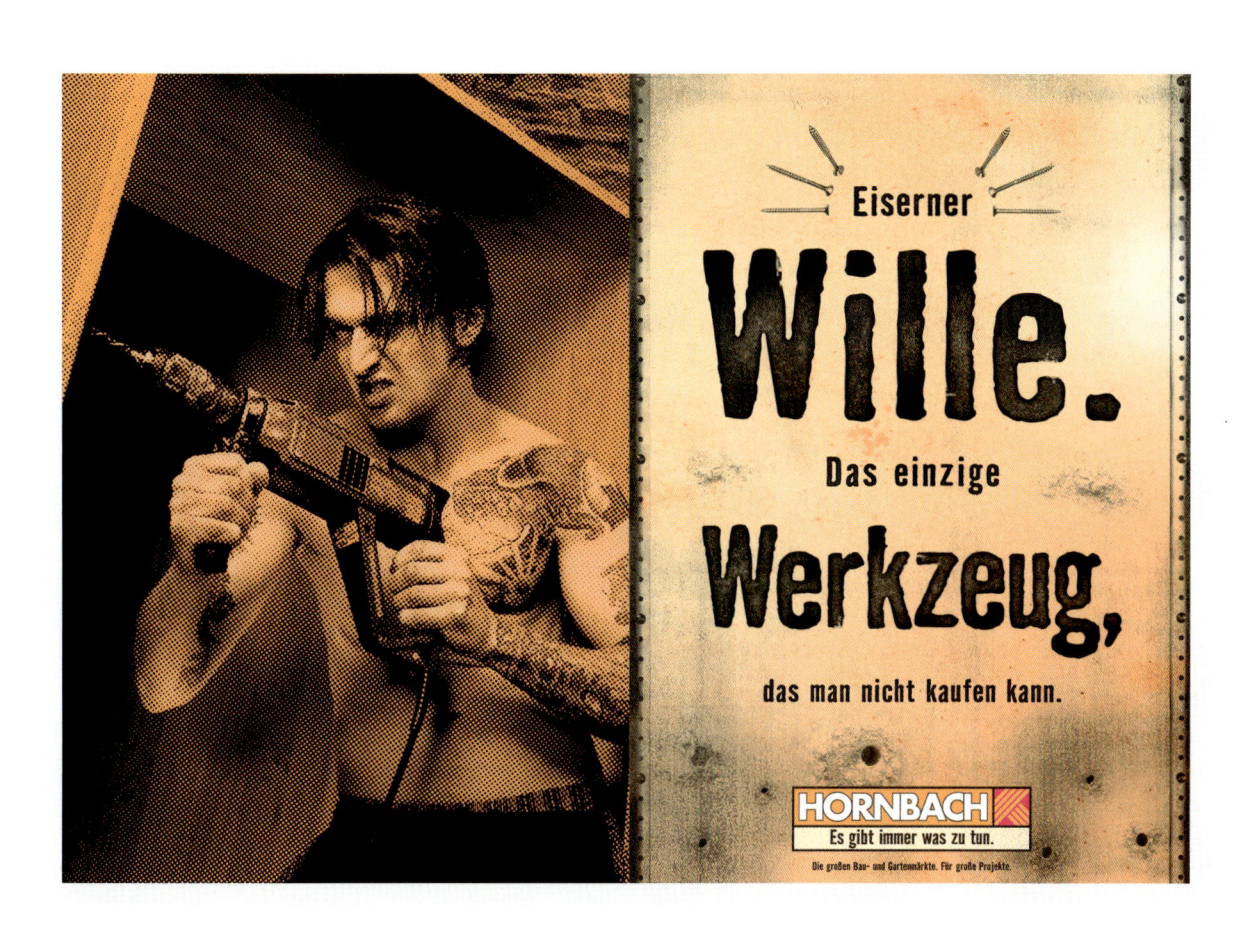

Das einzige **Werkzeug,** das man nicht kaufen kann.

HORNBACH
Es gibt immer was zu tun.

Die großen Bau- und Gartenmärkte. Für große Projekte

BRONZE

Weru Kampagne
»Schallschutzfenster«

Auftraggeber
Weru AG
Marketingleitung
Dieter Frost
Werbeleitung
Malte Hyba
Agentur
Scholz & Friends
Creative Direction
Jan Leube,
Matthias Spaetgens
Art Direction
Kay Lübke
Text
Michael Häußler
Fotografie
Ralph Baiker
Bildbearbeitung
Appel Grafik Berlin
Kundenberatung
Katrin Seegers,
Uli Geiger

Publikumsanzeigen länger laufender Kampagnen

Zusätzlich erhielt diese Kampagne Bronze in der Kategorie Fachanzeigen auf
Seite 73 und eine Auszeichnung in der Kategorie Plakate und Poster (Indoor und
Outdoor) auf Seite 112.

Publikumsanzeigen länger laufender Kampagnen --- **53**

AUSZEICHNUNG
RUHM UND EHRE

Volkswagen Polo
Kampagne
»Extrem gut gebaut«

Auftraggeber
Volkswagen AG
Marketingleitung
Jörn Hinrichs, Lutz Kothe
Werbeleitung
Martina Berg
Agentur
DDB Berlin
Creative Direction
Amir Kassaei,
Mathias Stiller,
Wolfgang Schneider,
Eric Schoeffler,
Claus Wieners
Art Direction
Kristoffer Heilemann,
Andreas Böhm,
Michael Janke,
Michael Pfeiffer-Belli,
Sachin Talwalkar,
Sandra Schilling
Text
Ludwig Berndl,
Ilja Schmuschkowitsch,
Ulrich Lützenkirchen,
Tim Jacobs
Fotografie
F. A. Cesar
Kundenberatung
Lina Burchardt,
Levent Akinci
Strategische Planung
Jason Lusty
**Producer/
Agentur Producer**
Elke Dilchert

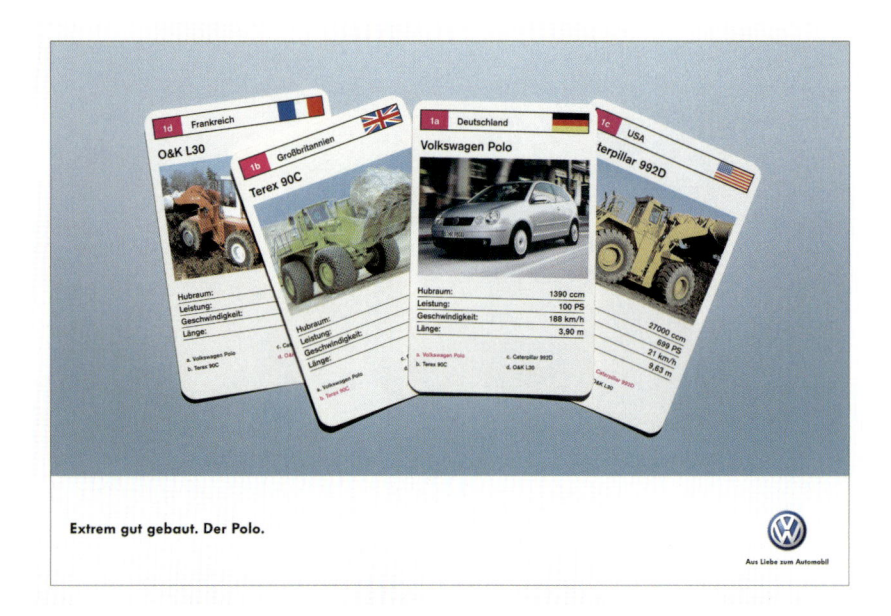

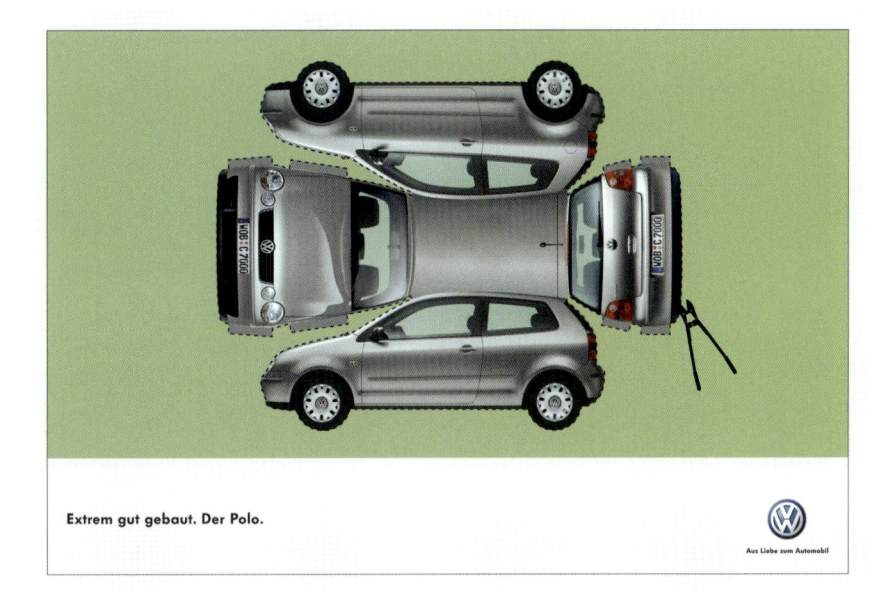

Extrem gut gebaut. Der Polo.

Extrem gut gebaut. Der Polo.

Ein weiteres Motiv dieser Kampagne erhielt zusätzlich eine Auszeichnung
in der Kategorie Tageszeitungsanzeigen (inkl. Wochenzeitungen) auf Seite 93.

Publikumsanzeigen länger laufender Kampagnen --- **55**

AUSZEICHNUNG

Astra Urtyp
»Irgendwo muss der Text ja stehen«

Auftraggeber
Holsten-Brauerei AG, Hamburg
Marketingleitung
Dieter Storm
Werbeleitung
Kerstin Wannicke,
Tobias Collée
Agentur
Philipp und Keuntje GmbH
Creative Direction
Hans Esders,
Katrin Oeding
Art Direction
Michel Fong,
Raphael Milczarek
Text
Tobias Bundt
Grafik
Maren Burrichter
Fotografie
Marc Collins,
Werner Hinniger (Packshot)
Bildbearbeitung
Onnen & Klein, Hamburg
Kundenberatung
Sandra Fiebranz,
Silke Dolle
Strategische Planung
Andreas Müller-Horn
**Producer/
Agentur Producer**
Karen Schwarzer
(Art Buying)

IRGENDWO MUSS DER TEXT JA STEHEN.

Astra. Was dagegen?

Kaufen und gucken!

Zusätzlich erhielt diese Arbeit als Teil einer Kampagne Bronze in der Kategorie Plakate und Poster (Indoor und Outdoor) auf Seite 102/103.

Freistaat Thüringen
Kampagne »Willkommen
in der Denkfabrik«

Auftraggeber
Thüringer Ministerium
für Wirtschaft,
Technik und Arbeit
Marketingleitung
Andreas Maruschke
Agentur
DDB Berlin
Creative Direction
Alexander Weber-Grün,
Bastian Kuhn
Art Direction
Björn Löper, Michael Janke,
Marianne Heggenhougen
Text
Lina Jachmann,
Sara Vleeshouwers,
Ilja Schmuschkowitsch
Fotografie
Cecil Arp
Kundenberatung
Michael Lamm,
Katja Watterott
Strategische Planung
Wiebke Dreyer
Producer/
Agentur Producer
Elke Dilchert

AUSZEICHNUNG

Sixt rent a car »Nutella«

Auftraggeber
Sixt GmbH & Co.
Autovermietung KG
Marketingleitung
Yvonne Gerlach
Agentur
Jung von Matt AG
Creative Direction
Wolf Heumann,
Timm Hanebeck,
Harald Gasper,
Matthias Rauschen
Art Direction
Martin Besl
Text
Peter Kirchhoff
Grafik
Vanessa Rabea Schrooten
Kundenberatung
Daniela Braun
**Producer/
Agentur Producer**
Jörg Mergemeier

Wenn Sie günstiger braun werden wollen, schmieren Sie sich doch Nutella ins Gesicht.
(Das New Beetle Cabriolet für nur € 66,-/Tag inkl. 500 km unter sixt.de)

AUSZEICHNUNG

Frankfurter Allgemeine
Zeitung Kampagne
»Dahinter steckt immer
ein kluger Kopf«

Auftraggeber
Frankfurter Allgemeine
Zeitung GmbH
Marketingleitung
Dr. Jan P. Klage
Agentur
Scholz & Friends
Creative Direction
Julia Schmidt,
Matthias Spaetgens,
Jan Leube,
Sebastian Turner
Grafik
Mathias Rebmann
Fotografie
Thomas Meyer/Ostkreuz
Bildbearbeitung
Appel Grafik Berlin
Kundenberatung
Katrin Seegers,
Penelope Winterhager,
Marie Toya Gaillard

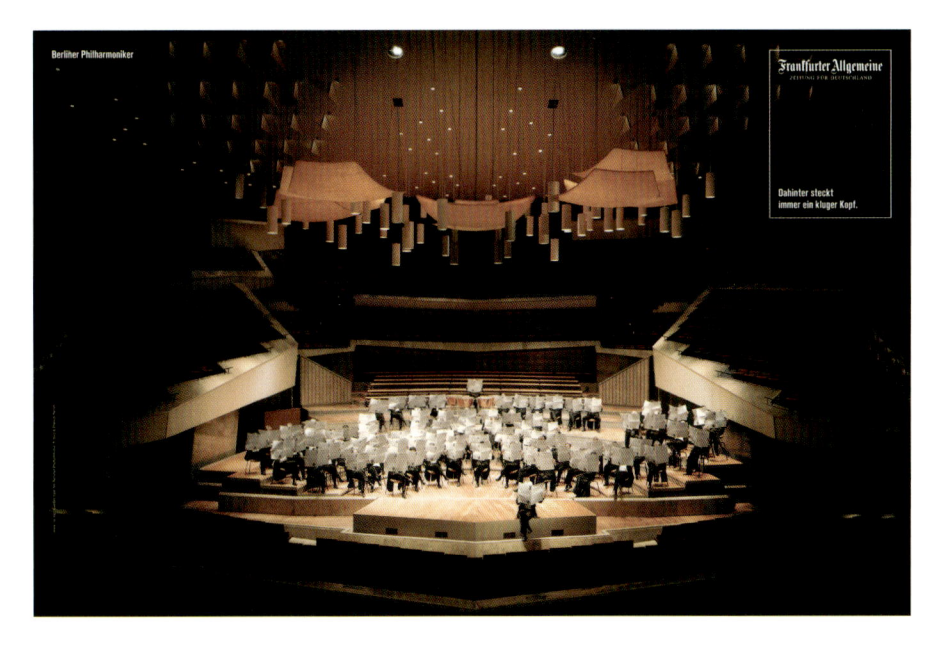

Publikumsanzeigen länger laufender Kampagnen

W·A·N·T·E·D

FACHANZEIGEN ----

LANDESWEIT:

-- die --

MUTIGSTEN, übermütigsten, SPEZIELLSTEN und BESTECHENDSTEN

FACHANZEIGEN

~{ ANZEIGEN WIRD BELOHNT }~

AUSGESETZT SIND 3 NÄGEL:

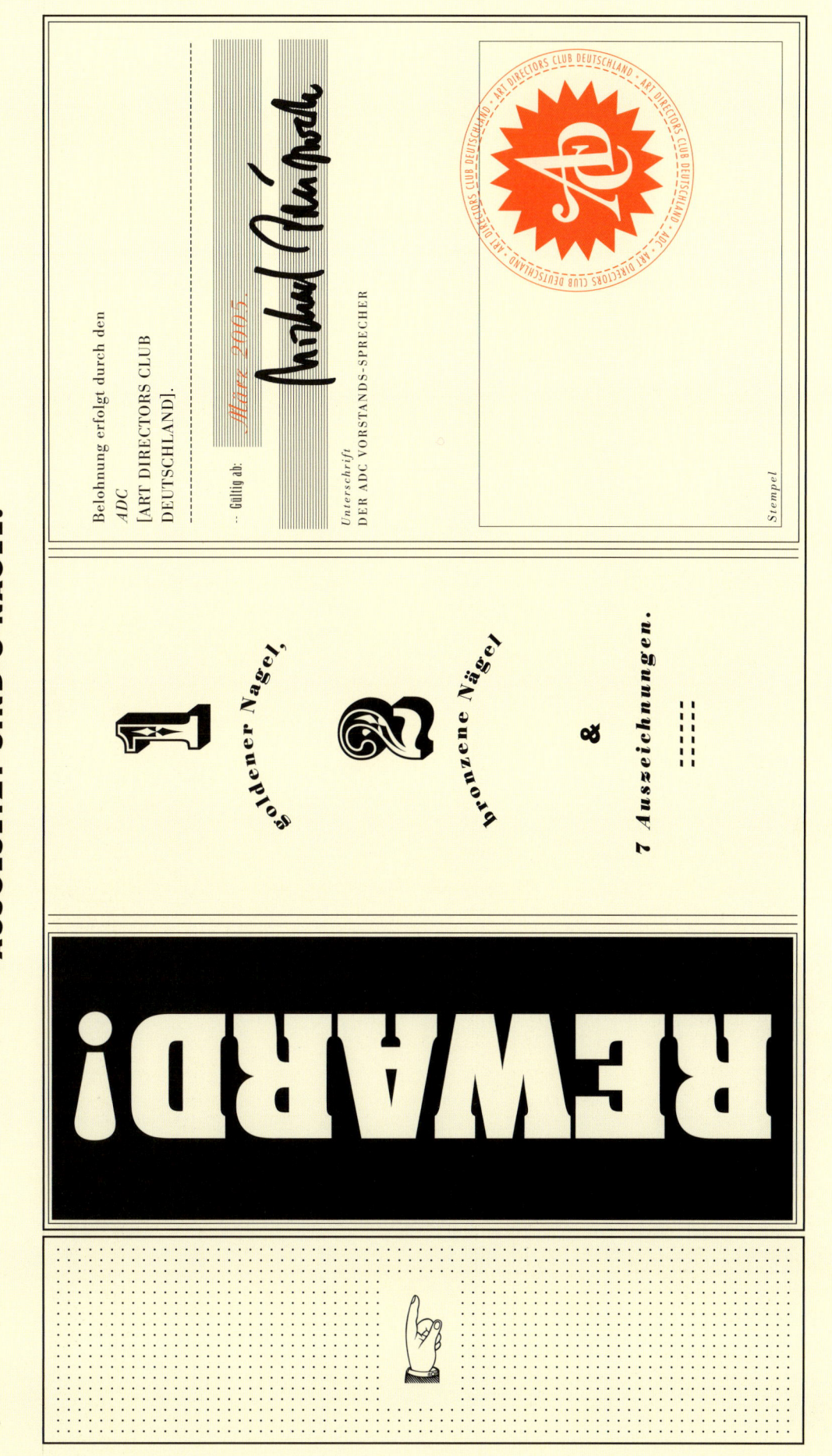

1 goldener Nagel, **2** bronzene Nägel & **7** Auszeichnungen.

REWARD!

Belohnung erfolgt durch den
ADC
[ART DIRECTORS CLUB DEUTSCHLAND].

Gültig ab: *März 2005.*

Unterschrift
DER ADC VORSTANDS-SPRECHER

Stempel

VIELEN DANK FÜR IHRE MITHILFE.

GOLD

Mercedes-Benz G-Klasse
Kampagne »Von A nach B«

Auftraggeber
Mercedes-Benz
Marketingleitung
J. Justus Schneider
Werbeleitung
Lothar Korn;
Projektleitung:
Stefan Brommer,
Paula Picareta
Agentur
Springer & Jacoby
Werbung GmbH
Creative Direction
Stefan Meske,
Toygar Bazarkaya
Art Direction
Szymon Rose,
Jonathan Schupp
Grafik
Bill Yom,
Florian Barthelmess
Illustration
Szymon Rose
Kundenberatung
Andrea Ey,
Esther Wiedemann,
Jasmin Schwarzinger
**Producer/
Agentur Producer**
Mini Kotzan
Sonstiges
Media: Julia Brünig

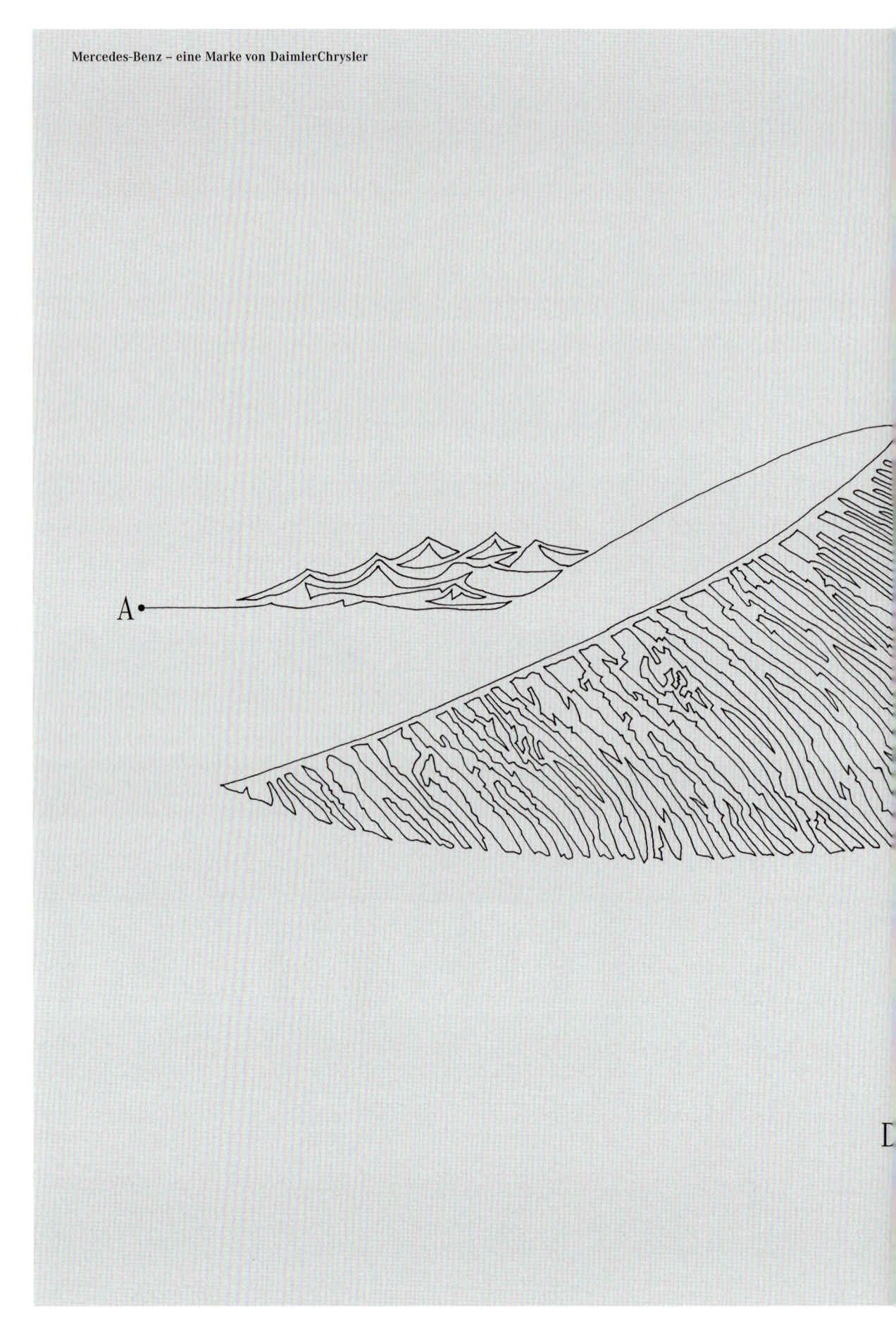

Mercedes-Benz – eine Marke von DaimlerChrysler

Zusätzlich erhielt diese Kampagne Gold in der Kategorie Tageszeitungsanzeigen (inkl. Wochenzeitungen) auf Seite 76/77,
Silber in der Kategorie Publikumsanzeigen auf Seite 47 sowie in der Kategorie Plakate und Poster (Indoor und Outdoor) auf Seite 111
und Bronze in der Kategorie Illustration auf Seite 314/315.

•B

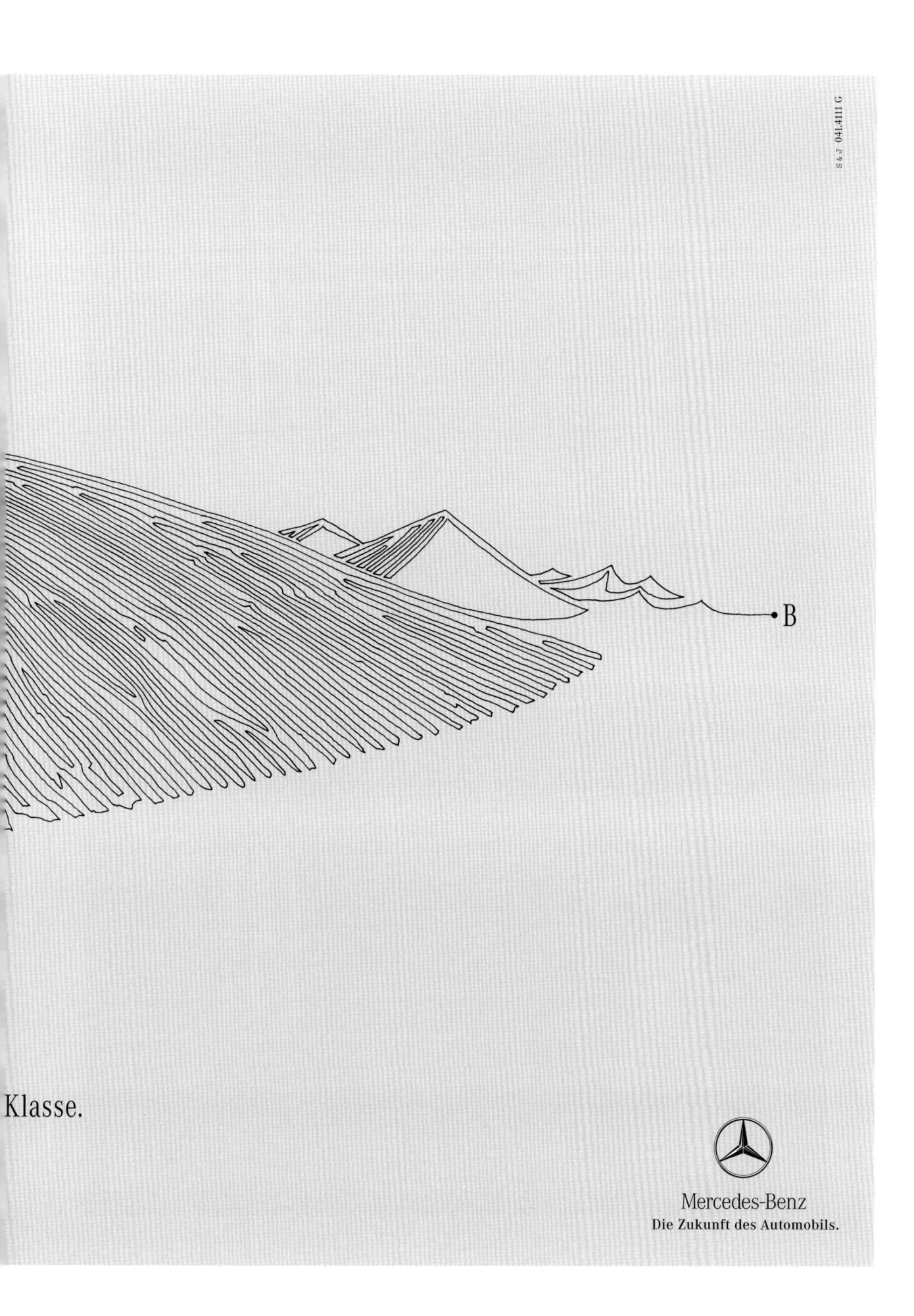

Klasse.

Mercedes-Benz
Die Zukunft des Automobils.

BRONZE
RUHM UND EHRE

WMF Messer Kampagne
»Scharfe Messer«

Auftraggeber
WMF AG
Marketingleitung
Stefan Kellerer
Werbeleitung
Wolfgang Dalferth
Agentur
KNSK
Werbeagentur GmbH
Creative Direction
Niels Holle, Tim Krink,
Ulrike Wegert
Art Direction
Thomas Thiele,
Oliver Fermer
Text
Steffen Steffens
Grafik
Thomas Thiele
Fotografie
Markus Heumann
Bildbearbeitung
abc Digital
Kundenberatung
Kirsten Kohls
**Producer/
Agentur Producer**
Heinz-Rudi Junge

64 --- *Fachanzeigen*

Für Menschen, die Präzision zu schätzen wissen: WMF Grand Gourmet Klingen. Unübertrefflich scharf und aus einmaligem Spezialklingenstahl gefertigt. Mehr Informationen zu WMF Grand Gourmet Klingen erhalten Sie im Internet unter www.wmf.de oder natürlich in unseren WMF Filialen.

AUSZEICHNUNG

**Bisley Kampagne
»New Order«**

Auftraggeber
Bisley office equipment
Marketingleitung
Chris Garton
Agentur
Kolle Rebbe
Werbeagentur GmbH
Creative Direction
Andreas Geyer,
Ulrich Zünkeler,
Ursus Wehrli
Art Direction
James cè Cruickshank
Grafik
Pia Kortemeier
Fotografie
James cè Cruickshank
Illustration
James cè Cruickshank,
Pia Kortemeier
Kundenberatung
Inga Bestehorn, Iris Dypka

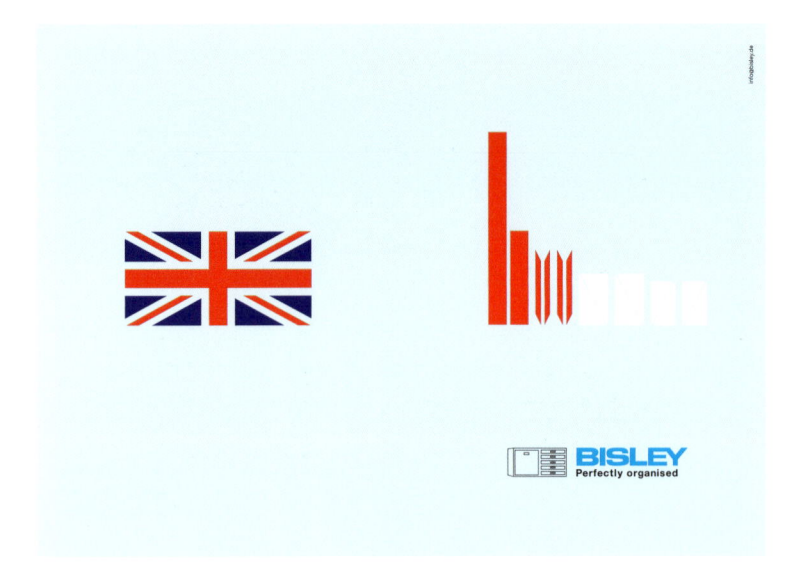

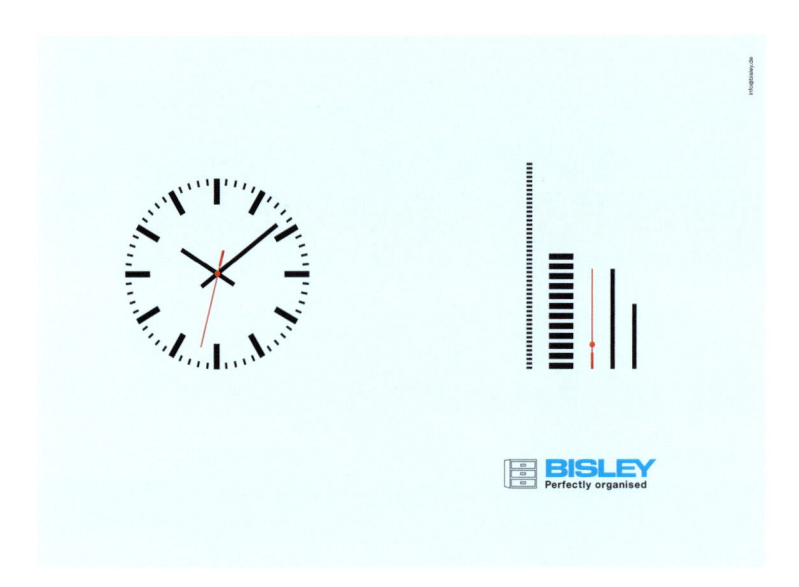

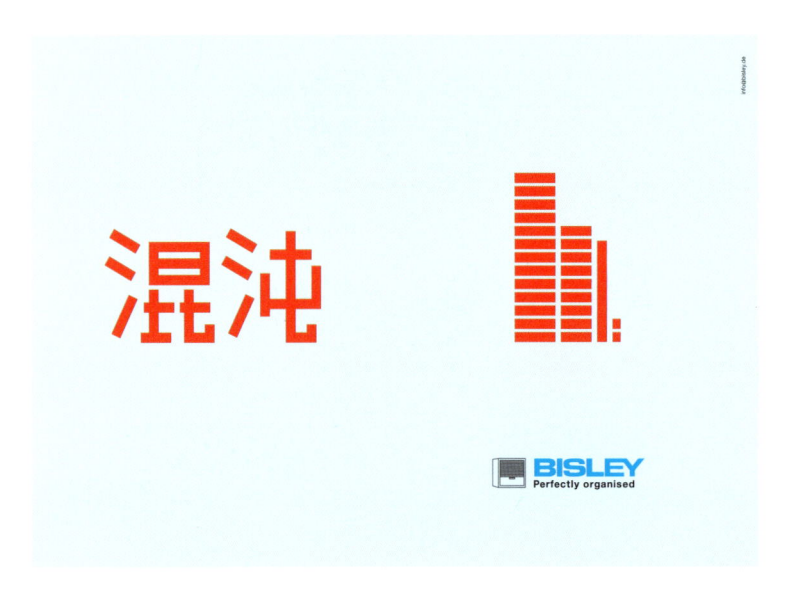

AUSZEICHNUNG

Studio Funk Kampagne
»Comics«

Auftraggeber
Studio Funk KG
Marketingleitung
Klaus Funk
Agentur
Grabarz & Partner
Werbeagentur GmbH
Creative Direction
Ralf Heuel,
Dirk Siebenhaar
Art Direction
Gabi Schnauder
Text
Ralf Heuel
Grafik
Pierre Schrickel
Illustration
Bernhard Speh,
David von Bassewitz
Kundenberatung
Julia Petersen

Zusätzlich erhielt diese Kampagne eine Auszeichnung in der Kategorie Plakate und Poster (Indoor und Outdoor) auf Seite 111.

Fachanzeigen --- **67**

AUSZEICHNUNG

YAMAHA
Lautsprechersysteme
Kampagne
»Natural Sound«

Auftraggeber
YAMAHA Elektronik
Europa GmbH
Marketingleitung
Leander Hader
Agentur
Scholz & Friends
Creative Direction
Stefan Leick,
Mario Gamper
Art Direction
Raphael Püttmann
Text
Stephan Deisenhofer
Grafik
Miriam Bloching,
Lorenz Clormann
Fotografie
Piet Truhlar
Bildbearbeitung
Appel Grafik Berlin
Kundenberatung
Jörg Mayer,
Michael Schulze
**Producer/
Agentur Producer**
Anikó Krüger

AUSZEICHNUNG

Smith & Wesson »Targets«

Auftraggeber
Albrecht Kind GmbH
Marketingleitung
Helmut Kind
Werbeleitung
Gisela Kind
Agentur
Springer & Jacoby
Werbung GmbH
Creative Direction
Bettina Olf, Timm Weber
Art Direction
Menno Kluin
Text
Menno Kluin
Grafik
Joanna Swistowski
Kundenberatung
Nils Behrens
**Producer/
Agentur Producer**
Tanja Kosnik

Fachanzeigen --- 69

RUHM UND EHRE
AUSZEICHNUNG

Pattex
Kampagne »Seit 1923«

Auftraggeber
Henkel KGaA
Marketingleitung
Rudolf Wittgenstein
Agentur
DDB Berlin
Creative Direction
Mathias Stiller,
Wolfgang Schneider
Art Direction
Andreas Böhm
Text
Andreas Böhm
Fotografie
Pack Shot Boys
Kundenberatung
Lina Burchardt
Strategische Planung
Thomas Michel
**Producer/
Agentur Producer**
Elke Dilchert

Zusätzlich erhielt diese Kampagne eine Auszeichnung in der Kategorie Tageszeitungsanzeigen (inkl. Wochenzeitungen) auf Seite 91. Dort ist ein weiteres Motiv abgebildet.

70 --- Fachanzeigen

Schärfer, als man denkt. Das WMF Messer Grand Gourmet mit Damasteel-Klinge.

AUSZEICHNUNG

WMF »Fliege«

Auftraggeber
WMF AG
Marketingleitung
Stefan Kellerer
Werbeleitung
Wolfgang Dalferth
Agentur
KNSK
Werbeagentur GmbH
Creative Direction
Anke Winschewski,
Vappu Singer
Art Direction
Vappu Singer,
Binny-Jo Chabrowski
Text
Anke Winschewski,
Dirk Henkelmann
Grafik
Christine Manger,
Rita Scholz
Fotografie
Michaela Rehn
Bildbearbeitung
DDE
Kundenberatung
Kirsten Kohls
**Producer/
Agentur Producer**
Heinz-Rudi Junge
Sonstiges
Art Buying:
Franziska Boyens

Zusätzlich erhielt der Film zu dieser Arbeit Bronze in der Kategorie
Musikkompositionen/Sound Design auf Seite 210 und eine Auszeichnung
in der Kategorie TV-Spots auf Seite 181.

AUSZEICHNUNG

Polaroid Fachkampagne
»Glaube an Polaroid«

Auftraggeber
Polaroid GmbH
Marketingleitung
Rudolf Drasch
Werbeleitung
Michael Häfner
Agentur
Scholz & Friends
Creative Direction
Richard Jung
Art Direction
Mareike Ledeboer
Text
Christian Vosshagen
Fotografie
Anatol Kotte,
Kai-Uwe Gundlach,
Tom Grammerstorf
Bildbearbeitung
Metagate
Kundenberatung
Raphael Brinkert,
Vera Schleidweiler
Sonstiges
Art Buying:
Kerstin Mende

BRONZE

Weru Kampagne
»Schallschutzfenster«

Auftraggeber
Weru AG
Marketingleitung
Dieter Frost
Werbeleitung
Malte Hyba
Agentur
Scholz & Friends
Creative Direction
Jan Leube,
Matthias Spaetgens
Art Direction
Kay Lübke
Text
Michael Häußler
Fotografie
Ralph Baiker
Bildbearbeitung
Appel Grafik Berlin
Kundenberatung
Katrin Seegers,
Uli Geiger

Zusätzlich erhielt diese Kampagne Bronze in der Kategorie
Publikumsanzeigen länger laufender Kampagnen auf Seite 52/53
und eine Auszeichnung in der Kategorie Plakate und Poster
(Indoor und Outdoor) auf Seite 112.

ANZEIGEN

TAGES ZEITUNGS

—— DER ——
ART DIRECTORS CLUB
[WILL BUCHSTABEN SEHEN]

[— incl. Wochenzeitungen —]

2005

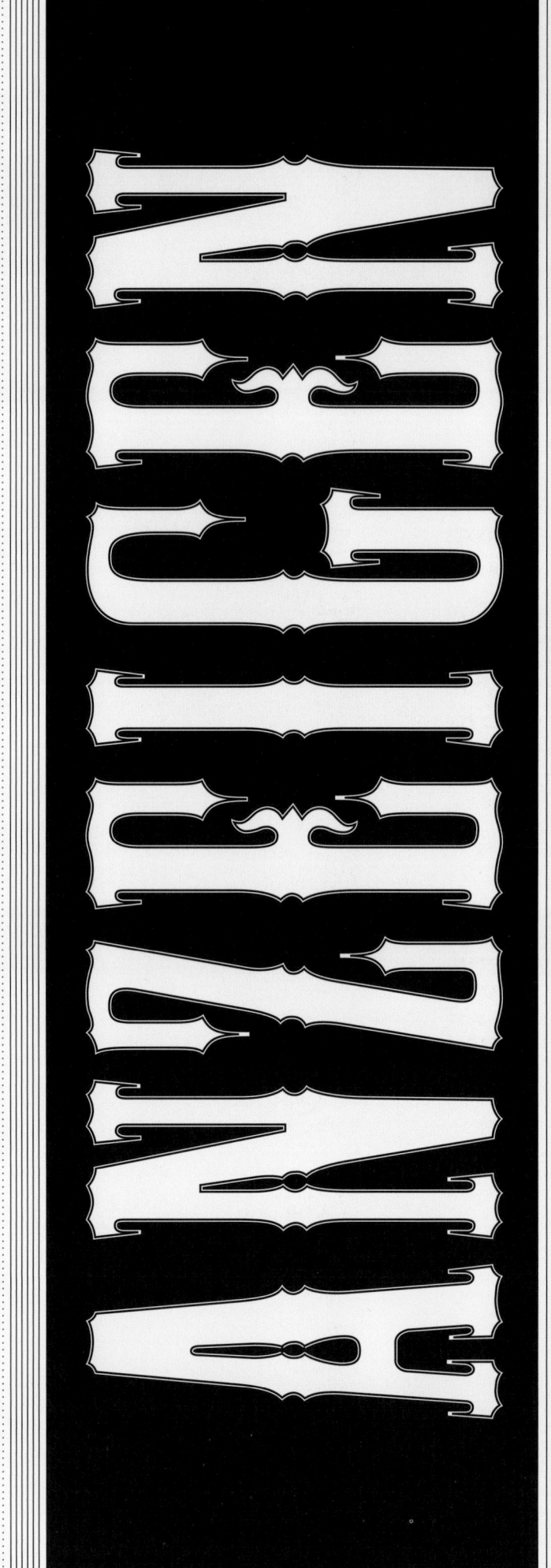

SO SEHEN SIE AUS:

ANREGEND,

AUFREGEND,

ausgereift,

AUFFALLEND ATTRAKTIV

und

GNADENLOS UNTERHALTSAM

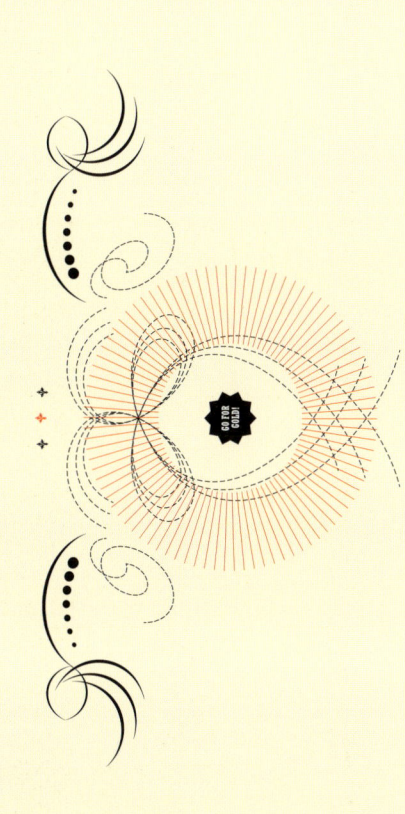

Der **ADC** vergibt großzügig **GOLDENE**, **SILBERNE** *und* **BRONZENE** Nägel:

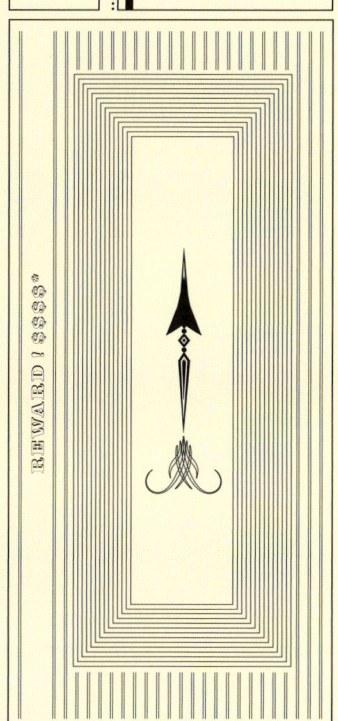

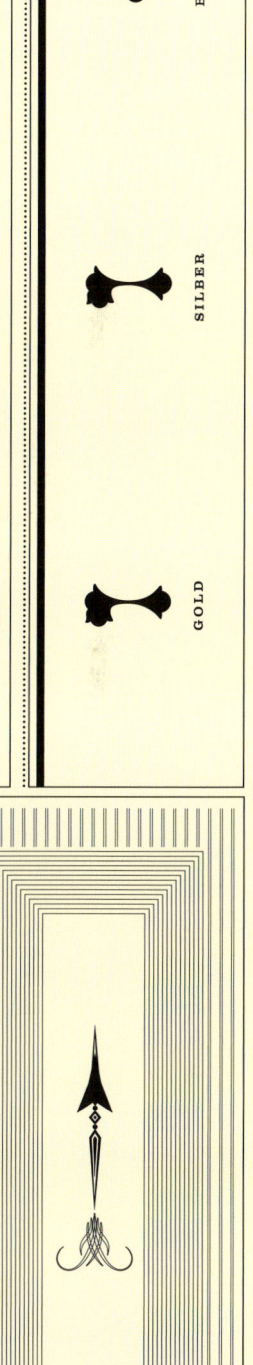

| GOLD | SILBER | BRONZE | **6** AUSZEICHNUNGEN |

REWARD 1 0000*

GOLD

Mercedes-Benz G-Klasse
Kampagne »Von A nach B«

Auftraggeber
Mercedes-Benz
Marketingleitung
J. Justus Schneider
Werbeleitung
Lothar Korn;
Projektleitung:
Stefan Brommer,
Paula Picareta
Agentur
Springer & Jacoby
Werbung GmbH
Creative Direction
Stefan Meske,
Toygar Bazarkaya
Art Direction
Szymon Rose,
Jonathan Schupp
Grafik
Bill Yom,
Florian Barthelmess
Illustration
Szymon Rose
Kundenberatung
Andrea Ey,
Esther Wiedemann,
Jasmin Schwarzinger
Producer/
Agentur Producer
Mini Kotzan
Sonstiges
Media: Julia Brünig

Die G-Klas

Zusätzlich erhielt diese Kampagne Gold in der Kategorie Fachanzeigen auf Seite 62/63, Silber in der Kategorie Publikumsanzeigen auf Seite 47 sowie in der Kategorie Plakate und Poster (Indoor und Outdoor) auf Seite 111 und Bronze in der Kategorie Illustration auf Seite 314/315.

•B

Mercedes-Benz
Die Zukunft des Automobils.

SILBER

Volkswagen Golf GTI®
Kampagne
»Für Jungs, die damals
schon Männer waren«

Auftraggeber
Volkswagen AG
Marketingleitung
Jörn Hinrichs, Lutz Kothe
Werbeleitung
Martina Berg
Agentur
DDB Berlin
Creative Direction
Amir Kassaei,
Mathias Stiller,
Wolfgang Schneider
Art Direction
Sandra Schilling
Text
Ulrich Lützenkirchen,
Ilja Schmuschkowitsch
Grafik
Michael Janke,
Andreas Böhm
Fotografie
F. A. Cesar
Illustration
Djamila Rabenstein
Kundenberatung
Wiebke Nowak,
Michael Lamm,
Cathleen Losch
Strategische Planung
Jason Lusty
**Producer/
Agentur Producer**
Elke Dilchert

FRANK 1974

Für Jungs, die damals schon Männer waren. Der neue Golf GTI®.

Aus Liebe zum Automobil

Zusätzlich erhielt diese Kampagne Silber in der Kategorie Publikumsanzeigen auf Seite 30/31 und Bronze (zwei weitere Motive) in der Kategorie Plakate und Poster (Indoor und Outdoor) auf Seite 104 sowie eine Auszeichnung in der Kategorie Fotografie auf Seite 303.
Der Film zur Kampagne erhielt Gold in der Kategorie Kinowerbefilme auf Seite 184 und Silber in der Kategorie TV-Spots auf Seite 180.

Tageszeitungsanzeigen (inkl. Wochenzeitungen)

BRONZE

Volkswagen
TDI®-Technologie
Kampagne »Tankstelle TDI«

Auftraggeber
Volkswagen AG
Marketingleitung
Jörn Hinrichs, Detlef Wittig
Werbeleitung
Martina Berg
Agentur
Grabarz & Partner
Werbeagentur GmbH
Creative Direction
Ralf Nolting,
Patricia Pätzold,
CCO: Ralf Heuel
Art Direction
Ralf Nolting
Text
Thies Schuster,
Reinhard Patzschke
Grafik
David-Alexander Preuß
Fotografie
Emir Haveric, Hamburg
Kundenberatung
Reinhard Patzschke,
Sandra Humbek

TDI®. Volkswagen Dieseltechnologie.

Zusätzlich erhielt diese Kampagne eine Auszeichnung in der Kategorie Fotografie auf Seite 303.

BRONZE

Sixt rent a car
»Vorher/Nachher«

Auftraggeber
Sixt GmbH & Co.
Autovermietung KG
Marketingleitung
Yvonne Gerlach
Agentur
Jung von Matt AG
Creative Direction
Wolf Heumann,
Bernhard Lukas
Art Direction
Martin Besl
Text
Michael Meyer,
Michael Häußler
Grafik
Volkmar Weiß
Fotografie
Christian Altengarten,
Frank Ossenbrink
Kundenberatung
Daniela Braun
**Producer/
Agentur Producer**
Jörg Mergemeier

Vorher

Zusätzlich erhielt diese Arbeit eine Auszeichnung in der Kategorie Plakate und Poster (Indoor und Outdoor) auf Seite 113.

BRONZE

DHL »Truck«

Auftraggeber
Deutsche Post AG
Marketingleitung
Wolfgang Giehl
Werbeleitung
Dirk Ude
Agentur
Jung von Matt AG
Creative Direction
Burkhart von Scheven
Art Direction
David Mously
Text
Mirko Stolz
Grafik
Christina Wellnhofer
Kundenberatung
Henner Blömer,
Frauke Schmidt
**Producer/
Agentur Producer**
Andreas Reinhardt

No size limits. *DHL*

BRONZE

Land Baden-Württemberg
Beileger »Köpfe«

Auftraggeber
Staatsministerium
Baden-Württemberg
Marketingleitung
Michael Hörrmann
Werbeleitung
Anne-Kathrin Leukhardt
Agentur
Scholz & Friends
Creative Direction
Julia Schmidt,
Martin Pross
Art Direction
Niko Willborn,
Esther Braun,
Jens Stein
Text
Gerald Meilicke,
Philipp Wöhler
Fotografie
Matthias Koslik
Bildbearbeitung
Appel Grafik Berlin
Kundenberatung
Thomas Caprano,
Nina Weinmann,
Daniela Harzer,
Josephine Rahns

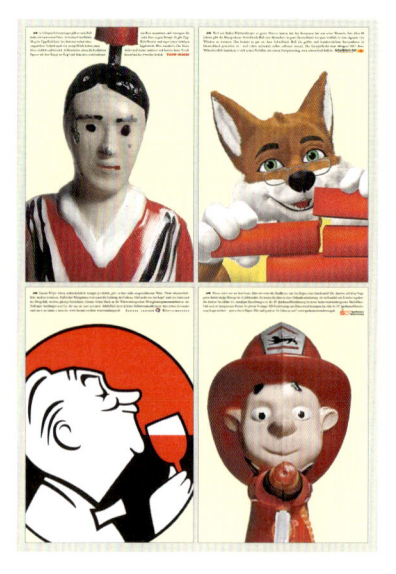

86 --- Tageszeitungsanzeigen (inkl. Wochenzeitungen)

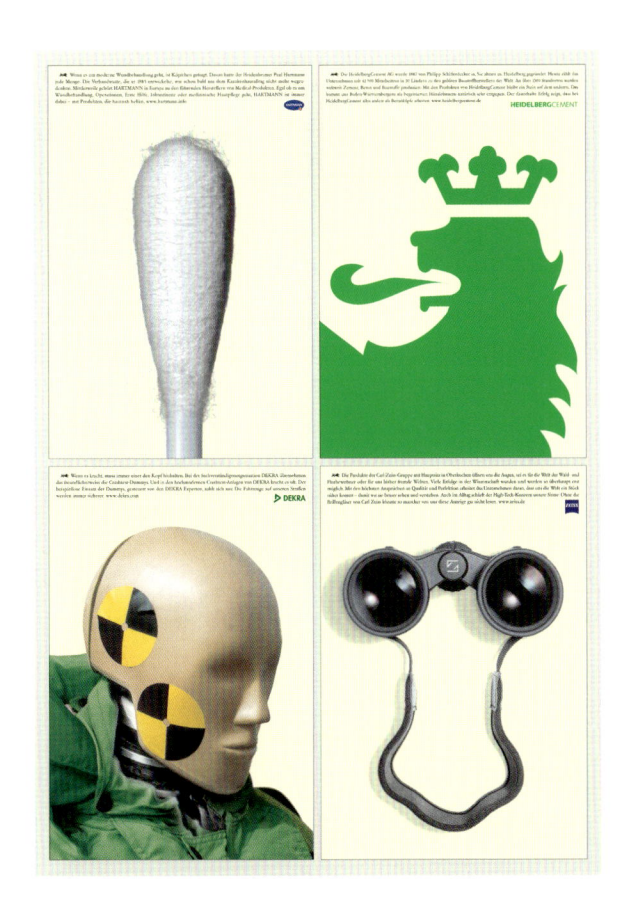

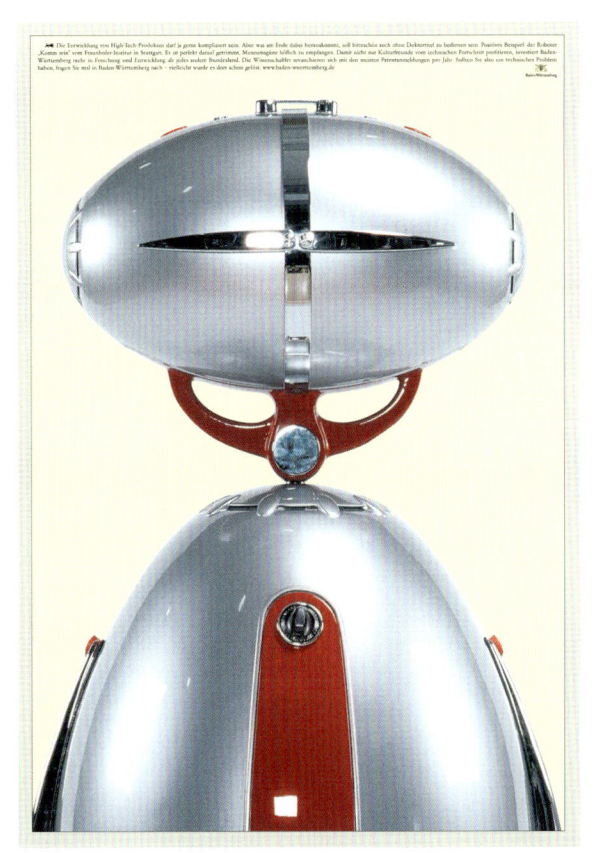

Tageszeitungsanzeigen (inkl. Wochenzeitungen) --- **87**

AUSZEICHNUNG

BMW »Kratzer«

Auftraggeber
BMW AG
Marketingleitung
Dr. Wolfgang Armbrecht,
Bernhard Schneider
Werbeleitung
Claudia Kohl,
Daniela Brenken
Agentur
Jung von Matt AG
Creative Direction
Thimoteus Wagner,
Bernhard Lukas
Art Direction
Kristine Holzhausen
Text
Miriam Eisele
Grafik
Till Monshausen
Fotografie
Heribert Schindler
Kundenberatung
Christian Hupertz,
Peter Stroeh,
Andreas Bilgeri
Producer/
Agentur Producer
Malte Rehde
Sonstiges
Art Buying:
Birte Wemmje

AUSZEICHNUNG

Wenn Sie wissen wollen, was wir denken, achten Sie einfach darauf, was wir sagen.

Julius Bär
True to you.

Fort Knox, Alka-Seltzer, Julius Bär. Warum haben die vertrauenswürdigsten Dinge auf der Welt immer die merkwürdigsten Namen?

Julius Bär
True to you.

Menschen vollbringen unter Einfluss von Höhenluft nachweislich bessere Leistungen.
Schöne Grüsse aus der Schweiz.

Julius Bär
True to you.

Geld ist eines der letzten Tabus unserer Gesellschaft. Aber verdrängen hilft nicht: Tel. +41 (0) 58 888 5013.

Julius Bär
True to you.

Athens Bürgermeisterin sagt: «Rechtzeitig zu den Spielen sind die Stadien fertig.»
Julius Bär sagt: «Investieren Sie jetzt in Schnellbeton und Notstromaggregate.»

Julius Bär
True to you.

Als fortschrittliche Bank benutzen wir biometrische Zugangskontrollen. Wir merken uns Ihr Gesicht, Ihre Stimme und Ihren Namen.

Julius Bär
True to you.

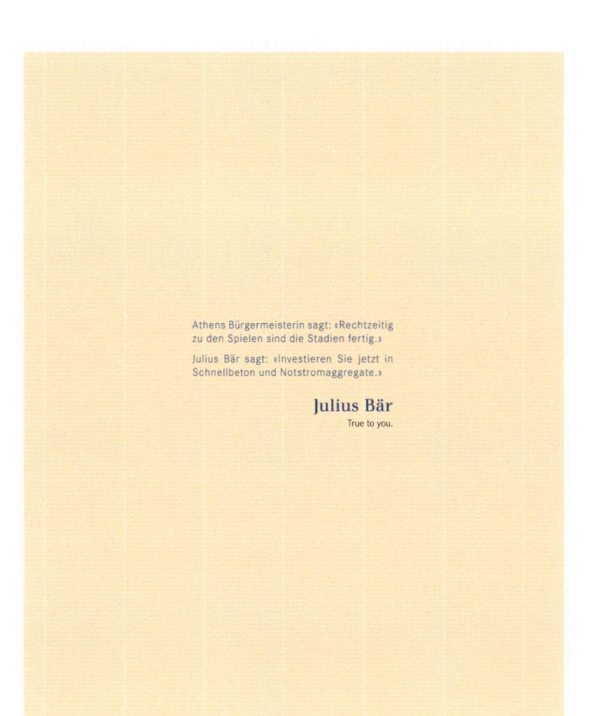

Zusätzlich erhielt dieses Motiv eine Auszeichnung in der Kategorie Text auf Seite 121.

Bank Julius Bär
Kampagne
»True to you«

Auftraggeber
Julius Bär
Marketingleitung
Jürg Stähelin
Werbeleitung
Markus Halper
Agentur
Jung von Matt AG
Creative Direction
Alexander Jaggy
Art Direction
Axel Eckstein
Text
Alexander Jaggy,
Axel Eckstein
Grafik
Inken Rohweder
Kundenberatung
Rolf Helfenstein,
Sacha Baer,
Christine Kuhnt

Tageszeitungsanzeigen (inkl. Wochenzeitungen)

AUSZEICHNUNG

Jeep »Waschanlage«

Auftraggeber
DaimlerChrysler AG
Marketingleitung
Jochen Sengpiehl
Werbeleitung
Ulrich Klenke,
Benjamin Reininger
Agentur
KNSK
Werbeagentur GmbH
Creative Direction
Tim Krink, Niels Holle,
Ulrike Wegert
Art Direction
Oliver Fermer
Text
Berend Brüdgam
Grafik
Boris Schatte
Fotografie
Boris Schatte,
Oliver Fermer
Bildbearbeitung
abc Digital
Kundenberatung
Jan Isterling, Kim Sperling,
Philipp Ernsting
**Producer/
Agentur Producer**
Heinz-Rudi Junge

AUSZEICHNUNG

Pattex
Kampagne »Seit 1923«

Auftraggeber
Henkel KGaA
Marketingleitung
Rudolf Wittgen
Agentur
DDB Berlin
Creative Direction
Mathias Stiller,
Wolfgang Schneider
Art Direction
Andreas Böhm
Text
Andreas Böhm
Fotografie
Pack Shot Boys
Kundenberatung
Lina Burchardt
Strategische Planung
Thomas Michel
Producer/
Agentur Producer
Elke Dilchert

Seit 1923 **Pattex**

Zusätzlich erhielt diese Kampagne eine Auszeichnung in der Kategorie Fachanzeigen auf Seite 70. Dort sind weitere Motive abgebildet.

AUSZEICHNUNG

IFAW Kampagne
»Barcode-Käfig«

Auftraggeber
IFAW Internationaler
Tierschutz-Fonds
Marketingleitung
Ulrich Schnapauff
Agentur
Springer & Jacoby
Werbung GmbH
Creative Direction
Dirk Haeusermann,
Matthias Harbeck
Art Direction
Birgit Hogrefe
Text
Christiane Rein
Grafik
Simone Grün
Fotografie
Nadav Kander, Till Leeser
Bildbearbeitung
Springer & Jacoby Blind,
Mui Vong
Kundenberatung
Josefine Härle, Julia Waldi
Sonstiges
Art Buying:
Susanne Kastner-Linke

Zusätzlich erhielt diese Kampagne eine Auszeichnung in der Kategorie Plakate
und Poster (Indoor und Outdoor) auf Seite 107.

Extrem gut gebaut. Der Polo.

Zusätzlich erhielt diese Anzeige als Teil einer Kampagne eine Auszeichnung in der Kategorie Publikumsanzeigen länger laufender Kampagnen auf Seite 54/55.

AUSZEICHNUNG

Volkswagen Polo
»Europameisterschaft«

Auftraggeber
Volkswagen AG
Marketingleitung
Jörn Hinrichs, Lutz Kothe
Werbeleitung
Martina Berg
Agentur
DDB Düsseldorf
Creative Direction
Eric Schoeffler,
Claus Wieners
Art Direction
Sachin Talwalkar,
Sandra Schilling
Text
Ulrich Lützenkirchen,
Tim Jacobs
Fotografie
F. A. Cesar
Kundenberatung
Lina Burchardt,
Levent Akinci
Strategische Planung
Jason Lusty
**Producer/
Agentur Producer**
Elke Dilchert

Tageszeitungsanzeigen (inkl. Wochenzeitungen) --- **93**

WANTED!

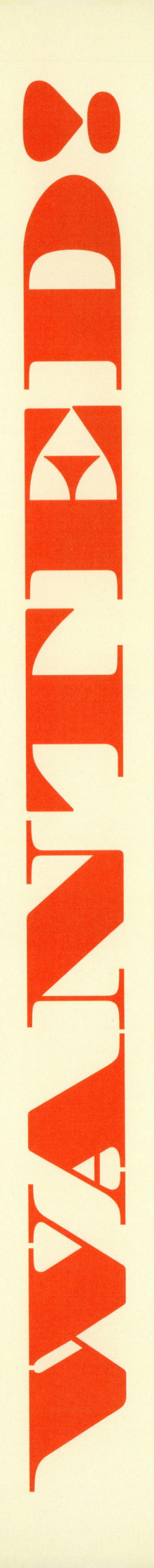

Die **LEISTESTEN & LAUTESTEN,** ungewöhnlichsten, WIRKSAMSTEN, ERGREIFENDSTEN und REVOLUTIONÄRSTEN

PLAKATE

– UND POSTER –

(INDOOR UND OUTDOOR)

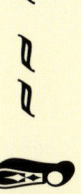

HÄNGT SIE!

BELOHNUNG:

Der ADC vergibt 6 Nägel:

{ **2** silberne,
4 bronzene
...... und **10** Auszeichnungen!

SILBER

TUI »Unter den Palmen«

Auftraggeber
TUI Deutschland GmbH
Marketingleitung
Andreas Faahs
Werbeleitung
Jutta-Lange Weiland,
Pia Naumann
Agentur
Jung von Matt AG
Creative Direction
Oliver Voss,
Deneke von Weltzien
Art Direction
Stepan Hrabec
Text
Shahir Sirry
Grafik
Constanze Klingler
Fotografie
Magnus Winter
Kundenberatung
Boris Zolyniak,
Diana Markgraf,
Simone Koch
**Producer/
Agentur Producer**
Ulrich Grimm
Sonstiges
Art Buying:
Katrin Nikolai

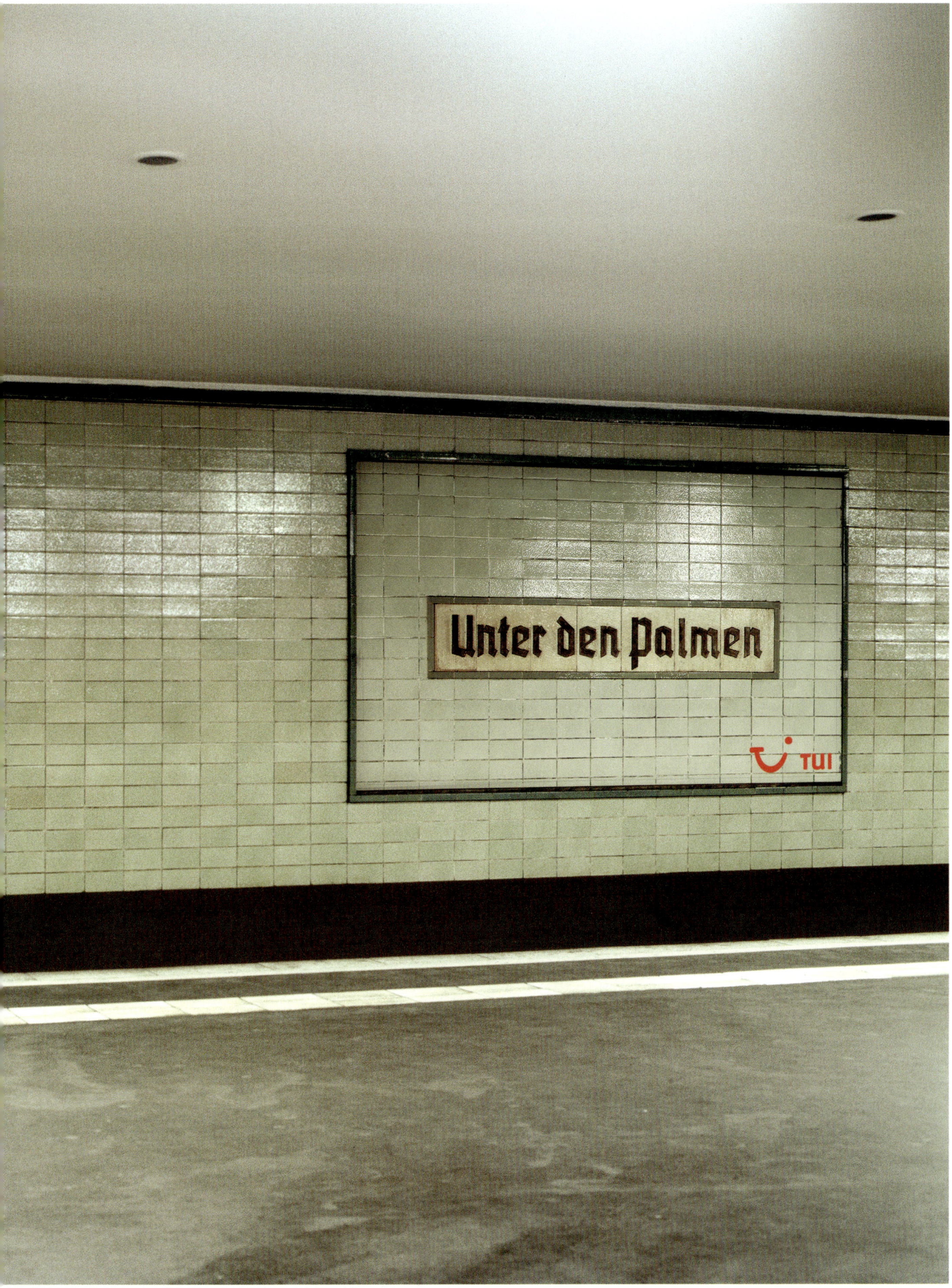
Unter den Palmen
TUI

BRONZE

Kostuemverleih.com
Kampagne
»Kostümverleih«

Auftraggeber
Kostümverleih Breuer
Marketingleitung
Waltraut Breuer
Agentur
Springer & Jacoby
Werbung GmbH
Creative Direction
Bettina Olf, Timm Weber
Art Direction
Simone Eiteljörge
Text
David Leinweber
Grafik
Kathrin Butterhof
Bildbearbeitung
Springer & Jacoby Digital
Kundenberatung
Nils Behrens
**Producer/
Agentur Producer**
Tanja Kosnik

Plakate und Poster (Indoor und Outdoor)

Plakate und Poster (Indoor und Outdoor) --- **99**

BRONZE

monopol. Magazin für
Kunst und Leben
»Themenkampagne«

Auftraggeber
Juno Verlag GmbH & Co. KG
Marketingleitung
Alexander von Oheimb
Werbeleitung
Amelie von Heydebreck,
Florian Illies
Agentur
TBWA\
Creative Direction
Kurt Georg Dieckert,
Stefan Schmidt
Art Direction
Philip Borchardt
Text
Philip Borchardt,
Stefan Schmidt,
Kurt Georg Dieckert
Kundenberatung
Anika Möllemann
Producer/
Agentur Producer
Katrin Dettmann
Sonstiges
Head of Traffic:
Katrin Hermuth

monopol
Magazin für Kunst und Leben

„Fine art goes Vegas."
Über Steve Wynn und seine Kunst im Casino

Plakate und Poster (Indoor und Outdoor)

Plakate und Poster (Indoor und Outdoor) --- **101**

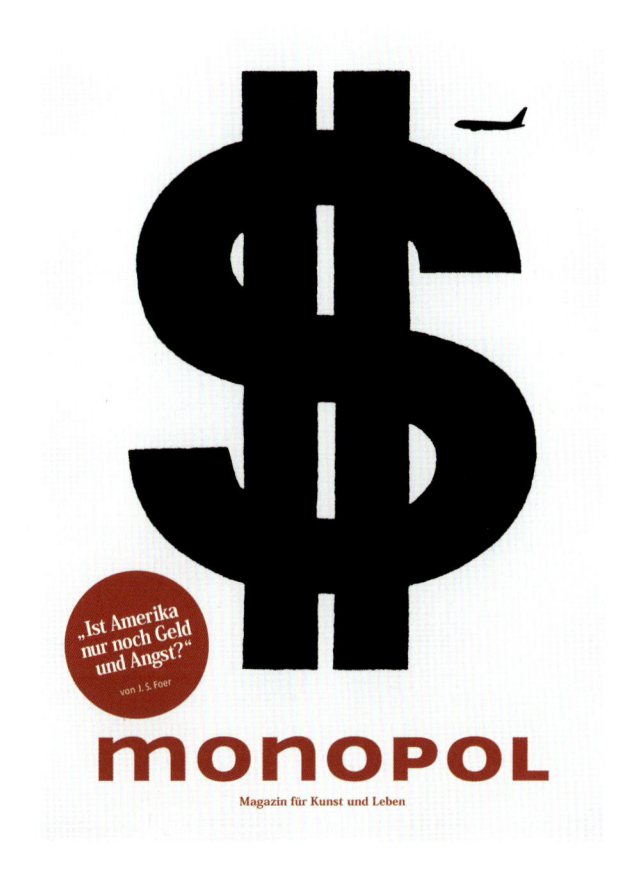

BRONZE

Astra Urtyp
Imagekampagne
»Astra«

Auftraggeber
Holsten-Brauerei AG,
Hamburg
Marketingleitung
Dieter Storm
Werbeleitung
Kerstin Wannicke,
Tobias Collée
Agentur
Philipp und Keuntje GmbH
Creative Direction
Hans Esders,
Katrin Oeding,
Holger Lindhardt
Art Direction
Michel Fong,
Raphael Milczarek
Text
Tobias Bundt, Tobias Grimm
Grafik
Maren Burrichter
Fotografie
Christiane Haid,
Marc Collins,
Sven Sindt,
Werner Hinniger
(Packshot)
Bildbearbeitung
Onnen & Klein, Hamburg
Kundenberatung
Sandra Fiebranz,
Silke Dolle
Strategische Planung
Andreas Müller-Horn
**Producer/
Agentur Producer**
Karen Schwarzer
(Art Buying)

IN DIESEM BILD SIND 4 EIER VERSTECKT.

Astra wünscht frohe Ostern. Was dagegen?

www.astra-bier.de

Plakate und Poster (Indoor und Outdoor)

Zusätzlich erhielt dieses Motiv eine Auszeichnung in der Kategorie Publikumsanzeigen länger laufender Kampagnen auf Seite 56.

Plakate und Poster (Indoor und Outdoor)

BRONZE

Volkswagen Golf GTI®
Kampagne »Für Jungs,
die damals schon
Männer waren«

Auftraggeber
Volkswagen AG
Marketingleitung
Jörn Hinrichs, Lutz Kothe
Werbeleitung
Martina Berg
Agentur
DDB Berlin
Creative Direction
Amir Kassaei,
Mathias Stiller,
Wolfgang Schneider
Art Direction
Sandra Schilling
Text
Ulrich Lützenkirchen,
Ilja Schmuschkowitsch
Grafik
Michael Janke,
Andreas Böhm
Fotografie
F. A. Cesar
Illustration
Djamila Rabenstein
Kundenberatung
Wiebke Nowak,
Michael Lamm,
Cathleen Losch
Strategische Planung
Jason Lusty
**Producer/
Agentur Producer**
Elke Dilchert

Zusätzlich erhielt diese Kampagne Silber in der Kategorie Publikumsanzeigen auf Seite 30/31 sowie in der Kategorie Tageszeitungsanzeigen (inkl. Wochenzeitungen) auf Seite 78/79 und eine Auszeichnung in der Kategorie Fotografie auf Seite 303.

Der Film zur Kampagne erhielt Gold in der Kategorie Kinowerbefilme auf Seite 184 und Silber in der Kategorie TV-Spots auf Seite 180.

104 --- *Plakate und Poster (Indoor und Outdoor)*

Keine Models. Aber straffe Kurven.

Keine Models. Aber straffe Kurven.

AUSZEICHNUNG

DOVE
Pearl Kampagne
»Real Women«

Auftraggeber
Lever Fabergé Hamburg
Marketingleitung
Klaus Arntz
Agentur
Ogilvy & Mather
Creative Direction
Jörg Herzog,
Dennis Lewis
Art Direction
Britta Adaschkiewitz
Text
Katja Galow
Fotografie
Rankin
Kundenberatung
Johan v. Gersdorff

AUSZEICHNUNG

Mercedes-Benz
Taxi Kampagne
»Taxi Streckennetz«

Auftraggeber
Mercedes-Benz
Marketingleitung
Jochen Sengpiehl
Werbeleitung
Andreas Poulionakis,
Harald Fritz Bürger
Agentur
Springer & Jacoby
Werbung GmbH
Creative Direction
Tobias Ahrens,
Frank Bannöhr
Art Direction
Gerrit Zinke
Text
Jens Theil
Grafik
Nilguen Kayapinar-Yikici
Typografie
Roy Philipp
Illustration
Thorsten Laß
Kundenberatung
Melanie Werner,
Melanie Noack
**Producer/
Agentur Producer**
Nicola Windhausen
Sonstiges
Media:
Cornelia Brucker,
Art Buying:
Geraldine Schröder

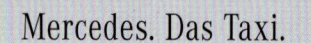

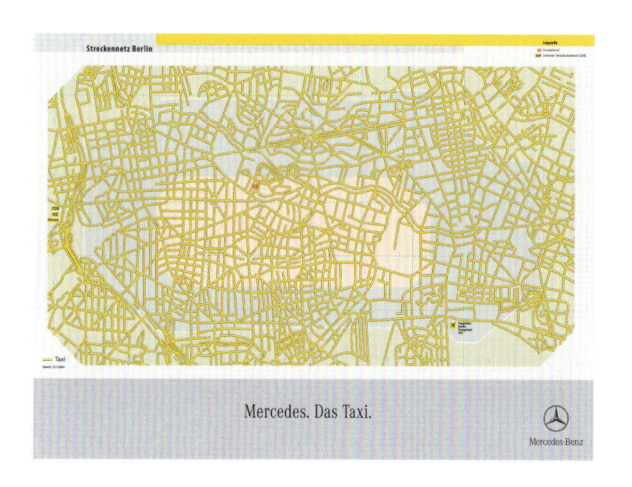

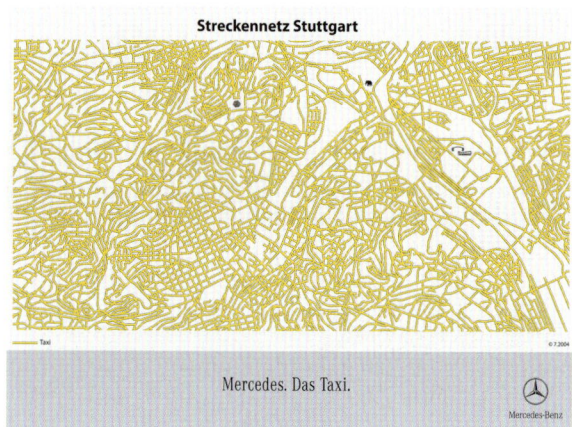

AUSZEICHNUNG

IFAW Kampagne
»Barcode-Käfig«

Auftraggeber
IFAW Internationaler
Tierschutz-Fonds
Marketingleitung
Ulrich Schnapauff
Agentur
Springer & Jacoby
Werbung GmbH
Creative Direction
Dirk Haeusermann,
Matthias Harbeck
Art Direction
Birgit Hogrefe
Text
Christiane Rein
Grafik
Simone Grün
Fotografie
Nadav Kander,
Till Leeser
Bildbearbeitung
Springer & Jacoby Blind,
Mui Vong
Kundenberatung
Josefine Härle,
Julia Waldi
Sonstiges
Art Buying:
Susanne Kastner-Linke

Zusätzlich erhielt diese Kampagne eine Auszeichnung in der Kategorie
Tageszeitungsanzeigen (inkl. Wochenzeitungen) auf Seite 92.

Plakate und Poster (Indoor und Outdoor) --- **107**

AUSZEICHNUNG

Deutsche Welthungerhilfe e. V.
Kampagne »Hunger«

Auftraggeber
Deutsche
Welthungerhilfe e. V.
Marketingleitung
Christian Osterhaus
Agentur
Scholz & Friends
Creative Direction
Matthias Spaetgens,
Jan Leube
Art Direction
Mathias Rebmann
Text
Florian Birkner
Grafik
Kathrin Höfer,
Annett Hofmann
Kundenberatung
Jörg Mayer,
Katrin Seegers,
Vera Hofmann

108 --- Plakate und Poster (Indoor und Outdoor)

HORNBACH
Baumarkt AG
Kampagne
»Sommerspiele«

Auftraggeber
HORNBACH
Baumarkt AG
Marketingleitung
Jürgen Schröcker
Werbeleitung
Diana Weber
Agentur
HEIMAT, Berlin
Creative Direction
Guido Heffels,
Jürgen Vossen
Art Direction
Tim Schneider
Text
Sebastian Kainz
Typografie
Jois Lundgren
Fotografie
Oliver Gast
Kundenberatung
Yves Krämer,
Barbara Widder

AUSZEICHNUNG
Ruhm und Ehre

Roter Stern,
Politische Buchhandlung
»Geburtstag«

Auftraggeber
Roter Stern,
Politische Buchhandlung
Marketingleitung
Ralf Gehlen
Agentur
Red Rabbit
Werbeagentur GmbH
Creative Direction
Dominik Monheim,
Jan Fröscher
Art Direction
Nadja Piepenstock
Text
Kurt Müller-Fleischer
Grafik
Nadja Piepenstock
Fotografie
Johann Cohrs
Bildbearbeitung
Onnen & Klein
Kundenberatung
Tobias Jung,
Jochen Matzer

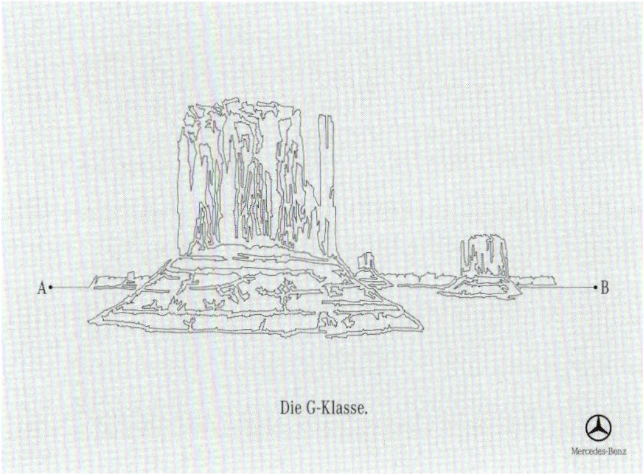

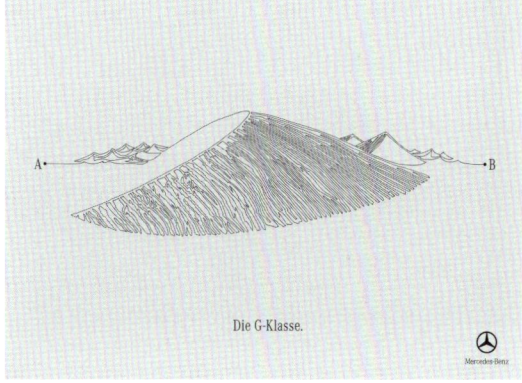

SILBER

Mercedes-Benz G-Klasse
Kampagne »Von A nach B«

Auftraggeber
Mercedes-Benz
Marketingleitung
J. Justus Schneider
Werbeleitung
Lothar Korn;
Projektleitung: Stefan Brommer,
Paula Picareta
Agentur
Springer & Jacoby
Werbung GmbH
Creative Direction
Stefan Meske,
Toygar Bazarkaya
Art Direction
Szymon Rose,
Jonathan Schupp
Grafik
Bill Yom, Florian Barthelmess
Illustration
Szymon Rose
Kundenberatung
Andrea Ey, Esther Wiedemann,
Jasmin Schwarzinger
Producer/Agentur Producer
Mini Kotzan
Sonstiges
Media: Julia Brünig

Zusätzlich erhielt diese Kampagne Gold in der Kategorie Fachanzeigen auf Seite 62/63 sowie in der Kategorie Tageszeitungsanzeigen (inkl. Wochenzeitungen) auf Seite 76/77, Silber in der Kategorie Publikumsanzeigen auf Seite 47 und Bronze in der Kategorie Illustration auf Seite 314/315.

AUSZEICHNUNG

Studio Funk Kampagne
»Comics«

Auftraggeber
Studio Funk KG
Marketingleitung
Klaus Funk
Agentur
Grabarz & Partner
Werbeagentur GmbH
Creative Direction
Ralf Heuel, Dirk Siebenhaar
Art Direction
Gabi Schnauder
Text
Ralf Heuel
Grafik
Pierre Schrickel
Typografie
Pierre Schrickel
Illustration
Bernhard Speh,
David von Bassewitz
Kundenberatung
Julia Petersen

Zusätzlich erhielt diese Kampagne eine Auszeichnung in der Kategorie Fachanzeigen auf Seite 67.

Plakate und Poster (Indoor und Outdoor)

AUSZEICHNUNG

Weru Kampagne
»Schallschutzfenster«

Auftraggeber
Weru AG
Marketingleitung
Dieter Frost
Werbeleitung
Malte Hyba
Agentur
Scholz & Friends
Creative Direction
Jan Leube,
Matthias Spaetgens
Art Direction
Kay Lübke
Text
Michael Häußler
Fotografie
Ralph Baiker
Bildbearbeitung
Appel Grafik Berlin
Kundenberatung
Katrin Seegers,
Uli Geiger

Zusätzlich erhielt diese Kampagne Bronze in der Kategorie Publikumsanzeigen länger laufender Kampagnen auf Seite 52/53 und in der Kategorie Fachanzeigen auf Seite 73.

AUSZEICHNUNG

RUNNERS POINT
»Schuh«

Auftraggeber
RUNNERS POINT
Warenhandelsgeschäft GmbH
Marketingleitung
Edgar Mohnfeld
Werbeleitung
Britta Stamm
Agentur
Jung von Matt AG
Creative Direction
Oliver Handlos, Götz Ulmer,
Oliver Voss
Art Direction
Martin Terhart,
Philipp Cerny
Grafik
Sebastian Gröbner
Illustration
Philipp Cerny, Martin Terhart
Kundenberatung
Julia Krömker
**Producer/
Agentur Producer**
Christian Will

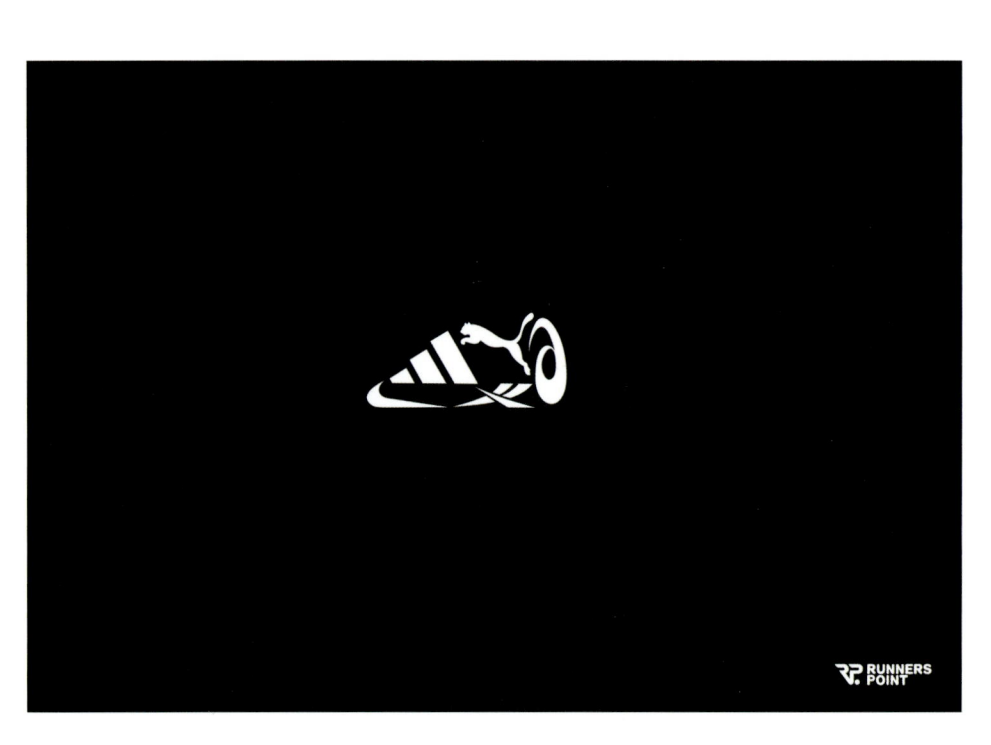

Zusätzlich erhielt diese Arbeit Bronze in der Kategorie Grafische Einzelarbeiten auf Seite 386.

Plakate und Poster (Indoor und Outdoor)

Sixt rent a car
»Vorher/Nachher«

Auftraggeber
Sixt GmbH & Co.
Autovermietung KG
Marketingleitung
Yvonne Gerlach
Agentur
Jung von Matt AG
Creative Direction
Wolf Heumann,
Bernhard Lukas
Art Direction
Martin Besl
Text
Michael Meyer,
Michael Häußler
Grafik
Volkmar Weiß
Fotografie
Christian Altengarten,
Frank Ossenbrink
Kundenberatung
Daniela Braun
**Producer/
Agentur Producer**
Jörg Mergemeier

Zusätzlich erhielt diese Arbeit Bronze in der Kategorie Tageszeitungsanzeigen (inkl. Wochenzeitungen) auf Seite 82/83.

MOST WANTED TEXT

VON A–Z

— LETTER FÜR LETTER —

TÄTERPROFIL:

AUSDRUCKS-STARK	BEREDT (·:·..!?...)	CREMIG DOZIEREND	EUPHEMISTISCH FETT GEBILDET	historisierend INTELLEKTUELL ++++++	JUNGGEBLIEBEN UND KRITISCH	LÜCKENLOS... MULTIPOTENT
→ ORTHO-GRAFISCH ......makellos......	PEKUNIÄR WIRKSAM ...*quälend schön*...	RASANT	*stolz* TÖNEND UNVERWUESTLICH	VOLLER WITZ	xan-tippig	≡YEAH!≡ *zweckfrei.* NICHT NETT!

!REWARD!

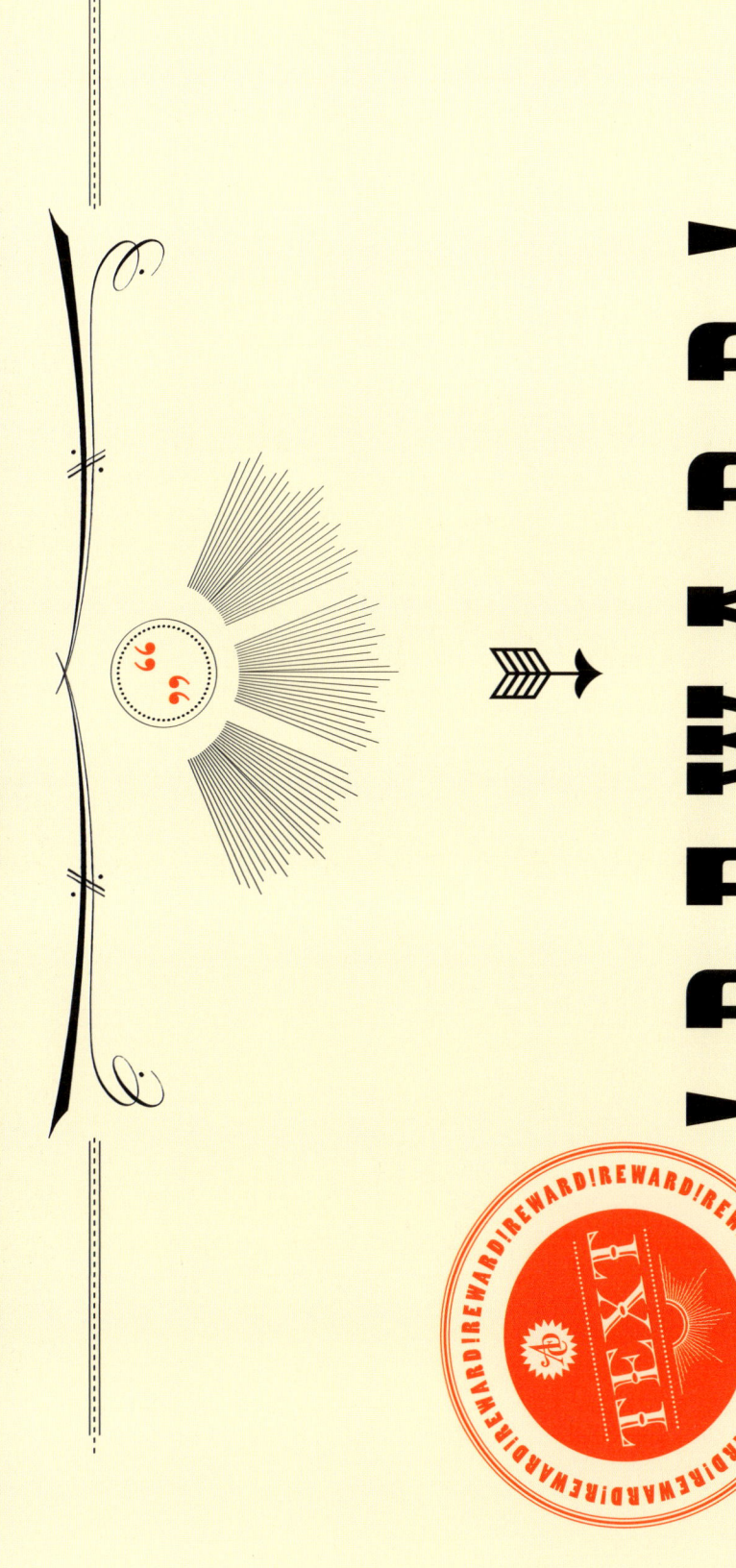

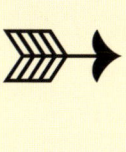

1 silberner ADC NAGEL
&
3 Auszeichnungen!

SILBER

11 Freunde
Anzeigenkampagne
»Fußballlyrik«

Auftraggeber
11 Freunde
Marketingleitung
Oliver Bresch
Werbeleitung
Dirk Völler
Agentur
Jung von Matt AG
Creative Direction
Oliver Handlos,
Götz Ulmer,
Oliver Voss
Art Direction
Martin Terhart
Text
Dennis May
Kundenberatung
Julia Krömker,
Philipp Schnitzler
**Producer/
Agentur Producer**
Birgit Weber

ZEITGENÖSSISCHER SPANISCHER KLASSIZISMUS

Barca

José Edmílson Gomes
   Albert Joquera
Rafael Márquez Álvarez
   Carles Saforcada

5 Valdés Arribas
   Albert Jorquera Fortia
Oleguer Presas
   Ronaldo de Assis Moreira

Samuel Eto'o
10 Andres Inieasta
Fernando Navarro
   Gabriel García

Juliano Belletti
   Thiago Motta
15 Ludovic Giuly
   Deco Luis de Souza

Frank Rijkaard, 2004

MAGAZIN FÜR FUßBALL-KULTUR   11FREUNDE

ZEITGENÖSSISCHER ENGLISCHER REALISMUS

Man U

Bardsley
Bellion
Brown
     Butt

Ferdinand
Fortune
Forlan
     Fletcher

Kleberson
Keane
     Giggs

     Ricardo
Rooney
     Ronaldo
Ruud

Gary Phil
    Neville
    Neville

Sir Alex Ferguson, 2004

MAGAZIN FÜR FUSSBALL-KULTUR   11FREUNDE

ZEITGENÖSSISCHE ITALIENISCHE ROMANTIK

Inter

Francesco Toldo
Ricardo Cruz Julio
Giuseppe Favalli
Marco Materazzi

Javier Zanetti
Christian Vieri
Ivan Ramiro Cordoba
Carlos Alberto Gamarra

Alvaro Recoba
Alberto Fontana
Francesco Coco
Ribeiro Adriano

Nicola Beati
Mario Rebecchi
Martin Bengtsson
Juan Veron

Roberto Mancini, 2004

MAGAZIN FÜR FUSSBALL-KULTUR   11FREUNDE

Text --- **117**

Ruhm und Ehre

AUSZEICHNUNG

Wieners+Wieners Lektorat
»Osteranzeige«

Auftraggeber
Wieners+Wieners
Werbelektorat GmbH
Marketingleitung
Ralf Wieners
Werbeleitung
Ralf Wieners
Agentur
Grabarz & Partner
Werbeagentur GmbH
Creative Direction
Ralf Heuel,
Dirk Siebenhaar
Art Direction
Ingo Otte
Text
Ralf Heuel,
Sonja Wigbels
Grafik
Sigrid Paßkowski
Kundenberatung
Melanie Hafemann

Korrektur:

Zu Ostern schenken wir Ihnen einen Fehler. (Suchen müssen Sie ihn aber selbst!)

365 Tage im Jahr machen wir nichts anderes, als die Fehler zu suchen, die Sie freundlicherweise für uns versteckt haben. Da ist es ja wohl nur gerecht, wenn wir Ihnen zu Ostern auch mal was verstecken, oder? Nun würde man ein verstecktes Osterei auf so einer Anzeigenseite verhältnismäßig schnell entdecken. Das wäre ja kein Spaß. Daher haben wir uns entschieden, Ihnen einen Fehler zu verstecken. So einen schönen orthografischen. Irgendwo in dieser Copy. Das wird dann ein Spaß. Denn wenn Sie den finden, können Sie auch noch was gewinnen. Schreiben Sie bis zum 30. April 2004 eine E-Mail an *fehler@wienersundwieners.de,* verraten Sie uns, wo Sie den Fehler gefunden haben, und schon könnte ein hinreißender Füllfederhalter im Wert von 200 Euro plus fünf Päckchen mit roten Tintenpatronen Ihnen gehören. Na, ist das ein Wort? Also gut. Los geht's. Genau genommen müssen Sie nicht mehr tun, als diesen Text von vorn bis hinten aufmerksam durchzulesen, die neue deutsche Rechtschreibung zu beachten und irgendwann den Fehler zu finden. Kleinigkeit für jemanden wie Sie. Bis jetzt war's doch auch ganz leicht, nicht? Keine schwierigen Wörter, keine langen Sätze, keine bösen Stolperfallen. (Obwohl: Das Wort *orthografisch* da oben sieht bei näherem Hingucken schon ein wenig verdächtig aus, wenn Sie uns fragen. Aber uns dürfen Sie diesmal ja nicht fragen.) Wie auch immer. Machen wir uns erst mal ein bisschen warm. Mit was ganz Einfachem. Wie wär's damit: *Ich heiße Peter. Das ist Susi. Wie geht es Ihnen? Mir geht es gut. Es ist Frühling. Das Wetter ist schön. Vielleicht regnet es heute noch. Dort hoppelt ein Hase. Ist es der Osterhase?* Sehen Sie – kein Problem. Die erste Runde haben Sie mal ganz lässig überstanden. Dann können wir den Schwierigkeitsgrad ja ein wenig erhöhen. Worauf haben Sie Lust? Grammatik? Fremdwörter? Satzzeichen? Okay, also Satzzeichen. Hier mal ein paar Sätze, in die wir ein Komma oder gleich mehrere Kommata eingebaut haben. (Bei der Gelegenheit: Ist die Mehrzahl von Komma wirklich Kommata? Und wie soll dann bitte schön die Mehrzahl von Oma heißen?) Aber lassen Sie sich nicht ablenken. Hier kommen nämlich die Sätze: *Peter ist traurig, weil er Susi liebt. Denn Susi, die er liebt, weil sie so schöne blonde Haare hat, liebt Peter nicht. Sie liebt Klaus, der eine schöne Villa, einen großen Swimmingpool und einen schicken Sportwagen besitzt. Klaus liebt aber Susi nicht, da er Ulrich, den Bruder von Peter, liebt. Ulrich, der auch ein Freund von Susi ist, die Peter nicht liebt, der Susi aber liebt, liebt Klaus auch.* Na, wie fühlen Sie sich jetzt? Das war gemein, finden Sie? Schwirrt der Kopf? Brennt die Birne? Kollabieren die Synapsen? Überlegen Sie ernsthaft, doch lieber den Frankfurter Flughafen aus Streichhölzern nachzubauen, bevor Sie sich das hier noch eine Minute länger antun? Oder ist es etwa genau umgekehrt? Gefällt Ihnen Ihr Job als Hobbylektor immer mehr? Haben Sie Tinte geleckt? Lesen Sie sogar zwischen den Zeilen, damit der Fehler Ihnen auf keinen Fall entwischt? Und haben Sie sich schon Goethes Faust, Teil 1 und 2, danebengelegt, weil Ihnen dieser Text hier viel zu einfach und popelig ist? Prima, dann haben Sie sich für eines unserer Schwerpunktthemen qualifiziert: die neue deutsche Rechtschreibung. Bestimmt kennen Sie sich da aus. Bestimmt wissen Sie, ob *Delfin* sich wirklich wie *Delfin* schreibt. Und ob in *Differenzial* ein Fehler steckt. Und natürlich sind Sie sicher, dass *Diktafon* hier falsch geschrieben ist. Genau wie *essenziell*. Und *Exposee*. Und Sie wissen auf jeden Fall, wie man *Fotometrie* nach der neuen deutschen Rechtschreibung buchstabiert. Und auch, ob's das Wort überhaupt gibt. Und mit *Geografie* kennen Sie sich selbstverständlich auch aus. Aber wenn jetzt alles mit f geschrieben wird, wie sieht's dann mit *Philosophie* aus? Oder mit *Jogurt?* Gehört da jetzt plötzlich auch ein f rein oder fehlt da nicht irgendwo ein h? Und was ist mit *Katarr?* Oder mit *Ketschup?* Sieht das nicht irgendwie ziemlich merkwürdig aus? So ähnlich wie *Portmonee*, *Spagetti*, *substanziell*, *Tunfisch* oder *Varietee?* Und wie ist es denn neuerdings mit den berühmten drei aufeinander folgenden Buchstaben, wie in *Auspuffflamme*, *Bestellliste*, *Betttuch*, *Kaffeeernte*, *Hawaiiinsel*, *Geschirrreiniger*, *Programmmusik*, *Schnellläufer* oder *Teeei?* Darf man die Wörter jetzt immer so schreiben oder hängt das irgendwie noch mit kurzen und langen Vokalen zusammen? Oder ist auf einmal alles erlaubt? Und wie sieht es mit der Trennung von Wörtern aus? Was darf man denn da? Darf man gestern trennen? Oder gilt immer noch die Eselsbrücke *Trenne nie st, denn es tut ihm weh?* Und wenn ich schon st trennen darf, wie sieht es dann mit dem ck aus? Mit so Wörtern wie wecken, trocken oder backen? Wird da das ck dann auch getrennt? Oder etwa nicht? Gab's nicht mal den Spruch *Trenne nie ck, sonst gibt es Trara?* Nein? Oder vielleicht doch? Das ist a-ber kompliziert. Hoppla, was war das jetzt schon wieder? Darf man so was denn? Einfach so einen Vokal am Wortanfang abtrennen? Oder war das jetzt der Fehler? Junge, Junge, ganz schön aufregend, diese neue deutsche Rechtschreibung, was? Aber so wie wir Sie kennen, ist Ihnen gerade schon wieder etwas langweilig geworden. Weil Sie gerade total unterfordert waren. Weil Sie die neue Rechtschreibung aus dem Effeff kennen.

Weil Sie heute schon viel härtere Nüsse geknackt haben. Weil Sie schon sabbernd auf die nächste Herausforderung warten, haben wir Recht? Holla, die Waldfee, wir haben Recht! Dagegen müssen wir unbedingt was tun. Und wir wissen auch schon, was! Wir geben Ihnen ein paar ganz besonders schwierige Wörter mit auf den Weg. Und zwar Wörter, die praktisch jedes Mal falsch geschrieben werden. Egal, ob Grundschüler, Abiturient, Student, Professor, Graffiti-Sprayer oder Executive Creative Director: Bei den Dingern haut jeder daneben. Also. Atmen Sie nochmal tief durch, schütteln Sie sich kurz und schmeißen Sie noch ein Stück Traubenzucker nach. Denn das wird kein Kindergeburtstag. Hier kommt das Minenfeld von Wörtern, in dem sich unser Fehler versteckt haben könnte: *gar nicht, des Weiteren, widerspiegeln, endgültig, widerlich, fürs, Rechtsprechung, Reparatur, separat, Entgelt, Voraussetzung, Einziges, Enttäuschung, Standard, Widerspruch, sympathisch, Rhythmus, Maschine, Rote Bete*. So. Haben Sie noch Puls? Ach, das war total unkompliziert, sagen Sie? So was lesen Sie höchstens mal, um abends einschlafen zu können? Okay, wie schmeckt Ihnen das hier: *Donaudampfschifffahrtsgesellschaftskapitänsanwärter*. Lächerlich, meinen Sie? Dann nehmen Sie das: *Llanfairpwllgwyngyllgogerychwyrndrobwllllantysiliogogogoch*. Jetzt gucken Sie aber, was? Da ist auch Ihr Duden sprachlos, wie? Und das Fremdwörterlexikon erst recht, stimmt's? Da fragt man sich ja: Gibt's das Wort überhaupt? Aber klar gibt's das Wort! *Llanfairpwllgwyngyllgogerychwyrndrobwllllantysiliogogogoch* ist eine Stadt in Wales, die der Einfachheit halber auch *Llanfair* genannt wird. Und wo wir gerade bei Einfachheit sind: Eine andere Stadt in Wales heißt *Gorsafawddachaidraigodanheddogleddollonpenrhynareurdraethceredigion*. Und in Neuseeland gibt es ein Örtchen, das heißt *Tetaumatawhakatangihangakoauaotamateaurehaeaturipukapihimaungahoronukupokaiwhenuaakitanarahu*. Das reicht Ihnen fürs Erste? Sie wollen nur noch weg? Okay, dann ersparen wir Ihnen den Ort in Thailand, der sich aus 163 Buchstaben zusammensetzt. Und noch was ersparen wir Ihnen: Economy nach Wales oder Neuseeland fliegen zu müssen, um die Schreibweise dieser Städte zu überprüfen. In den Städtenamen ist nämlich kein Fehler versteckt. Echt jetzt. Ehrenwort. Aber weil Fremdsprachen bei Ihnen gerade so gut ankommen: Wussten Sie, dass Handy auf Schwedisch *ficktelefon* heißt? Und Rechenschieber auf Lateinisch *penis mathematicus?* Und die gemeine Hauspflaume *Vagina domesticos vulgaris?* Und wussten Sie, dass man zu Hausnummer auf Lateinisch *coitus dominicus* sagt? Oder dass man die frühere Stadt *Cathedralis Erotica* heute sinnigerweise *Geilenkirchen* nennt? Bevor Sie jetzt überlegen, ob Sie vielleicht jemanden kennen, der jemand kennt, der sich mit so was auskennt: Das müssen Sie nicht überprüfen. Das stimmt alles. Das war nur, um Sie ein wenig aufzulockern. Spaß muss ja auch mal sein. Apropos: Wie schaut's eigentlich aus mit Ihnen? Geht's noch? Oder sagen Sie: „Och, bevor ich hier weiterlese, lese ich doch lieber das Hamburger Telefonbuch A–K?" Das wäre schade. Wir haben nämlich noch was ziemlich Lustiges für Sie. Quasi der Unterhaltungsteil in unserem launigen kleinen Text. Den Max Greger unter den Text-Mittelteilen: Ihr Lieblingslied *Bruder Jakob* in den unterschiedlichsten Sprachen! Zum Prüfen, ob alle Wörter in den verschiedenen Versionen auch wirklich richtig geschrieben sind. Also, nicht lang fackeln. Greifen Sie sich flugs alle Wörterbücher aus dem Regal, die Sie finden können! Stellen Sie eine Standleitung zu einem Fremdsprachengenie Ihrer Wahl her. Und schon geht's los. Hier kommt erst mal der deutsche Text: *Bruder Jakob! Bruder Jakob! Schläfst du noch? Schläfst du noch? Hörst du nicht die Glocken? Hörst du nicht die Glocken? Ding, dang, dong, ding, dang, dong!* So. Jetzt werfen Sie mal einen Riemen auf die Orgel. Jetzt kommt nämlich die englische Version: *Are you sleeping? Are you sleeping? Brother John! Brother John! Morning bells are ringing. Morning bells are ringing. Ding, ding, dong, ding, ding, dong.* Englisch ist Ihr zweiter Vorname? Sie wollen mehr? Bitte sehr, hier die französische Version: *Frère Jacques ! Frère Jacques ! Dormez-vous ? Dormez-vous ? Sonnez les matines. Sonnez les matines. Ding, ding, dong, ding, ding, dong.* Ach, das reicht Ihnen immer noch nicht? Dann nochmal auf Spanisch: *¡Martinillo! ¡Martinillo! ¿Dónde está? ¿Dónde está? Toca la campana. Toca la campana. Din, don, dan, din, don, dan.* Lächerlich, meinen Sie? Dann halt dänisch: *Mester Jakob! Mester Jakob! Sover du? Sover du? Hører du ej klokken? Hører du ej klokken? Bim, bam, bum, bim, bam, bum.* Das finden Sie lustig? Sie schmeißen sich weg vor Lachen? Dann sollten Sie erst mal die holländische Version lesen: *Vader Jacob! Vader Jacob! Slaapt gij nog? Slaapt gij nog? Alle klokken luiden. Alle klokken luiden. Bim, bam, bom, bim, bam, bom.* Und weil wir gerade so dufte drauf sind, gibt's noch die polnische Version obendrauf: *Panie Janie! Panie Janie! Rano wstań, rano wstań! Wszystkie dzwony biją, wszystkie dzwony biją! Bim, bam, bom, bim, bam, bom.* So, und mit der indonesischen Variante beschließen wir auch schon unsere kleine lyrische Weltreise: *Bapak Yakob, bapak Yakob. Bangunlah. Bangunlah. Hari sudah siang. Hari sudah siang. Ding dang dong, ding dang dong.* Das war's auch schon. Mehr Versionen gibt's nicht! Zumindest nicht heute. Das nächste Mal vielleicht. Übrigens: Wieso sind Sie überhaupt bis hierher gekommen? Wieso lesen Sie hier immer noch weiter? Haben Sie sich etwa mal ablenken lassen? Etwa gerade an der Stelle, wo der Fehler steckte? Und haben Sie etwa das Ding dabei glatt übersehen? Ja, Sie haben richtig gelesen! Sie sind schon am Fehler vorbei. Hier kommt nichts mehr. Schluss! Ende! Vorbei! Game over! Tschüssikowski! Jetzt kommt nur noch so 'n bisschen Gelaber, um die Seite voll zu kriegen. Wirklich! Kein Quatsch! Wirklich? Nee, war nur Spaß. Kleiner Lektorenscherz. Es ist noch alles drin. Sie haben noch jede Chance auf den Fehler. Und auf den Füllfederhalter natürlich. Und die fünf Päckchen mit roten Tintenpatronen. Nur noch ein bisschen durchhalten und die Zähne zusammenbeißen. Dann finden Sie den Fehler garantiert. Um Ihnen die Wartezeit auf den Fehler ein wenig zu verkürzen, erzählen wir Ihnen kurz was über die drei schönsten Sätze, die sich ein Lektor überhaupt vorstellen kann. Der erste ist: *The quick brown fox jumps over the lazy dog,* weil in ihm alle Buchstaben des Alphabets vertreten sind. (Obacht! Sind da wirklich alle Buchstaben des Alphabets drin? Und überhaupt: Wird Alphabet nicht nach der Rechtschreibreform mit f geschrieben?) Unser zweiter Lieblingssatz ist ein Satz aus dem Tausendundzweiten Märchen des Phantasus von Arno Holz, weil er 3.720 Verse umfasst und lockere 95 Seiten lang ist. (Den wollten wir erst für unser Gewinnspiel nehmen. Aber wissen Sie, was 95 Seiten in der Horizont kosten? Und dann noch der Füllfederhalter obendrauf!) Unser dritter Lieblingssatz ist: *Bitte Korrektur lesen!* Denn ein Lektor kennt nichts Großartigeres, als Korrektur zu lesen. Überall und alles. Wir lesen sogar Blindtext Korrektur, wenn man uns lässt. Das macht Laune! Probieren Sie es doch selbst mal aus – schließlich haben Sie den Fehler ja immer noch nicht gefunden. Auf die Plätze, fertig, los! *Lorem ipsum dolor sit amet, consectetuer adipiscing elit, sed diam nonummy nibh euismod tincidunt ut laoreet dolore magna aliquam erat volutpat. Ut wisi enim ad minim veniam, quis nostrud exerci tation ullamcorper suscipit lobortis nisl ut aliquip ex ea commodo consequat*. Na, war das nicht schön? Nein, das war nicht schön, sagen Sie? Das war – verdammte Axt noch eins – ziemlich schwierig? Na gut, mit einem Vergleichsblindtext wird's gleich viel einfacher. Normalerweise gibt's bei uns für solche Hilfestellungen ja eigentlich keinen Füllfederhalter, aber zu Ostern wollen wir mal nicht so sein. Hier also der Vergleichsblindtext. Dann können Sie ganz schnell sehen, ob in einem der beiden ein Fehler steckt: *Lorem ipsum dolor sit amet, consectetuer adipiscing elit, sed diam nonummy nibh euismod tincidunt ut laoreet dolore magna aliquam erat volutpat. Ut wisi enim ad minim veniam, quis nostrud exerci tation ullamcorper suscipit lobortis nisl ut aliquip ex ea commodo consequat*. Sehen Sie, da haben wir es Ihnen zum Schluss nochmal richtig einfach gemacht. Ach so, wo wir gerade vom Schluss reden: Haben Sie den Fehler mittlerweile gefunden? Nein? Obwohl es nur noch ein paar Sätze bis zum Ende sind? Dann haben Sie noch genau vier Chancen. Erstens: Der Fehler kommt noch. Also schön langsam weiterlesen. Falls Sie ihn aber auch in den letzten Sätzen nicht finden, tritt Option zwei in Kraft: Sie tippen diesen Text in Ihren Computer ein und starten anschließend das Rechtschreibprogramm. Aber was, wenn das Rechtschreibprogramm auf einmal ganz viele Fehler findet? Dann haben Sie wahrscheinlich vergessen, das Software-Update mit der neuen deutschen Rechtschreibung zu installieren. Oder dem Programm sämtliche walisische Ortsnamen noch nicht beigebracht. Oder das Ding wurde nicht von einem deutschen Lektor, sondern von einem amerikanischen Multimilllardär programmiert. Das bringt uns zur dritten Möglichkeit: Sie klingeln bei einem Deutschlehrer in Ihrer Nachbarschaft und bitten ihn freundlich um Unterstützung. Das Dumme daran: Der Pädagoge wird denken, Sie haben sie nicht alle. Und: Es gibt nur einen Füllfederhalter. Wer kriegt den dann? Der Deutschlehrer? Sie? Hälfte, Hälfte? Sehen Sie. Vierte Möglichkeit: Sie machen sich noch ein Tässchen Ovomaltine und lesen den Text einfach nochmal. Ganz langsam. Von Anfang an. Mit den walisischen Dörfern, dem indonesischen Bruder Jakob und dem ganzen Schmonzes. Weil's so schön war. Okay, eine allerletzte Möglichkeit gibt's natürlich auch noch: Machen Sie's wie immer und schicken Sie die ganze Seite einfach an uns. Dann machen wir's wie immer und finden den Fehler garantiert. Aber den Füllfederhalter, den können Sie dann vergessen.

WIENERS+WIENERS
Werbelektorat und Adaptionen

www.wienersundwieners.de

amen ist nämlich kein Fehler ver-
rt. Aber weil Fremdsprachen bei
nen: Wussten Sie, dass Handy auf
it? Und Rechenschieber auf Latei-
Und die gemeine Hauspflaume
s? Und wussten Sie, dass man zu
h *coitus dominicus* sagt? Oder
Cathedralis Erotica heute sinniger-
? Bevor Sie jetzt überlegen, ob Sie
, der jemand kennt, der sich mit so
Sie nicht überprüfen. Das stimmt
in wenig aufzulockern. Spaß muss
: Wie schaut's eigentlich aus mit
sagen Sie: „Och, bevor ich hier
ber das Hamburger Telefonbuch
Vir haben nämlich noch was ziemlich
Unterhaltungsteil in unserem launi-
Greger unter den Text-Mittelteilen:
ob in den unterschiedlichsten Spra-
Wörter in den verschiedenen Ver-
 geschrieben sind. Also, nicht lang
gs alle Wörterbücher aus dem
n! Stellen Sie eine Standleitung zu
 Ihrer Wahl her. Und schon geht's
r deutsche Text: *Bruder Jakob! Bru-
?? Schläfst du noch? Hörst du nicht
ht die Glocken? Ding, dang, dong,*
werfen Sie mal einen Riemen auf die
h die englische Version: *Are you
? Brother John! Brother John! Morning bells are ringing. Ding, ding,*
glisch ist Ihr zweiter Vorname? Sie
er die französische Version: *Frère
rmez-vous? Dormez-vous? Sonnez
tines. Ding, ding, dong, ding, ding,*
 immer noch nicht? Dann nochmal
*artinillo! ¿Dónde está? ¿Dónde está?
ampana. Din, don, dan, din, don,*
? Dann halt dänisch: *Mester Jakob!
over du? Hører du ej klokken?
bam, bum, bim, bam, bum.* Das
ißen sich weg vor Lachen? Dann
indische Version lesen: *Vader Jakob!
?? Slaapt gij nog? Alle klokken lui-
m, bam, bom, bim, bam, bom.* Und
auf sind, gibt's noch die polnische

minim veniam, quis nostrud exerci tation ullamcorper suscipit lobortis nisl ut aliquip ex ea commodo consequat. Na, war das nicht schön? Nein, das war nicht schön, sagen Sie? Das war – verdammte Axt noch eins – ziemlich schwierig? Na gut, mit einem Vergleichsblindtext wird's gleich viel einfacher. Normalerweise gibt's bei uns für solche Hilfestellungen ja eigentlich keinen Füllfederhalter, aber zu Ostern wollen wir mal nicht so sein. Hier also der Vergleichsblindtext. Dann können Sie ganz schnell sehen, ob in einem der beiden ein Fehler steckt: *Lorem ipsum dolor sit amet, consectetuer adipiscing elit, sed diam nonummy nibh euismod tincidunt ut laoreet dolore magna aliquam erat volutpat. Ut wisi enim ad minim veniam, quis nostrud exerci tation ullamcorper suscipit lobortis nisl ut aliquip ex ea commodo consequat.* Sehen Sie, da haben wir es Ihnen zum Schluss nochmal richtig einfach gemacht. Ach so, wo wir gerade vom Schluss reden: Haben Sie den Fehler mittlerweile gefunden? Nein? Obwohl es nur noch ein paar Sätze bis zum Ende sind? Dann haben Sie noch genau vier Chancen. Erstens: Der Fehler kommt noch. Also schön langsam weiterlesen. Falls Sie ihn aber auch in den letzten Sätzen nicht finden, tritt Option zwei in Kraft: Sie tippen diesen Text in Ihren Computer ein und starten anschließend das Rechtschreibprogramm. Aber was, wenn das Rechtschreibprogramm auf einmal ganz viele Fehler findet? Dann haben Sie wahrscheinlich vergessen, das Software-Update mit der neuen deutschen Rechtschreibung zu installieren. Oder dem Programm sämtliche walisische Ortsnamen noch nicht beigebracht. Oder das Ding wurde nicht von einem deutschen Lektor, sondern von einem amerikanischen Multimilllardär programmiert. Das bringt uns zur dritten Möglichkeit: Sie klingeln bei einem Deutschlehrer in Ihrer Nachbarschaft und bitten ihn freundlich um Unterstützung. Das Dumme daran: Der Pädagoge wird denken, Sie haben sie nicht alle. Und: Es gibt nur einen Füllfederhalter. Wer kriegt den dann? Der Deutschlehrer? Sie? Hälfte, Hälfte? Sehen Sie. Vierte Möglichkeit: Sie machen sich noch ein Tässchen Ovomaltine und lesen den Text einfach nochmal. Ganz langsam. Von Anfang an. Mit den walisischen Dörfern, dem indonesischen Bruder Jakob und dem ganzen Schmonzes. Weil's so schön war. Okay, eine allerletzte Möglichkeit gibt's natürlich auch noch: Machen Sie's wie immer und schicken Sie die ganze Seite einfach an uns. Dann machen wir's wie immer und finden den Fehler garantiert. Aber den Füllfederhalter, den können Sie dann vergessen.

WIENERS+WIENERS
Werbelektorat und Adaptionen

www.wienersundwieners.de

AUSZEICHNUNG

HSE »Baustellenschilder«

Auftraggeber
HSE
(HEAG Südhessische
Energie AG)
Marketingleitung
Jürgen Hein-Benz
Agentur
Young & Rubicam
GmbH & Co. KG
Creative Direction
Horst Becker,
Christian Daul
Art Direction
Norbert Hübner
Text
Lothar Müller
Fotografie
Norbert Hübner
Kundenberatung
Anja Streckel,
Pia Schütz
**Producer/
Agentur Producer**
Markus Eikam

Als fortschrittliche Bank benutzen wir biometrische Zugangskontrollen. Wir merken uns Ihr Gesicht, Ihre Stimme und Ihren Namen.

Julius Bär
True to you.

Zusätzlich erhielt diese Anzeige eine Auszeichnung in der Kategorie Tageszeitungsanzeigen (inkl. Wochenzeitungen) auf Seite 89.

AUSZEICHNUNG

Bank Julius Bär
Kampagne
»True to you«

Auftraggeber
Julius Bär
Marketingleitung
Jürg Stähelin
Werbeleitung
Markus Halper
Agentur
Jung von Matt AG
Creative Direction
Alexander Jaggy
Art Direction
Axel Eckstein
Text
Alexander Jaggy,
Axel Eckstein
Grafik
Inken Rohweder
Kundenberatung
Rolf Helfenstein,
Sacha Baer,
Christine Kuhnt

VERKAUFS-FÖRDERUNG

WANTED

REWARD: – 1 SILBERNER UND 1 BRONZENER ADC NAGEL & 9 Auszeichnungen!

DEN BETRACHTER BANNEND #### *verführerisch,* BEZAUBERND BEBILDERT, INNOVATIV und BESTECHEND ~~ beredt und GEISTVOLL

ANREGEND //////

Mit schönen Worten kokettierend

sagenhaft ANPRANGERND und GÖNNERHAFT PROTZEND, GROSSARTIG GEBIETEND

pkt

rhetorisch BEGABT +++ KNALLHART KALKULIEREND!

und auf angenehme Weise

WIRKSAM *

ÜBERHEBLICH

DREIST

BRONZE

Fix Foto Plakate
»Blitzerkampagne«

Auftraggeber
Fix Foto GmbH
Marketingleitung
Thomas Bomm
Agentur
Scholz & Friends
Creative Direction
Jan Leube,
Matthias Spaetgens
Art Direction
Tim Stockmar
Text
Torsten Lindner
Kundenberatung
Katrin Seegers,
Katrin Ploska

Die meisten Werbemittel landen ungesehen im Müll. Bei offizieller Post ist das anders. Fix Foto nutzte diesen Umstand, um einen freundlich gemeinten Hinweis in die Köpfe potenzieller Kunden zu schmuggeln. Der Trick: Fix Foto platzierte mobile Großflächenplakate im Blickfeld von »Starenkästen«. Dadurch landete die eigene Werbebotschaft automatisch auf den Blitzer-Fotos, die der Polizeipräsident den Verkehrssündern zuschickte.

Zusätzlich erhielt diese Arbeit Bronze in der Kategorie Media auf Seite 494.

Verkaufsförderung --- **125**

AUSZEICHNUNG

IFAW Internationaler Tierschutz-Fonds
»Robbengreifer«

Auftraggeber
IFAW Internationaler
Tierschutz-Fonds gGmbH
Werbeleitung
Ulrich Schnapauff –
Pressesprecher
Deutschland
Agentur
Springer & Jacoby
Werbung GmbH
Creative Direction
Stefan Meske,
Toygar Bazarkaya
Art Direction
Anneli Tomfort,
Jessica Schneider
Text
Constantin Sossidi
Bildbearbeitung
S&J Digital
Illustration
Sascha Bierl
Kundenberatung
Josefine Härle,
Nicola Sterly
**Producer/
Agentur Producer**
Tanja Kosnik

Die Tierschutzorganisation IFAW kämpft gegen die brutale Robbenjagd in Kanada. Mit diesem Spielautomat kann man sie dabei unterstützen. Wer mit Hilfe des Greifarmes eine Robbe befreit, wird selbst zum Robbenretter. Und auch wenn es nicht beim ersten Versuch gelingt, das eingeworfene Geld kommt in jedem Fall den Robben als Spende zugute.

AUSZEICHNUNG

smart fortwo cabrio
Promotion »Coladose«

Auftraggeber
DaimlerChrysler
Vertriebsorganisation
Deutschland/
Coca-Cola GmbH

Marketingleitung
Jochen Sengpiehl,
Peter Kraushaar/
Gregor Gründgens,
Matthias Meusel

Agentur
Springer & Jacoby
Werbung GmbH

Creative Direction
Dirk Haeusermann,
Matthias Harbeck

Art Direction
Birgit Hogrefe

Text
Christiane Rein

Grafik
Simone Grün

Fotografie
Christoph Morlinghaus

Bildbearbeitung
Andrea Meyerdierks

Kundenberatung
Julia Helm,
Jens Portmann

Mit nur einem Handgriff wird das smart fortwo cabrio zum offenen Vergnügen. Um diesen Vorteil überraschend zu kommunizieren, bedruckten wir die Öffnungslaschen von Coladosen mit der Aufsicht eines smart fortwo cabrio. Öffnet man die Coladose, öffnet man auch das Cabrioverdeck. Resultat: eine doppelte Erfrischung.

Verkaufsförderung --- **127**

AUSZEICHNUNG

NIVEA
Sun Self Tan Taxi Ad
»Selbstbräunungstaxi«

Auftraggeber
Beiersdorf AG
Marketingleitung
Frank Hennings
Agentur
TBWA\
Creative Direction
Dietrich Zastrow,
Uwe Glüsing
Art Direction
Patricia Wespel
Text
Daniel Cachandt
Fotografie
K. D. Busch
Bildbearbeitung
Schäfer Repro
Kundenberatung
Petra Dahlhaus,
Valeska Lamberti
**Producer/
Agentur Producer**
Alexander Heldt

Das braune Taxi von NIVEA Sun Selbstbräunungsspray
Das Selbstbräunungsspray von NIVEA Sun macht blasse
Haut schön braun. Gerade im Winter zu den Weihnachts-
und Silvesterfeiertagen. Das demonstrierten wir mit einem
Taxi in Stuttgart. Zwischen den blassen hellbeigefarbenen
normalen Taxen fuhr im Dezember '04 für einen Monat ein
brauner Wagen herum. Er hatte ein Taxi-Ad-Schild oben
drauf: NIVEA SUN SELBSTBRÄUNUNGSSPRAY.

Ich bremse auch für Fische.

Ich bremse auch für Fische.

Die G-Klasse mit 500 mm Wattiefe.

Es ist selbstverständlich, dass man für Tiere bremst. Ist man mit der G-Klasse unterwegs, muss man noch etwas öfter für alle möglichen Tierarten anhalten – auch für Fische.

RUHM UND EHRE
AUSZEICHNUNG

Mercedes-Benz G-Klasse
Aufkleber »Fisch«

Auftraggeber
Mercedes-Benz
Marketingleitung
Jochen Sengpiehl
Werbeleitung
Andreas Poulionakis,
Klaus Burghauser
Agentur
Springer & Jacoby
Werbung GmbH
Creative Direction
Tobias Ahrens,
Frank Bannöhr
Art Direction
Andreas Mädler
Text
Hannes Winkler
Grafik
Melanie Maecker
Typografie
Juan Windhausen
Kundenberatung
Esther Wiedemann,
Jasmin Schwarzinger
**Producer/
Agentur Producer**
Tanja Kosnik

Verkaufsförderung

AUSZEICHNUNG
RUHM UND EHRE

Smile Zahnstudio
Promotion
»White Cab«

Auftraggeber
Smile Studio
Dentalkosmetik
Marketingleitung
Alexander Schmeil
Werbeleitung
Alexander Schmeil
Agentur
JWT
Art Direction
Daniel Wudtke
Text
Christoph Tratberger
Fotografie
Daniel Wudtke
Kundenberatung
Marco Ihle

Strahlend weiße Zähne sind schön anzusehen. Dreckig-beige oder bräunlich verfärbte Zähne dagegen weniger. Wie groß der Unterschied sein kann, zeigt unser Taxi, wenn es zwischen anderen steht.

blush Dessous Flyer
»GEZ-Abmeldung«

Auftraggeber
blush Dessous

Marketingleitung
Claudia Kleinert

Agentur
BBDO Campaign GmbH
Berlin

Creative Direction
Johannes Krempl,
Patrick They

Text
Gordon Schmid,
Tobias Geigenmüller

Grafik
Mirella Mustapic

Kundenberatung
Sandra Dietrich

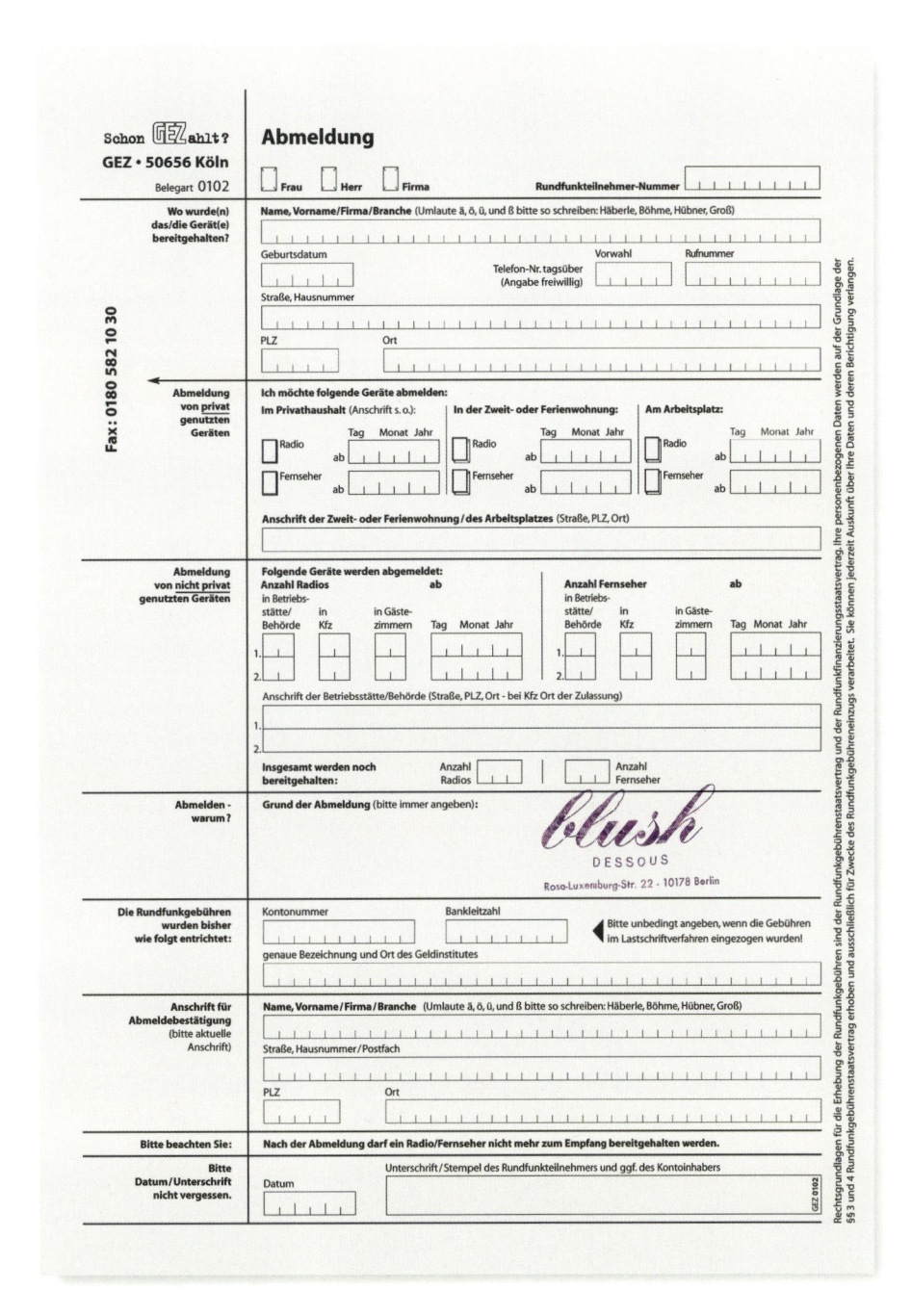

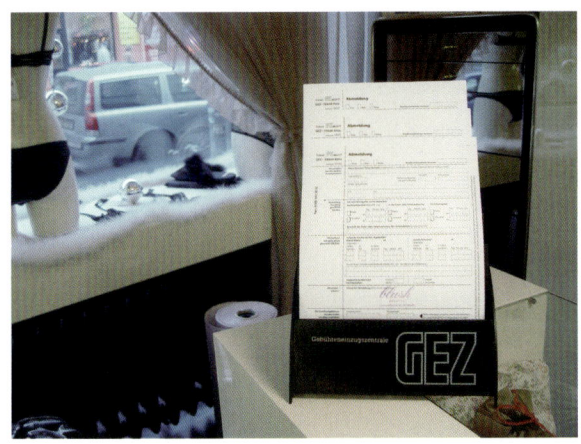

Nicht nur in Banken, Sparkassen und Postfilialen – die GEZ-Abmeldeformulare gibt's auch bei blush-Dessous.
Und praktischerweise ist die Spalte für den Grund der Abmeldung schon ausgefüllt.
Denn wer sexy Dessous zu Hause hat, braucht keinen Fernseher mehr und kann bares Geld sparen.

AUSZEICHNUNG

ITS Reisen Aktion
»Das blaue Wunder«

Auftraggeber
LTU Touristik
Marketingleitung
Kai Willersinn
Agentur
Jung von Matt AG
Creative Direction
Joachim Silber
Art Direction
Joachim Silber
Text
Paul Fleig
Grafik
Andreas Jeutter
Fotografie
Steffen Müller
Kundenberatung
Anna Selter

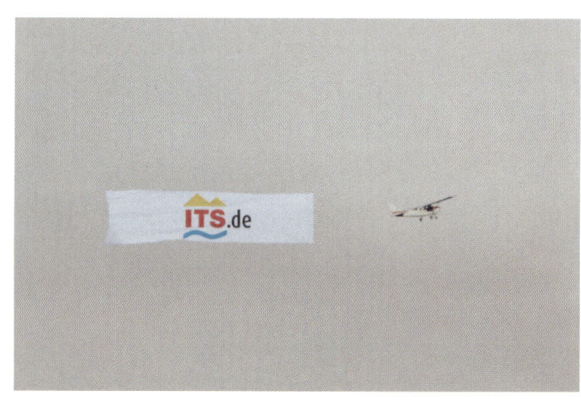

Das blaue Wunder
ITS macht den grauen Winterhimmel blau. Und weckt mit einer Cessna und
»50 x 8 m Sommer« die Lust auf Urlaub.

132 --- Verkaufsförderung

AUSZEICHNUNG

Lucky Strike 1916
Promotion »Oma«

Auftraggeber
British American Tobacco
(Germany) GmbH
Marketingleitung
Andrew Schwager
Werbeleitung
Stefan Fischer,
Hans-Jürgen Philipp
Agentur
KNSK
Werbeagentur GmbH
Creative Direction
Michael Barche,
Vera Hampe
Art Direction
Nanke Voß
Text
Olaf Hörning
Grafik
Stefanie Speicher
Bildbearbeitung
Johannes Bauer Repro
Illustration
Klaus Schwieker
Kundenberatung
Corinna Elsässer
Strategische Planung
Knut Riedel

Sie waren ungebrandet und ungeniert. Sie zogen durch Deutschlands Clubs und sprachen knackige junge Männer an: »Na, Kleiner – wie wär's? Willste mal 'ne 88-Jährige anmachen?« Allen mutigen Ja-Sagern boten die fidelen Promotion-Omis Zigaretten zum Kauf an: die 88 Jahre alte Lucky Strike 1916. Und damit man die erste 88-Jährige sofort anmachen konnte, gab's ein Feuerzeug gleich mit dazu.

Das ebenfalls zur Kampagne »Hommage an 1916« gehörende Kartenspiel erhielt eine Auszeichnung in der Kategorie Illustration auf Seite 316.

Verkaufsförderung --- **133**

AUSZEICHNUNG

Jung von Matt
Promotion »Senioren«

Auftraggeber
Jung von Matt AG
Agentur
Jung von Matt AG
Creative Direction
Wolf Heumann,
Andreas Ottensmeier,
Stefan Horbach
Text
Sascha Hanke
Grafik
Vanessa Rabea Schrooten
Kundenberatung
Daniela Braun

Irgendwann ist es zu spät für JUNG v. MATT

Jetzt bewerben: jvm.de

Zur Nachwuchs-Rekrutierung schickten wir mehrere Senioren auf die ADC Ausstellung.
Auf ihrem Rücken ein Schild mit dem Aufdruck:
»Irgendwann ist es zu spät für JUNG v. MATT. Jetzt bewerben: jvm.de«

Ein neues Auto zu präsentieren, ist nichts Besonderes. Es sei denn, man macht es dort, wo es zuvor noch keiner gemacht hat: auf U-Bahn-Schienen. Der neue smart forfour wurde vor rund 250.000 staunenden Menschen in den U-Bahn-Stationen von Berlin präsentiert – eine Woche vor seiner offiziellen Einführung auf der Straße.

Zusätzlich erhielt diese Arbeit Gold in der Kategorie Media auf Seite 480/481.

SILBER

smart forfour Promotion
»Auf Schienen«

Auftraggeber
DaimlerChrysler
Vertriebsorganisation
Deutschland
Marketingleitung
Jochen Sengpiehl,
Peter Kraushaar
Agentur
Springer & Jacoby
Werbung GmbH
Creative Direction
Dirk Haeusermann,
Matthias Harbeck
Art Direction
Birgit Hogrefe,
Nina Pohl,
Alexander Sehrbrock
Text
Christiane Rein,
Daniel Ernsting,
Jan Krause
Grafik
Felix Vorreiter
Kundenberatung
Katrin Streich,
Mareike Milde,
Jens Portmann

WANTED

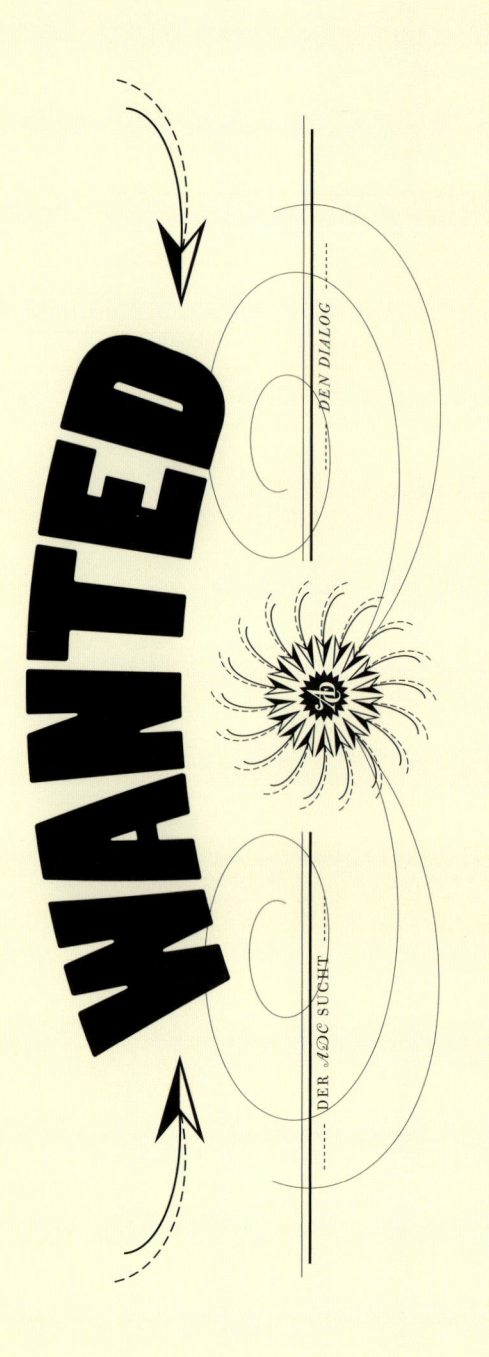

DER ADC SUCHT — DEN DIALOG

// – DAS – //
kommunikativste
und die
erfreulichsten
Reaktionen
HERVORRUFENDE

DIALOG MARKETING

MAILINGS UND ANZEIGEN

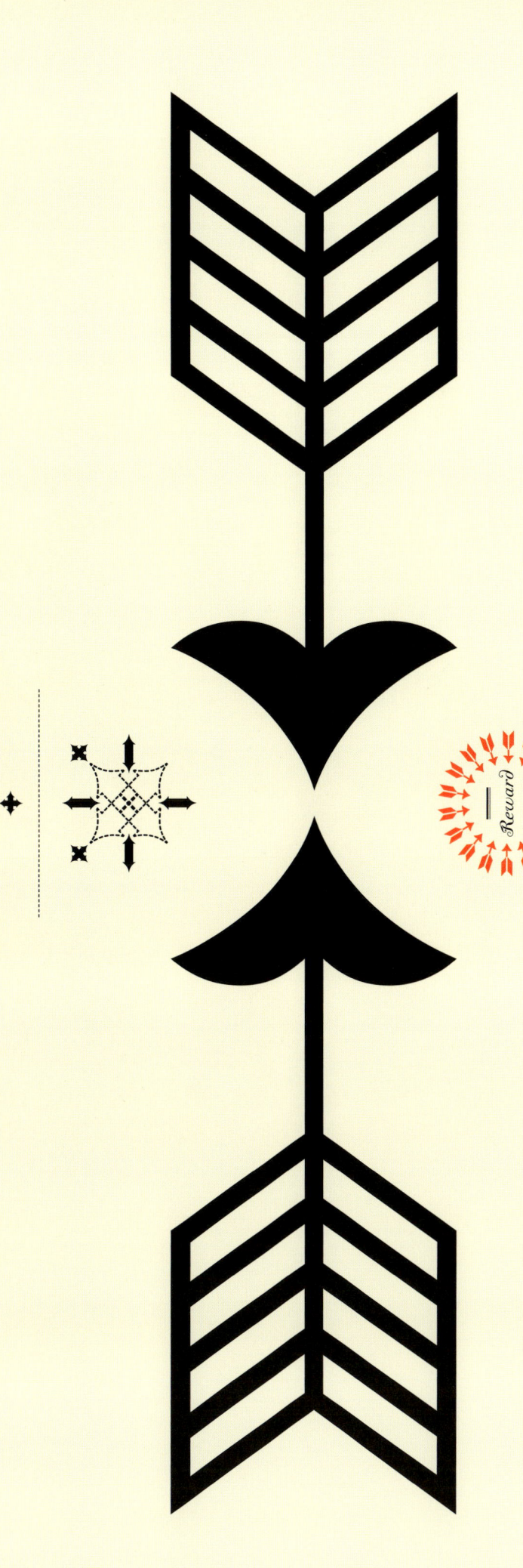

4 BRONZENE ADC NÄGEL
8 Auszeichnungen!

BRONZE

CHILDREN FOR A BETTER WORLD
Mailing »Adventskalender ohne Schokolade«

Auftraggeber
CHILDREN FOR A BETTER WORLD e.V.

Marketingleitung
Vorstand: Dr. Florian Langenscheidt, GF: Ulrike de Vries

Agentur
Saint Elmo's Agentur für Kreative Energie GmbH

Creative Direction
Arwed Berendts

Art Direction
Markus Kolbe, Roland Welker

Text
Jan Schlink

Kundenberatung
Feodor von Wedel, Meike Fuhrmann

Ein etwas anderer Spendenaufruf gegen die Kinderarmut in Deutschland. Anstelle der Schokolade in einem klassischen Adventskalender finden die Adressaten Tag für Tag mehr Informationen über Kinderarmut in Deutschland. Dadurch wird verdeutlicht, wie es nicht nur zum Weihnachtsfest hinter vielen Türen in Deutschland aussieht. Hinter dem letzten Türchen des Kalenders befinden sich der Spendenaufruf und die Kontonummer der Hilfsorganisation.

Dialogmarketing (Mailings und Anzeigen) --- **139**

BRONZE

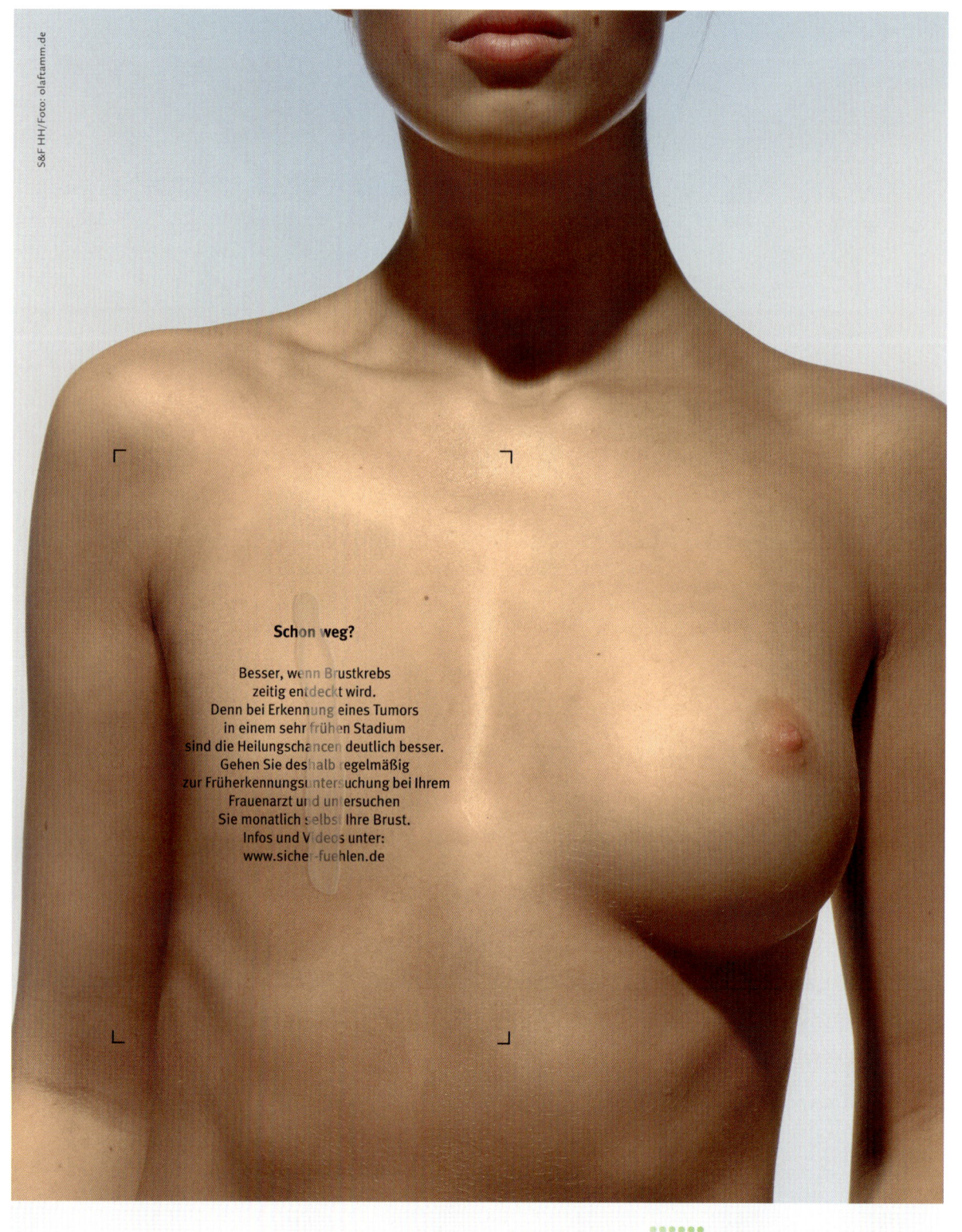

Krebsgesellschaft
NRW Anzeige »Tip-On«

Auftraggeber
Krebsgesellschaft
Nordrhein-Westfalen e.V.
Marketingleitung
Dr. Margret Schrader
Werbeleitung
Charles Greene
Agentur
Scholz & Friends
Creative Direction
Marcus Korell,
Gerrit Kleinfeld
Art Direction
Anette Schubert
Text
Anette Schubert,
Arne König
Grafik
Britta Dias
Fotografie
Olaf Tamm
Bildbearbeitung
Metagate
Kundenberatung
Raphael Brinkert,
Nicole Drabsch
Sonstiges
Art Buying:
Chantal Mene

Schon weg?

Besser, wenn Brustkrebs
zeitig entdeckt wird.
Denn bei Erkennung eines Tumors
in einem sehr frühen Stadium
sind die Heilungschancen deutlich besser.
Gehen Sie deshalb regelmäßig
zur Früherkennungsuntersuchung bei Ihrem
Frauenarzt und untersuchen
Sie monatlich selbst Ihre Brust.
Infos und Videos unter:
www.sicher-fuehlen.de

Krebsgesellschaft
Nordrhein-Westfalen e.V.

Meist lässt es einen kalt, wenn in einer Anzeige das Tip-On fehlt.
Bei dieser Anzeige für Brustkrebs-Vorsorge ist das Gegenteil der Fall.

BRONZE

Volkswagen Polo
Give Away
»Erste-Hilfe-Kasten«

Auftraggeber
Volkswagen AG
Marketingleitung
Jörn Hinrichs,
Lutz Kothe
Werbeleitung
Martina Berg
Agentur
DDB Berlin
Creative Direction
Alexander Weber-Grün,
Bastian Kuhn
Art Direction
Björn Löper
Text
Lina Jachmann,
Elias Kouloures
Kundenberatung
Michael Lamm

Als Ergänzung zur klassischen Polo-Kampagne »Extrem gut gebaut« wurde dem Handel ein spezieller Erste-Hilfe-Kasten zur Verfügung gestellt. Um eine Kaufentscheidung zu forcieren, wurde dieser Kasten an Interessenten versendet, die gerade eine Polo-Probefahrt absolviert hatten. In dem Kasten befand sich alles, was man im Polo braucht, um für Notfälle gerüstet zu sein: ein Kinderpflaster.

Dialogmarketing (Mailings und Anzeigen) --- **141**

BRONZE

Raffles Hotel
Vier Jahreszeiten Hamburg
Mailing
»Gutes Benehmen
im Galopp«

Auftraggeber
Raffles Hotel
Vier Jahreszeiten Hamburg
Marketingleitung
Judith Fuchs-Eckhoff
Agentur
Springer & Jacoby
Werbung GmbH
Creative Direction
Uli Gürtler
Art Direction
Mike Brandt
Text
Jens Ringena,
Stefanie Thul
Grafik
Janina Empter
Typografie
Mike Brandt
Bildbearbeitung
Onnen & Klein
Illustration
André Rösler,
Springer & Jacoby Design
Kundenberatung
Frank Bachmann,
Dorothée Ehlert,
Carmen Jordt
**Producer/
Agentur Producer**
Produktionsbüro
Romey von Malottky
GmbH
Sonstiges
Projektmanager:
Claudia Opel,
Ilse Neumann;
Art Buying:
Anja Heineking

Die lieben Kleinen sind am Tisch der reinste Albtraum? Die Benimmkurse des Raffles Hotel Vier Jahreszeiten können das ändern. Deshalb bekamen gute Kunden des Hauses zusammen mit einem Anschreiben und einer Antwortkarte das Buch »Gutes Benehmen im Galopp – Über 28 Eselsbrücken musst du gehn« nach Hause geschickt. Wohin dann im Gegenzug die Kinder hingeschickt wurden, kann man sich denken.

Zusätzlich erhielt diese Arbeit Silber in der Kategorie Illustration auf Seite 306/307 sowie in der Kategorie Printkommunikation/Literatur auf Seite 326/327 und eine Auszeichnung in der Kategorie Grafische Einzelarbeiten auf Seite 401.

Dialogmarketing (Mailings und Anzeigen)

AUSZEICHNUNG

Frankfurter Allgemeine
Zeitung
Mailing »Doppelseiten«

Auftraggeber
Frankfurter Allgemeine
Zeitung GmbH
Marketingleitung
Dr. Jan P. Klage
Agentur
Scholz & Friends
Creative Direction
Jan Leube,
Matthias Spaetgens
Art Direction
Tim Stockmar
Text
Torsten Lindner
Grafik
Sebastian Richter,
Cathrin Ciuraj,
Claudia Locherer
Fotografie
Heribert Schindler,
Ralph Baiker,
Katrin Denkewitz
Bildbearbeitung
Appel Grafik Berlin
Kundenberatung
Katrin Seegers,
Penelope Winterhager,
Daniela Winkler,
Uli Geiger
Sonstiges
Art Buying:
Adriana Meneses von Armin

Eine doppelseitige Anzeige in der Frankfurter Allgemeinen Zeitung bietet genug Platz für Goethes Faust in ungekürzter Form, einen S-Klasse-Motor im Verhältnis 1:1 oder junge Nilpferde in Lebensgröße. Die Frankfurter Allgemeine Zeitung zeigt mit einer Broschüre im Originalformat der Zeitung, wie sich 528 x 742 Millimeter kreativ nutzen lassen. Daraus entstand ein Mailing, das Marketing-Entscheider zu großen Ideen animiert.

Zusätzlich erhielt diese Arbeit eine Auszeichnung in der Kategorie Printkommunikation/Literatur auf Seite 337.

AUSZEICHNUNG

Rolladen und Jalousien
Mailing »Flagranti«

Auftraggeber
Ingo Wöhlke Rolladen-
und Jalousienbaumeister
Marketingleitung
Patrick Andres
Agentur
Jung von Matt AG
Creative Direction
Oliver Voss,
Thimoteus Wagner
Art Direction
Rolf Leger
Text
Philipp Barth
Grafik
Sina Gieselmann
Fotografie
Verena Knemeyer
Kundenberatung
Julia Krömker,
Philipp Schnitzler
**Producer/
Agentur Producer**
Marcus Loick
Sonstiges
Art Buying:
Katrin Nikolai

Dieses Mailing für Ingo Wöhlke Jalousien machte anschaulich klar, was passieren kann, wenn man zu Hause keine Jalousien hat. Wurde das Anschreiben aus dem Umschlag gezogen, erschien hinter dem Umschlagfenster plötzlich ein nacktes Paar in eindeutiger Stellung. Im beiliegenden Brief gab's Produkt- und Kontaktinfos.

Dialogmarketing (Mailings und Anzeigen)

Pattex Blitzkleber
Mailing
»3D-Puzzle«

Auftraggeber
Henkel KGaA
Marketingleitung
Rudolf Wittgen
Agentur
DDB Berlin/
DDB Düsseldorf
Creative Direction
Eric Schoeffler,
Natalie Sofinskyj,
Martin Drust
Art Direction
Anne Isert,
Christina Sieg
Text
Katrin Harder,
Tim Jacobs
Fotografie
Pack Shot Boys
Kundenberatung
Theo Kerstjens
**Producer/
Agentur Producer**
Michael Frixe

Das erste 3D-Puzzle der Welt

Wie überzeugt man Praktiker davon, dass Pattex der beste Klebstoff der Welt ist? Indem man sie eine praktische Aufgabe mit Pattex lösen lässt. Deshalb haben wir das erste 3D-Puzzle der Welt zum Kleben verschickt: eine zerbrochene Chinavase plus Pattex-Kleber. Und wie bekommt man die Praktiker dazu, die Vase wieder zusammenzukleben? Man weckt ihren Ehrgeiz: Derjenige, der zuerst ein Foto von der geklebten Vase einschickt, erhält eine echte Ming-Vase – diesmal am Stück.

Dialogmarketing (Mailings und Anzeigen) --- **147**

WANTED!

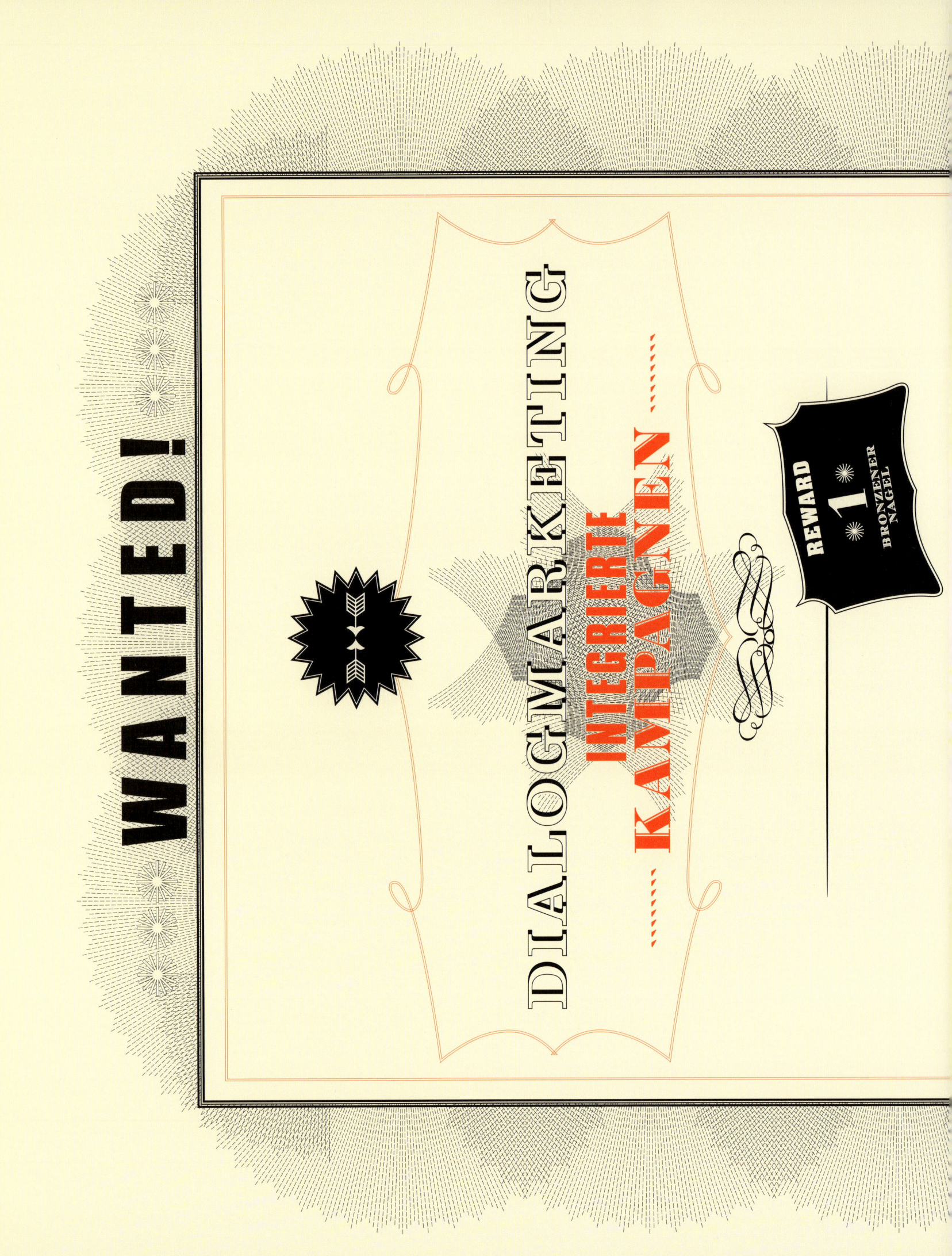

DIALOGMARKETING
INTEGRIERTE KAMPAGNEN

REWARD 1 BRONZENER NAGEL

sinnlich **BERÜHREND,** INTEGRATIV UND **ÜBERZEUGEND,** AUSDRUCKSSTARK AUF DEN **PUNKT GEBRACHT**

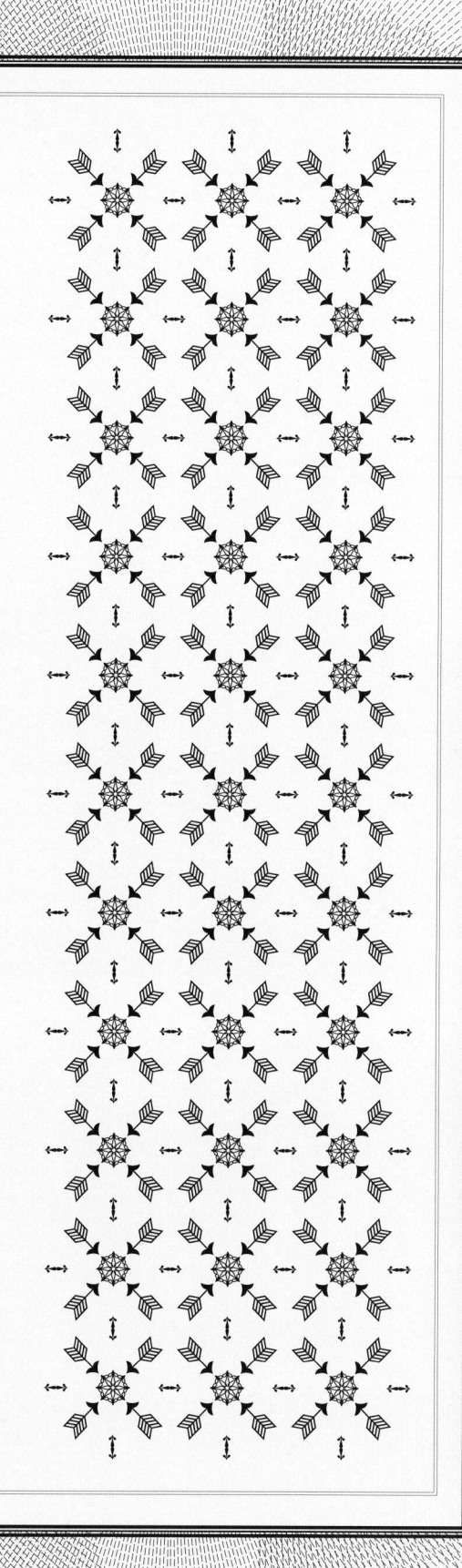

BRONZE

Frankfurter Rundschau
»Deutlich. Schärfer.«

Auftraggeber
Druck- und Verlagshaus
Frankfurt am Main
Marketingleitung
Knut Henselder
Werbeleitung
Knut Henselder
Agentur
Kolle Rebbe
Werbeagentur GmbH
Creative Direction
Andreas Geyer,
Ulrich Zünkeler
Art Direction
Erik Hart,
Stefan Hägerling,
Petra Cremer
Text
Alexander Baron,
Ingo Müller,
Verena Schneider
Grafik
Jörg Dittmann,
Benjamin Allwardt
Fotografie
Kröger & Gross
Bildbearbeitung
DDE Reprotechnik GmbH
Kundenberatung
Caroline Endelmann,
Silke Lieser,
Katharina Lechelt
Strategische Planung
Dominic Veken
Sonstiges
Art Buying:
Katja Werner,
Manuela Maurer;
Produktioner:
Öti Warnecke,
Finn Gnoycke

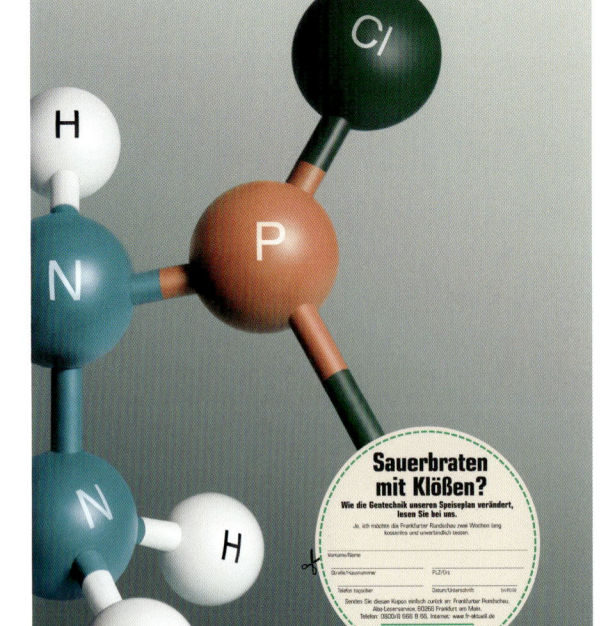

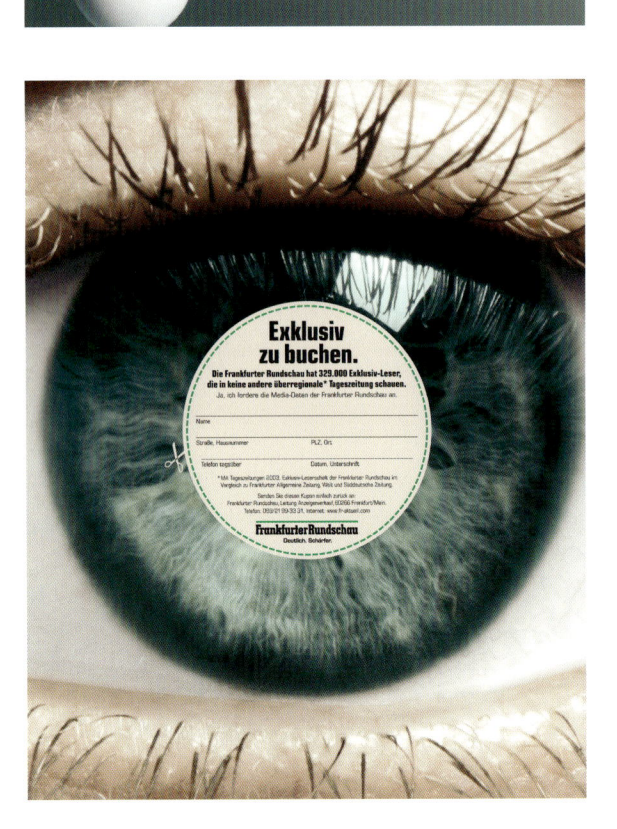

150 --- Dialogmarketing (Integrierte Kampagnen)

Dialogmarketing (Integrierte Kampagnen) --- **151**

152 --- Dialogmarketing (Integrierte Kampagnen)

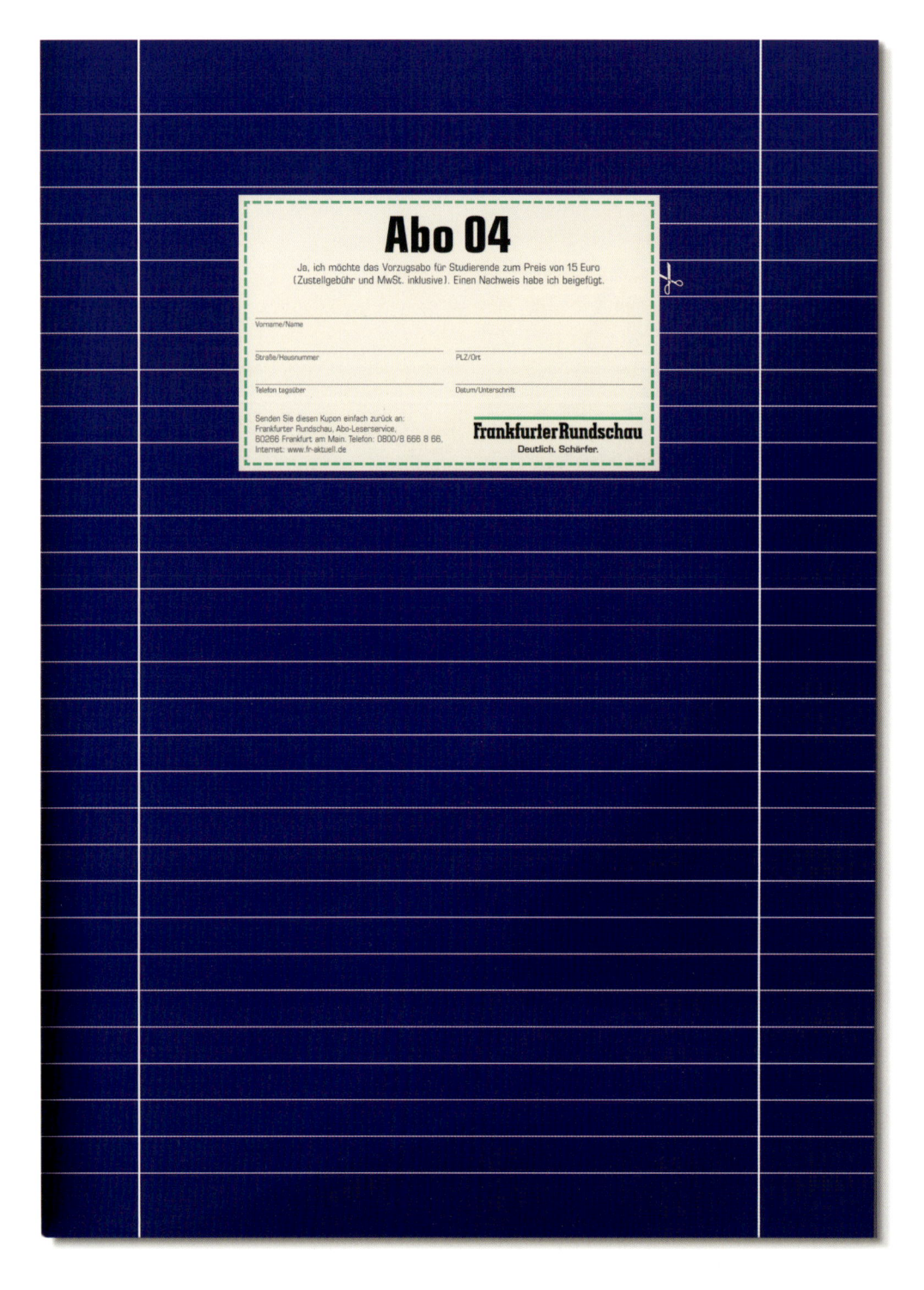

Dialogmarketing (Integrierte Kampagnen) --- **153**

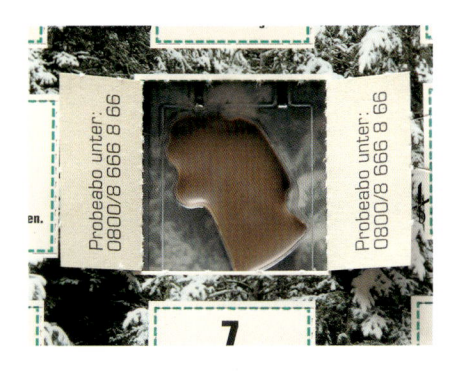

WANTED

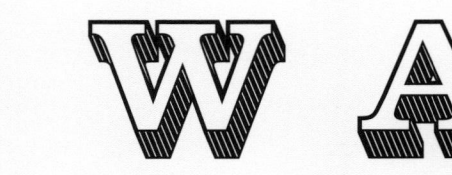

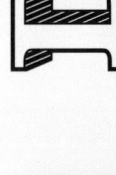

DER ADC KANN SICH NICHT SATT SEHEN:

DIE **VISIONÄRSTEN,** *leckersten,* **UNVORHERSEHBARSTEN**

UNSERE SINNE am süßesten **BETÖRENDEN,**

SCHÖPFERISCHSTEN

TV spots

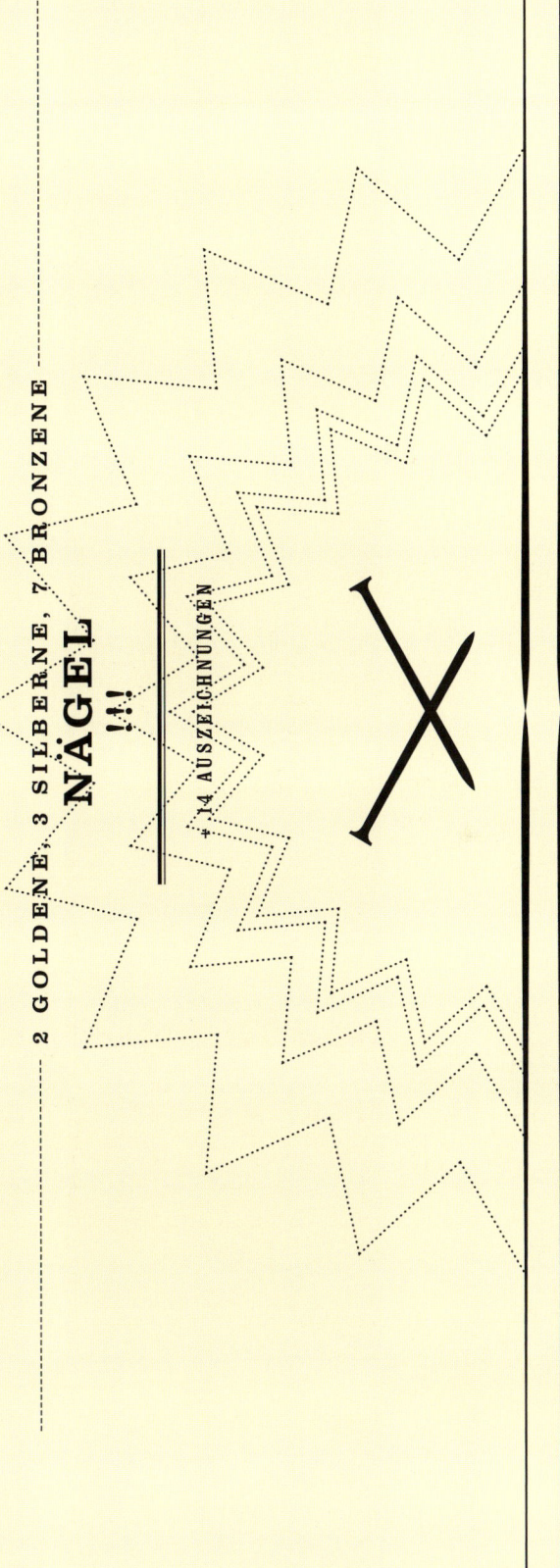

— | bilderreich und belustigend | —
— die es in sich haben. —

BELOHNUNG:

2 GOLDENE, 3 SILBERNE, 7 BRONZENE
NÄGEL
!!!
+ 14 AUSZEICHNUNGEN

Die Arbeiten dieser Kategorie finden Sie auch auf der DVD.

GOLD

HORNBACH
Baumarkt AG
Kampagne »Blixa Bargeld
liest Hornbach«

Auftraggeber
HORNBACH
Baumarkt AG
Marketingleitung
Jürgen Schröcker
Werbeleitung
Diana Weber
Agentur
HEIMAT, Berlin
Creative Direction
Guido Heffels,
Jürgen Vossen
Art Direction
Tim Schneider
Text
Thomas Winkler
Film-/Funkproduktion
Hermann Vaske's
Emotional Network
Kundenberatung
Yves Krämer,
Barbara Widder
Regie
Hermann Vaske
Kamera
Mate Toth, Isabelle Furrer
Producer/
Agentur Producer
Jennifer Feist,
André Urban
Schnitt
Bastian Ahrens
(ACHT, Frankfurt)
Musikkomposition/
Sound Design
Einstürzende Neubauten/
Ralf Boonen
Screen Design
ACHT, Frankfurt
Sonstiges
Online: ACHT, Frankfurt

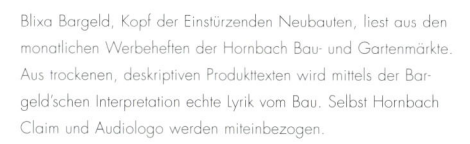

Blixa Bargeld, Kopf der Einstürzenden Neubauten, liest aus den monatlichen Werbeheften der Hornbach Bau- und Gartenmärkte. Aus trockenen, deskriptiven Produkttexten wird mittels der Bargeld'schen Interpretation echte Lyrik vom Bau. Selbst Hornbach Claim und Audiologo werden miteinbezogen.

Zusätzlich erhielt diese Arbeit Silber in der Kategorie Funk-Spots auf Seite 230/231.

SILBER

Media Markt Kampagne
»Lasst euch nicht verarschen«

Auftraggeber
Media Markt
Werbeleitung
Klaus Wäcker
Agentur
kempertrautmann GmbH
Creative Direction
Niels Alzen,
Mathias Lamken
Art Direction
Mathias Lamken
Text
Niels Alzen
Film-/Funkproduktion
Markenfilm
GmbH & Co. KG
Grafik
Ole Peters, Timo Schädel,
Mathias Lamken
Typografie
Ole Peters
Kundenberatung
Boris Malvinsky
Regie
Otto Alexander Jahrreis
Kamera
Martin Ruhe
Producer/
Agentur Producer
Executive Producer und
Geschäftsführer Markenfilm:
Florian Beisert,
Produktionsleitung bei
Markenfilm: Ruth Jansen
Schnitt
Annette Kiener
Musikkomposition/
Sound Design
Musikkomposition:
Sander van
Maarschalkerweerd,
SIZZER;
Sound Design:
TV Studio Hamburg
Computeranimation
Sehsucht GmbH
(Ole Peters, Timo Schädel)

Comedian Oliver Pocher treibt im Media Markt sein Unwesen. In elf verschiedenen Spots veralbert er die Kunden. Mal zeigt er einem Japaner, wie ein Toaster Fotos macht. Dann imitiert er türkisches Radio, um eine Stereoanlage zu verkaufen. Am Ende versöhnt er sich mit seinen Opfern und singt gemeinsam mit ihnen ein Loblied auf das billige Angebot: »Lasst euch nicht verarschen. Vor allem nicht beim Preis.«

Zusätzlich erhielten zwei Spots dieser Kampagne Silber in der Kategorie Kinowerbefilme auf Seite 187, ein Spot erhielt Silber in der Kategorie Musikkompositionen/Sound Design auf Seite 204/205.

SILBER

adidas brand
»Impossible is Nothing
– Laila«

Auftraggeber
adidas International
Marketingleitung
Uli Becker
Werbeleitung
Mark Philips
Agentur
180 Amsterdam
(180\TBWA)
Creative Direction
Execut. CD:
Peter McHugh (180),
Lee Clow
(TBWA Worldwide),
CD: Richard Bullock (180),
Assoc. CD:
Dean Maryon (180)
Art Direction
Dean Maryon
Text
Richard Bullock
Film-/Funkproduktion
Park Pictures, New York
Kundenberatung
Nathan Plowman,
Melina Polly, Helen Maton
Strategische Planung
Josh Mandel
Regie
Lance Acord
**Producer/
Agentur Producer**
Jackie Kelman Bisbee,
Deannie O'Neil,
Agency:
Exec. Prod.: Peter Cline,
Prod.: Cedric Gairard
Schnitt
Eric Zumbrunnen@
SpotWelders, California
**Musikkomposition/
Sound Design**
Ren Klyce@Mit Out Sound,
Sausalito, California
Computeranimation
Digital Domain,
Venice, California
Sonstiges
Business Affairs Manager:
Chris Barrand

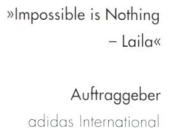

Vergangenheit und Gegenwart prallen aufeinander, wenn Laila Ali in den Ring steigt und ihrem Vater Muhammad Ali gegenübersteht.

TV-Spots --- **159**

BRONZE

K-fee Kampagne
»So wach warst du noch nie«

Auftraggeber
K-fee AG
Werbeleitung
Richard Radtke,
Hubertus Sprungala
Agentur
Jung von Matt AG
Creative Direction
Constantin Kaloff,
Ove Gley
Art Direction
Frank Aldorf
Text
Daniel Frericks, Eskil Puhl
Film-/Funkproduktion
Cobblestone, Hamburg
Grafik
Daniel Jaeckel
Kundenberatung
Christian Frank,
Agnes Uhlig,
Miriam Römer
Regie
Kai Sehr
Kamera
Bengt Jonsson
Producer/
Agentur Producer
Producer:
Kai Stöcker,
Agentur Producer:
Mark Röta
Schnitt
Deli Pictures Postproduction,
Hamburg
Musikkomposition/
Sound Design
Doublehead
Computeranimation
Deli Pictures Postproduction,
Hamburg
Sonstiges
Werbeleiter:
Wolf H. Lange

Beruhigende, stimmungsvolle Bilder, untermalt von der entsprechenden Musik, entführen den Zuschauer in die totale Entspannung. Doch die ist mit einem Schlag zu Ende: Eine schreiende Monsterfratze kommt schlagartig ins Bild und erschreckt den Zuschauer. Dazu erscheint ein Chart: »So wach warst du noch nie.«, gefolgt von Packshot und Claim: »K-fee. Kaffee in hohen Dosen.«

Zusätzlich erhielten dieser und zwei weitere Spots Silber in der Kategorie Kinowerbefilme auf Seite 186. Andere Spots der Kampagne erhielten Bronze in der Kategorie Musikkompositionen/Sound Design auf Seite 206/207.

BRONZE

HORNBACH
Baumarkt AG Kampagne
»Liebe Dein Zuhause«

Auftraggeber
HORNBACH
Baumarkt AG
Marketingleitung
Jürgen Schröcker
Werbeleitung
Diana Weber
Agentur
HEIMAT, Berlin
Creative Direction
Guido Heffels,
Jürgen Vossen
Art Direction
Tim Schneider,
Marc Wientzek
Text
Sebastian Kainz,
Andreas Manthey
Film-/Funkproduktion
Tony Petersen,
Sandra Niessen
Kundenberatung
Yves Krämer,
Barbara Widder
Kamera
Michael Mieke
Schnitt
Jo Paerson (whitehouse)
**Musikkomposition/
Sound Design**
Audioforce,
Prager Symphoniker

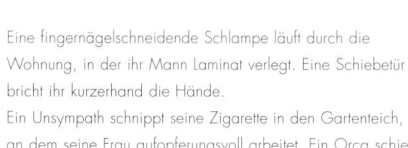

Eine fingernägelschneidende Schlampe läuft durch die Wohnung, in der ihr Mann Laminat verlegt. Eine Schiebetür bricht ihr kurzerhand die Hände.
Ein Unsympath schnippt seine Zigarette in den Gartenteich, an dem seine Frau aufopferungsvoll arbeitet. Ein Orca schießt aus dem Wasser und macht den Mann einen Kopf kürzer.
»Liebe Dein Zuhause. Dann liebt es Dich auch.«, so die Moral von der Geschicht.

Zusätzlich erhielt dieser Spot eine Auszeichnung in der Kategorie Kinowerbefilme auf Seite 191.

TV-Spots --- 161

BRONZE

Renault Kampagne
»Rackerwochen«

Auftraggeber
Renault Deutschland
Marketingleitung
Bereichsleiter Marketing-
Kommunikation:
Jörg Alexander Ellhof
Werbeleitung
Isabella Brandl,
René Joosten
Agentur
Publicis Frankfurt
Creative Direction
Thorsten Albrecht,
Thomas Wiegand,
Claudia Willvonseder
Art Direction
Daniela Nitsche
Text
Holger Gaubatz,
Hans-Peter Hartmann
Film-/Funkproduktion
539090 filmproductions
Kundenberatung
Gerald Heinecke,
Jens Helfrich
Strategische Planung
Angelika Brodsky,
Stephanie Mittelstaedt,
Marc Sasserath
Regie
Musse Hassevall
**Producer/
Agentur Producer**
Simona Daniel/
Maike Hertel,
Brigitte Marcinek
**Musikkomposition/
Sound Design**
Sound Logo: Heiko Meile

Die promotionelle Kampagne »Rackerwochen« kündigte großzügige Preisnachlässe für Familien an – je mehr Kinder, desto höher der Rabatt.
In dem TV-Spot »Samenbank« nutzen vier junge Frauen die Gunst der Stunde zu einem lukrativen Beutezug. Denn nur in einer Samenbank gibt es den »wertvollen Rohstoff« für viele weitere Racker in wirklich großen Mengen.
Beim TV-Spot »Bäckerei« will eine neugierige Bäckerin von ihrer hochschwangeren Kundin wissen: Junge oder Mädchen? Im Zeichen der Rackerwochen findet die junge Frau, die bereits drei Kinder im Schlepptau hat, auf diese Frage eine ganz neue Antwort.

BRONZE

**IKEA Kampagne
»Schlafzimmer«**

Auftraggeber
IKEA Deutschland
GmbH & Co. KG
Marketingleitung
Benny Hermansson
Werbeleitung
Jens Peuckert
Agentur
St. Luke's Communications
Creative Direction
Alan Young, Julian Vizard
Film-/Funkproduktion
JOISCHMID
Filmproduktion GmbH
Kundenberatung
Richard Hall
Strategische Planung
IKEA Creative Heart
Regie
Martin Schmid
Kamera
Peter Meyer
**Producer/
Agentur Producer**
Michael Schmid,
Trudy Waldron
Schnitt
Felipe Ascacibar
**Musikkomposition/
Sound Design**
Abendwind/
Otto Sieben

In dem Spot »Bedroom« ist ein unschuldiger Junge gerade dabei, Gästen seiner Eltern zu erzählen, wo die »selbstgeschreinerten« Möbel wirklich herkommen, woraufhin die panische Mutter seinem Teddy den Arm abreißt, um den Jungen davon abzuhalten, den Satz zu Ende zu bringen.

TV-Spots --- **163**

BRONZE

DOVE Body Milk
»Superbird«

Auftraggeber
Lever Fabergé Hamburg
Marketingleitung
Klaus Arntz
Agentur
Ogilvy & Mather
Düsseldorf/London
Creative Direction
Jörg Herzog,
Dennis Lewis
Art Direction
Kate Clough, Jo Griffiths
Film-/Funkproduktion
Pagan Productions
Kundenberatung
Susan Pratchett,
Daryl Fielding
Regie
Vaughan Arnell
Kamera
John Lynch
Schnitt
Final Cut
**Musikkomposition/
Sound Design**
Richard Adler, Jerry Ross

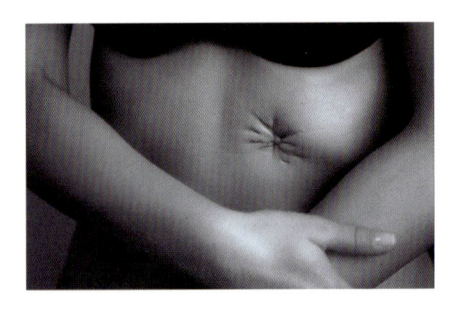

Egal, ob Haut mit Sommersprossen oder Narben, Haut, die sich über einen schwangeren Bauch strafft, ob mit Tattoos, Fältchen oder Piercings. Dank Dove Nutri Body Milk ist jede Haut schön.

BRONZE

Windstopper »Mauer«

Auftraggeber
W. L. Gore & Associates
Marketingleitung
Thomas Böger
Werbeleitung
Serena Allgaier
Agentur
FEUER AG
Creative Direction
Boris Dolkhani,
Majid Katzer
Art Direction
Matthias
Meier-Stuckenberger
Text
Majid Katzer
Film-/Funkproduktion
Punchin Pictures
Kundenberatung
Florian Herrmann,
Alexa Dander
Regie
Majid Katzer
**Producer/
Agentur Producer**
Phil Decker/
Alexandra Stahlknecht
**Musikkomposition/
Sound Design**
Majid Katzer
Computeranimation
Aevum

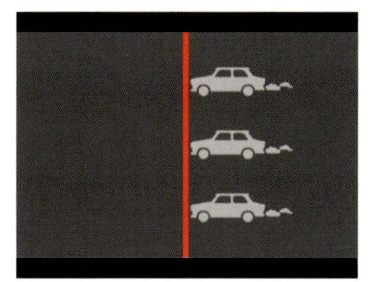

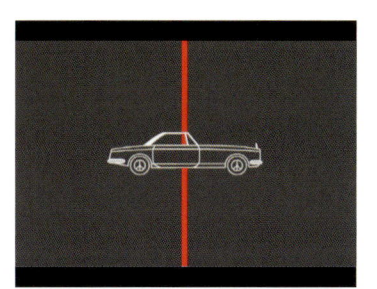

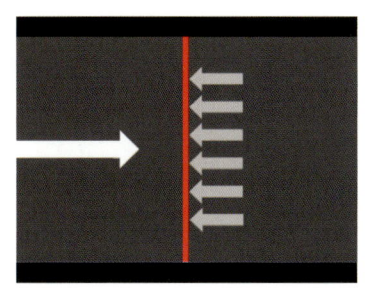

Kalter Krieg in Europa. Das Klima zwischen Bonn und Ostberlin verschlechtert sich. Am 13. August 1961 baut die DDR eine Mauer zur BRD. Bürger aus dem Osten können nun nicht mehr in den Westen. Bürger aus dem Westen dürfen aber noch in den Osten. Wir dachten: Was für eine brillante Idee für ein Gewebe, dessen eine Seite winddicht ist und dessen andere Seite Feuchtigkeit der Haut durchlässt. Windstopper. 0 % Breeze. 100 % Breath.

BRONZE

Volkswagen Golf FSI®
»Aufziehauto«

Auftraggeber
Volkswagen AG
Marketingleitung
Jörn Hinrichs, Lutz Kothe
Werbeleitung
Martina Berg
Agentur
DDB Berlin
Creative Direction
Amir Kassaei,
Mathias Stiller,
Wolfgang Schneider
Art Direction
Mathias Stiller
Text
Wolfgang Schneider
Film-/Funkproduktion
Cobblestone Hamburg
Filmproduktion GmbH
Kundenberatung
Wiebke Nowak,
Michael Lamm
Strategische Planung
Jason Lusty
Regie
Sebastian Strasser
Producer/
Agentur Producer
Pieter Lony/
Marion Lange
Musikkomposition/
Sound Design
The Audio Factory

Ein Junge spielt auf dem Fußboden im Wohnzimmer mit seinem neuen Spielzeugauto, dem VW Golf V. Nachdem der Junge ihn ausgiebig betrachtet hat, zieht er den Aufziehmotor auf. Noch bevor er loslassen kann, zieht ihn der Wagen blitzschnell durch die geöffnete Terrassentür in den Garten – selbst bei einem Spielzeugauto macht sich die FSI®- und TDI®-Technologie durch einen spürbar kräftigeren Motor bemerkbar.

Zusätzlich erhielt diese Arbeit eine Auszeichnung in der Kategorie Kinowerbefilme auf Seite 197.

AUSZEICHNUNG

Mey »Solist«

Auftraggeber
Gebrüder Mey
GmbH & Co. KG
Marketingleitung
Roland Geiger
Agentur
Jung von Matt AG
Creative Direction
Thimoteus Wagner
Text
Christian Fritsche
Film-/Funkproduktion
Big Fish
Filmproduktion GmbH
Grafik
Heiner Leihener
Kundenberatung
Sabine Pahl, Julia Krömker
Regie
Andreas Hoffmann
Kamera
Kolja Brandt
**Producer/
Agentur Producer**
Robert Gold,
Mark Rôta
Schnitt
Sven Budelmann
**Musikkomposition/
Sound Design**
Volkslied,
Lars Gelhausen@ Hastings
Audio Network Berlin,
Producer:
Sebastian Fremder
Computeranimation
Telecine: VCC Berlin,
Biggi Klier

Ein Klavierspieler stimmt eine ruhige, harmonische Melodie an. Der Solist, ein Mann Mitte 30, setzt ein. Mit hoher Mädchenstimme singt er das Kinderlied »Kleine Meise«. Texteinblendung: »Zu enger Slip?« Das Mey-Logo erscheint: Mey bodywear.

AUSZEICHNUNG

www.modus.de Kampagne
»Tu nicht so erwachsen«

Auftraggeber
Renault Deutschland
Marketingleitung
Bereichsleiter Marketing-
Kommunikation:
Jörg Alexander Ellhof
Werbeleitung
Astrid Kauffmann,
Heiko Gerber
Agentur
Publicis Frankfurt
Creative Direction
Alex Römer,
Thomas Wildberger
Art Direction
Alex Römer,
Thomas Wildberger
Text
Alex Römer,
Thomas Wildberger
Film-/Funkproduktion
Tony Petersen Film GmbH
Kundenberatung
Daniel Dormeyer,
Georg Esterhues,
Gerald Heinecke,
Alexandra Stahl
Regie
Us
**Producer/
Agentur Producer**
Anke Petersen,
Deliah Schreiber/
Ann Bieber
Schnitt
Sören Goerth
**Musikkomposition/
Sound Design**
Studio Funk
GmbH & Co. KG
Computeranimation
Post-Production: OPTIX
DigitalPictures
Sonstiges
Konzeption: Alex Römer,
Thomas Wildberger

Morgens in einer Großstadt. Ein Jogger, Mitte 40, schleppt sich schwer schnaufend langsam über den Asphalt. Von hinten nähert sich ein anderer Jogger im selben Alter. Auch er wirkt nicht besonders sportlich und läuft ziemlich langsam. Dennoch setzt er zum Überholen an und zieht am anderen Jogger vorbei. Dabei imitiert er scherzhaft das Geräusch eines vorbeifahrenden Sportwagens. »Vrooooouuuuuuuummmmmm.« Der Überholte bleibt kurz stehen, verduzt und ungläubig, bevor er wieder mühsam losstrabt.
Der Claim wird eingesupert: Tu nicht so erwachsen.

AUSZEICHNUNG

McDonald's Kampagne
»Keine Gegenfrage«

Auftraggeber
McDonald's Deutschland Inc.
Marketingleitung
Johan J. Jervoe
Werbeleitung
Michael Th. Werner
Agentur
Heye & Partner GmbH
Creative Direction
Thomas Winklbauer
Text
Florian Ege,
Frieder Wittich
Film-/Funkproduktion
HFF, Drife Productions
Kundenberatung
Carina Eickmann,
Daniel Höll
Regie
Frieder Wittich
Kamera
Christian Rein
**Producer/
Agentur Producer**
Prof. Christian Köster,
Hendrik Feil,
Simon Sieverts
Schnitt
Mike Marzuk
**Musikkomposition/
Sound Design**
Mona Davis:
»ich liebe es«

Zwei Typen stellen sich der nahezu unlösbaren Aufgabe, bei McDonald's die perfekte Bestellung abzugeben, ohne eine einzige Gegenfrage gestellt zu bekommen. In vier Spots dürfen wir ihr kläglisches Scheitern belächeln.

Zusätzlich erhielt diese Arbeit Bronze in der Kategorie Kinowerbefilme auf Seite 188. Dort sind die drei übrigen Spots abgebildet.

TV-Spots --- **169**

AUSZEICHNUNG

Tetra Pak Getränkekartons
Kampagne »Schutz«

Auftraggeber
Tetra Pak GmbH
Marketingleitung
Ludwig Venhaus,
Tanja Kiebert
Agentur
Philipp und Keuntje GmbH
Creative Direction
Diether Kerner,
Oliver Handlos
Text
Oliver Gill
Film-/Funkproduktion
539090 Filmproduktion
Kundenberatung
Tanja Heier,
Anna Kirchner
Regie
Joachim Back
Kamera
Dan Laustsen
Producer/Agentur Producer
Annette Braeunig,
Axel Leyck
Schnitt
Marcel Peragine
**Musikkomposition/
Sound Design**
Ear Drum, Michi Besler

Wie schützt man die wertvollen Inhaltsstoffe der Milch? Natürlich mit Getränkekartons von Tetra Pak. Der Film zeigt eine Familie, die das offensichtlich nicht weiß: Sie teilt sich ihr Reihenhaus mit einer Kuhherde, um täglich in den Genuss frischer Milch zu kommen. Klar, dass diese Maßnahme nicht ohne Folgen bleibt – und die Nachbarn angesichts des Geruchs schon bald auf die Barrikaden gehen.

AUSZEICHNUNG

Mercedes-Benz G-Klasse
»Waldrapp«

Auftraggeber
Mercedes-Benz
Marketingleitung
Jochen Sengpiehl
Werbeleitung
Andreas Poulionakis,
Klaus Burghauser
Agentur
Springer & Jacoby
Werbung GmbH
Creative Direction
Tobias Ahrens,
Frank Bannöhr
Art Direction
Zoran Drobina
Text
Nina Gollnick
Film-/Funkproduktion
Tony Petersen Film GmbH
Grafik
Philipp Kafkoulas
Kundenberatung
Melanie Werner,
Esther Wiedemann,
Jasmin Schwarzinger,
Melanie von der Dovenmühle
Regie
Hans-Jürgen Lewandowski
Kamera
Mel Griffith
Producer/
Agentur Producer
Tony Petersen/
Hermann Krug
Schnitt
Constantin von Seld
Musikkomposition/
Sound Design
Tonstudio: Hahn Nitzsche,
Georg Hahn
Sonstiges
Media: Sylvia Schmidt

Tief im Gebirge. Ein Ornithologe kauert in einem Flussbett und beobachtet den schreckhaften »Waldrapp«. Plötzlich bricht eine G-Klasse aus dem Dickicht und rauscht unmittelbar an dem scheuen Vogel vorbei. Doch der bleibt unbeeindruckt sitzen. Erst als die Feldflasche des Vogelforschers leise klappert, schreckt der Waldrapp auf und flüchtet.

Seit 25 Jahren eins mit der Natur. Die G-Klasse.

AUSZEICHNUNG

HORNBACH
Baumarkt AG
»Sommerspiele«

Auftraggeber
HORNBACH
Baumarkt AG
Marketingleitung
Jürgen Schröcker
Werbeleitung
Diana Weber
Agentur
HEIMAT, Berlin
Creative Direction
Guido Heffels,
Jürgen Vossen
Art Direction
Tim Schneider
Text
Sebastian Kainz
Film-/Funkproduktion
Trigger Happy Productions
Kundenberatung
Yves Krämer,
Barbara Widder
Regie
Niklas Weise
Kamera
Julian Hohndorf

Ein junger Mann wähnt sich als Fackelträger bei den Olympischen Spielen. Doch die Realität holt ihn schnell per gezieltem Schlag auf den Hinterkopf ein. Mögen die Hornbach Sommerspiele beginnen.

172 --- TV-Spots

AUSZEICHNUNG

Mercedes-Benz 4MATIC
»Snowflakes«

Auftraggeber
Mercedes-Benz
Marketingleitung
J. Justus Schneider
Werbeleitung
Lothar Korn, Tanja Roth,
Mark Niedzballa
Agentur
Springer & Jacoby
Werbung GmbH
Creative Direction
Tobias Ahrens,
Frank Bannöhr
Art Direction
Gerrit Zinke
Text
Jens Theil
Grafik
Nilguen Kayapinar-Yikici
Kundenberatung
Andrea Ey,
Esther Wiedemann,
Jasmin Schwarzinger
Regie
Frank Bannöhr
Kamera
Manuel Mack
Producer/
Agentur Producer
Simona Daniel/
Hermann Krug
Schnitt
Christoph Senn
Musikkomposition/
Sound Design
Wake-Up-Music/
Thomas Kisser
Sonstiges
Media: Sylvia Schmidt

Mit lautem Kratzen rutscht der Arm eines Plattenspielers immer wieder an derselben Stelle über die Platte. Immer wieder setzt ihn eine Hand zurück. Plötzlich läuft die Musik weiter. Warum? Ein Spielzeugmodell der E-Klasse steht auf dem Tonkopf und hält ihn sicher in der Spur.

AUSZEICHNUNG

Audi A6
»Just like your mother«

Auftraggeber
AUDI AG
Marketingleitung
Hans-Christian Schwingen
Werbeleitung
Jagoda Becic (Audi),
Silke Mathews (Audi),
Gerhard Kiefer (Audi)
Agentur
Saatchi & Saatchi GmbH
Creative Direction
Benjamin Lommel (CCO),
Harald Wittig (CCO)
Art Direction
Kirsten Hohls (AD),
Eva Kinkel-Clever (Copy)
Film-/Funkproduktion
The Institute,
Tempomedia Frankfurt
Kundenberatung
Gerhard Nonnenmacher,
Anne Ziegler
Strategische Planung
Matt Peterson
(Saatchi & Saatchi)
Regie
Michael Bay
Kamera
Amir Mokri
Producer/
Agentur Producer
Scott Gardemhour,
Vera Porz,
Micheel Nwaisser
(Saatchi & Saatchi)
Musikkomposition/
Sound Design
Lemonheads
Sonstiges
Carsten Heintzsch

Dustin Hofmann legt seine zweite Reifeprüfung mit dem Audi A6 ab. Nach eigenen Regeln rettet er seine Tochter vor der Hochzeit mit dem unerwünschten Schwiegersohn. Michael Bay inszenierte den Spot an Originalschauplätzen.

AUSZEICHNUNG

CITROËN C4 »Dancer«

Auftraggeber
CITROËN
Deutschland AG
Marketingleitung
Sonja Heine,
Silke Carstens,
Heike Kaatz
Agentur
Euro RSCG London
Creative Direction
Steve Nicholls,
Matthew Anderson,
Andreas Thomsen,
Martin Breuer
Art Direction
Steve Nicholls,
Matthew Anderson
Film-/Funkproduktion
Spy Films, Toronto
Kundenberatung
Daniel Grube
Regie
Neill Blomkamp
**Musikkomposition/
Sound Design**
»Jaques Your Body«,
Les Rythmes Digitales

Der CITROËN C4 steht auf einem Parkdeck. Plötzlich transformiert er in einen Roboter, der jetzt perfekt choreographiert zur rhythmischen Diskomusik zu tanzen beginnt. Am Ende des Films verwandelt er sich zurück in den CITROËN mit der Botschaft: »Der neue CITROËN C4. Begeistert von Technologie.«

TV-Spots --- **175**

AUSZEICHNUNG

Nike Shox »Hot Dog«

Auftraggeber
NIKE
Marketingleitung
Phil McAveety
Werbeleitung
Paolo Tubito
Agentur
Wieden + Kennedy
Amsterdam
Creative Direction
Mark Hunter (CW) and
José Cabaço (AD)
Art Direction
Ollie Watson
Text
Antony Goldstein
Film-/Funkproduktion
Small Family Business
Kundenberatung
James Goode
Strategische Planung
Jeffre Jackson
Kamera
Ringan Ledwidge, Director,
Small Family Business
Producer/
Agentur Producer
Annabelle Meyer
Schnitt
Post Production Company:
The Whitehouse,
Editor: Richard Orrick
Musikkomposition/
Sound Design
Balkan Hot Step (Remixed),
Unique Club Publishing

Ein leicht übergewichtiger Mann an einem Hot-Dog-Stand. Während er auf sein Würstchen wartet, stützt er sich auf und schiebt so aus Versehen das Wägelchen an, das Fahrt aufnimmt und einen Hügel hinunterrast. Der Mann sprintet hinter dem Wagen her durch steile Sträßchen bis hinunter zum Hafen. Schließlich holt er ihn ein und schafft es, schnell noch etwas Ketchup auf seinen Hot Dog zu drücken, bevor der Wagen in den Fluss kracht.

Nike Shox. More Go.

AUSZEICHNUNG

Mercedes-Benz SLR-Klasse
»Jogger«

Auftraggeber
Mercedes-Benz
Marketingleitung
J. Justus Schneider
Werbeleitung
Lothar Korn,
Jochen Schmidt
Agentur
Springer & Jacoby
Werbung GmbH
Creative Direction
Tobias Ahrens,
Frank Bannöhr
Art Direction
Nikolaus Ronachen
Text
Norman Störl
Film-/Funkproduktion
Markenfilm GmbH
Kundenberatung
Andrea Ey,
Esther Wiedemann,
Jasmin Schwarzinger
Regie
Marc Schölermann
Kamera
Holger Diener
Producer/
Agentur Producer
Maik Siering/
Hermann Krug
Schnitt
Matthias Morick
Musikkomposition/
Sound Design
Hannes Höhnemann
Sonstiges
Media: Sylvia Schmidt

Eine ruhige Wohnstraße bei Morgengrauen. Zwei Männer kommen uns joggend entgegen. Sie verabschieden sich voneinander, der eine rennt auf dem Bürgersteig weiter, der andere schaut erst nach rechts, dann nach links, überquert die Straße – und rennt sehenden Auges in die Seite eines parkenden SLR.

Textchart:
Es gibt ihn wirklich. Der SLR.

TV-Spots --- 177

AUSZEICHNUNG

Inlingua
Englischsprachkurs
»Schnelles Englisch«

Auftraggeber
Inlingua Sprachschulen
Werbeleitung
Stefan George
Agentur
Kolle Rebbe
Werbeagentur GmbH
Creative Direction
Andreas Geyer,
Ulrich Zünkeler
Art Direction
Kay-Owe Tiedemann,
Grafik und Illustrationen:
Kai Gerken
Text
Stefan Wübbe
Film-/Funkproduktion
Scheinfirma/Studio Funk,
The Shack GmbH
Kundenberatung
Eliane Muller
Producer/
Agentur Producer
Ana López
Schnitt
Scheinfirma,
The Shack GmbH
Musikkomposition/
Sound Design
Musik: Blunck & Will,
Geräusche:
The Shack GmbH
Sonstiges
Tonmeister:
Jochen Hennings
(Studio Funk),
Konrad Peschmann
(The Shack GmbH);
Sprecher: Malin Sax

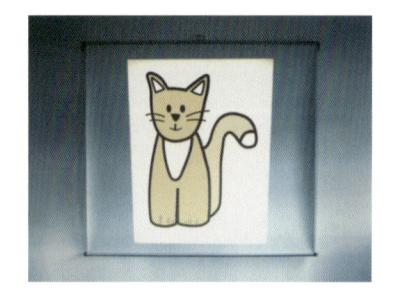

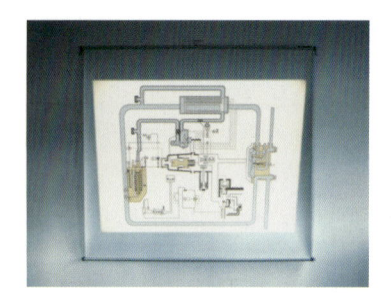

Fach- und Business-Englisch gehören zu den wichtigsten Angeboten von inlingua.
Spezielle Trainingsmethoden des Sprachcenters ermöglichen ein besonders schnelles Erlernen der Sprache.
Wie schnell, zeigt dieser Spot.

AUSZEICHNUNG

Volkswagen
TDI®-Technologie
»Tankstelle«

Auftraggeber
Volkswagen AG
Marketingleitung
Jörn Hinrichs,
Michael Grosche
Werbeleitung
Martina Berg,
Peter-Michael Jann
Agentur
Grabarz & Partner
Werbeagentur GmbH
Creative Direction
Ralf Heuel,
Patricia Pätzold,
Ralf Nolting
Text
Martien Delfgaauw
Film-/Funkproduktion
Radical Media GmbH,
Berlin
Kundenberatung
Reinhard Patzschke,
Britt Neumann
Regie
Rick Lemoine
Kamera
Ray Coates
**Producer/
Agentur Producer**
Julia Martens
Schnitt
Sarah Iben
**Musikkomposition/
Sound Design**
Heinz und Klaus Funk
Musikverlag,
Tobias Bürger

Ein Passat kommt zu einer Tankstelle und hält an einer Zapfsäule. Die Fahrertür öffnet sich – und der Fahrer fällt heraus. Auf allen Vieren kriecht er zum Waschwassereimer und trinkt gierig daraus. Der Tankwart beobachtet die Szene leicht irritiert.

Textchart: Bis zu 1.370 Kilometer ohne Tankstopp. Volkswagen TDI®-Technologie.

GOLD

Mercedes-Benz Cabriolets
»Sound des Sommers«

Auftraggeber
Mercedes-Benz
Marketingleitung
J. Justus Schneider
Werbeleitung
Lothar Korn
Agentur
Springer & Jacoby
Werbung GmbH
Creative Direction
Till Hohmann,
Axel Thomsen
Art Direction
Justus v. Engelhardt,
Tobias Gradert
Text
Florian Kähler,
Florian Pagel
Film-/Funkproduktion
Sehsucht GmbH

Kundenberatung
Christoph Tank,
Géza Unbehagen
Producer/
Agentur Producer
Andreas Coutsoumbelis
Musikkomposition/
Sound Design
Wenke Kleine-Benne@nhb
Hamburg
Computeranimation
Ole Peters, Timo Schädel

Wir hören einen startenden Motor. Und sehen eine Tonkurve, die auf das Geräusch reagiert und ausschlägt. Wir hören, wie das Auto Fahrt aufnimmt. Die Tonkurve verändert sich und zeigt, was wir hören. Wir tauchen in eine Traumwelt ein: Die Geräusche der Fahrt durch eine Allee, vorbei an Pferden, einer Kirche etc. werden in der Tonkurve visualisiert. Die Botschaft: Hören Sie den Sommer. In einem Cabrio von Mercedes-Benz.

Zusätzlich erhielt diese Arbeit Gold in der Kategorie Kinowerbefilme auf Seite 185 und Silber in der Kategorie Musikkompositionen/Sound Design auf Seite 202/203.

SILBER

Volkswagen Golf GTI®
»Für Jungs, die damals
schon Männer waren«

Auftraggeber
Volkswagen AG
Marketingleitung
Jörn Hinrichs,
Lutz Kothe
Werbeleitung
Martina Berg
Agentur
DDB Berlin
Creative Direction
Amir Kassaei,
Mathias Stiller,
Wolfgang Schneider
Art Direction
Sandra Schilling
Text
Ulrich Lützenkirchen
Film-/Funkproduktion
@radical.media
GmbH Berlin

Kundenberatung
Wiebke Nowak,
Michael Lamm,
Cathleen Losch
Strategische Planung
Jason Lusty
Regie
Steve Miller
Producer/
Agentur Producer
Christiane Lochte,
Ben Schneider/
Marion Lange
Schnitt
Sven Budelmann
Sound Design
Tonstudio:
Hastings Audio Network
Berlin;
Tonmeister:
Andreas »Beavis« Ersson

In privaten Super-8-Aufnahmen aus den Siebzigern sind diverse kleine Jungs zu sehen, die schon damals durch typisch männliche Verhaltensweisen aufgefallen sind: Sie pinkeln lieber im Stehen ins Töpfchen, schauen kurzen Röcken hinterher, hängen lässig den Ellbogen aus dem Kinderwagen und beherrschen bereits rüdes Foulen beim Fußball – für all die Jungs, die damals schon Männer waren, kehrt jetzt der Mythos GTI® von Volkswagen zurück.

Zusätzlich erhielt dieser Spot Gold in der Kategorie Kinowerbefilme auf Seite 184. Die zugehörige Print-Kampagne erhielt Silber in der Kategorie Publikumsanzeigen auf Seite 30/31 sowie in der Kategorie Tageszeitungsanzeigen (inkl. Wochenzeitungen) auf Seite 78/79, Bronze in der Kategorie Plakate und Poster (Indoor und Outdoor) auf Seite 104 und eine Auszeichnung in der Kategorie Fotografie auf Seite 303.

AUSZEICHNUNG

WMF »Fliege«

Auftraggeber
WMF AG
Marketingleitung
Stefan Kellerer
Werbeleitung
Wolfgang Dalferth
Agentur
KNSK
Werbeagentur GmbH
Creative Direction
Tim Krink, Ulrike Wegert,
Niels Holle
Art Direction
Oliver Fermer
Text
Berend Brüdgam
Film-/Funkproduktion
Markenfilm
Kundenberatung
Kirsten Kohls
Kamera
Frank Sprung
**Producer/
Agentur Producer**
Ulrich Scheper,
Moritz Mihm
**Musikkomposition/
Sound Design**
Mathias Willvonseder

Untermalt mit dramatischen Geigenklängen zeigt die Kamera Nahaufnahmen eines metallischen Gegenstandes, der sich erst auf den zweiten Blick als besonders scharfes Damaststahl-Messer der Marke WMF erweist. Dies scheint allerdings nicht die Fliege zu wissen, die ins Bild geflogen kommt und ausgerechnet auf der Schneide des Messers landet – von der sie prompt in zwei Teile geschnitten wird.

Zusätzlich erhielt dieser Film Bronze in der Kategorie Musikkompositionen/Sound Design auf Seite 210 und die zugehörige Anzeige eine Auszeichnung in der Kategorie Fachanzeigen auf Seite 71.

REWARD

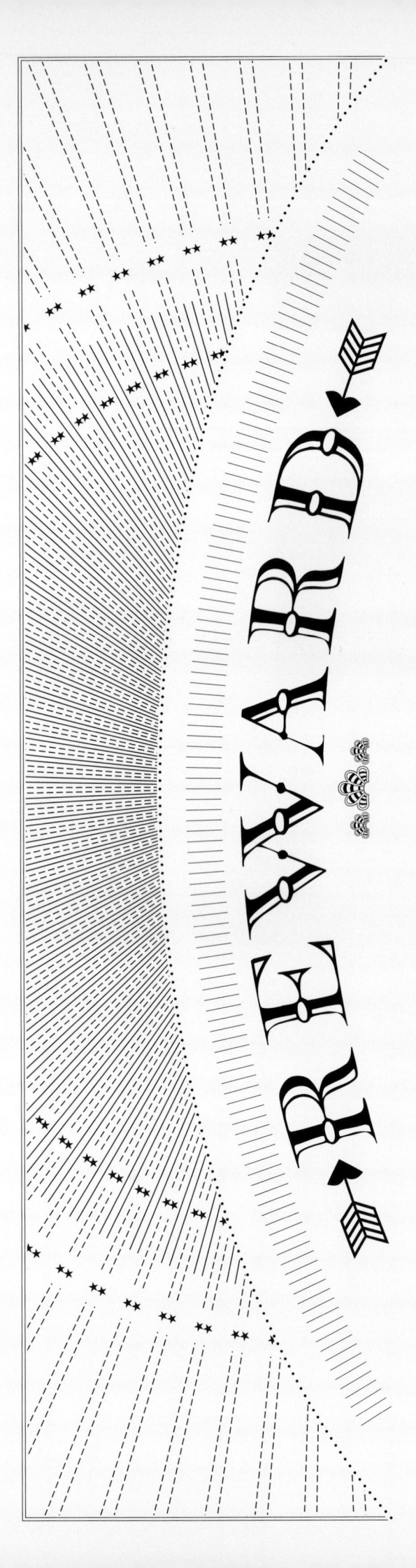

GROSSE GEFÜHLE FÜR DEN ADC:

Klangvolle, **UNBEQUEME,** ✳ FASZINIERENDE, ✳ **EFFEKTVOLLE** *und* BERAUSCHENDE

KINO WERBEFILME

Der ADC belohnt mit reinem

Gold!

2 X GOLD, 2 X SILBER, 2 X BRONZE & 8 AUSZEICHNUNGEN.

Die Arbeiten dieser Kategorie finden Sie auch auf der DVD.

GOLD

Volkswagen Golf GTI®
»Für Jungs, die damals schon Männer waren«

Auftraggeber
Volkswagen AG
Marketingleitung
Jörn Hinrichs, Lutz Kothe
Werbeleitung
Martina Berg
Agentur
DDB Berlin
Creative Direction
Amir Kassaei,
Mathias Stiller,
Wolfgang Schneider
Art Direction
Sandra Schilling
Text
Ulrich Lützenkirchen
Film-/Funkproduktion
@radical.media GmbH Berlin
Kundenberatung
Wiebke Nowak,
Michael Lamm,
Cathleen Losch
Strategische Planung
Jason Lusty
Regie
Steve Miller
**Producer/
Agentur Producer**
Christiane Lochte,
Ben Schneider/
Marion Lange
Schnitt
Sven Budelmann
Sound Design
Tonstudio:
Hastings Audio Network Berlin;
Tonmeister:
Andreas »Beavis« Ersson

In privaten Super-8-Aufnahmen aus den Siebzigern sind diverse kleine Jungs zu sehen, die schon damals durch typisch männliche Verhaltensweisen aufgefallen sind: Sie pinkeln lieber im Stehen ins Töpfchen, schauen kurzen Röcken hinterher, hängen lässig den Ellbogen aus dem Kinderwagen und beherrschen bereits rüdes Foulen beim Fußball – für all die Jungs, die damals schon Männer waren, kehrt jetzt der Mythos GTI® von Volkswagen zurück.

Zusätzlich erhielt dieser Spot Silber in der Kategorie TV-Spots auf Seite 180. Die zugehörige Print-Kampagne erhielt Silber in der Kategorie Publikumsanzeigen auf Seite 30/31 und in der Kategorie Tageszeitungsanzeigen (inkl. Wochenzeitungen) auf Seite 78/79, Bronze in der Kategorie Plakate und Poster (Indoor und Outdoor) auf Seite 104 und eine Auszeichnung in der Kategorie Fotografie auf Seite 303.

Mercedes-Benz Cabriolets
»Sound des Sommers«

Auftraggeber
Mercedes-Benz
Marketingleitung
J. Justus Schneider
Werbeleitung
Lothar Korn
Agentur
Springer & Jacoby
Werbung GmbH
Creative Direction
Till Hohmann,
Axel Thomsen
Art Direction
Justus v. Engelhardt,
Tobias Gradert
Text
Florian Kähler,
Florian Pagel
Film-/Funkproduktion
Sehsucht GmbH
Kundenberatung
Christoph Tank,
Géza Unbehagen
**Producer/
Agentur Producer**
Andreas Coutsoumbelis
**Musikkomposition/
Sound Design**
Wenke Kleine-Benne@nhb
Hamburg
Computeranimation
Ole Peters,
Timo Schädel

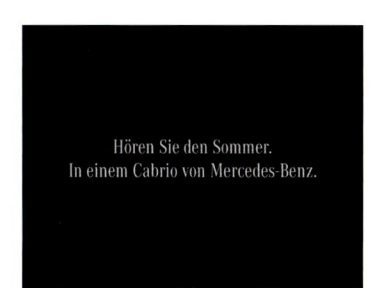

Wir hören einen startenden Motor. Und sehen eine Tonkurve, die auf das Geräusch reagiert und ausschlägt. Wir hören, wie das Auto Fahrt aufnimmt. Die Tonkurve verändert sich und zeigt, was wir hören. Wir tauchen in eine Traumwelt ein: Die Geräusche der Fahrt durch eine Allee, vorbei an Pferden, einer Kirche etc. werden in der Tonkurve visualisiert. Die Botschaft: Hören Sie den Sommer. In einem Cabrio von Mercedes-Benz.

Zusätzlich erhielt diese Arbeit Gold in der Kategorie TV-Spots auf Seite 180 und Silber in der Kategorie Musikkompositionen/Sound Design auf Seite 202/203.

SILBER

K-fee Kampagne
»So wach warst du noch nie«

Auftraggeber
K-fee AG
Werbeleitung
Richard Radtke,
Hubertus Sprungala
Agentur
Jung von Matt AG
Creative Direction
Constantin Kaloff,
Ove Gley
Art Direction
Frank Aldorf
Text
Daniel Frericks, Eskil Puhl
Film-/Funkproduktion
Cobblestone, Hamburg
Grafik
Daniel Jaeckel
Kundenberatung
Christian Frank,
Agnes Uhlig,
Miriam Römer
Regie
Kai Sehr
Kamera
Bengt Jonsson
**Producer/
Agentur Producer**
Producer: Kai Stöcker,
Agentur Producer:
Mark Röta
Schnitt
Deli Pictures
Postproduction, Hamburg
**Musikkomposition/
Sound Design**
Doublehead
Computeranimation
Deli Pictures
Postproduction, Hamburg
Sonstiges
Werbeberater:
Wolf H. Lange

Beruhigende, stimmungsvolle Bilder, untermalt von der entsprechenden Musik, entführen den Zuschauer in die totale Entspannung. Doch die ist mit einem Schlag zu Ende: Eine schreiende Monsterfratze kommt schlagartig ins Bild und erschreckt den Zuschauer. Dazu erscheint ein Chart: »So wach warst du noch nie.«, gefolgt von Packshot und Claim: »K-fee. Kaffee in hohen Dosen.«

Zusätzlich erhielten diese Spots und ein weiterer Bronze in der Kategorie TV-Spots auf Seite 160. Andere Spots der Kampagne erhielten Bronze in der Kategorie Musikkompositionen/Sound Design auf Seite 206/207.

186 --- Kinowerbefilme

SILBER

**Media Markt Kampagne
»Lasst euch nicht verarschen«**

Auftraggeber
Media Markt
Werbeleitung
Klaus Wäcker
Agentur
kempertrautmann GmbH
Creative Direction
Niels Alzen,
Mathias Lamken
Art Direction
Mathias Lamken
Text
Niels Alzen
Film-/Funkproduktion
Markenfilm
GmbH & Co. KG
Grafik
Ole Peters,
Timo Schädel,
Mathias Lamken
Typografie
Ole Peters
Kundenberatung
Boris Malvinsky
Regie
Otto Alexander Jahrreis
Kamera
Martin Ruhe
Producer/
Agentur Producer
Executive Producer
und Geschäftsführer
Markenfilm:
Florian Beisert,
Produktionsleitung bei
Markenfilm:
Ruth Jansen
Schnitt
Annett Kiener
Musikkomposition/
Sound Design
Musikkomposition:
Sander van
Maarschalkerweerd,
SIZZER;
Sound Design:
TV Studio Hamburg
Computeranimation
Sehsucht GmbH
(Ole Peters,
Timo Schädel)

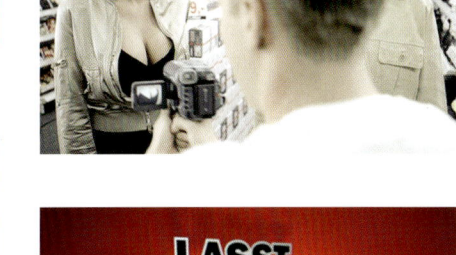

Zusätzlich erhielt dieser Spot Silber in der Kategorie Musikkompositionen/Sound Design auf Seite 204/205.

Comedian Oliver Pocher treibt im Media Markt sein Unwesen. Mal versucht er, einem Pärchen den perfekten Camcorder für »Amateurfilme« anzudrehen. Dann imitiert er türkisches Radio, um eine Stereoanlage zu verkaufen. Am Ende versöhnt er sich mit seinen Opfern und singt gemeinsam mit ihnen ein Loblied auf das billige Angebot: »Lasst euch nicht verarschen. Vor allem nicht beim Preis.«

Zusätzlich erhielten diese und weitere Spots der Kampagne Silber in der Kategorie TV-Spots auf Seite 158.

BRONZE

McDonald's Kampagne
»Keine Gegenfrage«

Auftraggeber
McDonald's Deutschland Inc.
Marketingleitung
Johan J. Jervoe
Werbeleitung
Michael Th. Werner
Agentur
Heye & Partner GmbH
Creative Direction
Thomas Winklbauer
Text
Florian Ege,
Frieder Wittich
Film-/Funkproduktion
HFF, Drife Productions
Kundenberatung
Carina Eickmann,
Daniel Höll
Regie
Frieder Wittich
Kamera
Christian Rein
**Producer/
Agentur Producer**
Prof. Christian Köster,
Hendrik Feil,
Simon Sieverts
Schnitt
Mike Marzuk
**Musikkomposition/
Sound Design**
Mona Davis:
»ich liebe es«

Zwei Typen stellen sich der nahezu unlösbaren Aufgabe, bei McDonald's die perfekte Bestellung abzugeben, ohne eine einzige Gegenfrage gestellt zu bekommen. In vier Spots dürfen wir ihr klägliches Scheitern belächeln.

Zusätzlich erhielt diese Arbeit eine Auszeichnung in der Kategorie TV-Spots auf Seite 169. Dort ist der vierte Spot abgebildet.

188 --- Kinowerbefilme

BRONZE

BMW »Runner«

Auftraggeber
BMW AG
Marketingleitung
Dr. Wolfgang Armbrecht,
Bernhard Schneider
Agentur
Jung von Matt AG
Creative Direction
Thimoteus Wagner,
Bernhard Lukas,
Deneke von Weltzien
Text
Marek Dorobisz,
Philipp Barth
Film-/Funkproduktion
erste liebe
filmproduktion GmbH
Kundenberatung
Christian Hupertz,
Peter Stroeh,
Christiane Grüger
Regie
Markus Walter
Kamera
Martin Ruhe
Producer/
Agentur Producer
Volker Steinmetz/
Mark Rôta
Schnitt
Optix Digital Pictures:
Marcel Lemme,
Michael Welz/
Avid: Timo Fritsche
Musikkomposition/
Sound Design
Perky Park Music/
Ton:
Hans Christian Sametzki,
Oscar Meixner,
Ltg. Claudia Hesse,
Hastings Audio Network
Sonstiges
Licht: Klaus Fliege,
Ausstattung/Styling:
Kaja Busse

Macht weiter, wo andere aufhören.

Der BMW 5er mit Runflat-Reifen.

Ein Mann joggt durch den Wald. Plötzlich sehen wir mitten auf dem Waldweg einen rostigen Nagel aus einem Brett herausragen. Ratsch! Der Jogger springt voll in den Nagel. Sein Fuß ist komplett durchbohrt. Der Mann zieht seinen Fuß heraus und läuft weiter, als sei nichts geschehen. Textchart: »Macht weiter, wo andere aufhören.« Wir sehen den Reifen eines fahrenden BMW. »Der BMW 5er mit Runflat-Reifen.«

Kinowerbefilme

AUSZEICHNUNG
RUHM UND EHRE

MINI Kampagne
»Let's MINI«

Auftraggeber
BMW AG
Marketingleitung
Hildegard Wortmann
Werbeleitung
Jochen Goller
Agentur
Jung von Matt AG
Creative Direction
Oliver Voss, Götz Ulmer
Text
Oliver Voss,
Jo Marie Farwick,
Willy Kaussen
Film-/Funkproduktion
Independent/
Anonymous Content
Kundenberatung
Anke Peters,
Dennis Schneider
Strategische Planung
Daniel Adolph
Regie
John Dolan
Kamera
Sebastian Pfaffenbichler
Producer/
Agentur Producer
Mark Róta,
Nora Weber
Schnitt
Tim Thornton-Allan und
Kate Owen
(Marshallstreet London),
Tim Tibor,
Andreas Wilcken (nhb),
Sven Budelmann
Musikkomposition/
Sound Design
Stunt Driver
Perky Park Berlin
(Arno Kammermeier,
Peter Hayo)

Bilder wie in »The Fast And The Furious« flimmern über den Bildschirm: Ein aufgemotzter Sportwagen brettert durch ein leeres Industriegebiet. Er gibt Gas, schaltet hoch, beschleunigt und bremst schließlich mit quietschenden Reifen vor einem Filmteam. »Cut!« – die Szene ist im Kasten. Jetzt springen ein paar Assistenten auf's Set und heben die grüne Karosserie ab. Und darunter erscheint der einzige Wagen, der solche Stunts drauf hat: ein MINI.

AUSZEICHNUNG

HORNBACH
Baumarkt AG
»Biotop«

Auftraggeber
HORNBACH
Baumarkt AG
Marketingleitung
Jürgen Schröcker
Werbeleitung
Diana Weber
Agentur
HEIMAT, Berlin
Creative Direction
Guido Heffels,
Jürgen Vossen
Art Direction
Tim Schneider,
Marc Wientzek
Text
Sebastian Kainz,
Andreas Manthey
Film-/Funkproduktion
Tony Petersen,
Sandra Niessen
Kundenberatung
Yves Krämer,
Barbara Widder
Kamera
Michael Mieke
Schnitt
Jo Paerson
(whitehouse)
**Musikkomposition/
Sound Design**
Audioforce,
Prager Symphoniker

Ein Unsympath par excellence schnippt seine Zigarette in den hübschen Gartenteich, an dem seine Frau aufopferungsvoll arbeitet. Klar, dass sie das nicht sonderlich dufte findet. Weniger klar, dass ein Orca urplötzlich aus dem Wasser schießt und den Mann einen Kopf kürzer macht. »Liebe Dein Zuhause. Dann liebt es Dich auch«, so die Moral von der Geschicht.

Zusätzlich erhielten dieser und ein weiterer Spot eine Auszeichnung in der Kategorie TV-Spots auf Seite 161.

Kinowerbefilme

AUSZEICHNUNG

Volkswagen Touran
»Nachbarn«

Auftraggeber
Volkswagen AG
Marketingleitung
Jörn Hinrichs,
Lutz Kothe
Werbeleitung
Martina Berg
Agentur
DDB Berlin
Creative Direction
Amir Kassaei,
Mathias Stiller,
Wolfgang Schneider
Art Direction
Mathias Stiller
Text
Wolfgang Schneider
Film-/Funkproduktion
soup.film GmbH
Kundenberatung
Wiebke Nowak,
Michael Lamm
Strategische Planung
Jason Lusty
Regie
Mona El Mansouri
Producer/
Agentur Producer
Stephan Fruth,
Christoph Petzenhauser/
Marion Lange
Schnitt
Barbara Giehs

Mehr als ein Familienauto.
Der Touran

Aus Liebe zum Automobil

Eine Frau klingelt mit ihren beiden Kindern bei den neuen Nachbarn, die offensichtlich einen Touran fahren. Als ein Mann mittleren Alters die Tür öffnet, gratuliert die Frau zum Einzug und erzählt von der kinderfreundlichen Gegend. Plötzlich erscheint ein zweiter Mann an der Tür und ihr wird klar, dass es sich nicht um eine Familie mit Kindern, sondern um ein schwules Pärchen handelt. Der Touran. Mehr als ein Familienauto.

AUSZEICHNUNG

BILD-Zeitung
»Hotelzimmer«

Auftraggeber
Axel Springer AG
Marketingleitung
Karin Hilbert
Werbeleitung
Tanja Hackner
Agentur
Jung von Matt AG
Creative Direction
Oliver Voss,
Hans Weishäupl,
Willy Kaussen
Text
Dennis May
Film-/Funkproduktion
Filmakademie
Baden-Württemberg
GmbH
Kundenberatung
Ingo Webecke
Regie
Paul Kneer
Kamera
Pascal Rémond
**Producer/
Agentur Producer**
Tim Menzel

Nichts ist härter als die Wahrheit.

In einer Hotelsuite werden wir Zeuge eines One-Night-Stands. Das Pärchen macht alles, was dazu gehört: heiße Blicke, noch heißere Küsse und gehauchte Sätze. Aber der Mann muss noch warten, denn die Dame verschwindet noch mal kurz im Badezimmer. Bevor sie die Tür schließt, raunt sie dem Mann verführerisch zu: »Ich geh' nur kurz kacken.« Er ist geschockt – es ist eben nichts härter als die Wahrheit.

Kinowerbefilme

AUSZEICHNUNG

BILD Zeitung
»Bourne Verschwörung«

Auftraggeber
Axel Springer AG
Marketingleitung
Karin Hilbert
Werbeleitung
Tanja Hackner
Agentur
Jung von Matt AG
Creative Direction
Oliver Voss,
Hans Weishäupl,
Willy Kaussen
Text
Jo Marie Farwick
Film-/Funkproduktion
Optical Art
Grafik
Roland Heß
Kundenberatung
Ingo Webecke,
Anke Göbber

Beim folgenden Film
„Die Bourne Verschwörung" lohnt
es sich, genauer hinzuschauen.

In Moskau wird Jason Bourne
angeschossen. Der Täter verfolgt
ihn in einen U-Bahn Eingang.

Dieser Eingang ist aber nicht
in Moskau, sondern in Berlin.

Im Hintergrund sieht man
die Berliner Kongresshalle.

Noch ein letzter Hinweis für alle, die
es immer ganz genau wissen wollen:

Kinogänger wurden vor dem Blockbuster »Die Bourne Verschwörung« mithilfe von einfachen Charts
auf die so genannten Goofs (Fehler im Film) aufmerksam gemacht. Erst der letzte Chart-Block lieferte allen,
die es immer ganz genau wissen wollen, die Erklärung: Mit BILD entgeht Ihnen nichts.

Mit BILD entgeht Ihnen nichts.

Bild Dir Deine Meinung!

AUSZEICHNUNG

Mercedes-Benz
CLS-Klasse
»Olivier«

Auftraggeber
Mercedes-Benz
Marketingleitung
J. Justus Schneider
Werbeleitung
Lothar Korn,
Stefan Brommer,
Anja Maasdorff
Agentur
Springer & Jacoby
Werbung GmbH
Creative Direction
Tobias Ahrens,
Frank Bannöhr
Art Direction
Alexander Hansen
Text
Alexander Hansen,
Daniel Grether
Film-/Funkproduktion
tony petersen
film GmbH
Grafik
Oliver Baus
Kundenberatung
Andrea Ey,
Philipp Ernsting/
Philip Sunkel,
Nicole Werner/
Julia Wabbel
Regie
Hans-Jürgen Lewandowski
Kamera
Mel Griffith
**Producer/
Agentur Producer**
Tony Petersen/
Oliver Bison
Schnitt
Constantin von Seld
**Musikkomposition/
Sound Design**
Peermusic/NHB
Sonstiges
Media:
Sylvia Schmidt

Sommernachmittag. Die CLS-Klasse fährt durch die Stadt. Eine Frau sieht den Wagen. Sie ruft: »Olivier, Olivier!«, und spurtet hinterher. Weitere Damen reagieren ähnlich aufgebracht. Schließlich hält die CLS-Klasse vor einem Hotel und eine sehr verwunderte Fahrerin steigt aus. Des Rätsels Lösung ist Hotelpage »Olivier«, der den Autoschlüssel in Empfang nehmen will. Doch diesmal wird nichts daraus.

AUSZEICHNUNG

Ärzte ohne Grenzen
»Insert Coin«

Auftraggeber
Ärzte ohne Grenzen e.V.
Marketingleitung
Petra Meyer
Agentur
Scholz & Friends
Creative Direction
Martin Pross,
Julia Schmidt
Art Direction
Joakim Reveman
Film-/Funkproduktion
Big Fish
Filmproduktions GmbH,
Berlin
Kundenberatung
Thomas Caprano,
Milena Steinke,
Fei Hupfer
Regie
Marc Raymond Wilkins
Kamera
Tony Mitchell
**Producer/
Agentur Producer**
Claudia Knipping
Schnitt
Das Werk, Berlin
Sound Design
Hastings Audio Network,
Andreas »Beavis« Ersson
Sonstiges
Postproduktion:
Das Werk, Berlin

Der Film »Insert Coin« spielt mit dem Look von Videospielen: Die Bewegungen sämtlicher Figuren sind eingefroren. Während die Kamera über eine Landstraße fährt, auf der ein nicht enden wollender Flüchtlingstreck unterwegs ist, blinkt immer wieder der Schriftzug »Insert Coin« auf. Die Kamera erreicht einen Wagen von Ärzte ohne Grenzen, aus dem gerade eine Ärztin springt – auch sie ist mitten in der Bewegung eingefroren. Diese Bildmechanik ist von Videospielen in Spielhallen bekannt: Nach Einwurf einer Münze wird das Bild freigegeben, und der Spieler kann die Figuren auf dem Bildschirm bewegen. Genauso verhält es sich auch mit Ärzte ohne Grenzen: Sie können nur dann aktiv werden, wenn es ihnen durch Spenden ermöglicht wird.

Ein Junge spielt auf dem Fußboden im Wohnzimmer mit seinem neuen Spielzeugauto, dem VW Golf V.
Nachdem der Junge ihn ausgiebig betrachtet hat, zieht er den Aufziehmotor auf. Noch bevor er loslassen kann, zieht ihn der Wagen blitzschnell durch die geöffnete Terrassentür in den Garten – selbst bei einem Spielzeugauto macht sich die FSI®- und TDI®-Technologie durch einen spürbar kräftigeren Motor bemerkbar.

Zusätzlich erhielt diese Arbeit Bronze in der Kategorie TV-Spots auf Seite 166.

AUSZEICHNUNG

Volkswagen Golf FSI®
»Aufziehauto«

Auftraggeber
Volkswagen AG
Marketingleitung
Jörn Hinrichs,
Lutz Kothe
Werbeleitung
Martina Berg
Agentur
DDB Berlin
Creative Direction
Amir Kassaei,
Mathias Stiller,
Wolfgang Schneider
Art Direction
Mathias Stiller
Text
Wolfgang Schneider
Film-/Funkproduktion
Cobblestone Hamburg
Filmproduktion GmbH
Kundenberatung
Wiebke Nowak,
Michael Lamm
Strategische Planung
Jason Lusty
Regie
Sebastian Strasser
**Producer/
Agentur Producer**
Pieter Lony/
Marion Lange
**Musikkomposition/
Sound Design**
The Audio Factory

WANTED!

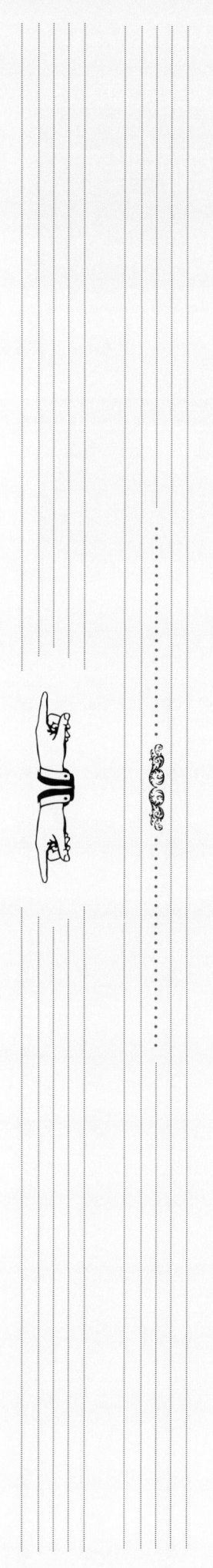

Wohltönend harmonisch, **beseelt** und **GEHÖRIG TOSEND...**

DER ADC SUCHT

DIE LEISESTEN, LAUTESTEN, TIEFSTEN & HÖCHSTEN TÖNE *DEUTSCHLANDS:*

MUSIKKOMPOSITIONEN & SOUNDDESIGN

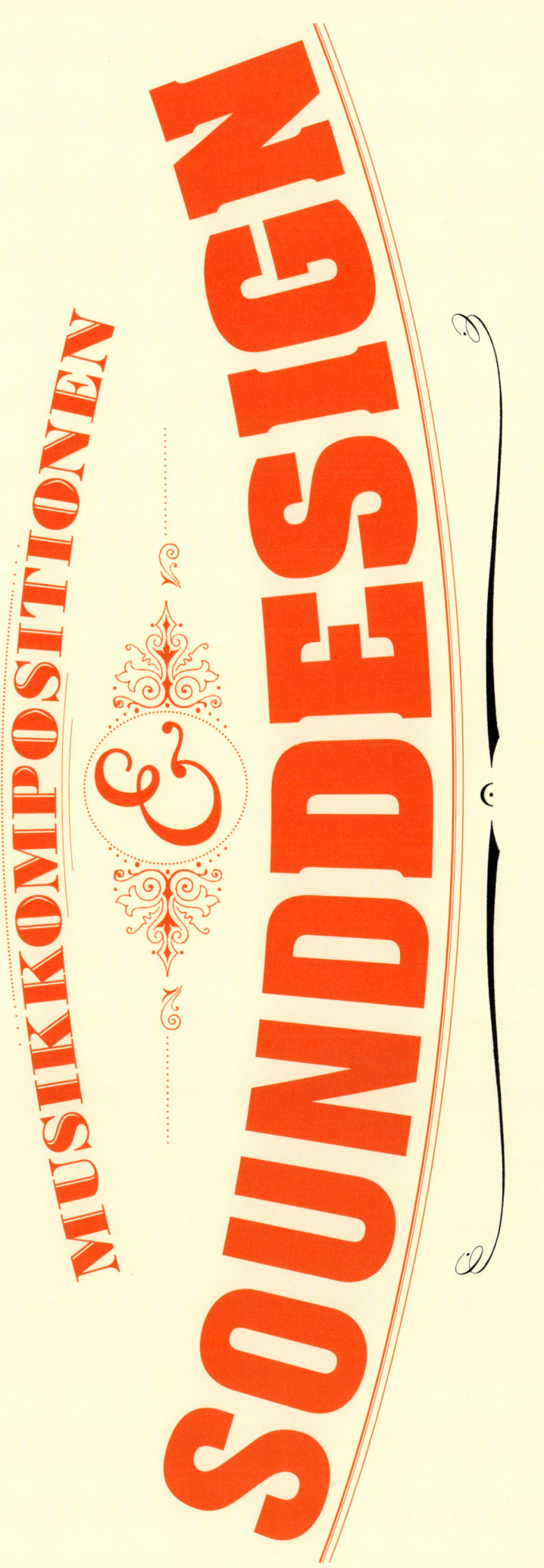

REWARD

3 silberne und 3 bronzene ADC Nägel sowie 3 Auszeichnungen!

Musik liegt in der Luft!

Die Arbeiten dieser Kategorie finden Sie auch auf der DVD.

SILBER

BMW Williams
F1 Team Collection 2004
Sound Design
»Reißverschluss«

Auftraggeber
BMW AG
Marketingleitung
Thomas Giuliani
Werbeleitung
Dr. Stefanie Ludorf
Agentur
Jung von Matt AG
Creative Direction
Wolf Heumann,
Andreas Ottensmeier,
Stefan Horbach
Text
Michael Okun,
Sascha Hanke
Film-/Funkproduktion
Hahn Nitzsche Studios
Hamburg
Kundenberatung
Natalie Lohmann,
Nina Reps
**Musikkomposition/
Sound Design**
Georg Hahn,
Sascha Hanke,
Michael Okun

Ein Reißverschluss wird mehrmals hintereinander schnell auf- und zugezogen,
sodass der Klang an einen Formel-1-Rennwagen erinnert.
Abbinder: Formel 1 zum Anziehen. Die BMW Williams F1 Team Collection.
Jetzt bei Ihrem BMW-Partner.

SILBER

Mercedes-Benz Cabriolets
Sound Design
»Sound des Sommers«

Auftraggeber
Mercedes-Benz
Marketingleitung
J. Justus Schneider
Werbeleitung
Lothar Korn
Agentur
Springer & Jacoby
Werbung GmbH
Creative Direction
Till Hohmann,
Axel Thomsen
Art Direction
Justus v. Engelhardt,
Tobias Gradert
Text
Florian Kähler,
Florian Pagel
Film-/Funkproduktion
Sehsucht GmbH
Kundenberatung
Christoph Tank,
Géza Unbehagen
Producer/
Agentur Producer
Andreas Coutsoumbelis
Musikkomposition/
Sound Design
Wenke Kleine-Benne@nhb
Hamburg
Computeranimation
Ole Peters,
Timo Schädel

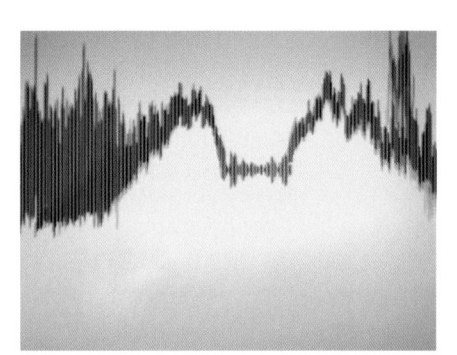

Hören Sie den Sommer.
In einem Cabrio von Mercedes-Benz.

Dieser Film ist ein echter Tonfilm. Er lebt entscheidend vom Sound Design. Wir sehen sprichwörtlich, was wir hören. Eine Tonkurve nimmt die Gestalt der gehörten Geräusche an. Wir sehen die Fahrt eines Cabrios vom Land ans Meer – und spüren dabei im Ton die Faszination des Sommers. Um eine Verbindung zwischen den einzelnen Bildern herzustellen, werden die akzentuierten, realen Geräusche in eine sphärische Klangebene eingebettet und erzeugen so ein eigenständiges, harmonisches Ganzes.

Zusätzlich erhielt diese Arbeit Gold in der Kategorie TV-Spots auf Seite 180 und in der Kategorie Kinowerbefilme auf Seite 185.

SILBER
RUHM UND EHRE

Media Markt
Musikkomposition
»Stereoanlage«

Auftraggeber
Media Markt
Werbeleitung
Klaus Wäcker
Agentur
kempertrautmann GmbH
Creative Direction
Niels Alzen,
Mathias Lamken
Art Direction
Tim Belser
Film-/Funkproduktion
Markenfilm
GmbH & Co. KG
Grafik
Ole Peters,
Timo Schädel,
Mathias Lamken
Typografie
Ole Peters
Kundenberatung
Boris Malvinsky
Regie
Otto Alexander Jahrreis
Kamera
Martin Ruhe
Producer/
Agentur Producer
Executive Producer
und Geschäftsführer
Markenfilm:
Florian Beisert,
Produktionsleitung bei
Markenfilm: Ruth Jansen
Schnitt
Annett Kiener
Musikkomposition/
Sound Design
Musikkomposition:
Sander van
Maarschalkerweerd,
SIZZER;
Sound Design:
TV Studio GmbH
Computeranimation
Sehsucht GmbH
(Ole Peters,
Timo Schädel)

Comedian Oliver Pocher veralbert im Media Markt alle Kunden. Wenn es dann am Ende zur großen Versöhnung kommt, singt er gemeinsam mit seinen Opfern ein Loblied auf das billige Angebot: »Lasst euch nicht verarschen. Vor allem nicht beim Preis.« Ein Jingle, der so gute Laune machen soll, dass das Wort »verarschen« fast poetisch wirkt.

Zusätzlich erhielt dieser Spot als Teil einer Kampagne Silber in der Kategorie TV-Spots auf Seite 158 und in der Kategorie Kinowerbefilme auf Seite 187.

BRONZE

K-fee Sound Design
Kampagne
»So wach warst du noch nie«

Auftraggeber
K-fee AG
Werbeleitung
Richard Radtke,
Hubertus Sprungala
Agentur
Jung von Matt AG
Creative Direction
Constantin Kaloff,
Ove Gley
Art Direction
Frank Aldorf
Text
Daniel Frericks,
Eskil Puhl
Film-/Funkproduktion
Cobblestone, Hamburg
Grafik
Daniel Jaeckel
Kundenberatung
Christian Frank,
Agnes Uhlig,
Miriam Römer
Regie
Kai Sehr
Kamera
Bengt Jonsson
Producer/
Agentur Producer
Producer:
Kai Stöcker,
Agentur Producer:
Mark Röta
Schnitt
Deli Pictures
Postproduction,
Hamburg
Musikkomposition/
Sound Design
Doublehead
Computeranimation
Deli Pictures
Postproduction,
Hamburg
Sonstiges
Werbeberater:
Wolf H. Lange

Beruhigende, stimmungsvolle Bilder, untermalt von der entsprechenden Musik, entführen den Zuschauer in die totale Entspannung. Doch die ist mit einem Schlag zu Ende: Eine schreiende Monsterfratze kommt schlagartig ins Bild und erschreckt den Zuschauer. Dazu erscheint ein Chart: »So wach warst du noch nie.«, gefolgt von Packshot und Claim: »K-fee. Kaffee in hohen Dosen.«

Zusätzlich erhielten andere Spots dieser Kampagne Silber in der Kategorie Kinowerbefilme auf Seite 186 und Bronze in der Kategorie TV-Spots auf Seite 160.

BRONZE

Mercedes-Benz A-Klasse TV-Spot »Folge deinem eigenen Stern«

Auftraggeber
Mercedes-Benz
Marketingleitung
J. Justus Schneider
Agentur
Springer & Jacoby Werbung GmbH;
Schmidt und Kaiser Kommunikationsberatung GmbH
Creative Direction
Toygar Bazarkaya,
Stefan Meske,
Hans-Jürgen Lewandowski,
Erik Heitmann
Art Direction
Tilmann Trost
Text
Markus Sehr,
Michael Benzinger
Film-/Funkproduktion
Five_three double ninety filmproductions gmbh
Kundenberatung
SuK: Frank Schmidt;
S&J: Alexander Schill
Strategische Planung
MB:
Dr. Ferndinand Froning,
Tanja Roth
Regie
Martin Werner
Kamera
Jens Maasboel
Producer/ Agentur Producer
Dadi van Eendenburg/
Oliver Bison (S&J)
Schnitt
Sören Görth
Musikkomposition/ Sound Design
Christina Aguilera,
Heather Holley und
Rob Hoffman

»Folge deinem eigenen Stern« ist nicht nur das Motto der neuen A-Klasse, sondern auch die Maxime der Menschen, die in diesem Film gezeigt werden. Wer könnte diese Einstellung musikalisch besser umsetzen als jemand, der ebenfalls nach seinen eigenen Regeln lebt: Christina Aguilera. Der von ihr exklusiv komponierte Song »Hello« ermutigt jeden, auch seinem eigenen Stern zu folgen.

BRONZE

WMF Musikkomposition
»Fliege«

Auftraggeber
WMF AG
Marketingleitung
Stefan Kellerer
Werbeleitung
Wolfgang Dalferth
Agentur
KNSK
Werbeagentur GmbH
Creative Direction
Tim Krink,
Ulrike Wegert,
Niels Holle
Art Direction
Oliver Fermer
Text
Berend Brüdgam
Film-/Funkproduktion
Markenfilm
Kundenberatung
Kirsten Kohls
Kamera
Frank Sprung
Producer/
Agentur Producer
Ulrich Scheper,
Moritz Mihm
Musikkomposition/
Sound Design
Mathias Willvonseder

Die Komposition zum WMF-Film »Fliege« wird von einer einzelnen Geige getragen. Diese sehr reduzierte Instrumentierung macht die Schärfe des Messers förmlich hörbar und verleiht dem Film seine besondere Dramatik.

Zusätzlich erhielt dieser Film eine Auszeichnung in der Kategorie TV-Spots auf Seite 181 und die zugehörige Anzeige eine Auszeichnung in der Kategorie Fachanzeigen auf Seite 71.

AUSZEICHNUNG

Ferrero nutella
Sound Design
»Benni rennt«

Auftraggeber
Ferrero Offene
Handelsgesellschaft mbH
Marketingleitung
Dirk Voß, Gabi Jacobi
Agentur
Aimaq·Rapp·Stolle
Werbeagentur GmbH
Creative Direction
Ole Vinck,
Stefan Schulte
Art Direction
Ramona Stöcker
Film-/Funkproduktion
soup film GmbH
Kundenberatung
Stephanie Fehrenbach,
Andreas Rapp
Strategische Planung
Kerstin Foell
Regie
Andreas Höpfner
Kamera
Deborah Schamoni
**Producer/
Agentur Producer**
Markus Janowski
Schnitt
Thomas Seil
**Musikkomposition/
Sound Design**
BLUWI,
Blunck und Will

Die Musik für nutella »Benni rennt« bedient in kürzester Zeit diverse Ansprüche – ein wiedererkennbares Intro/Outro, das auch in anderen Spots als akustische Klammer verwendet werden kann. Dazu passend eine filmische »Score«-Musik, die Benni Lauth's Aktionen Tempo und Dynamik gibt.
Das Arrangement ist sparsam, knappe Drumloops, dazu ein prägnantes Kontrabass-Riff, das klingt wie von einer 60er Jazz-Platte. Ein paar funky E-Piano-Fetzen. Schön schrabbelig gemixt. Fertig.

AUSZEICHNUNG

Olympus mju-mini
Digital Sound Design
»New Eyes V
Chain Reaction«

Auftraggeber
Olympus Europa GmbH
Marketingleitung
Hans Thiele
Agentur
Foote Cone & Belding
Creative Direction
Marcus Kaspar
Art Direction
Hariet Schellig
Film-/Funkproduktion
Film Deluxe GmbH
(Heike Wurch)
Kundenberatung
Erika Stratos
Strategische Planung
Soheil Dastyari
Regie
Ivo Wejgaard
Kamera
Pascal Walder
Producer/
Agentur Producer
Britta Wolgast
Musikkomposition/
Sound Design
von Herzen,
Sebastian Zenke
Computeranimation
Sehsucht GmbH

Im Film »Chain-Reaction« sind Bildsprache und Sound Design untrennbar miteinander verbunden. Gemeinsam ergeben sie eine geheimnisvoll-mystische Atmosphäre. Der Sound kombiniert umfeld- und handlungsspezifische Geräusche, eindringliche Wortbotschaften sowie die freie Interpretation eines Bach-Themas. Und alles klingt, als würde es gerade von einer alten Schallplatte abgespielt: »Are you mju too?«

AUSZEICHNUNG

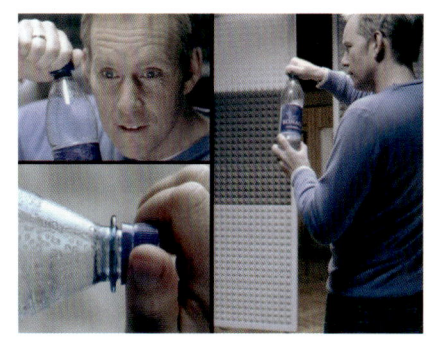

BONAQA Sound Design
»Sounds of Bonaqa«

Auftraggeber
Coca-Cola GmbH
Marketingleitung
Regina Wurz
Werbeleitung
Gregor Gründgens,
Verena Nabrotzky;
Produktmanager:
Mathias Blume
Agentur
Springer & Jacoby
Werbung GmbH
Creative Direction
Toygar Bazarkaya,
Stefan Meske
Art Direction
Sören Porst
Text
Tom Hauser,
Michael Benzinger,
Markus Sehr
Film-/Funkproduktion
Cobblestone Hamburg
Filmproduktion GmbH
Kundenberatung
Martin Isernhagen,
Alexander Groh
Regie
Markus Walter
Kamera
Martin Ruhe
Producer/
Agentur Producer
Angelika Esslinger/
Oliver Bison &
Corinna Nugent (S&J)
Schnitt
Sören Goerth,
Sven Bruhn
Musikkomposition/
Sound Design
Perky Park Music, Berlin:
Walter Merziger,
Arno Kammermeier,
Peter Hayo/
Hahn Nitzsche
Studios GmbH
Computeranimation
Effectiv-team

Die Komposition ist eine Collage aus verschiedenen Geräuschen, die Johannes B. Kerner mit einer Flasche BONAQA erzeugt. Durch die Art und Weise, wie die Geräusche aneinander geschnitten sind, ergibt sich ein melodischer Rhythmus, der sich genauso spritzig und erfrischend anhört, wie BONAQA schmeckt.

MOST WANTED

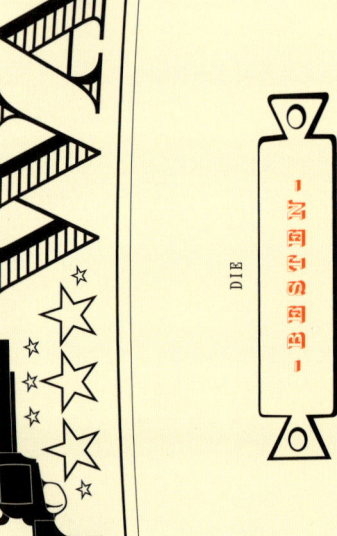

DER ADC IST AUF DER JAGD

DIE

beschaulichsten,
ABGEDREHTESTEN,
VISUELL-AUDITIV
befriedigendsten
und
PASSIONIERTESTEN

MUSIK VIDEOS

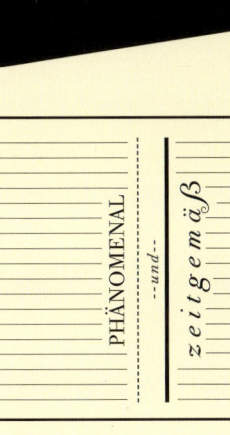

ALARMIEREND
ANDERS

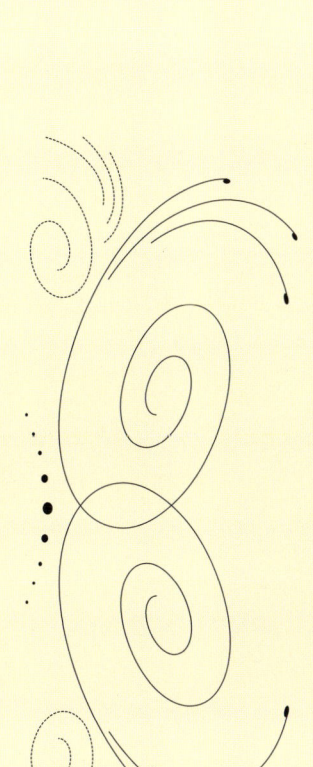

PHÄNOMENAL
und
zeitgemäß

REWARD
DER ADC VERGIBT:
1 Auszeichnung

Die Arbeit dieser Kategorie finden Sie auch auf der DVD.

AUSZEICHNUNG

Paul van Dyk/
Peter Heppner
»Wir Sind Wir«

Auftraggeber
Universal Music Domestic Division
Marketingleitung
Martin Rutter
Creative Direction
Robert Eysoldt
Film-/Funkproduktion
KATAPULT
Kundenberatung
Julia Nolte
Regie
Joern Heitmann
Kamera
Michael Mieke
**Producer/
Agentur Producer**
Ingo Georgi,
Alexander Kiening
Schnitt
Patrick Wilfert
**Musikkomposition/
Sound Design**
Paul van Dyk,
Peter Heppner
Sonstiges
Ausstattung:
Till Mueller

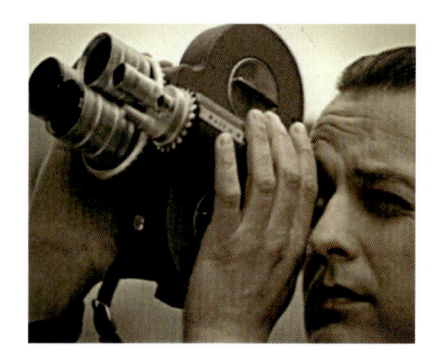

Musikvideos

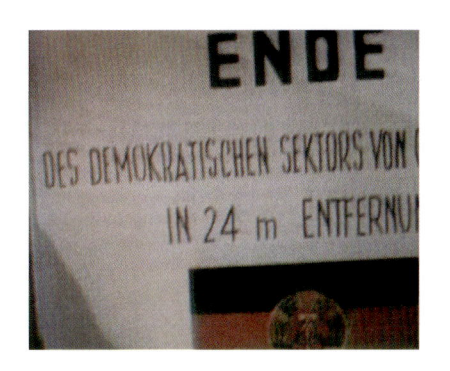

Inspiriert durch die ZDF-Doku »Das Wunder von Bern – Die wahre Geschichte« thematisieren Paul van Dyk und Peter Heppner in ihrem Song »Wir Sind Wir« das Identitätsgefühl der Deutschen innerhalb der letzten 50 Jahre. Mit historischem Originalmaterial und neuen Aufnahmen werden in dem Video zwei Epochen der deutschen Geschichte in einen Kontext gesetzt – die Zeit nach 1949 und die Zeit nach 1989.

DIE **UNBESTECHLICHSTEN**, **ANSEHNLICHSTEN**, *charmantesten* UND **VIELVERSPRECHENDSTEN**

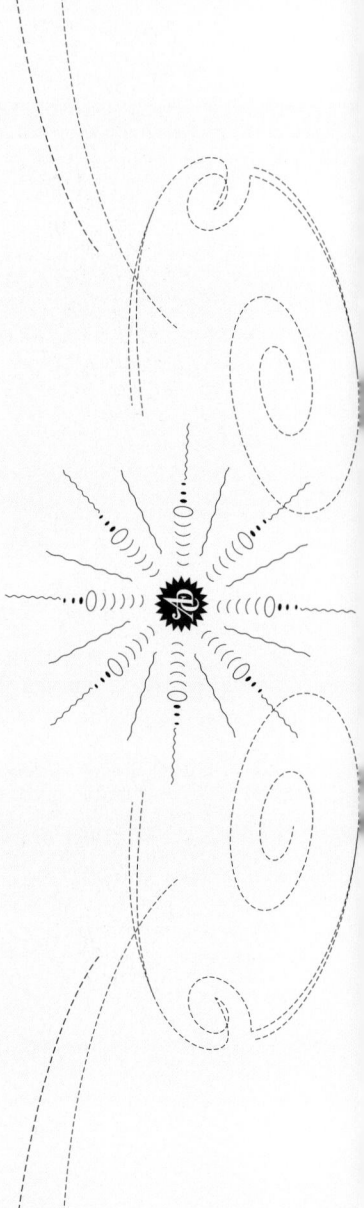

filme

VERKAUFSFÖRDERUNG!

für Verkaufsförderung & Unternehmensdarstellungen

REWARD:
— 2 —

ADC Silbernägel!!!

Die Arbeiten dieser Kategorie finden Sie auch auf der DVD.

SILBER

Mercedes-Benz CLS Film
»The Porter«

Auftraggeber
Mercedes-Benz
Marketingleitung
Lothar Korn
Agentur
BM8 GmbH
Creative Direction
Jan Wentz
Film-/Funkproduktion
BM8 GmbH
Kundenberatung
Oliver Hack
Regie
Jan Wentz
Kamera
Sebastian Pfaffenbichler
Producer/
Agentur Producer
Executive Producer:
Oliver Hack,
Producer:
Cornelius Rönz
Schnitt
Matthias Morick,
Sven Budelmann,
Thomas Seil
Musikkomposition/
Sound Design
Felix Lamprecht,
Maximilian Olowinsky,
Matthias Rewig
Sonstiges
Theme Song:
Bryan Ferry

In den Hauptrollen der als Spielfilm inszenierten Handlung spielen Dannii Minogue, Bryan Ferry und Max Beesley. Der »Branded Entertainment«-Auftritt zur Markteinführung des Mercedes CLS wurde vom Konzept bis zur Endfertigung bei BM8 entwickelt.

SILBER

HORNBACH
Baumarkt AG
»Unternehmensfilm 3/04«

Auftraggeber
HORNBACH
Baumarkt AG
Marketingleitung
Jürgen Schröcker
Werbeleitung
Diana Weber
Agentur
HEIMAT, Berlin
Creative Direction
Guido Heffels,
Jürgen Vossen
Art Direction
Tim Schneider
Film-/Funkproduktion
Hermann Vaske's
Emotional Network
Kundenberatung
Yves Krämer,
Barbara Widder
Regie
Hermann Vaske
Kamera
Mate Toth,
Isabelle Furrer
Producer/
Agentur Producer
Jennifer Feist,
André Urban
Schnitt
Bastian Ahrens
(ACHT, Frankfurt)
Musikkomposition/
Sound Design
Einstürzende Neubauten/
Ralf Boonen
Sonstiges
Online:
ACHT, Frankfurt

Blixa Bargeld, Kopf der Einstürzenden Neubauten, liest anlässlich der Tertialkonferenz im Herbst 2004 aus den monatlichen Werbeheften der Hornbach Bau- und Gartenmärkte. Exklusiv für alle Teilnehmer in der Unternehmensfilmversion: Takes, Making-of-Sequenzen und auch das noch: ein Hornbach Logo am Ende der knapp 3-minütigen Fassung.

WANTED! TV & KINODESIGN

SO

selbstverständlich

VON **HEFTIGEM** *Charme*

— ZU — ***GROSS*** *für jede Schublade*

DAS **PUBLIKUM** UMARMEND

POLARISIEREND

DAS **HERZ** *zerreißend*

KOMMUNIKATIV WERTVOLL

UND **NICHT** ANDERS:

TV + DESIGN / DESIGN + KINO

GRANDIOS

FULMINANT!

wach und offen, von **bedingungsloser** ZUVERSICHT und **ABENTEUERLUST** *getrieben!*

EUPHORISCH mit **FARBEN** *SPIELEND*

MIT VIEL **FREUDE** — an — *atemloser* **GESTALTUNG**

...WUNDERVOLL ABRAUMEND...

DER --- ADC --- BELOHNT --- DICH!

1 SILBERNER ADC NAGEL

2 Auszeichnungen!

Die Arbeiten dieser Kategorie finden Sie auch auf der DVD.

SILBER

Viva Station ID
»Clipcreator:
Werbetrenner«

Auftraggeber
VIVA PLUS
Fernsehen GmbH,
Annabel Beresford,
Tobias Trosse
Agentur
Stiletto-NYC,
FEEDMEE DESIGN
GMBH
Creative Direction
Annabel Beresford,
Susanne Lüchtrath,
Anton Riedel,
Stefanie Barth
Typografie
Kontakter: Frank Koriath,
Cantaker: Lars Winkler
**Musikkomposition/
Sound Design**
Thomas Bücker,
Achim Fischer
Computeranimation
Frank Schmidt,
Markus Cecot
Sonstiges
Programmierung:
Peter Petermann,
Jan Tietze,
Studio Orange;
Technische Konzeption:
Boris Tschernach

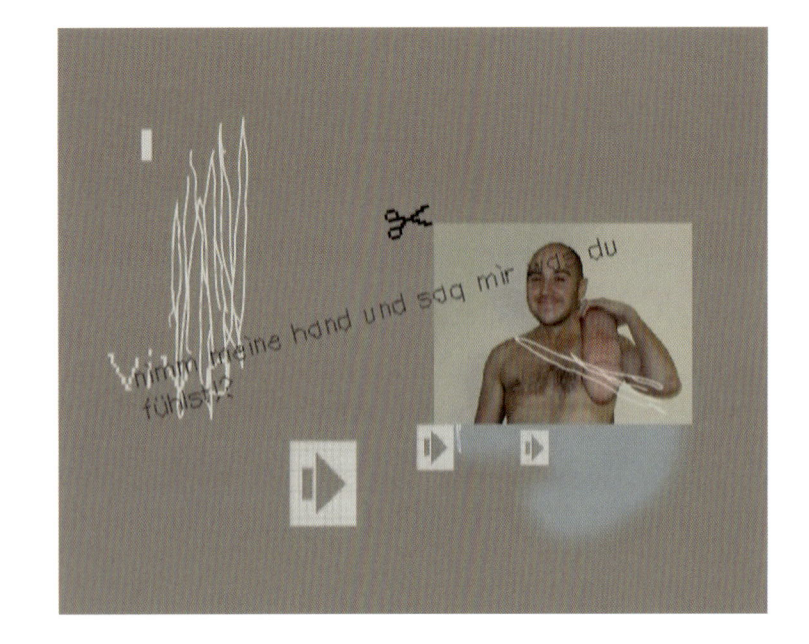

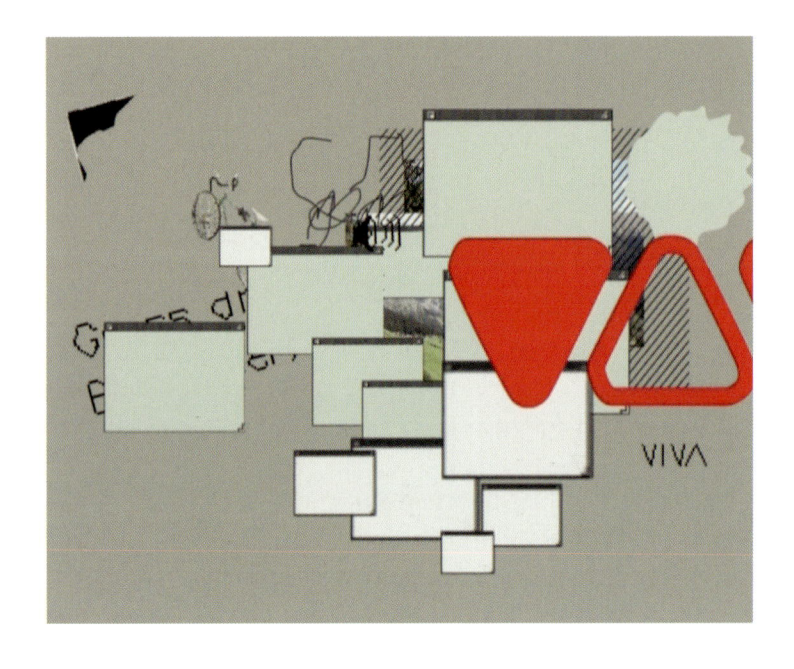

TV-Design/Kino-Design

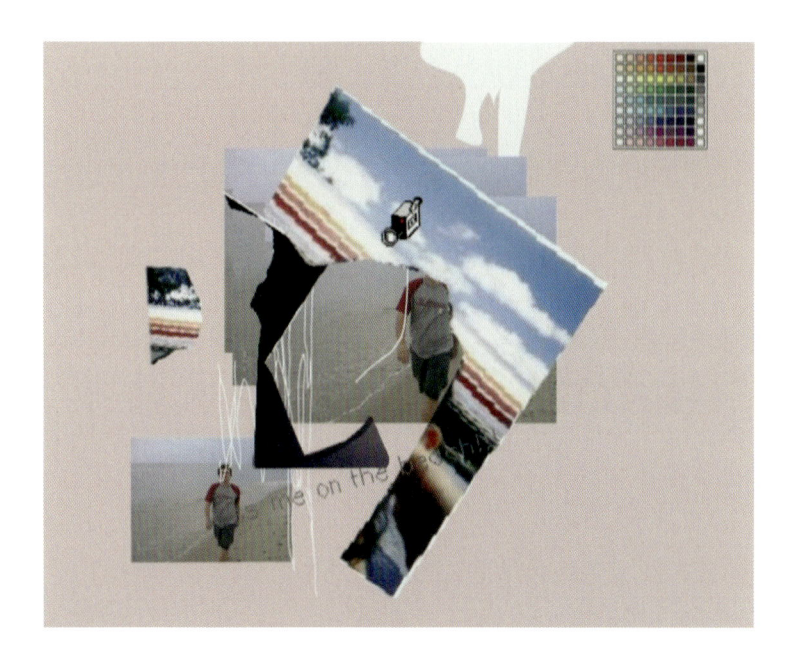

Die Werbetrenner und Station IDs werden individuell vom Fernsehzuschauer kreiert.
Über die Internetseite www.viva.tv kann jeder User Tools und Sounds wählen, eigene Fotos hochladen und persönliche Texte schreiben, die wenige Stunden später automatisiert im TV ausgestrahlt werden.

Zusätzlich erhielt diese Arbeit Bronze in der Kategorie Media auf Seite 486/487.

AUSZEICHNUNG

Viva Inside
»Inside TV-Design«

Auftraggeber
Viva Media AG
Creative Direction
Annabel Beresford
Art Direction
Mario Lombardo,
Tania Parovic,
Alfred Jansen
Film-/Funkproduktion
Mario Lombardo,
Tania Parovic,
Alfred Jansen
Grafik
Mario Lombardo,
Tania Parovic,
Jochen Ruderer
Typografie
Mario Lombardo
Illustration
Mario Lombardo
Regie
Tania Parovic,
Mario Lombardo,
Alfred Jansen
Kamera
Alfred Jansen,
Tania Parovic
Schnitt
Tania Parovic
**Musikkomposition/
Sound Design**
Alter Ego
Computeranimation
Tania Parovic,
Mario Lombardo
Sonstiges
Beratung:
Frank Koriath

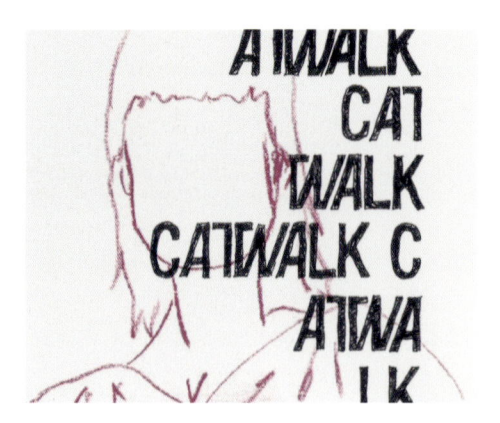

Erstellung der Sendeverpackung für »Inside«, das Modemagazin von VIVA. Bezugnehmend auf das Thema der Sendung, aktuelle Modetrends aus den Metropolen, sollte sich die Sendeverpackung möglichst abstrakt dem Thema Fashion im urbanen Zusammenhang nähern. Ziel war, möglichst nicht die üblichen Bildklischees, welche zur Darstellung der Themen »Stadt« und »Mode« benutzt werden, abzurufen, sondern Magazinthemen wie den Catwalk als integratives Element zu nehmen und diesen an allgemeinen urbanen Orten stattfinden zu lassen. Ebenso wurde weitestgehend auf digitale Gestaltungselemente verzichtet, um den handwerklichen Bezug zum Thema herzustellen und eine abstrakte Verbindung zwischen Zeitgeist und Tradition zu finden.

Video-Insert

Opener »SMS Sunday«

Promotion

Opener »Overdrive«

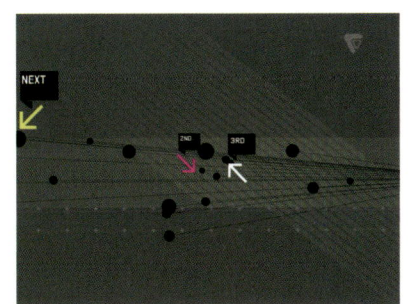

Opener »Get the Clip«

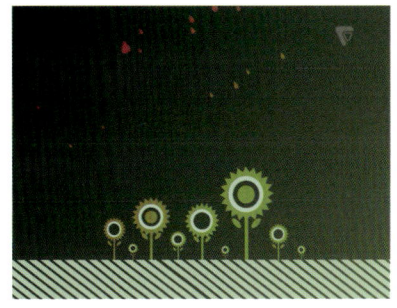

Opener »Weekend Lover«

FEEDMEE entwickelte und produzierte das Redesign für den On-Air-Auftritt des interaktiven Musiksenders VIVA PLUS. Basis bildet ein Raster, welches als Grundlage für alle Designtools dient. Verschiedene Platzierungen auf dem 4:3-Raster, je nachdem, ob es sich um Promotion-Tools, SMS-Templates, Video-Inserts oder Opener handelt, ergeben ein vielfältiges Erscheinungsbild mit einer klar erkennbaren Struktur.

AUSZEICHNUNG

VIVA PLUS
Station Redesign

Auftraggeber
VIVA PLUS
Fernsehen GmbH,
Annabel Beresford,
Tobias Trosse

Agentur
FEEDMEE DESIGN
GMBH

Creative Direction
Susanne Lüchtrath,
Anton Riedel

Grafik
Alexandra Grundmann,
Lars Keller,
Frank Schmidt,
Ingo Steinacker

Typografie
Jürgen Frost

Kundenberatung
Kerstin Kohle

**Musikkomposition/
Sound Design**
Thomas Bücker,
Achim Fischer

Computeranimation
Frank Schmidt,
Lars Keller,
Ingo Steinacker,
Axel Hamacher,
Luis Castrillo

MOST WANTED!

REWARD

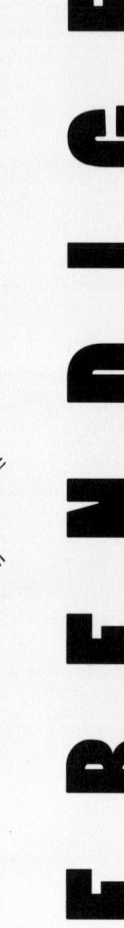

1 silberner, 4 bronzene ADC NÄGEL & 7 Auszeichnungen!

LEBENDIGE.

PASSIONIERTE, SCHWATZHAFTE und EXZENTRISCHE

FUNK SPOTS

VOLLER AUSTRAHLUNG

Der ADC warnt vor: ☞
FUNKTIONIERENDEN EMPFÄNGERN!

→ → →

Es kann [unter Umständen] zu Strahlenaussendungen
HISTORISCHEN AUSMASSES *kommen.*

Die Arbeiten dieser Kategorie finden Sie auch auf der DVD.

SILBER

HORNBACH
Baumarkt AG
Kampagne
»Blixa Bargeld liest Hornbach«

Auftraggeber
HORNBACH
Baumarkt AG
Marketingleitung
Jürgen Schröcker
Werbeleitung
Diana Weber
Agentur
HEIMAT, Berlin
Creative Direction
Guido Heffels,
Jürgen Vossen
Text
Thomas Winkler
Film-/Funkproduktion
Studio Funk
GmbH & Co. KG Berlin
Kundenberatung
Yves Krämer,
Barbara Widder
Regie
Hermann Vaske,
Stephan Moritz
Musikkomposition/
Sound Design
Einstürzende Neubauten
Sonstiges
Ton: Stephan Moritz

»SCHLAGBOHRMASCHINE«

Weibliches Off:
»Blixa Bargeld liest Hornbach.«

Introsequenz: Einstürzende-Neubauten-Sample

Blixa Bargeld, durchaus Ernst Jandl ähnlich:
»Schlagbohrmaschine PSB 1000 RCA –
1.000 und 10 Watt,
mit integrierter Staubabsaugung,
maximale Bohrleistung
in Beton
16 Millimeter,
maximales Drehmoment
17 Newtonmeter,
Autolock,
Bohrwinkelkontrolle.

Hornbach.
Es gibt immer was zu tun.
YippiejajaYippieYippieYeah!«

»ZEMENTSCHLEIERENTFERNER«

Weibliches Off:
»Blixa Bargeld liest Hornbach.«

Introsequenz: Einstürzende-Neubauten-Sample

Blixa Bargeld, sehr lässig:
»Zementschleierentferner
entfernt
Zementschleier,
Kalk-
und
Mörtelreste.

Hornbach.
Es gibt immer was zu tun.
YippiejajaYippieYippieYeah!«

»FEUCHTESCHÄDEN«

Weibliches Off:
»Blixa Bargeld liest Hornbach.«

Introsequenz: Einstürzende-Neubauten-Sample

Blixa Bargeld, laut schreiend:
»Feuchteschäden!
Was tun?
Erstens.
Abmeißeln des beschädigten Putzes.
Zweitens.
Bohrlöcher nach Anleitung setzen.
Drittens.
Einsetzen der Injektionstrichter
und
Verfüllen mit der Horizontalsperre
›Trockene Wand‹.
Viertens.
Verschließen der Löcher
mit Bohrlochschlämme.

Hornbach.
Es gibt immer was zu tun.
YippiejajaYippieYippieYeah!«

»QUARZITPOLYGONALPLATTEN«

Weibliches Off:
»Blixa Bargeld liest Hornbach.«

Introsequenz: Einstürzende-Neubauten-Sample

Blixa Bargeld, äußerst extrovertiert:
»Quarzitpolygonalplatten ›Hellas‹
10 bis 20 Millimeter stark.
Grünlichgrau.

Hornbach.
Es gibt immer was zu tun.
YippiejajaYippieYippieYeah!«

Zusätzlich erhielt diese Arbeit Gold in der Kategorie TV-Spots auf Seite 156/157.

BRONZE

Auftraggeber
Wall Street Institute
Werbeleitung
Susanne Lee-Schmeisz
Agentur
Grabarz & Partner
Werbeagentur GmbH
Creative Direction
Ralf Heuel, Ralf Nolting,
Patricia Pätzold
Art Direction
Jan Knauss
Text
Thies Schuster
Film-/Funkproduktion
Studio Funk KG,
Hamburg
Kundenberatung
Sandra Humbek
Regie
Ralf Heuel,
Torsten Hennings

Wall Street Institute
Kampagne
»Falsche Übersetzung«

»HIGH FIVE«

Irgendwo im Ghetto. Im Hintergrund läuft Hip-Hop.

Bruder 1:
»Ja! Großmeister Blitz! Was ist oben, mein Bruder?«

Bruder 2:
»Ja! Hohe Fünf, Eistee, mein Mann! Was passiert? Was passiert?«

Bruder 1:
»Ja! Wollte gerade mit Eiswürfel ein paar dicke Schallplatten kratzen.«

Bruder 2:
»Ja! Ich hör dich, ich hör dich.«

Bruder 1:
»Ja! Und dann geh ich meinen Zuhausis Korbball spielen, Mann!«

Bruder 2:
»Ja! Kalt Bruder, das so kalt.«

Bruder 1:
»Wort!«

Off:
»Auf Englisch klingt alles besser. Lernen Sie es im Wallstreet-Institute – in einem von 350 Sprach-Centern auch in Ihrer Nähe.

www.wallstreetinstitute.de«

»DANCEFLOOR«

Ein Plattenladen. Im Hintergrund läuft Dancefloor.

Mann 1:
»Hey, was ist'n das für'n Tanzboden-Bullenscheiß?«

Mann 2:
»Das ist das Kälteste aus der Londoner Scheibenreiter-Szene!«

Mann 1:
»Ey, kein Mensch braucht so viele Schläge pro Minute.«

Mann 2:
»Dann hör du doch weiter deine Brechtanz-Kompakt-Scheiben.«

Mann 3, ökig-schüchtern fragend:
»Hey Leute, verkauft ihr hier auch Seele?«

Beide:
»Seele?«

Mann 2 fährt fort:
»Seele ist schon lange nicht mehr Hüfte.«

Off:
»Auf Englisch klingt alles besser. Lernen Sie es im Wallstreet-Institute – in einem von 350 Sprach-Centern auch in Ihrer Nähe.

www.wallstreetinstitute.de«

»SOFTWARE«

Büroatmo. Computergeräusche und Tastengeklapper.

Frau, genervt:
»So'n Mist. Meine Weichware ist schon wieder gekracht!«

Mann, routiniert:
»Na, dann probiers halt mit der Fliehen-Taste.«

Frau, hoffnungslos:
»Nee, hilft nicht. Auch die Eintreten-Taste reagiert nicht.«

Mann, wissend:
»Dann muss es wieder am Servierer liegen.«

Frau, resigniert:
»Ich ruf die Heiß-Linie an. Hast du die Nummer?«

Mann, lässig:
»Auf deinem Schlüsselbrett.«

Frau, zu sich selbst, tippt in Telefon:
»Echt: Nächstes Mal kauf ich mir'n Apfel.«

Off:
»Auf Englisch klingt alles besser. Lernen Sie es im Wallstreet-Institute – in einem von 350 Sprach-Centern auch in Ihrer Nähe.

www.wallstreetinstitute.de«

BRONZE
RUHM UND EHRE

Reise Szene Hamburg
Reisebüro Kampagne
»Polizei, Straßenmusik,
Death Metal«

Auftraggeber
Reise Szene Hamburg
Werbeleitung
Christian Andrä
Agentur
Grabarz & Partner
Werbeagentur GmbH
Creative Direction
Ralf Heuel,
Dirk Siebenhaar
Text
Ralf Heuel, Heike Frank
Film-/Funkproduktion
Studio Funk KG
Kundenberatung
Gabi Schnauder,
Daniel Dolezyk
Regie
Ralf Heuel,
Torsten Hennings
**Musikkomposition/
Sound Design**
1. Spielmannszug für
Polizeiorchester,
2. Perumusiker in
Fußgängerzone
Hamburg von 1992,
Senkelarchiv
Sonstiges
Tonmeister:
Torsten Hennings

»POLIZEI«

SFX:
20 Sekunden lahmes Polizeiorchester.

Sprecherin:
»Das Polizeiorchester Wermelsbrünn plant eine Tournee durch Deutschland. Wie schnell wollen Sie weg? www.reiseszene.de. Lastminute-Reisen zu Sonderpreisen.«

»STRASSENMUSIK«

SFX:
20 Sekunden übles Gitarren-Panflöten-Geschrammel.

Sprecherin:
»Die peruanischen Straßenmusiker Deutschlands planen ihr Jahrestreffen in Hamburg. Wie schnell wollen Sie weg? www.reiseszene.de. Lastminute-Reisen zu Sonderpreisen.«

»DEATH METAL«

SFX:
20 Sekunden miese Death-Metal-Band.

Sprecherin:
»Die Band Screaming Napalm Motherfuckers kommt im März nach Hamburg. Wie schnell wollen Sie weg? www.reiseszene.de. Lastminute-Reisen zu Sonderpreisen.«

»ANGST«

Frau, schreit:
»Ahhhh, ahhhhhh!«

SFX: Klinge schneidet durch Fleisch.

Stille

Off-Sprecher, intellektuell:
»Sieht besser aus als es sich anhört: die Skulptur ›Frau mit durchschnittener Kehle‹ von Alberto Giacometti. Nur eines von 200 Meisterwerken – zu sehen bis 19. September im MoMA in Berlin.«

»STIMMUNG«

SFX: Ein Mädchen weint.

Off-Sprecher, intellektuell:
»Sieht besser aus als es sich anhört: das Bild ›Mädchen vor einem Spiegel‹ von Pablo Picasso. Nur eines von 200 Meisterwerken – zu sehen bis 19. September im MoMA in Berlin.«

»TRAUER«

SFX: Gewehrschuss

Mann 1:
»Aaargh!«

SFX: Gewehr wird nachgeladen, zweiter Schuss.

Mann 2:
»Aaargh!«

Off-Sprecher, intellektuell:
»Sehen besser aus als sie sich anhören: die Bilder ›Erschossener 1‹ und ›Erschossener 2‹ von Gerhard Richter. Nur zwei von 200 Meisterwerken – zu sehen bis 19. September im MoMA in Berlin.«

BRONZE

MoMA in Berlin
Ausstellung
Kampagne »Audio-Art«

Auftraggeber
Verein der Freunde der Nationalgalerie
Werbeleitung
Projektleiter:
André Odier
Agentur
Springer & Jacoby Werbung GmbH
Creative Direction
Tobias Ahrens,
Frank Bannöhr
Text
Ninon Schuster,
Marian Götz
Film-/Funkproduktion
Tonhaus Hamburg,
Svenno Nakielski
Kundenberatung
Melanie Werner,
Hannah Hofmann

BRONZE

Autan »Au-tan«

Auftraggeber
SC Johnson Wax GmbH
Marketingleitung
Jean Lo
Agentur
Foote Cone & Belding
Creative Direction
Alexandra Höhn
Art Direction
Trixie Spies
Text
Alexandra Höhn
Film-/Funkproduktion
Hastings Audio Network
Kundenberatung
Alexander Dworski
Sonstiges
Produktionsleitung:
Claudia Hesse,
Tonmeister: Noorman Karim,
Sprecherin: Jennifer Boettcher

»AU-TAN«

SFX: Summen einer Mücke

SFX: Klatschen

Männliche Stimme:
»Au!«

Chor:
»Taaaan.«

Off-Sprecher:
»Die Soforthilfe bei Mückenstichen: Autan Akut.
Einen schönen Sommer noch.«

AUSZEICHNUNG

LBS Bausparen Kampagne
»Entdeck den Spießer in dir«

Auftraggeber
LBS Westdeutsche
Landesbausparkasse
Marketingleitung
Günther Lüke
Werbeleitung
Susanne Klobuch
Agentur
BBDO
Campaign GmbH Berlin
Creative Direction
Carsten Heintzsch
Art Direction
Heike Fuhs
Text
Anke Heuser, André Ponsong
Film-/Funkproduktion
Studio Funk, Berlin
Kundenberatung
Florian Schindler,
Mark Andree
**Musikkomposition/
Sound Design**
Studio Funk, Berlin

»ENTDECK' DEN SPIESSER IN DIR!«, »PUNKER«

SFX: Punkkonzert (Schrummelgitarren + Gegröle)

Rückkoppler

Mann, über Mikrofon:
»Hier no ma ne Durchsage an alle! Wenn ihr eure Gläser abspült, geht bitte noch mal mit'm trockenen Tuch drüber – das gibt sonst so hässliche Spülränder. Danke für euer Verständnis, kommt gut nach Hause.«

Off:
»Entdeck' den Spießer in dir! Und mach mit beim großen LBS Bauspar-Spießer-Gewinnspiel. www.bausparspiesser.de«

»ENTDECK' DEN SPIESSER IN DIR!«, »BIKER«

SFX: Motorradgeräusche + Heavy-Metal Musik

Stimmen, Schritte schwerer Stiefel auf Kies

dumpfe Schläge an der Tür

Mann:
»Hallo Jungs! Kommt rein – aber zieht euch bitte vorher die Schuhe aus. Ich hab' grad frisch gewischt.«

Off:
»Entdeck' den Spießer in dir! Und mach mit beim großen LBS Bauspar-Spießer-Gewinnspiel. www.bausparspiesser.de«

»MUTTER«

Ältere Frau, flüsternd:
»Ist es noch weit, Schatz?«

Jüngere Frau, flüsternd:
»Nein, Mutter, noch zehn Minuten.«

Ältere Frau, flüsternd:
»Fahr bitte nicht so schnell, ja?«

Jüngere Frau, flüsternd:
»Ich fahr nicht schnell, Mutter. Ich fahre kontrolliert.«

Ältere Frau, flüsternd:
»Du weißt, ich bin ein wenig ängstlich im Auto.«

Jüngere Frau, flüsternd:
»Ja, Mutter, weiß ich!«

Ältere Frau, flüsternd:
»Pass auf! Der da vorn bremst!«

Jüngere Frau, flüsternd:
»Hab' ich gesehen Mutter. Entspann dich, ja?«

Ältere Frau, flüsternd:
»Du bist genau wie dein Vater.«

Off:
»So leise sind Sie noch nie gefahren.
Der neue V6 TDI im Touareg.
Volkswagen. Aus Liebe zum Automobil.«

»FERIEN«

Mädchen, flüsternd:
»Papa, wie lange fahren wir denn noch?«

Mann, flüsternd:
»Ist nicht mehr weit, mein Schatz.«

Mädchen, flüsternd:
»Mir ist sooo langweilig!«

Mann, flüsternd:
»Ich weiß, Schatz. Dauert nicht mehr lang'.«

Mädchen, flüsternd:
»Papa, ich muss mal Pipi.«

Mann, flüsternd:
»Kannst du noch einen kleinen Moment warten?«

Mädchen, flüsternd:
»Wie lange ist ein Moment, Papa?«

Mann, flüsternd:
»Hinter der Kurve da sieht man schon das Meer.«

Mädchen, flüsternd:
»Wow, das sieht ja toll aus!«

Off:
»So leise sind Sie noch nie gefahren.
Der neue V6 TDI im Touareg.
Volkswagen. Aus Liebe zum Automobil.«

»KRANKENHAUS«

Mann, flüsternd:
»Geht es noch, Liebling?«

Frau, flüsternd:
»Ja, aber beeil dich besser ein bisschen.«

Mann, flüsternd:
»Mach ich ja schon! Halt durch, wir sind gleich da.«

Frau stöhnt kurz und flüstert dann:
»Ich glaube, da kommt schon wieder eine Wehe!«

Mann, flüsternd:
»Tief ein- und ausatmen, Schatz!«

Die Frau atmet tief ein und aus.

Mann, flüsternd:
»Geschafft! Da vorn ist das Krankenhaus.«

Frau, flüsternd:
»Fahr am besten direkt vor den Eingang.«

Mann, flüsternd:
»Mach ich. So, da wären wir.«

Off:
»So leise sind Sie noch nie gefahren.
Der neue V6 TDI im Touareg.
Volkswagen. Aus Liebe zum Automobil.«

AUSZEICHNUNG

Volkswagen V6 TDI®
Kampagne »Flüstern«

Auftraggeber
Volkswagen AG
Marketingleitung
Jörn Hinrichs, Lutz Kothe
Werbeleitung
Martina Berg,
Peter-Michael Jann
Agentur
Grabarz & Partner
Werbeagentur GmbH
Creative Direction
Ralf Heuel, Ralf Nolting,
Patricia Pätzold
Text
Ralf Heuel
Film-/Funkproduktion
Studio Funk KG,
Hamburg
Kundenberatung
Reinhard Patzschke,
Britt Neumann,
Sandra Humbek
Regie
Ralf Heuel,
Torsten Hennings

AUSZEICHNUNG

Swiss International Air Lines
Kampagne »Taxi Turk«

Auftraggeber
Swiss International Air Lines
Marketingleitung
Markus Rege
Werbeleitung
Priska Heger,
Christine Moch
Agentur
Jung von Matt AG
Creative Direction
Michael Rottmann,
Alexander Jaggy
Text
Michael Rüegg
Film-/Funkproduktion
Audioforce
Kundenberatung
Katrin Schmid,
Fabienne Brunner
Strategische Planung
Christine Moch
**Producer/
Agentur Producer**
Peter Schmidt

»WARUM TEMPELHOF?«

Telefonstimme:
»SWISS International Airlines, guten Tag.«

Mann, mit türkischem Akzent:
»Habe ich Frage.«

Telefonstimme:
»Ja.«

Mann:
»Warum Sie fliegen nach Basel von Tempelhof? Warum Sie fliegen nicht von Schönefeld?«

Telefonstimme:
»Bitte?«

Mann:
»Ich fahre Taxi, okay? Wenn ich fahre Tempelhof, ist kurze Strecke. Verdien ich nix.«

Telefonstimme:
»Das tut mir Leid.«

Mann:
»Dann Sie ändern, ja?«

Off:
»Mit SWISS bequem von Berlin-Tempelhof nach Basel fliegen. Ab 82 Euro.«

»SIE ÄNDERN!«

Telefonstimme:
»SWISS International Airlines, guten Tag.«

Mann, mit türkischem Akzent:
»Fliegen Sie jetzt Basel von Schönefeld?«

Telefonstimme:
»Nein, wir fliegen von Tempelhof nach Basel.«

Mann:
»Aber gestern Sie haben gesagt Sie ändern.«

Telefonstimme:
»Nein.«

Mann:
»Warum nicht?«

Telefonstimme:
»Weil ich den Flugplan nicht ändern kann.«

Off:
»Mit SWISS bequem von Berlin-Tempelhof nach Basel fliegen. Ab 82 Euro.«

»ICH ANRUFE ZWEIMAL!«

Telefonstimme:
»SWISS International Airlines, guten Tag.«

Mann, mit türkischem Akzent:
»Sie arbeiten jede Tag?«

Telefonstimme:
»Ja.«

Mann:
»Habe ich zweimal angerufen.«

Telefonstimme:
»Ich weiß, Sie sind Taxifahrer und möchten, dass wir von Schönefeld nach Basel fliegen.«

Mann:
»Sie haben gesagt, Sie ändern Fahrplan.«

Telefonstimme:
»Flugplan.«

Mann:
»Ja. Ist besser Schönefeld. Also Sie ändern, ja?«

Telefonstimme:
»Nein!«

Off:
»Mit SWISS bequem von Berlin-Tempelhof nach Basel fliegen. Ab 82 Euro.«

»UNTERSCHRIFTE GESAMMELTE«

Telefonstimme:
»SWISS International Airlines, guten Tag.«

Mann, mit türkischem Akzent:
»Ich wieder.«

Telefonstimme, säuerlich:
»Ja?«

Mann:
»Habe ich andere Taxifahrer gefragt
und Unterschrifte gesammelt.«

Telefonstimme:
»Hören Sie, wir fliegen auch weiterhin von Tempelhof
nach Basel. Und nicht von Schönefeld.«

Mann:
»Aber Schönefeld gibt mehr Geld für Taxifahrer!«

Telefonstimme:
»Der Fluggast will aber nicht mehr Geld ausgeben.«

Off:
»Mit SWISS bequem von Berlin-Tempelhof
nach Basel fliegen. Ab 82 Euro.«

»ICH ZU WENIG ARBEIT«

Telefonstimme:
»SWISS International Airlines, guten Tag.«

Mann, mit türkischem Akzent:
»Schönefeld.«

Telefonstimme:
»Haben Sie eigentlich nichts besseres zu tun,
als mich die ganze Zeit anzurufen?«

Mann:
»Nein. Habe ich zu wenig Arbeit. Wegen Ihnen.«

Telefonstimme:
»Wegen mir?«

Mann:
»Sie fliegen von Tempelhof nach Basel. Wenn
Sie fliegen von Schönefeld, ich habe mehr Arbeit.
Dann ich rufe nicht mehr an.«

Off:
»Mit SWISS bequem von Berlin-Tempelhof
nach Basel fliegen. Ab 82 Euro.«

»SIE HABEN AFFÄRE?«

Telefonstimme:
»SWISS International Airlines, guten Tag.«

Frau, mit türkischem Akzent:
»Hallo, wer da?«

Telefonstimme:
»SWISS International Airlines.«

Frau:
»Warum immer meine Mann Sie angerufen?
Sie haben Affäre?«

Telefonstimme:
»Nein. Ich nehme an, ihr Mann ruft an, weil er will,
dass wir nicht von Tempelhof, sondern von Schönefeld
nach Basel fliegen.«

Frau:
»Sie fliege mit meine Mann nach Basel?«

Telefonstimme:
NEIN!

Off:
»Mit SWISS bequem von Berlin-Tempelhof
nach Basel fliegen. Ab 82 Euro.«

AUSZEICHNUNG

OBI Bau- und
Heimwerkermärkte
»Coupon«

Auftraggeber
OBI Bau- und
Heimwerkermärkte
GmbH & Co.
Franchise Center KG
Marketingleitung
Michael Prothmann
Agentur
Vasata Schröder
Werbeagentur GmbH
Creative Direction
Mirko Vasata,
Jürgen Florenz,
Christoph Everke,
Manuel Kruck
Text
Petra Schotten
Kundenberatung
Jo Ann Meding
**Musikkomposition/
Sound Design**
Torsten Hennings

»COUPON«

Sprecher:
»Je OBI, desto mehr!«

Sprecher:
»Sie möchten mehr? Dann schneiden Sie den nun folgenden Coupon einfach mit und spielen ihn am 22.12. in Ihrem OBI Markt in Bernau vor. Also: Cassette rein und Aufnahmeknopf gedrückt!«

SFX: Dreimal hintereinander ein kurzer Piepton.

Sprecher:
»Ja, gegen Vorspielung dieses Coupons erhalten Sie am 22.12. in Ihrem OBI Markt in Bernau einen Einkaufsgutschein im Wert von 5 Euro!«

SFX: Langer Piepton.

Sprecher:
»Alles mitgeschnitten? Dann auf zu Ihrem OBI Markt in der Rüdnitzer Chaussee 6 in Bernau!«

Soundlogo + Claim:
»OBI. genial.«

AUSZEICHNUNG

Aspirin »Kopfschmerzen«

Auftraggeber
Bayer HealthCare
Marketingleitung
Inge Weber
Agentur
BBDO Campaign GmbH
Düsseldorf
Creative Direction
Sebastian Hardieck
Art Direction
Bernd Rose
Text
Gunter Liermann
Kundenberatung
Susanne Weigel,
Sabine Oomkens
Regie
Gunter Liermann
Sonstiges
Tonmeister: Sebastian Steiner,
Sprecher: Hans Gerd Kilbinger

»VERTRAUEN«

»Stellen Sie sich vor, Sie haben gerade Kopfschmerzen. Überlegen Sie jetzt 5 Sekunden: Welches Mittel würden Sie dagegen nehmen?

Vielen Dank für Ihr Vertrauen.

Zu Risiken und Nebenwirkungen lesen Sie die Packungsbeilage und fragen Sie Ihren Arzt oder Apotheker.«

»ROLLENDER PALAST«

Die Sprecher stehen in einiger Entfernung voneinander in einer Reihe und rufen sich die folgenden Sätze zu. Dabei verändert sich die Akustik: Von hinten nach vorne sind die Stimmen der Sprecher immer lauter und von vorne nach hinten immer leiser zu hören. Dadurch entsteht der Eindruck, dass man sich in einem riesigen Raum befindet.

SFX: Im Inneren eines Wagens. Fahrgeräusche.

Kind 1 (ruft von hinten nach vorne): »Ich muss mal.«

Kind 2 (ruft weiter): »Uwe muss mal.«

Kind 3 (ruft weiter): »Uwe muss mal.«

Kind 4 (ruft weiter): »Uwe muss mal.«

Kind 5 (ruft weiter): »Uwe muss mal.«

Mutter (weiter): »Du Schatz, Uwe muss mal.«

Vater: »Gleich.«

Mutter (ruft wieder nach hinten): »Gleich.«

Kind 5 (ruft weiter): »Gleich.«

Kind 4 (ruft weiter): »Gleich.«

Kind 3 (ruft weiter): »Gleich.«

Kind 2 (ruft weiter): »Gleich.«

Kind 1 (von hinten): »Zu spät.«

Off-Sprecher:
»Jetzt mit noch größerem Innenraum.
Der Chrysler Voyager.«

AUSZEICHNUNG

Chrysler
»Rollender Palast«

Auftraggeber
DaimlerChrysler AG
Marketingleitung
Jochen Sengpiehl
Werbeleitung
Ulrich Klenke,
Sölve Mischkowski
Agentur
KNSK
Werbeagentur GmbH
Creative Direction
Anke Winschewski,
Vappu Singer
Text
Daniela Schubert
Film-/Funkproduktion
Studio Funk,
Torsten Hennings
Kundenberatung
Jan Isterling,
Kim Sperling,
Philipp Ernsting
**Producer/
Agentur Producer**
Moritz Mihm

»COPY«

»Copy Center, Ihr Copy Shop in Köln.
Copy Center, Ihr Copy Shop in Köln.
Copy Center, Ihr Copy Shop in Köln.
Copy Center, Ihr Copy Shop in Köln.
Copy Center, Ihr Copy Shop in Köln.«

AUSZEICHNUNG

Copy Shop Köln »Copy«

Auftraggeber
Copy Center Köln
Marketingleitung
Said Salami
Werbeleitung
Said Salami
Agentur
BBDO Campaign GmbH
Düsseldorf
Text
Fabian Frese
Film-/Funkproduktion
Studio Funk, Düsseldorf
Kundenberatung
Mark Andree
Producer/Agentur Producer
Diana Scarfo
Sonstiges
Sprecher:
Fabian Frese,
Tonmeister:
Tobias Grumbach

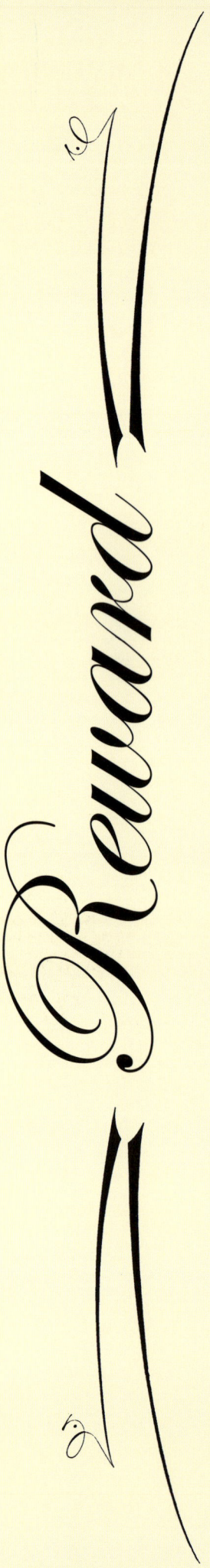

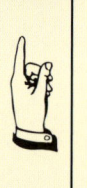

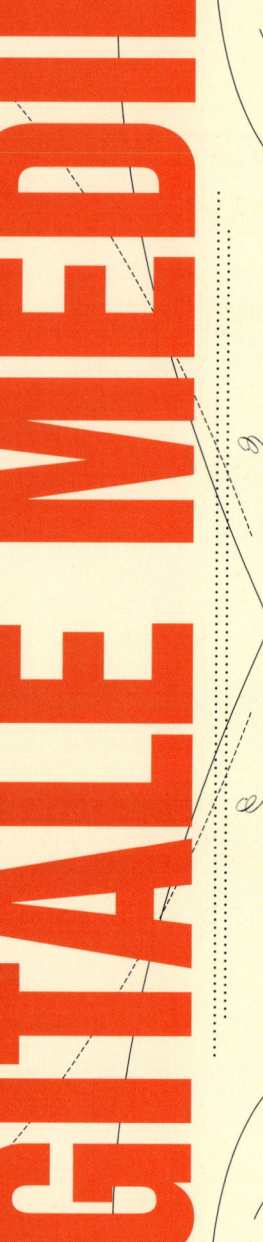

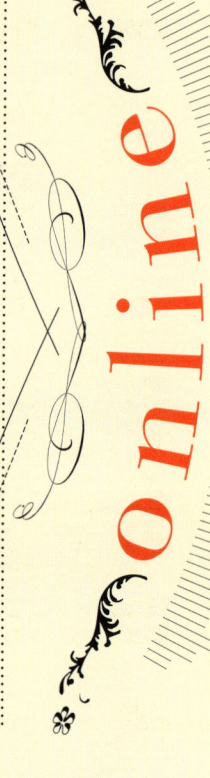

Reward

WANTED: *Die spannendsten Konzepte und* überzeugendsten UMSETZUNGEN!

DIGITALE MEDIEN
online

DARAN SIND SIE ZU ERKENNEN:

FIDEL+BERECHEND,
✱ MUTWILLIG ✱✱✱

JEGLICHER ANALYSE des BETRACHTERS

STANDHALTEND,

fintenreich und **RAHMENSPRENGEND**
STEHLEN SIE UNSERE
AUFMERKSAMKEIT!

DIGITALE MEDIEN --->>> ------ *online.*
• **DER ADC LEHNT SICH WEIT AUS DEM FENSTER!**
Reward: 1 silberner + 4 bronzene NÄGEL *sowie 10 Auszeichnungen.*

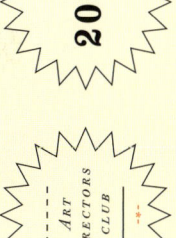

2005

ART DIRECTORS CLUB

SILBER

adidas Sport Style Y-3

Auftraggeber
adidas-Salomon AG
Marketingleitung
Adelina Trenton
Agentur
NEUE DIGITALE
Creative Direction
Olaf Czeschner
Art Direction
Bejadin Selimi
Text
Lenore Appelhans
Kundenberatung
Kater Haak
Programmierung
Jens Steffen
Design
Bejadin Selimi,
Michael Barnutz,
Marc Freund
URL
http://www.adidas.com/y-3

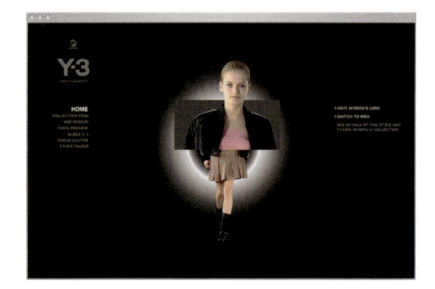

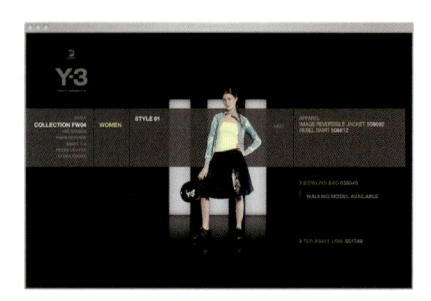

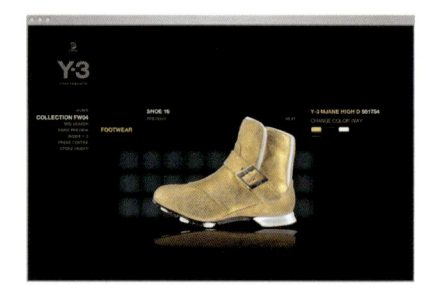

Erstmals wird im Internet Mode in Bewegung dargestellt: Auf einer Prêt-à-Porter-Show präsentieren adidas und der Designer Yohij Yamamoto die neue Kollektion der Marke Y-3. Während adidas für Sport und Bewegung steht, ist Yamamoto bekannt für perfekt inszenierte Modenshows und für einen schlichten, sehr klaren Stil. Deshalb verzichtet auch das Screendesign auf alle unnötigen Deko-Elemente.

244 --- Digitale Medien: Online

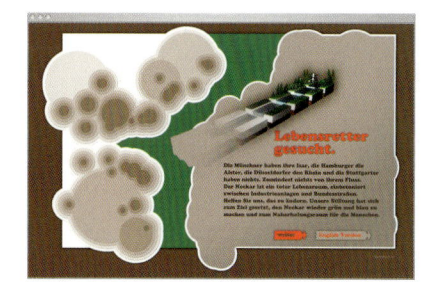

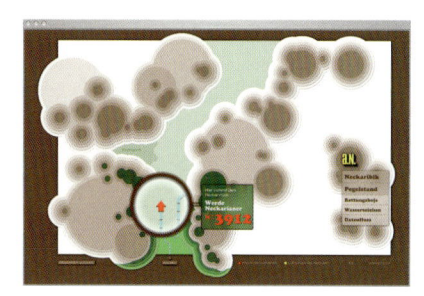

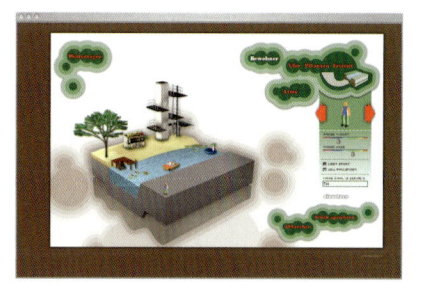

Der Neckar fließt durch eine der erfolgreichsten Wirtschaftsregionen der Welt – in einem Bett aus Beton. Die Stiftung Grünzug Neckartal hat 60 Projekte ins Leben gerufen, um die Flussufer neu zu beleben. Die Website soll dabei helfen, den Fluss ins Bewusstsein der Menschen zu bringen, und ihnen Gelegenheit geben, ihre Vorstellung von seiner zukünftigen Gestalt zu entwerfen.

BRONZE

Stiftung Grünzug Neckartal
»Grünzug Neckartal«

Auftraggeber
Stiftung
Grünzug Neckartal
Marketingleitung
Herrmann Grub
Agentur
Jung von Matt AG
Creative Direction
Achim Jäger
Art Direction
Stefan Walz
Text
Oliver Flohrs
Grafik
Fabian Bürgy
Kundenberatung
Dorothea Feurer,
Brigitte Dingler
Screen Design
Stefan Walz
Computeranimation
Stefanie Welker
Systemanforderungen
Flash 6
URL
http://www.
am-neckar.de

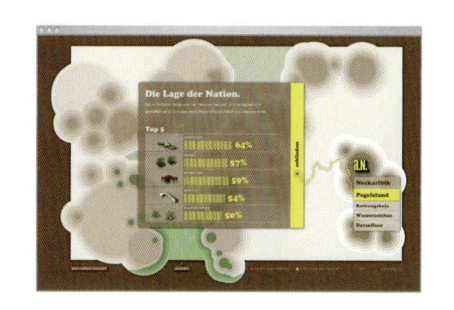

BRONZE

Anti-Pelz-Website
»Pet Sematary – Friedhof der Kuscheltiere«

Auftraggeber
NOAH Menschen für Tiere e. V.
Marketingleitung
Christina Kunze
Agentur
Fork Unstable Media, Hamburg
Creative Direction
Christophe Stoll
Art Direction
Anna Mentzel
Text
Holger Illing, Tons May
Illustration
Anna Mentzel
Kundenberatung
Roman Hilmer
Screen Design
Tilo Göbel,
Anna Mentzel
Programmierung
Florian Finke
URL
http://www.petsematary.de

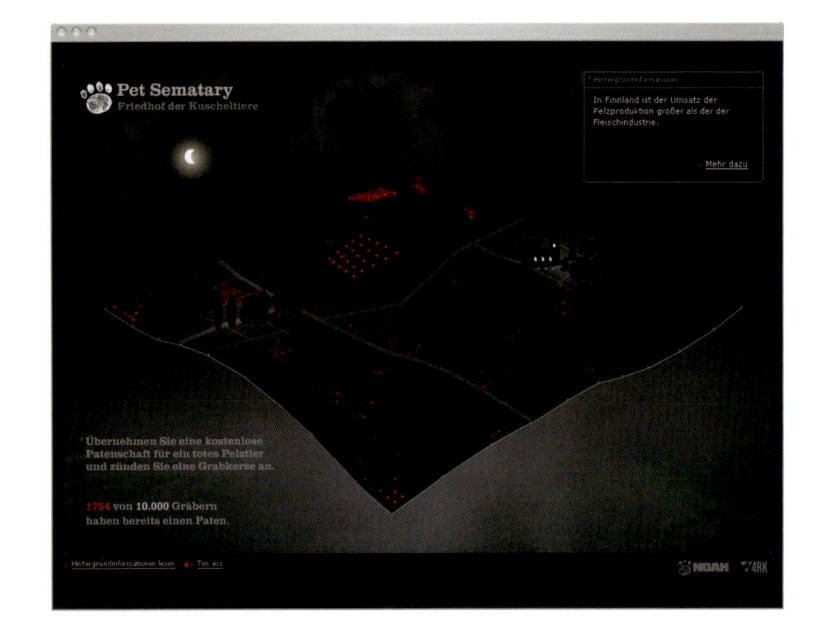

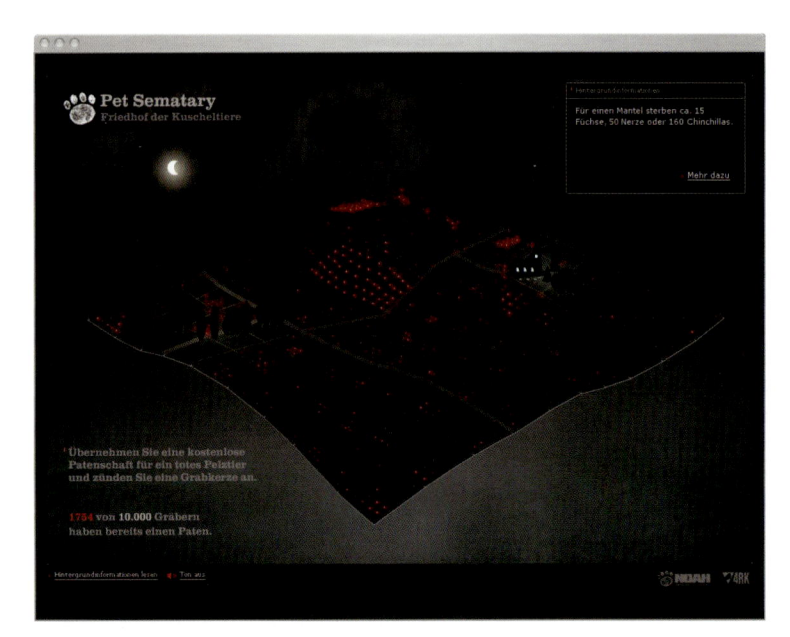

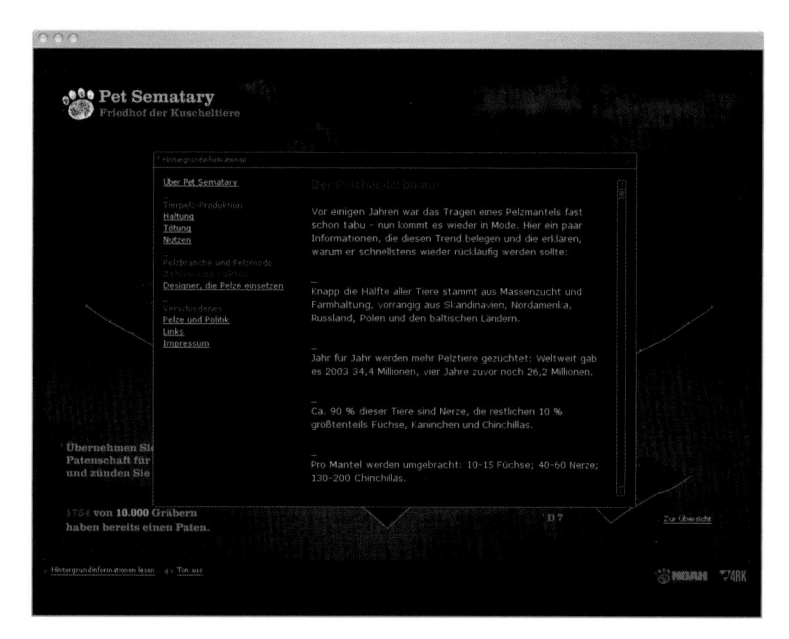

Die letzte Ehre

Sie sterben einen qualvollen Tod für unsere Eitelkeit. Immer noch und immer wieder. Hier kann man diesen abertausenden namenlosen Pelztieren die letzte Ehre erweisen. Das Bemerkenswerteste an Fork's virtuellem »Friedhof der Kuscheltiere«: Es bereitet fast schon Freude, in diese »Welt der Toten« abzutauchen – ein ambivalentes und ganz sicher aufmerksamkeitsstarkes Gefühl.

BRONZE

MINI Cabrio
»Film Clips«

Auftraggeber
BMW AG
Marketingleitung
Henning Diederichs
Agentur
Interone Hamburg GmbH
Creative Direction
Martin Gassner,
Oliver Bentz
Art Direction
Margit Schröder
Text
Stephen James
Kundenberatung
Pina Pech
Strategische Planung
Dirk Lanio
Regie
Hans Horn
Screen Design
Silja Schulwitz,
Stefan Schulz
Computeranimation
Flash: Michael Ploj
Sonstiges
Technische Projektleitung:
David Athey
Systemanforderungen
Technische Umsetzung:
Kevin Breynck,
Lars Sonchocky-Helldorf
URL
http://www.mini.com/com/en/mini_cabrio_film_clips/content.jsp

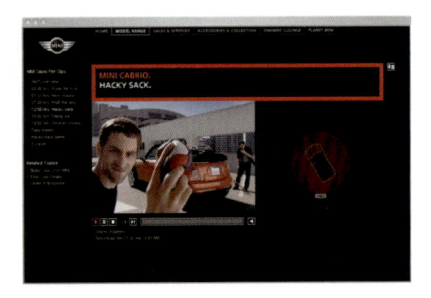

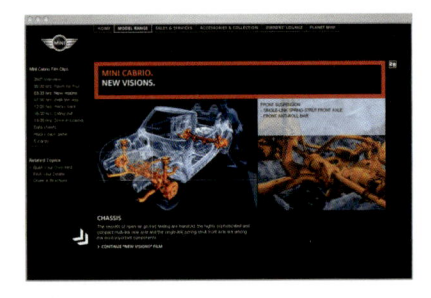

Das MINI Cabrio Online-Special lässt mediale Grenzen zwischen Internet und Film verschwinden. Sechs interaktive Film-Clips – eigens für das Web-Modul gedreht – präsentieren 24 Stunden im Leben zweier Freunde mit dem MINI Cabrio. Dabei bietet jeder Film diverse Möglichkeiten zur Interaktion mit den Darstellern und dem Produkt selbst – immer anders, immer überraschend. Und vor allem: immer offen.

BRONZE

Jonathan Meese
Ausstellung
»Képi blanc – nackt«

Auftraggeber
Schirn Kunsthalle Frankfurt
Marketingleitung
Jürgen Budis
Agentur
NEUE DIGITALE
Creative Direction
Olaf Czeschner
Art Direction
Bejadin Selimi
Kundenberatung
Kai Greib
Programmierung
Bejadin Selimi
Design
Bejadin Selimi
URL
http://www.schirn-kunsthalle.de/meese

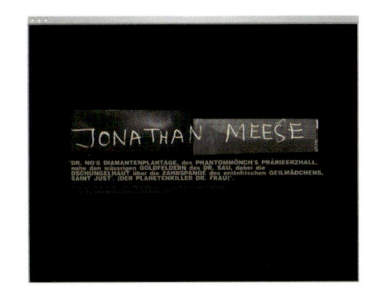

Im multimedialen Kosmos des Künstlers Jonathan Meese kann der User einen ersten Blick in die virtuellen Räume der Ausstellung »Képi blanc – nackt« werfen und einzelne Fotos, Texte oder Gegenstände heranzoomen. Wie Jonathan Meese selbst polarisiert die multimediale Darstellung. Sie verwendet bewusst Charakteristika, die die Neuen Medien unvollkommen erscheinen lassen – wie ein Flimmern oder Rauschen.

Digitale Medien: Online

AUSZEICHNUNG

giraffentoast
»www.giraffentoast.com«

Auftraggeber
giraffentoast
Agentur
giraffentoast
Creative Direction
giraffentoast
Grafik
giraffentoast
Typografie
Guido Schneider/
Brass-Fonts
Illustration
giraffentoast
Screen Design
giraffentoast
Computeranimation
giraffentoast
URL
http://www.giraffentoast.com

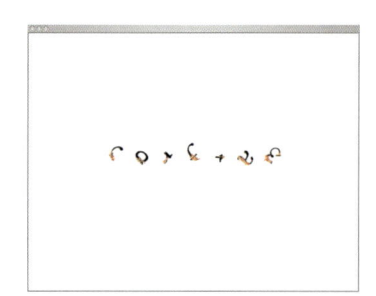

Die Website dient als Portfolio, um Arbeiten aus den Bereichen Film, Internet, Print und VJ zu präsentieren. Zugleich soll sie die visuelle Welt, in der sich giraffentoast bewegt, erfahrbar machen. Klar, schnell, fresh – und von Menschen gemacht. Die abstrahierten Organe, die sich um typografische Elemente aus dem giraffentoast-Schriftzug winden, versinnbildlichen das Lebendige hinter dem Design. Das Herzblut pocht in jeder Ader.

AUSZEICHNUNG

Riccardo Cartillone
»The Man without Feelings«

Auftraggeber
Riccardo Cartillone
Schuheinzelhandels GmbH
Berlin
Marketingleitung
Riccardo Cartillone
Werbeleitung
Peter Stratmann
Agentur
Nordpol+ Hamburg
Creative Direction
Ingo Fritz,
Lars Rühmann
Art Direction
Björn Rühmann
Text
Björn Rühmann
Kundenberatung
Niklas Franke
Strategische Planung
Mathias Müller-Using,
Niklas Franke
Web Producer
Marcel Berkmann
Screen Design
Björn Rühmann,
Dominik Anweiler,
Mark Höfler
URL
http://www.areyoubadenough.com

areyoubadenough.com ist ein Viral-Konzept. Der Absender – die Schuhmarke Riccardo Cartillone – tritt in den Hintergrund und lässt lieber den seltsamen Protagonisten der Werbespots den Vortritt: dem »L'Uomo Senza Sentimenti« und seiner skurrilen Familie. Stattdessen gibt es die Werbung nur in der Werbung: Die Herrenschuhe tauchen ausschließlich in den gelegentlichen Werbeunterbrechungen auf.

Digitale Medien: Online --- 251

AUSZEICHNUNG

Mark Borthwick
»Stardust Festival«
Mike Meiré Cologne

Auftraggeber
Mike Meiré
Marketingleitung
Mike Meiré
Agentur
Meiré und Meiré
Creative Direction
Mike Meiré
Screen Design
Henning Paul
Computeranimation
Henning Paul
URL
http://www.mikemeire.com

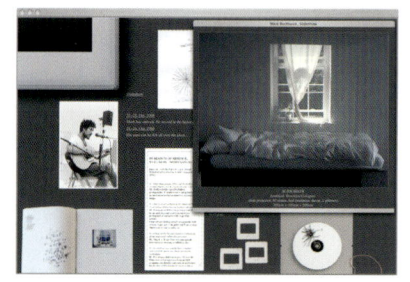

Finding Ways Of Introducing Such An Idea
Die Seite mikemeire.com dokumentiert und inszeniert Kunst- und Kulturprojekte, die in einer
zur Agentur Meiré und Meiré gehörenden Halle in der Kölner Lichtstraße stattfinden.
Die Projekte werden von Mike Meiré kuratiert. Den Auftakt machte das zehntägige »Stardust
Festival« des New Yorker Künstlers Mark Borthwick.

AUSZEICHNUNG

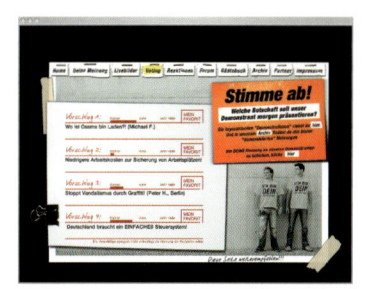

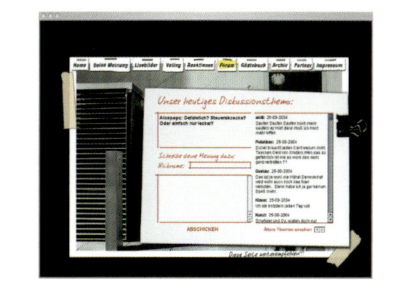

Sassenbach
www.mein-demonstrant.de
»Mein Demonstrant«

Auftraggeber
Thomas Sassenbach,
Sassenbach
Advertising GmbH
Agentur
Sassenbach
Advertising GmbH
Grafik
Uli Schmitt
Screen Design
Programmierung:
The Web Production
Sonstiges
Fotos:
Kramer & Giogoli
URL
http://www.
mein-demonstrant.de

Über die Eingabemaske kann jeder seine Meinung abgeben. Aus allen werden täglich vier Statements ausgewählt und im Voting veröffentlicht. Die User stimmen innerhalb von 24 Stunden über ihren Favoriten ab, der dann vom Berufsdemonstranten vor dem Reichstag in Berlin demonstriert wird. Die Site bietet auch die Möglichkeit, alle Aktionen live mitzuverfolgen, sowie ein Forum zu weiterführendem Meinungsaustausch der User.

Digitale Medien: Online --- **253**

AUSZEICHNUNG
RUHM UND EHRE

Scholz & Volkmer
»Alles strahlt«

Auftraggeber
SCHOLZ & VOLKMER
Agentur
SCHOLZ & VOLKMER
Creative Direction
Heike Brockmann
Technische Leitung
Thorsten Kraus
Konzept
Heike Brockmann,
Boris Lakowski,
Ulrich Pohl
Text
Andreas Henke,
Michael Volkmer
Screen Design
Ulrich Pohl
Programmierung
Flash: Mario Dold,
Backend:
Andreas Klinger
Technische Installation
Sascha Hillingshäuser,
Andreas Klinger
URL
http://www.
s-v.de/allesstrahlt

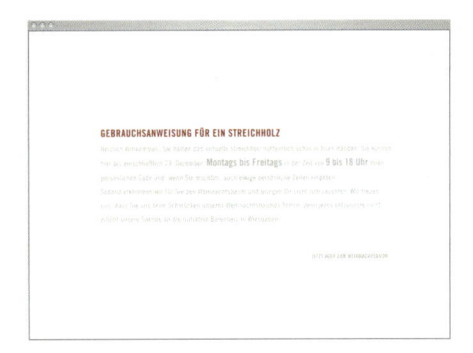

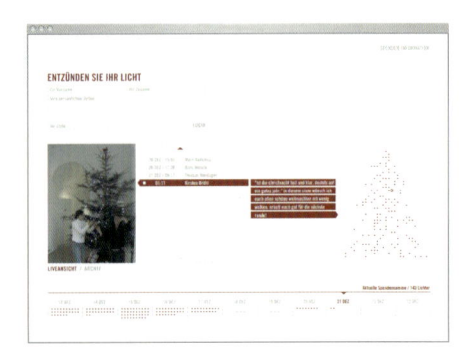

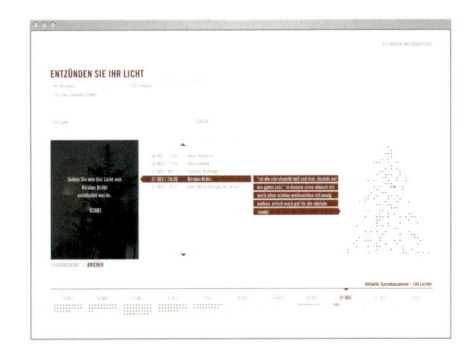

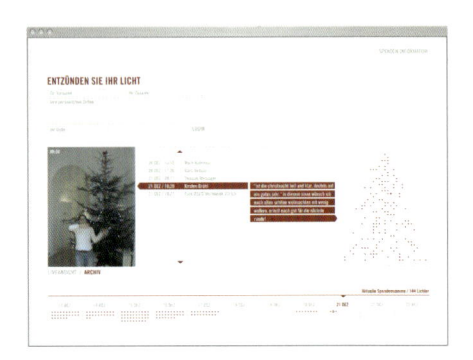

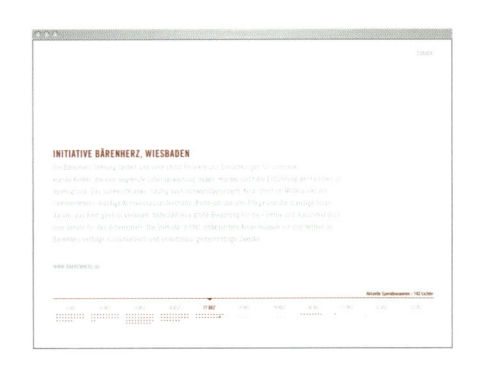

UND DAS SOLL EIN STREICHHOLZ SEIN?

In Ihren Händen halten Sie gerade ein nicht ganz reales Streichholz. Damit können Sie an unserem überaus realen Weihnachtsbaum ein Licht entzünden. Sie geben Ihren Code ein und können live beobachten, wie wir mit Ihrem Licht den Baum erklimmen. Mit Ihrer Hilfe wird aber nicht nur unser Baum heller strahlen, sondern auch die Augen eines Kindes. Mit jedem Licht erhöht sich unsere Spende an die Initiative Bärenherz in Wiesbaden. Fröhliche Weihnachtstage und ein gesundes Jahr 2005 wünscht Scholz & Volkmer.

Unser Weihnachtsbaum steht bereit. www.s-v.de/allesstrahlt   CODE: A3BCS

Charity-Weihnachtsaussendung mit begleitender Echtzeitaktion im Internet. Kunden und Freunde wurden eingeladen, über eine Website mit dem persönlich zugesandten Code eine Kerze am realen Weihnachtsbaum der Agentur anzuzünden. Live konnten sie miterleben, wie Mitarbeiter von Scholz & Volkmer für sie persönlich ein Licht zum Leuchten brachten und spontane Grüße übermittelten. Jedes angezündete Licht bedeutete eine Spende über 10 Euro an eine karitative Einrichtung in Wiesbaden.

AUSZEICHNUNG

adidas Tennis
»Verticals 05«

Auftraggeber
adidas-Salomon AG
Marketingleitung
Adelina Trenton
Agentur
Fork Unstable Media, Berlin
Creative Direction
David Linderman
Text
Yvette Bradley
Kundenberatung
Manuel Funk, Bensan Öndül
Screen Design
Christopher Nilsson
Programmierung
Flash:
Eduard Prats-Molner
URL
http://www.adidas.com/com/tennis

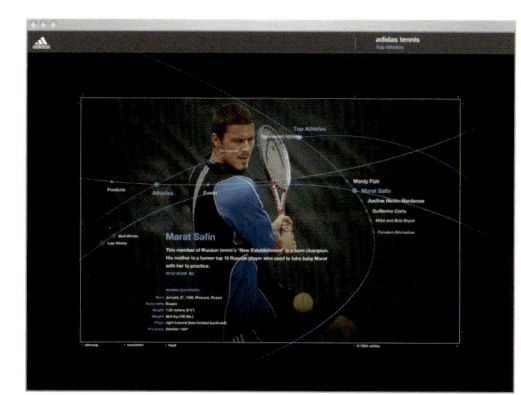

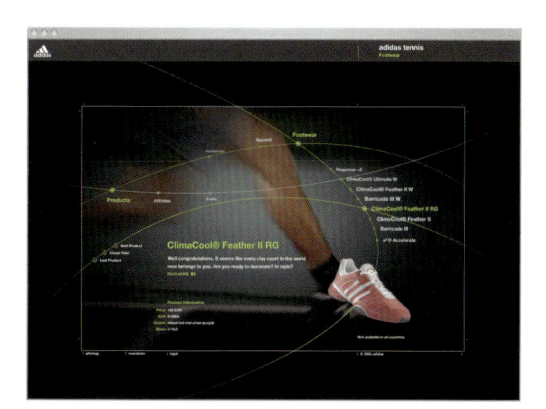

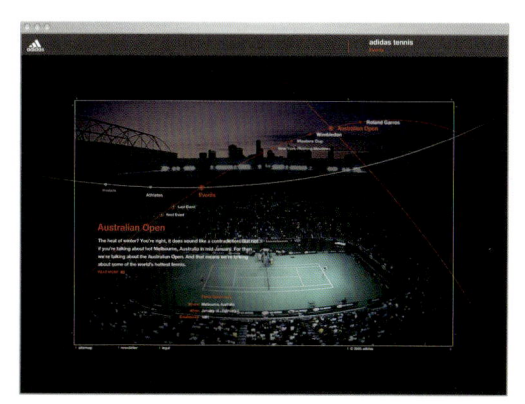

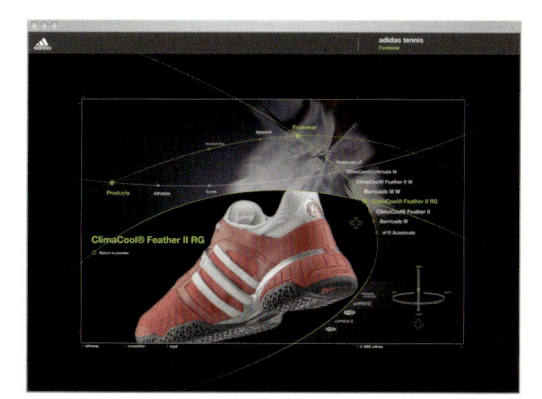

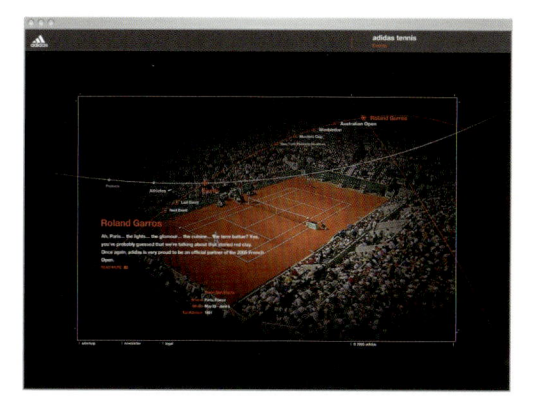

Großes Tennis
Ein extrem dynamisches Interface (orientiert sich an den charakteristischen, schwungvollen Bewegungen),
eine auffallend emotionale Bildsprache (setzt alle Produkte und auch wichtige Events in Szene) sowie
ein ideenreicher und mitreißender Text (auch der macht Lust auf diesen Sport): All das zeichnet die von Fork
kreierte internationale Website für adidas Tennis aus.

AUSZEICHNUNG

Renault Modus
»Modus«

Auftraggeber
Renault Nissan
Deutschland AG
Werbeleitung
Christoph Schüler,
Michaela Wauschkuhn
**Leitung Marketing-
Kommunikation**
Jörg-Alexander Ellhof
Agentur
Nordpol+ Hamburg
Creative Direction
Ingo Fritz
Art Direction
Gunther Schreiber,
Dominik Anweiler
Text
Ingmar Bartels,
Stefanie Stüting
Grafik
Sascha Cammarota,
Iris Becker,
Nicole Fiebig
Kundenberatung
Mathias Müller-Using
Strategische Planung
Mathias Müller-Using
Screen Design
Mark Höfler
Computeranimation
Mark Höfler
URL
http://www.
nordpol.com/2004/
renault/modus/

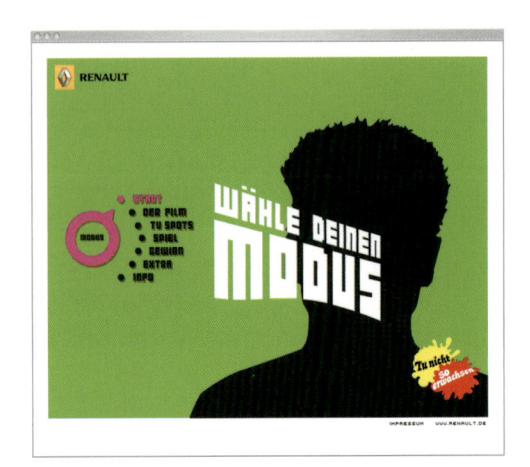

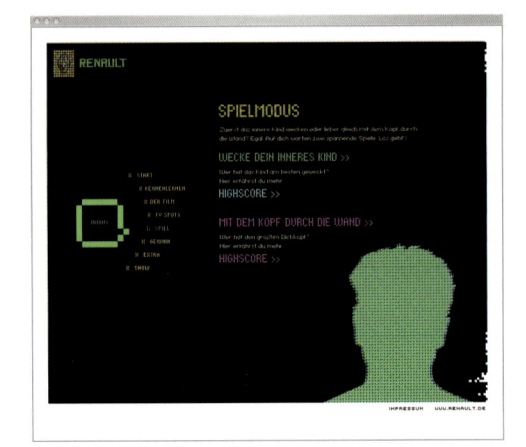

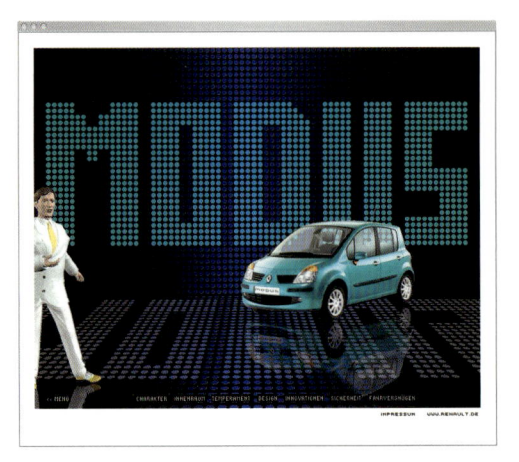

Analog zu der Positionierung »Tu nicht so erwachsen!« werden auf modus.de Regeln gebrochen, indem sie fast übertrieben befolgt werden. Der spielerische Umgang mit den Regeln zeigt sich in dem Start-, Spiel-, Kennenlern-, Show-, Extra- und Gewinn-MODUS, die alle auf eigene Art und Weise überzeichnet sind.

Schmidt & Bender ist ein Familienunternehmen, das seit drei Generationen hochwertige Zielfernrohre für Jäger und Schützen herstellt. Bewegliche und unbewegliche Ziele auf der Homepage erlauben den Besuchern, Informationen über das Unternehmen, dessen Produkte und die Qualitätsansprüche von Schmidt & Bender zu »erjagen«.

AUSZEICHNUNG

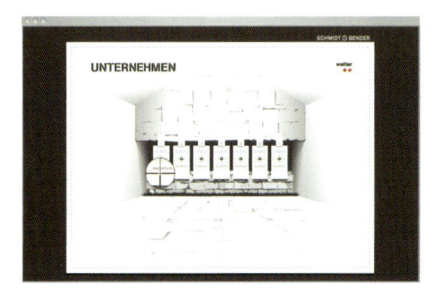

Schmidt & Bender
»Schmidt & Bender«

Auftraggeber
Schmidt & Bender
GmbH & Co. KG
Marketingleitung
Karlheinz Gerlach
Agentur
Jung von Matt AG
Creative Direction
Achim Jäger
Art Direction
Stefan Walz
Grafik
Stefan Walz
Kundenberatung
Dorothea Feurer,
Brigitte Dingler
Screen Design
Stefan Walz
Computeranimation
Oliver Hook
Systemanforderungen
Flash 6
URL
http://www.
schmidtundbender.de

Digitale Medien: Online --- **257**

AUSZEICHNUNG
RUHM UND EHRE

MusicLens Online-
Musikempfehlungsmaschine
»In tune with you!«

Auftraggeber
Musicline
Marketingleitung
Daniel Mühlensiefen
Agentur
DDD System GmbH
Art Direction
Mario Jilka
Illustration
Mandy Baker
Kundenberatung
Matthias Godenrath
Strategische Planung
Claus Zimmermann
Computeranimation
Chris Kurt,
Markus Schwarze
Systemanforderungen
Flash 6
URL
http://www.
musiclens.de

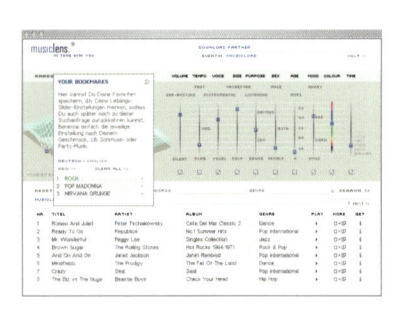

Musik zum Schmusen gesucht? Oder eher zum Tanzen? Vielleicht auch mal von noch unbekannten Künstlern? Der Musikgeschmacksagent MusicLens liefert für jeden Geschmack und jeden Anlass die passenden Songs. Das Besondere an MusicLens: Der User benötigt keine Suchwörter. Mittels einer Schieberegler-Navigation können zum Beispiel Tempo, Stimmung oder Lautstärke variiert werden. MusicLens stellt dann Empfehlungen zusammen, die dem gewünschten Soundprofil nahe kommen.

AUSZEICHNUNG

Maksimovic & Partners
Website
»M & P zu Hause«

Auftraggeber
Maksimovic & Partners
Agentur
Maksimovic & Partners
Creative Direction
Ivica Maksimovic
Art Direction
Patrick Bittner
Text
Germaine Paulus
Grafik
Patrick Bittner
Typografie
Patrick Bittner
Illustration
Nicolaus Eckstein
Screen Design
Patrick Bittner
Computeranimation
Matthias Schreck/
signum3
Systemanforderungen
Flash
URL
http://www.maksimovic.de

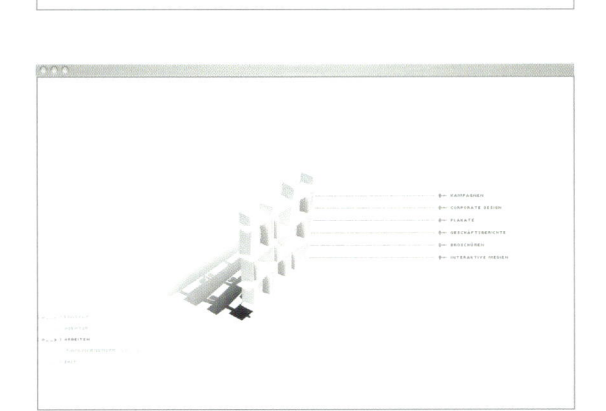

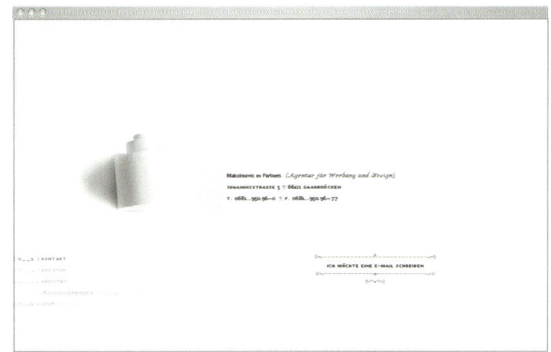

www.maksimovic.de – eine praktisch fast unsichtbare Eigendarstellung.

WANTED

DER ABC

STÖBERT NACH STICHHALTIGEN BEWEISEN

FÜR

DIE EXISTENZ

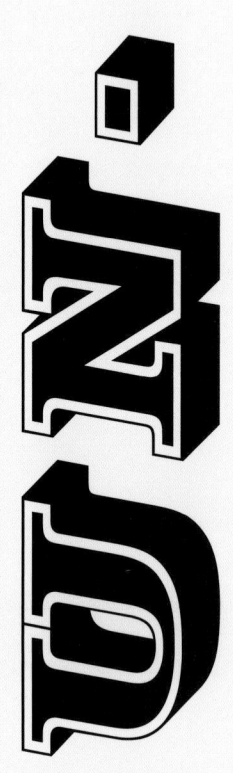

VON

BANNENDEN, UN-ÜBERSEHBAREN

UND

ÜBERRASCHENDEN

DIGITALEN MEDIEN:

Werbe-Mittel

— DIGITALE MEDIEN —

Jenseits des Mittelmasses

REWARD:

1 SILBERNER UND 2 BRONZENE NÄGEL
SOWIE
3 AUSZEICHNUNGEN

SILBER

Germanwings
Echtzeit-Bildschirmschoner

Auftraggeber
Germanwings, Köln
Marketingleitung
Rüdiger Peters
Agentur
NEUE DIGITALE
Creative Direction
Olaf Czeschner
Art Direction
Bejadin Selimi
Kundenberatung
Kai Greib
Programmierung
Heiko Schweickhardt
URL
http://www.germanwings.de
Design
Melanie Lenz,
André Bourguignon

Eine Bildschirmschoner, der an die Marke Germanwings erinnert, auch wenn der User nicht online ist. Als Europakarte gestaltet, werden die momentanen Flugpositionen aller Germanwings-Maschinen abgebildet, die sich live darüber bewegen. Die Online-Anbindung erlaubt tagesaktuelle Info-Updates und die Darstellung spezieller Angebote.

Digitale Medien: Werbemittel

T-Com X-Mas Kampagne
Banner »Flöte«

Auftraggeber
Deutsche Telekom
Marketingleitung
Gunter Fritsche
Werbeleitung
Nicole Macke
Agentur
Elephant Seven AG
Creative Direction
Dirk Ollmann,
Daniel Richau
Art Direction
Sven Giese
Text
Carsten Teller
Kundenberatung
Markus Weiß,
Matthias Wagener
Screen Design
Tina Kläring
Programmierung
Arne Otto
Computeranimation
Arne Otto
Sonstiges
IT-Leitung: Rainer Sax
URL
http://www.
bannertool.de/
awards/adc/floete/

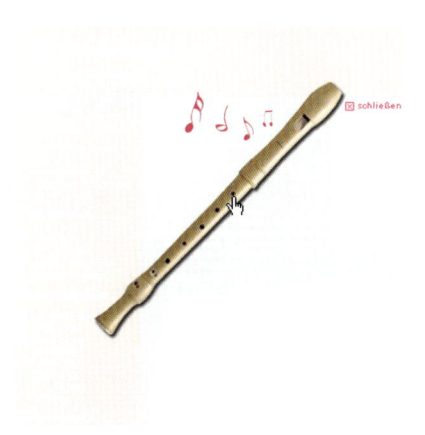

Flötenspiel ist eigentlich nur schön, wenn man es nicht hören muss. Besonders zur Weihnachtszeit. Und so setzt die Telekom im Winter 2004 auf Ehrlichkeit unter dem Weihnachtsbaum. Wen interessiert schon die ganze Romantik, wenn es um die Geschenke und vor allem um Mobiltelefone geht. So wurden auf charmante Weise die Privatkunden von 14–49 auf reichweitenstarken deutschen Internetseiten erreicht, die eine Erholung von der Weihnachtsromantik brauchten.

BRONZE

NOAH Menschen
für Tiere e. V. Banner
»The story behind«

Auftraggeber
NOAH Menschen
für Tiere e. V.
Marketingleitung
Martin van de Loo
Agentur
Jung von Matt AG
Creative Direction
Achim Jäger,
Peter Waibel
Art Direction
Michael Zoelch
Kundenberatung
Dorothea Feurer
Screen Design
Michael Zoelch
Computeranimation
Michael Zoelch
URL
http://preview.jvm.de/
noah/story

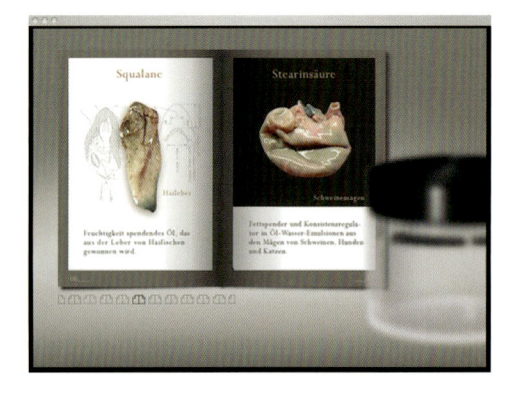

Viele Produkte haben eine überraschende Geschichte. Diese interaktive Idee erzählt die Geschichte einer Antifalten-Creme und einer Tasche – und was dahinter steckt. Und das verdeutlicht ein Banner, hinter dem eine Mikrosite mit der wahren Produktstory wartet. Zum Beispiel der, dass Millionen Tiere jährlich ihr Leben für die Auszeichnung als natürlicher Inhaltsstoff einer Creme spenden.

WEITERLEITUNG
Leider müssen wir Ihnen mitteilen, dass Ihre Anwesenheit hier nicht erwünscht ist. Wenn Sie nicht automatisch weitergeleitet werden, klicken Sie hier.

Sie sind unserer Aufforderung immer noch nicht nachgekommen. Wir werden Sie verfolgen und zunächst weiterleiten. Klicken Sie hier.

Wir sind verpflichtet, Ihnen anzuzeigen, dass Sie auf dieser Site nicht bleiben können. Sie können die Weiterleitung beschleunigen, wenn Sie hier klicken.

Letzte Warnung: Ihnen drohen ernste Gefahren, wenn Sie nicht sofort verschwinden. Sie können das nicht mehr verhindern, nur beschleunigen. Klicken Sie hier.

Wir weisen Sie darauf hin, dass Sie sich von hier entfernen müssen. Damit wir diesen Vorgang schnell abschließen können, klicken Sie hier.

UNHCR — The UN Refugee Agency

AUF DER FLUCHT WIE 40 MILLIONEN MENSCHEN WELTWEIT.
Drei Viertel aller Flüchtlinge sind Frauen und Kinder. Sieben von zehn Flüchtlingen finden in Entwicklungsländern Schutz und brauchen besondere Unterstützung. Über eine Million Rückkehrer sind auf humanitäre Hilfe angewiesen. Deshalb gibt es UNHCR, das Flüchtlingshilfswerk der Vereinten Nationen. Wir helfen Flüchtlingen in aller Welt. Helfen Sie uns dabei.

>> JETZT SPENDEN!

AUSZEICHNUNG

UNHCR Microsite
»Redirect«

Auftraggeber
UNHCR Deutschland
Marketingleitung
Andreas Kirchhof
Agentur
Springer & Jacoby Werbung GmbH
Creative Direction
Friedrich von Zitzewitz
Art Direction
Daniel Könnecke
Text
Gabriela Prahm, Markus Wallbrecher
Kundenberatung
Dirk Nehls
Screen Design
Rouven Lieutenant
Computeranimation
Raphael Wichmann
URL
http://www.awards.sj.com/redirect

Die Website des UNHCR, die Flüchtlingshilfe-Organisation der UN, erreicht der User über ein Content-AD.
Der Weg dorthin allerdings ist beschwerlich, denn der User wird per Weiterleitungsfunktion über mehrere Seiten gehetzt.
Diese vermitteln ihm jeweils das beklemmende Gefühl von Flucht und Vertreibung. Die virtuelle Flucht wird mit
einer Spendenaufforderung für UNHCR beendet und aufgelöst.

AUSZEICHNUNG

Renault Mégane Sport
Banner »Bremsweg«

Auftraggeber
Renault Nissan
Deutschland AG
Werbeleitung
Christoph Schüler,
Michaela Wauschkuhn
Leitung Marketing-Kommunikation
Jörg-Alexander Ellhof
Agentur
Nordpol+ Hamburg
Creative Direction
Ingo Fritz
Art Direction
Dominik Anweiler,
Gunther Schreiber
Kundenberatung
Mathias Müller-Using
Strategische Planung
Mathias Müller-Using
Screen Design
Mark Höfler
URL
http://www.
nordpol.com/2004/
renault/bremsweg/

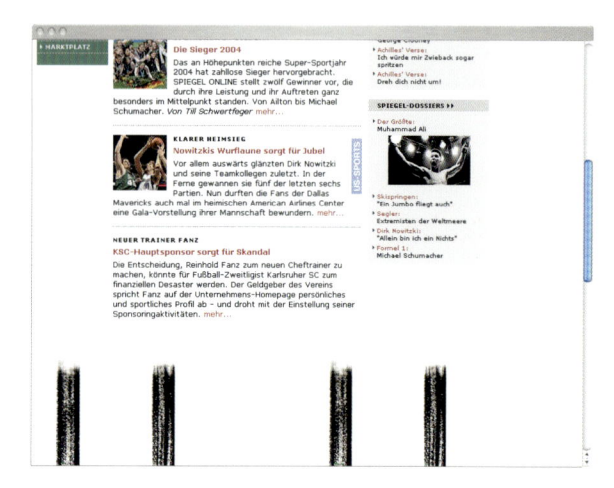

Kurz nachdem unterschiedliche Automodelle der Golfklasse auf ihr Bremsverhalten getestet wurden und pünktlich zur neuen »Golf GTI«-Kampagne, wurde das Bremsweg-Banner für den Renault Mégane Sport geschaltet, um das durchschlagende Ergebnis zu illustrieren.

Digitale Medien: Werbemittel

smart Gebrauchtwagen
Banner »Key Distraction«

Auftraggeber
DaimlerChrysler
Vertriebsorganisation
Deutschland
Marketingleitung
Peter Kraushaar
Werbeleitung
Pawel Nowotny,
Söhnke Wulff
Agentur
Elephant Seven AG
Creative Direction
Daniel Richau,
Dirk Ollmann
Art Direction
Kai Becker
Kundenberatung
Dirk Kedrowitsch,
Jan Hansen
Programmierung
Arne Otto
Sonstiges
IT-Leitung: Rainer Sax
URL
http://www.
bannertool.de/
awards/adc/key/

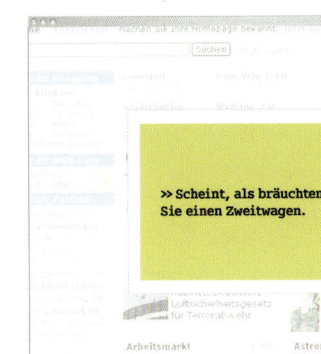

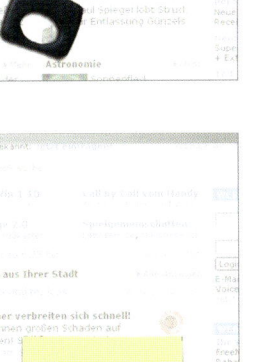

Die response-orientierte Bannerkampagne zeigt das breite Spektrum an Vorteilen, mit der ein smart – auch als Gebrauchtwagen – aufwarten kann. Über das Jahr hinweg werden einzelne Vorteile einfach und spannend herausgearbeitet. Die Banner wurden auf Automobilseiten und Gebrauchtwagenbörsen geschaltet, um Interessenten ab 25 Jahren und junge Familien zu begeistern und auf die Onlinesuche zu leiten. Der außerordentliche Erfolg im Sinne von Response und Conversionrate bestätigt den Einzelansatz mit starkem Formatbezug.

Digitale Medien: Werbemittel --- **267**

MOST WANTED

DIGITALE MEDIEN

*Dem **ADC** nicht durchs Netz gegangen:*

offline

NORMEN DURCHBRECHEND
UND
FREUDE
VERHEISSEND

DER ADE HAT 1 Silbernagel VERGEBEN!

Come
...... and get it! ......

SILBER

Ausstellung ›10+5=Gott.
Die Macht der Zeichen‹
Interaktive Installation
»floating.numbers«

Auftraggeber
Jüdisches Museum Berlin
Marketingleitung
Dr. Helmuth Braun
Agentur
ART+COM AG
Creative Direction
Prof. Joachim Sauter
Art Direction
Jakob Lehr,
Patrick Kochlik,
Dennis Paul
Kundenberatung
Gert Monath
Sonstiges
Inhalt/Idee:
Hürlimann + Lepp
Ausstellungen,
Gestaltung/Realisierung:
ART+COM AG

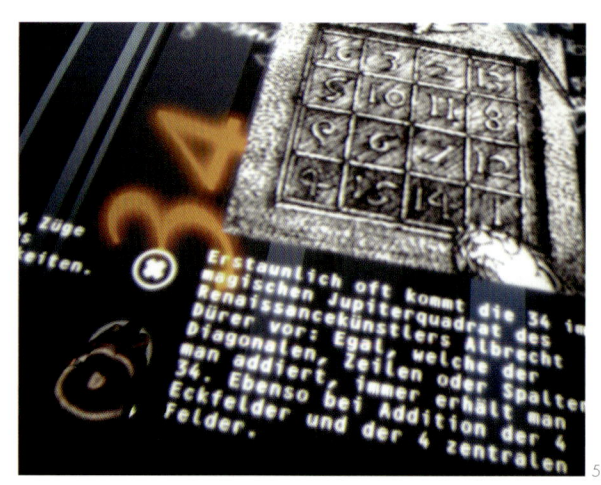

270 --- Digitale Medien: Offline

Die interaktive Installation »floating numbers« widmet sich der Bedeutung und Macht von Zahlen. Zentrales Element ist ein neun Meter langer und zwei Meter breiter interaktiver Tisch. Hunderte von Ziffern schwimmen auf seiner Oberfläche und treten nach dem Zufallsprinzip aus dem Zahlenstrom hervor. Sobald die Besucher diese berühren, geben sie ihr Geheimnis preis: in Form von Texten, Bildern, Filmen und Animationen.

1   Ausstellungsbesucher bei der interaktiven Erkundung von Zahlen
2   Nutzung von bis zu 30 Besuchern gleichzeitig
3   Aktivierung einer Zahl durch Berührung der Tischoberfläche
4   Ausschnitt Screendesign der Tischoberfläche
5   Darstellung der ausgewählten »34« in Bild und Text
6   Intuitive Benutzerführung

WANTED

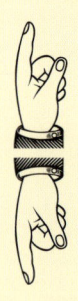

EINZIGARTIGE

objektiv gute

PERSPEKTIVISCHE NAHEGEHENDE

und

DAS WEITE SUCHENDE

FOTO-
GRAFIE

— DER ADC BELOHNT GENAUES HINSEHEN —

2 silberne, **5** bronzene ADC Nägel ..... und **13** Auszeichnungen!.

SILBER

Matchbox
Printkampagne
»Toys For Big Boys«

Auftraggeber
Toys For Big Boys GmbH
Marketingleitung
Christian Kasparek
Agentur
Jung von Matt AG
Creative Direction
Joachim Silber
Art Direction
Joachim Silber
Fotografie
Gulliver Theis,
Phillip Toledano,
Kai Wiechmann,
Ivo von Renner
Kundenberatung
Anja Wetzel

274 --- Fotografie

Fotografie --- **275**

SILBER

Edition Braus Buch
»Stille Berge«

Auftraggeber
Michael Schnabel
Fotografie
Michael Schnabel
Bildbearbeitung
Etizy digital artwork

Das Süddeutsche Zeitung Magazin erhielt mit
»Berg in Black« eine Auszeichnung in der Kategorie
Zeitschriften Beiträge auf Seite 473.

Fotografie --- **277**

BRONZE

Jaguar
Anzeigenkampagne
»Born with – lives for«

Auftraggeber
Jaguar USA
Marketingleitung
Stephanie Dauble
Agentur
Y&R, Irvine
Art Direction
Tricia Ting
Fotografie
Christian Schmidt
Bildbearbeitung
Zerone, Hamburg
Kundenberatung
Jessica Mirolla
Strategische Planung
Brenda Ferrell
Sonstiges
Fotoassistenz:
Meike Nixdorf

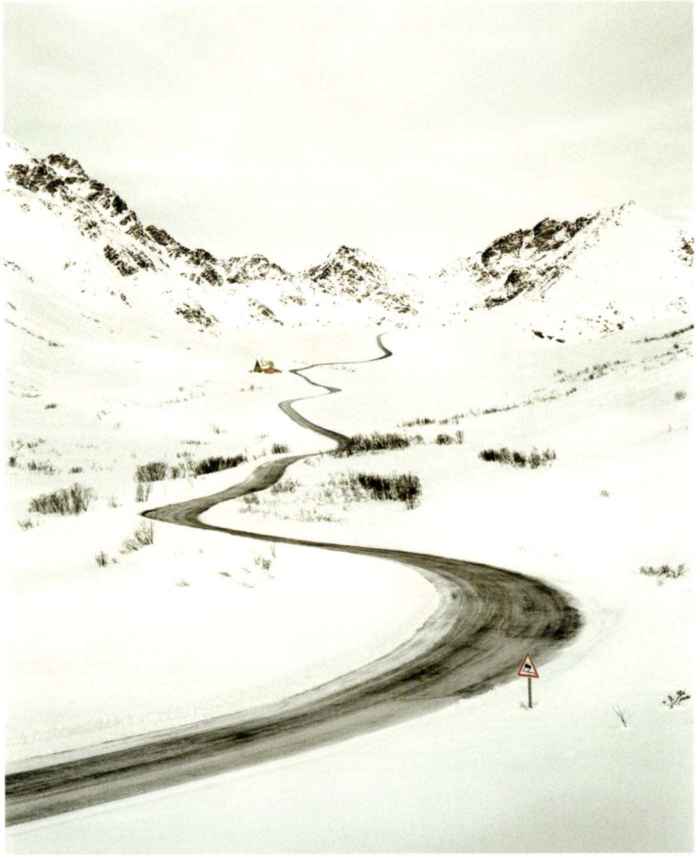

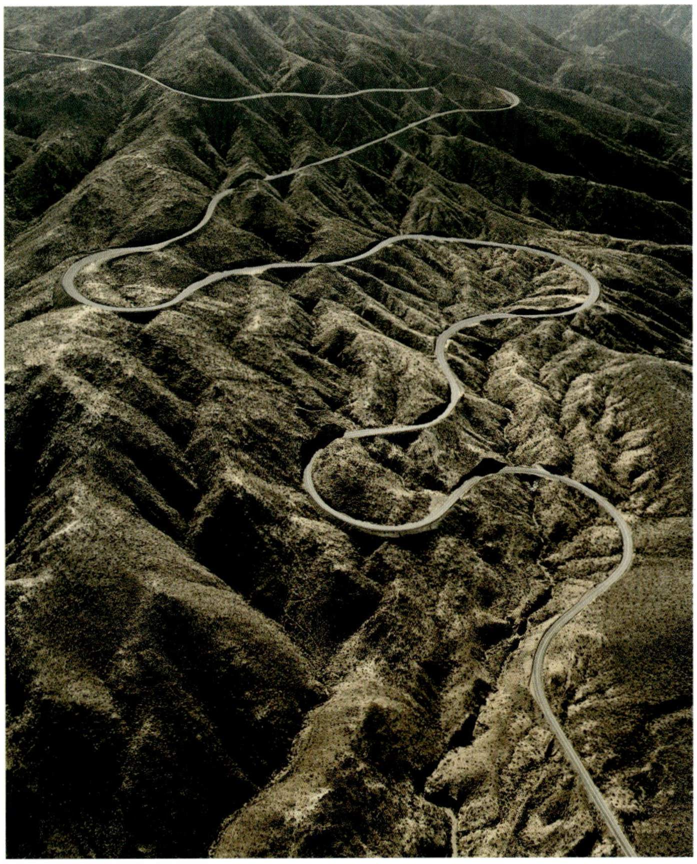

BRONZE

Tim Simmons Broschüre
»Intervention«

Auftraggeber
Christa Klubert
Fotografie
Tim Simmons

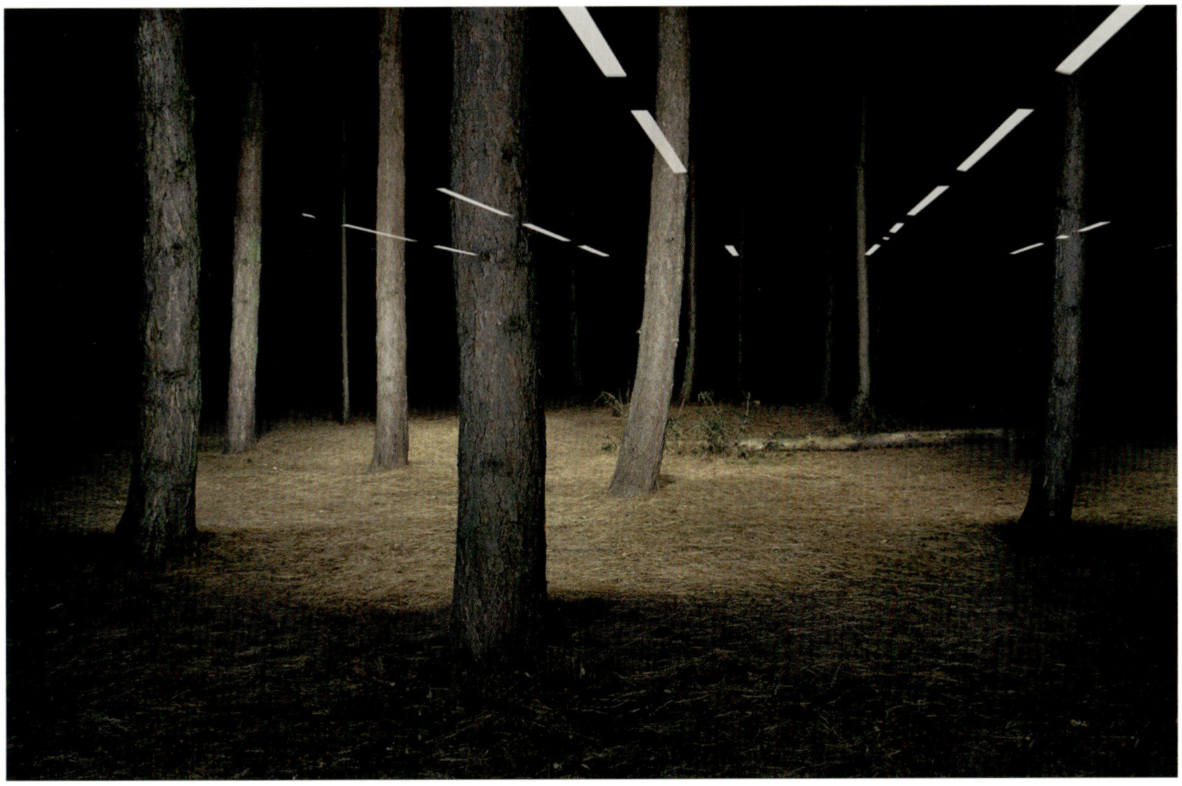

BRONZE

adidas Printkampagne
»Impossible is nothing«

Auftraggeber
adidas·Salomon AG
Agentur
TBWA\CHIAT\DAY
Creative Direction
Kai Zastrow
Art Direction
Sean Flores,
Brandon Mugar,
Tobias Eichinger
Fotografie
Uwe Düttmann
Bildbearbeitung
Metro Imaging,
Image Refinery
Kundenberatung
Michael Zlatoper,
Kara Jorge
Strategische Planung
Elena Hale

Fotografie --- **283**

BRONZE

Süddeutsche Zeitung
Magazin
Zeitschriftenbeitrag
»Boxenluder«

Auftraggeber
Süddeutsche Zeitung
Magazin
Art Direction
Mirko Borsche
Fotografie
Reinhard Hunger
Bildbearbeitung
Reinhard Hunger
Sonstiges
Styling:
Christoph Himmel

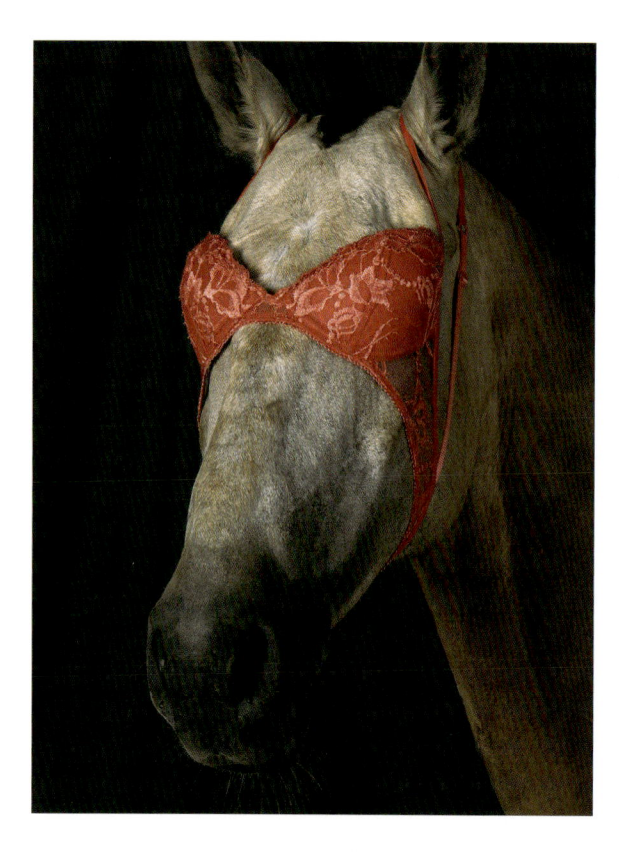

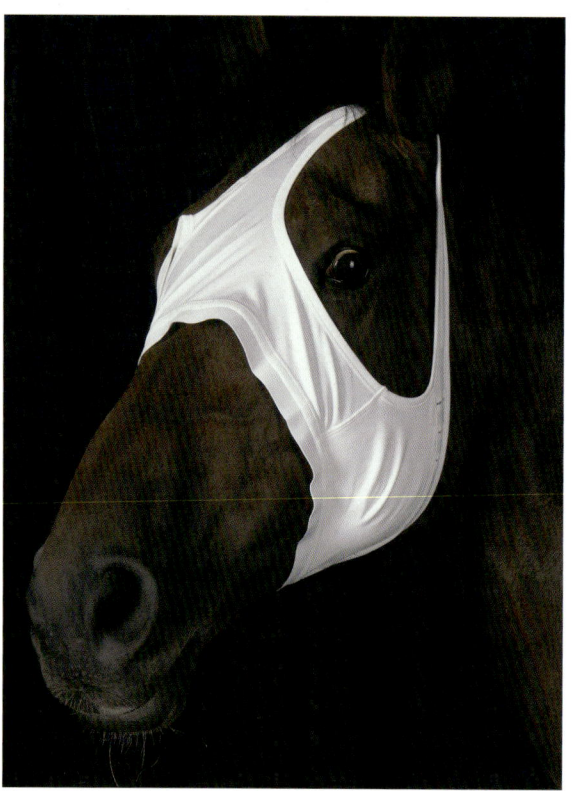

Zusätzlich erhielt der Titel dieses Magazins eine Auszeichnung in der Kategorie Zeitschriften Titel auf Seite 460.

Fotografie --- **285**

BRONZE

stern
Zeitschriftenbeitrag
»CHINA –
Fabrik der Welt«

Auftraggeber
stern
Art Direction
Tom Jacobi
Fotografie
Michael Wolf

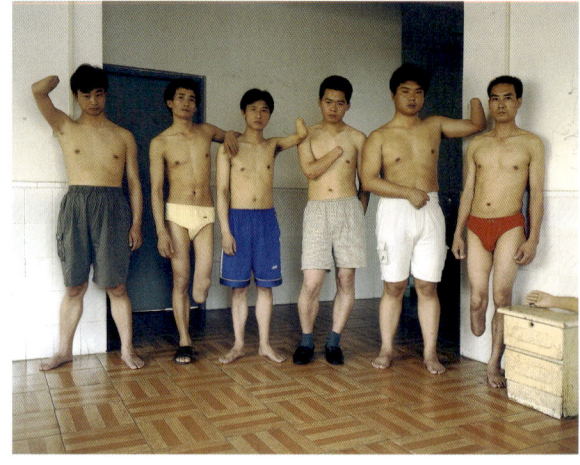

Fotografie --- **287**

AUSZEICHNUNG

BMW 6er
Buch »BMW 6er«

Auftraggeber
Bayerische
Motorenwerke AG,
München
Creative Direction
Dirk Linke
Art Direction
Dirk Linke,
Anna Clea Skoluda
Fotografie
Uwe Düttmann

Zusätzlich erhielt diese Arbeit eine Auszeichnung in der Kategorie
Printkommunikation/Literatur auf Seite 333.

AUSZEICHNUNG

stern Zeitschriftenbeitrag
»Friedensdorf
Oberhausen«

Auftraggeber
stern
Art Direction
Tom Jacobi
Fotografie
Brigitte Kraemer

Fotografie --- **291**

AUSZEICHNUNG

stern Zeitschriftenbeitrag
»Leben mit dem Down-Syndrom«

Auftraggeber
stern
Art Direction
Tom Jacobi
Fotografie
Andreas Reeg

Fotografie --- **293**

AUSZEICHNUNG

stern Zeitschriftenbeitrag
»Zwillinge von Lemgo«

Auftraggeber
stern
Art Direction
Tom Jacobi
Fotografie
Anne Schönharting

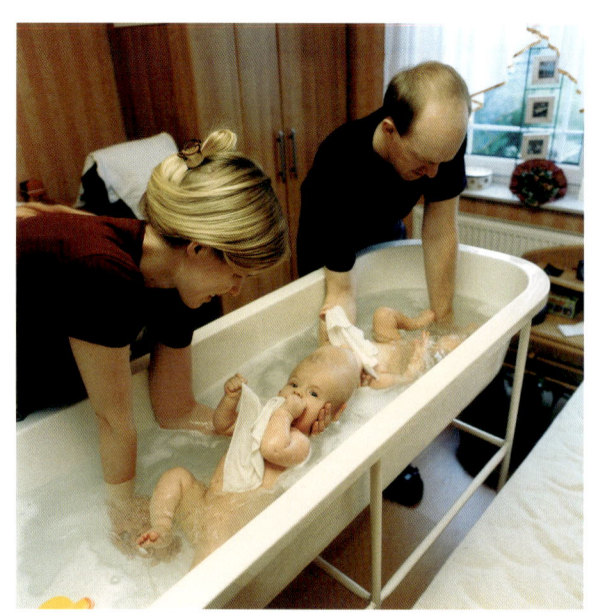

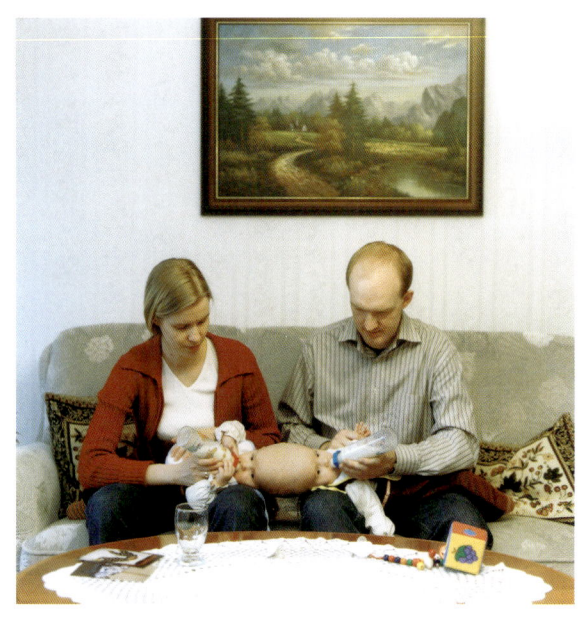

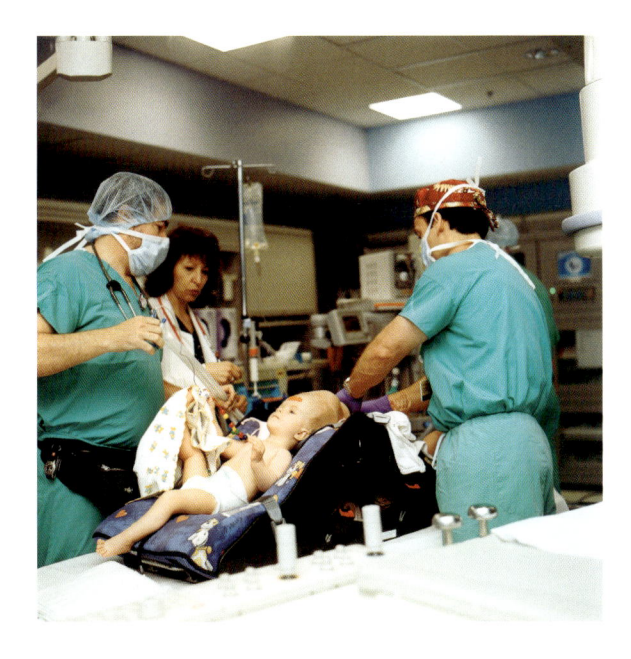

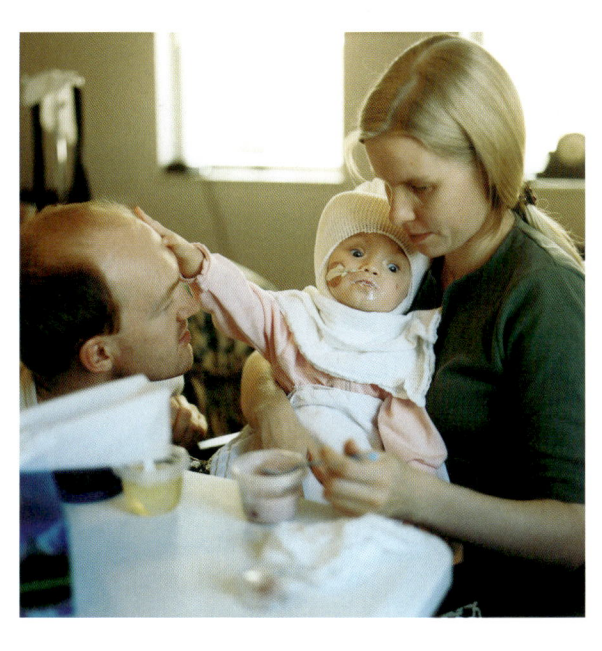

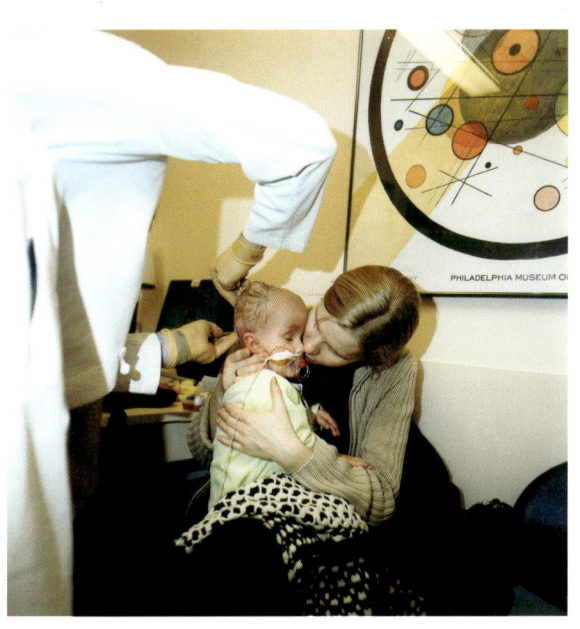

Fotografie --- **295**

AUSZEICHNUNG

Lamborghini Murciélago
Roadster Kampagne
»Lamborghini Murciélago
Roadster«

Auftraggeber
Automobili
Lamborghini S.p.A.
Marketingleitung
Manfred Fitzgerald
Agentur
Philipp und Keuntje GmbH
Creative Direction
Diether Kerner
Art Direction
Frederik Hofmann
Fotografie
Holger Wild
Bildbearbeitung
Reproduktion
Onnen & Klein, PX3
Kundenberatung
Tanja Heier,
Nina Jäger

Zusätzlich erhielt der Katalog »Der neue Lamborghini« eine Auszeichnung
in der Kategorie Printkommunikation/Literatur auf Seite 331.

296 --- Fotografie

AUSZEICHNUNG

Honda Motorräder
Anzeigenkampagne
»Catch your dream«

Auftraggeber
Honda Motor Europe
(North) GmbH
Marketingleitung
Jürgen Höpker-Seibert
Werbeleitung
Thiemo Jahnke
Agentur
HAKUHODO
Deutschland GmbH
Creative Direction
Norbert Welz
Art Direction
Sebastian van't Hoff
Fotografie
Stephan Romer
Bildbearbeitung
Leon van Noort
Kundenberatung
Jessica Nibbrig

AUSZEICHNUNG

Volkswagen Sponsoring
Anzeigenkampagne
»Sponsoring«

Auftraggeber
Volkswagen AG
Marketingleitung
Jörn Hinrichs,
Lutz Kothe,
Michael Grosche
Werbeleitung
Martina Berg,
Peter-Michael Jann
Agentur
Grabarz & Partner
Werbeagentur GmbH
Creative Direction
Ralf Nolting,
Patricia Pätzold,
CCO: Ralf Heuel
Art Direction
David-Alexander Preuß,
Maik Kähler, Jan Knauss
Fotografie
Jan van Endert, Hamburg
Kundenberatung
Reinhard Patzschke,
Britt Neumann,
Julia Patra

AUSZEICHNUNG

Süddeutsche Zeitung
Klassik Anzeigenkampagne
»Zebrastreifen, Bücherregal,
Wäscheleine«

Auftraggeber
Süddeutsche Zeitung GmbH
Marketingleitung
Klaus Füreder
Werbeleitung
Yasmin S. Hammerling
Agentur
GBK,
Heye Werbeagentur
GmbH
Creative Direction
Alexander Bartel,
Martin Kießling
Art Direction
Felix Hennermann
Fotografie
Jan Willem Scholten
Kundenberatung
Markus Goetze,
André Musalf,
David Jao

Zusätzlich erhielt diese Kampagne eine Auszeichnung in der Kategorie
Publikumsanzeigen auf Seite 44.

Fotografie --- 299

AUSZEICHNUNG

Vaillant
Imagekampagne Print
»Zu Hause ist Vaillant«

Auftraggeber
Vaillant
Marketingleitung
Corinna Scheer
Agentur
BMZ und more
Creative Direction
Claus Lieck
Fotografie
Christian Schmidt
Bildbearbeitung
Thomas Fritz bei Recom
Kundenberatung
Holger Wengelnik
Strategische Planung
Angelika Synek
Sonstiges
Repräsentanz:
Claudia Bitzer,
Art Buying:
Bettina Tetens,
Fotoassistenz:
Meike Nixdorf

AUSZEICHNUNG

Uwe Düttmann
Postkartenkampagne
»Eigenwerbung 04«

Auftraggeber
Uwe Düttmann
Agentur
Studio Düttmann
Fotografie
Uwe Düttmann

Fotografie --- 301

AUSZEICHNUNG

BMW Z3 M Coupé
Anzeige »Lichter«

Verlag
BRANSCH MAGAZIN
Fotografie
Michael Haegele,
haegele.com
Bildbearbeitung
imagework

AUSZEICHNUNG

Volkswagen Golf GTI®
Anzeigenkampagne
»Für Jungs, die damals
schon Männer waren«

Auftraggeber
Volkswagen AG
Marketingleitung
Jörn Hinrichs,
Lutz Kothe
Werbeleitung
Martina Berg
Agentur
DDB Berlin
Creative Direction
Amir Kassaei,
Mathias Stiller,
Wolfgang Schneider
Art Direction
Sandra Schilling
Text
Ulrich Lützenkirchen,
Ilja Schmuschkowitsch

Grafik
Michael Janke,
Andreas Böhm
Fotografie
F. A. Cesar
Kundenberatung
Wiebke Nowak,
Michael Lamm,
Cathleen Losch
Strategische Planung
Jason Lusty
**Producer/
Agentur Producer**
Elke Dilchert

Zusätzlich erhielt diese Kampagne Silber in der Kategorie Publikumsanzeigen auf Seite 30/31 sowie in der Kategorie Tageszeitungsanzeigen (inkl. Wochenzeitungen) auf Seite 78/79 und Bronze in der Kategorie Plakate und Poster auf Seite 104.
Der Film zur Kampagne erhielt Gold in der Kategorie Kinowerbefilme auf Seite 184 und Silber in der Kategorie TV-Spots auf Seite 180.

AUSZEICHNUNG

Volkswagen
TDI®-Technologie
Anzeigenkampagne
»Tankstelle TDI«

Auftraggeber
Volkswagen AG
Marketingleitung
Jörn Hinrichs, Detlef Wittig
Werbeleitung
Martina Berg
Agentur
Grabarz & Partner
Werbeagentur GmbH

Creative Direction
Ralf Nolting,
Patricia Pätzold,
CCO: Ralf Heuel
Art Direction
Ralf Nolting
Fotografie
Emir Haveric, Hamburg
Kundenberatung
Reinhard Patzschke,
Sandra Humbek

Zusätzlich erhielt diese Kampagne Bronze in der Kategorie Tageszeitungsanzeigen (inkl. Wochenzeitungen) auf Seite 80/81.

WANTED

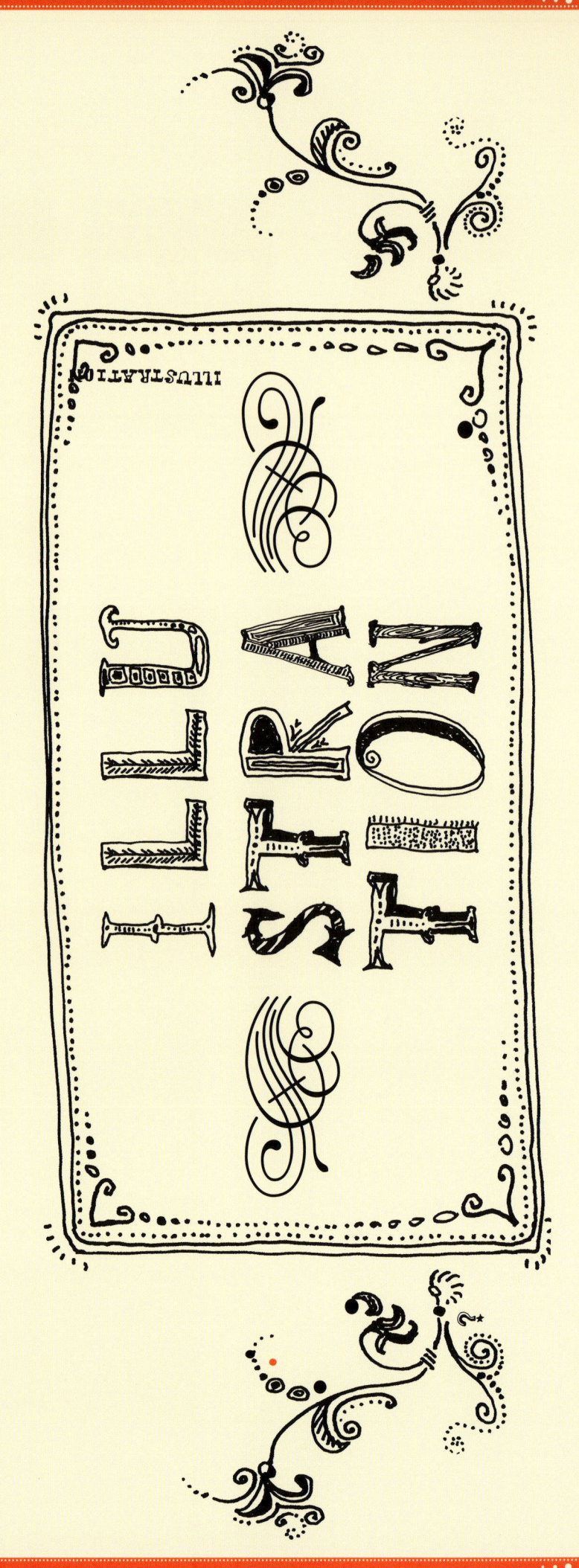

ILLUSTRATION

FEINSINNIGEN,
zuhöchst BEGEISTERNDEN,
[emotionalen],
KLAREN,
INTELLIGENTEN
und *schnörkeligen* Illustrationen

WIR BELOHNEN DIE ERGREIFUNG VON --

Belohnung:
1 SILBERNER UND 4 BRONZENE *DC Nägel*
+ 9 AUSZEICHNUNGEN!

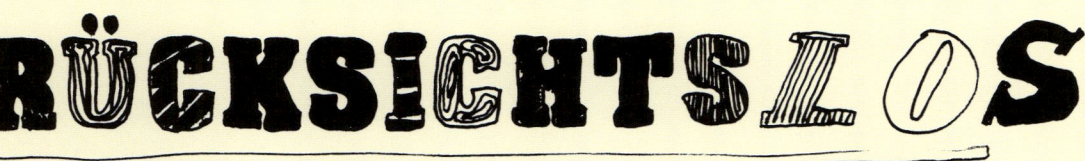

ZART & RÜCKSICHTSLOS

SILBER

Raffles Hotel
Vier Jahreszeiten Hamburg
Buch »Gutes Benehmen
im Galopp«

Auftraggeber
Raffles Hotel
Vier Jahreszeiten Hamburg
Marketingleitung
Judith Fuchs-Eckhoff
Agentur
Springer & Jacoby
Werbung GmbH
Creative Direction
Uli Gürtler
Art Direction
Mike Brandt
Grafik
Janina Empter
Bildbearbeitung
Onnen & Klein
Illustration
André Rösler,
Springer & Jacoby Design
Kundenberatung
Frank Bachmann,
Dorothée Ehlert,
Carmen Jordt
Sonstiges
Projektmanager:
Claudia Opel,
Ilse Neumann;
Art Buying:
Anja Heineking

Zusätzlich erhielt diese Arbeit Silber in der Kategorie Printkommunikation/Literatur auf Seite 326/327,
Bronze in der Kategorie Dialogmarketing (Mailings und Anzeigen) auf Seite 142/143 und eine Auszeichnung
in der Kategorie Grafische Einzelarbeiten auf Seite 401.

Illustration --- **307**

BRONZE

Sleek Zeitschriftenbeitrag
»Illustrationen Interviews
für Create ? Destroy«

Auftraggeber
sleek things
Agentur
c-feld
Creative Direction
Mieke Haase
Art Direction
Jan-Christoph Prilop,
Christian Küpker
Grafik
Jenny Grieger,
Swantje Maria Osburg
Illustration
Christian Küpker

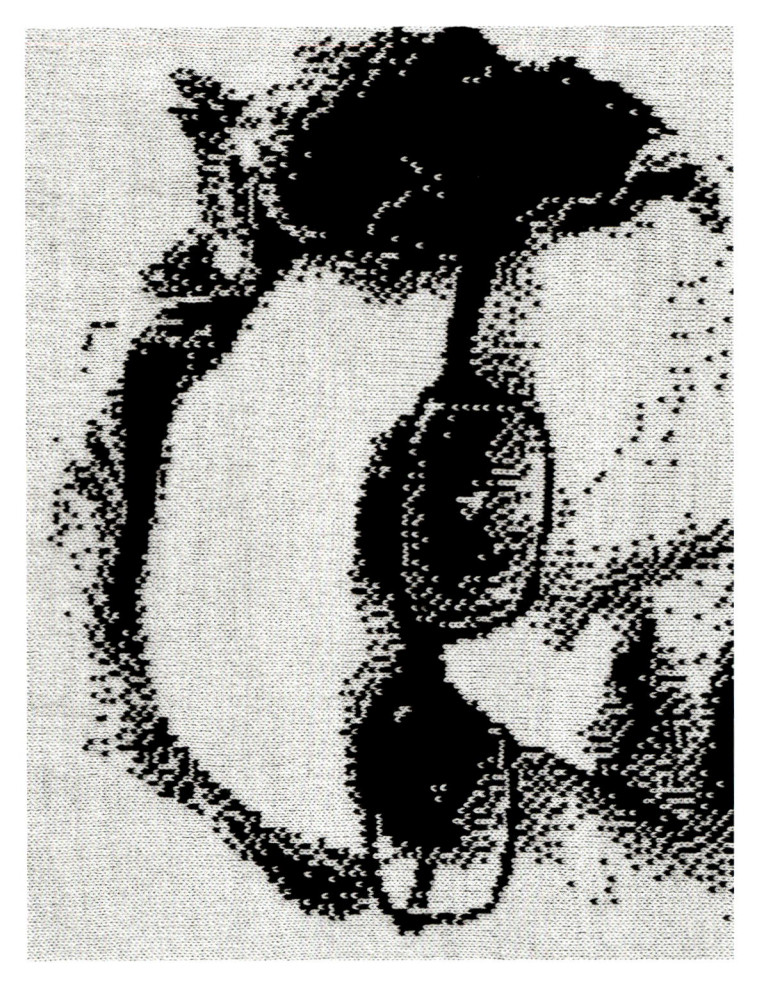

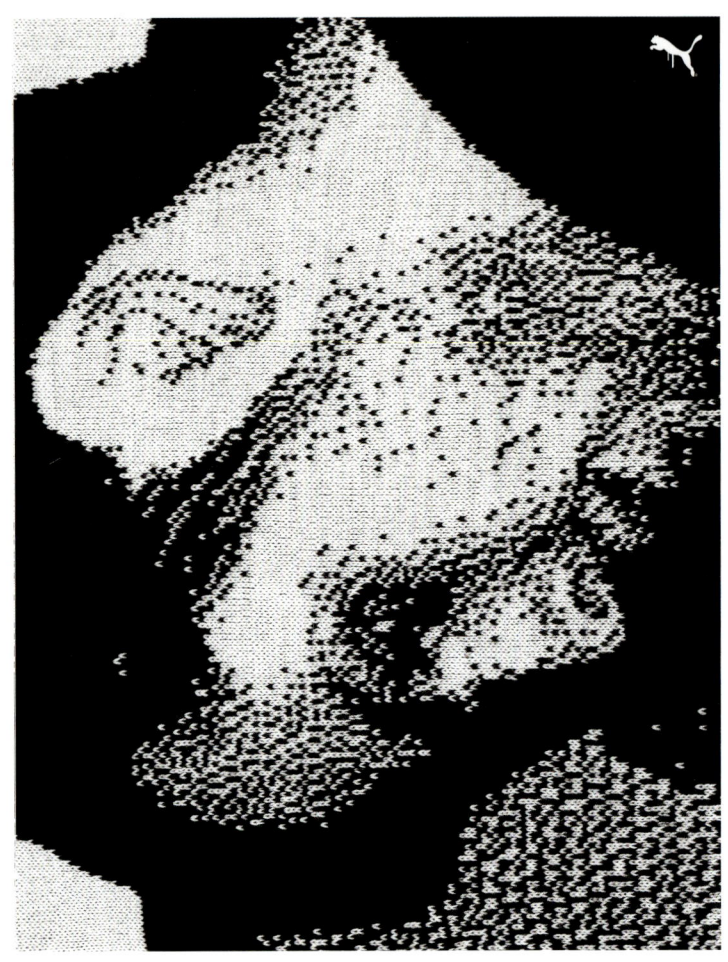

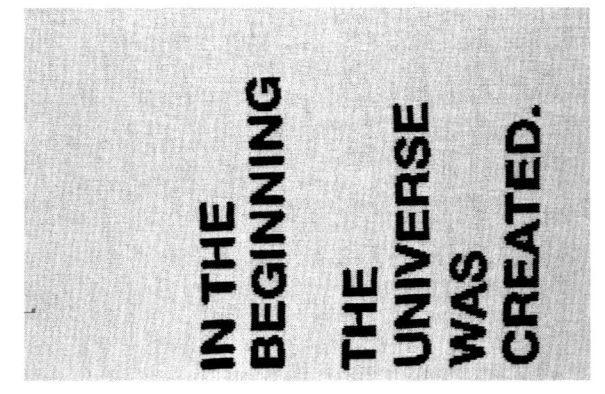

IN THE BEGINNING THE UNIVERSE WAS CREATED.

THIS HAS MADE A LOT OF PEOPLE VERY ANGRY, AND IS GENERALLY CONSIDERED TO HAVE BEEN A BAD MOVE.

Douglas Adams

Zusätzlich erhielt die Zeitschrift Sleek »Create ? Destroy« Bronze in der Kategorie Zeitschriften Gestaltung auf Seite 408 und eine Auszeichnung in der Kategorie Zeitschriften Titel auf Seite 461.

BRONZE

WWF Posterkampagne
»Stammbäume«

Auftraggeber
WWF Deutschland
Marketingleitung
Olav Bouman
Werbeleitung
Dr. Dirk Reinsberg
Agentur
Ogilvy & Mather Frankfurt
Creative Direction
Simon Oppmann,
Peter Römmelt
Art Direction
Simon Oppmann
Grafik
Martin Popp,
Simon Oppmann
Illustration
Daniel Cojocaru
Kundenberatung
Egbert Melten,
Carolin Cichy

Sumatra-Tiger 500 000 v. Chr.
Holophoneus 32 000 000 v. Chr.
Smilodon 5 000 000 v. Chr.
Dinictis 36 000 000 v. Chr.
Patriofelis 45 000 000 v. Chr.
Miacis 55 000 000 v. Chr.

BRONZE

Neon Magazin
Zeitschriftenbeitrag
»Süchtig nach Sex«

Auftraggeber
Gruner + Jahr AG & Co. KG
Art Direction
Gunter Schwarzmaier
Bildbearbeitung
Artur Wahl GmbH
Illustration
Gunter Schwarzmaier

312 --- Illustration

Illustration --- 313

BRONZE

Mercedes-Benz G-Klasse
Anzeigenkampagne
»Von A nach B«

Auftraggeber
Mercedes-Benz
Marketingleitung
J. Justus Schneider
Werbeleitung
Lothar Korn;
Projektleitung:
Stefan Brommer,
Paula Picareta
Agentur
Springer & Jacoby
Werbung GmbH
Creative Direction
Stefan Meske,
Toygar Bazarkaya
Art Direction
Szymon Rose,
Jonathan Schupp
Grafik
Bill Yom,
Florian Barthelmess
Illustration
Szymon Rose
Kundenberatung
Andrea Ey,
Esther Wiedemann,
Jasmin Schwarzinger
Sonstiges
Media: Julia Brünig

Zusätzlich erhielt diese Kampagne Gold in der Kategorie Fachanzeigen auf Seite 62/63 sowie in der Kategorie Tageszeitungsanzeigen (inkl. Wochenzeitungen) auf Seite 76/77 und Silber in der Kategorie Publikumsanzeigen auf Seite 47 sowie in der Kategorie Plakate und Poster (Indoor und Outdoor) auf Seite 111.

B

AUSZEICHNUNG

Lucky Strike 1916
Kampagne
»Hommage an 1916«

Auftraggeber
British American Tobacco (Germany) GmbH
Marketingleitung
Andrew Schwager
Werbeleitung
Stefan Fischer,
Hans-Jürgen Philipp
Agentur
KNSK
Werbeagentur GmbH
Creative Direction
Michael Barche,
Vera Hampe
Art Direction
Nanke Voß
Text
Alexander Schierl
Grafik
Stefanie Speicher
Bildbearbeitung
Johannes Bauer Repro
Illustration
Klaus Schwieker
Kundenberatung
Corinna Elsässer
Strategische Planung
Knut Riedel

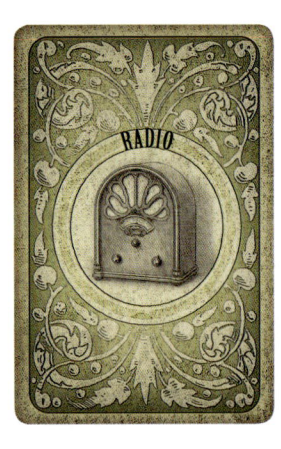

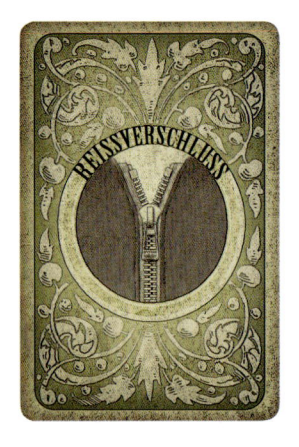

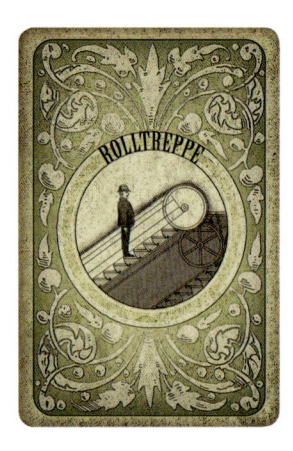

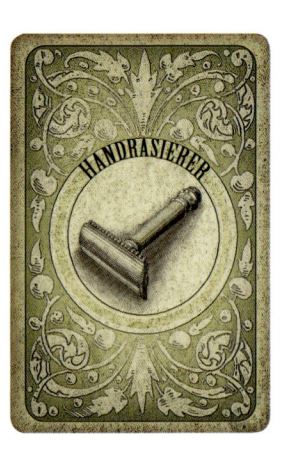

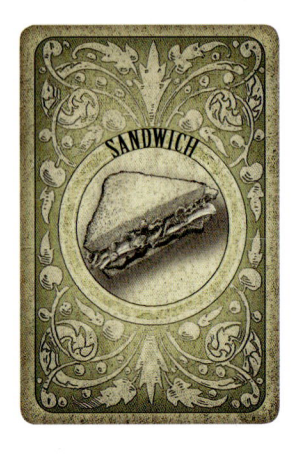

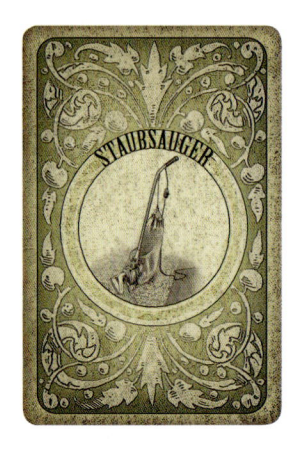

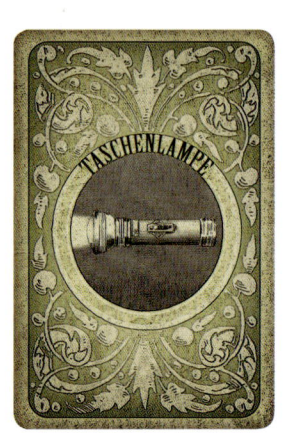

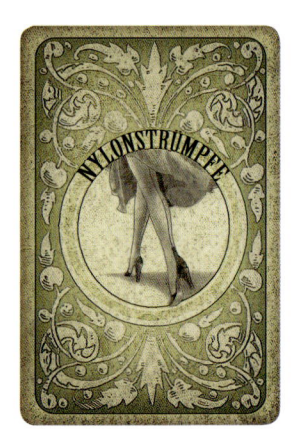

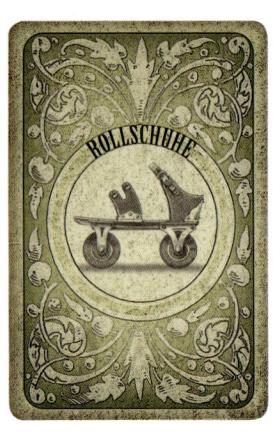

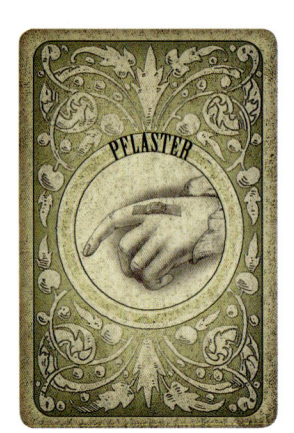

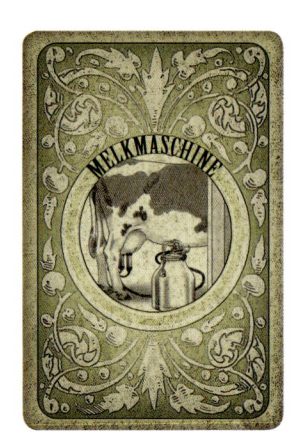

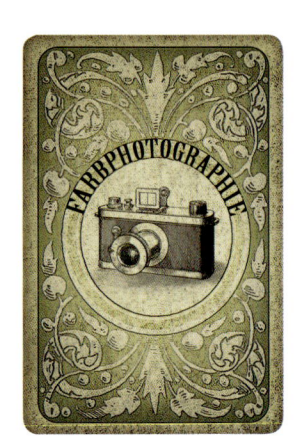

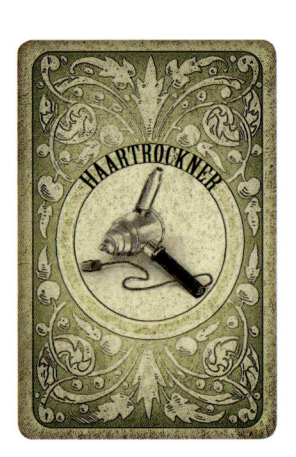

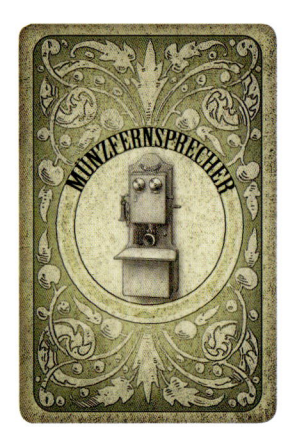

Zusätzlich erhielt die Promotion-Aktion »Oma«, die im Rahmen derselben Kampagne stattfand, eine Auszeichnung in der Kategorie Verkaufsförderung auf Seite 133.

AUSZEICHNUNG

adidas Originals
Posterkampagne
»Olympic Edition«

Auftraggeber
adidas-Salomon AG
Marketingleitung
Hannes Kranzfelder
Werbeleitung
Hannes Kranzfelder
Agentur
TBWA\
Creative Direction
Kurt Georg Dieckert,
Stefan Schmidt
Art Direction
Florian Kitzing
Text
Lennart Witting
Illustration
Felix Reidenbach
Kundenberatung
Kerstin Gold

Illustration --- 317

AUSZEICHNUNG

Smac
Zeitschriftenbeitrag
»Robot«

Auftraggeber
Smac
Agentur
giraffentoast
Creative Direction
giraffentoast
Grafik
giraffentoast
Bildbearbeitung
giraffentoast
Illustration
giraffentoast

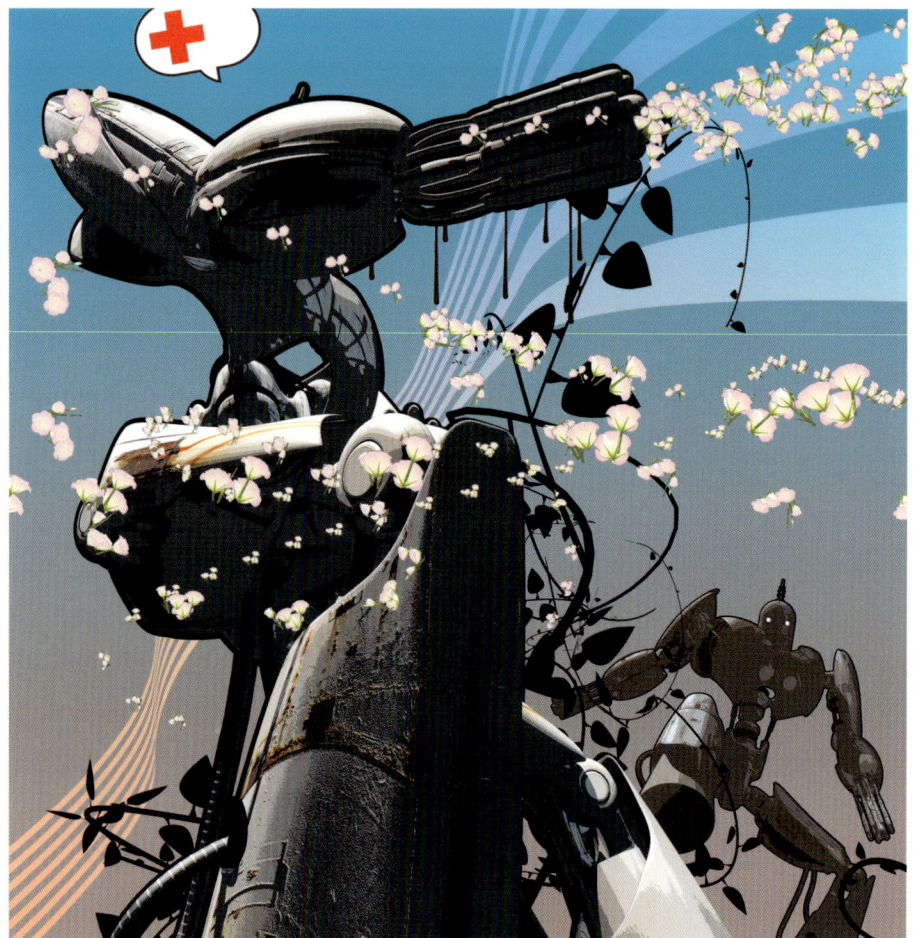

AUSZEICHNUNG

Men's Health
Zeitschriftenbeitrag
»Nur die Liebe zahlt«

Auftraggeber
Men's Health
Art Direction
Andreas Schomberg
Illustration
Faiyaz Jafri

Neon Magazin
Zeitschriftenbeitrag
»A–Z Heimwerken«

Auftraggeber
Gruner + Jahr AG & Co. KG
Art Direction
Gunter Schwarzmaier
Bildbearbeitung
Artur Wahl GmbH
Illustration
Sarah Illenberger

AUSZEICHNUNG

Kodak
Supra 800 Professional
Plakatkampagne
»Nachtjäger«

Auftraggeber
Kodak GmbH, Stuttgart
Marketingleitung
Silke Engels
Werbeleitung
Holger Zeising
Agentur
Ogilvy & Mather Frankfurt
Creative Direction
Christian Mommertz,
Dr. Stephan Vogel
Art Direction
Christian Mommertz,
Marco Weber
Grafik
Kapka Dotcheva,
Jan Peuker
Illustration
Dominique Schuchmann,
Mark 13,
Christian Mommertz
Kundenberatung
Jan Leopold

AUSZEICHNUNG
RUHM UND EHRE

INSTANT
Zeitschriftenbeitrag
»Männer am Rande des
Nervenzusammenbruchs«

Auftraggeber
INSTANT
Corporate Culture
Marketingleitung
Thomas Feicht
Agentur
Heye & Partner GmbH
Creative Direction
Thomas Feicht,
Norbert Herold
Art Direction
Jörg Stöckigt
Bildbearbeitung
Jörg Kratisch,
Matthias Remmling
Illustration
Marc Herold

Zusätzlich erhielt die Zeitschrift INSTANT No. 57 eine Auszeichnung in der
Kategorie Zeitschriften Gestaltung auf Seite 451.

AUSZEICHNUNG

TAGNACHT
Zeitschriftenbeiträge
»TAGNACHT«

Auftraggeber
Stadt Revue Verlag Köln
Agentur
Reflektorium
Creative Direction
Christoph Ganslmeier
Art Direction
Sandra Renz
Illustration
Lars Henkel

AUSZEICHNUNG

Stadt Augsburg
Bewerbung zur
Kulturhauptstadt Europas
2010 Buch
»Was wusste Fugger
von Brecht?«

Auftraggeber
Projektbüro
Kulturreferat der
Stadt Augsburg
Marketingleitung
Thomas Höft
Agentur
Factor Design AG
Creative Direction
Johannes Erler
Art Direction
Jindrich Novotny
Bildbearbeitung
Reprostudio Beckmann
Hamburg
Illustration
Marina Wember
Strategische Planung
Thomas Höft,
Johannes Erler,
Jindrich Novotny

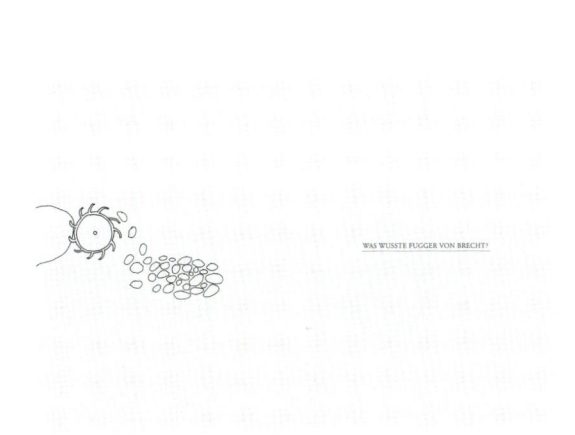

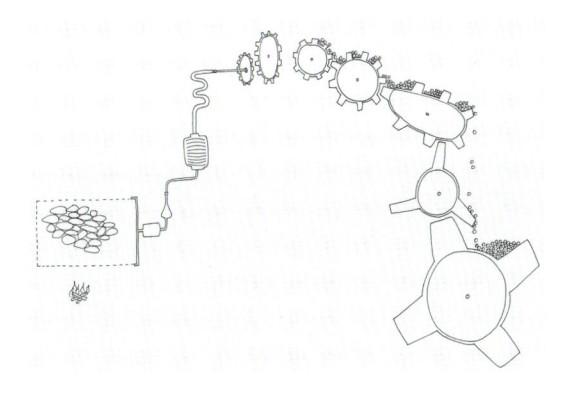

Zusätzlich erhielt das Buch »Bewerbung der Stadt Augsburg zur Kulturhauptstadt Europas 2010«
eine Auszeichnung in der Kategorie Grafische Einzelarbeiten auf Seite 396.

Illustration --- **323**

..*most.. **WANTED**

ADC * Art Directors Club

— Die härtesten Waffen

Souverän UND **VON EINER DURCHDRINGENDEN KLARHEIT,** **GEFÄHRLICH** *mit CHIFFREN und ZEICHEN spielend:*

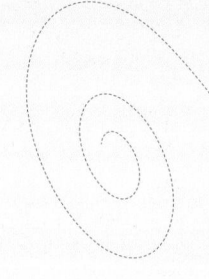

-PRINT- KOMMUNIKATION
LITERATUR

1 SILBERNER UND 1 BRONZENER ADC NAGEL
***** & ******
- 8 -
Auszeichnungen!

SILBER

Raffles Hotel
Vier Jahreszeiten Hamburg
Buch »Gutes Benehmen
im Galopp«

Auftraggeber
Raffles Hotel
Vier Jahreszeiten Hamburg
Marketingleitung
Judith Fuchs-Eckhoff
Agentur
Springer & Jacoby
Werbung GmbH
Creative Direction
Uli Gürtler
Art Direction
Mike Brandt
Text
Jens Ringena,
Stefanie Thul
Architektur-/Designbüro
Springer & Jacoby Design
Grafik
Janina Empter
Typografie
Mike Brandt
Bildbearbeitung
Onnen & Klein
Illustration
André Rösler,
Springer & Jacoby Design
Kundenberatung
Frank Bachmann,
Dorothée Ehlert,
Carmen Jordt
Sonstiges
Projektmanager:
Claudia Opel,
Ilse Neumann;
Art Buying:
Anja Heineking

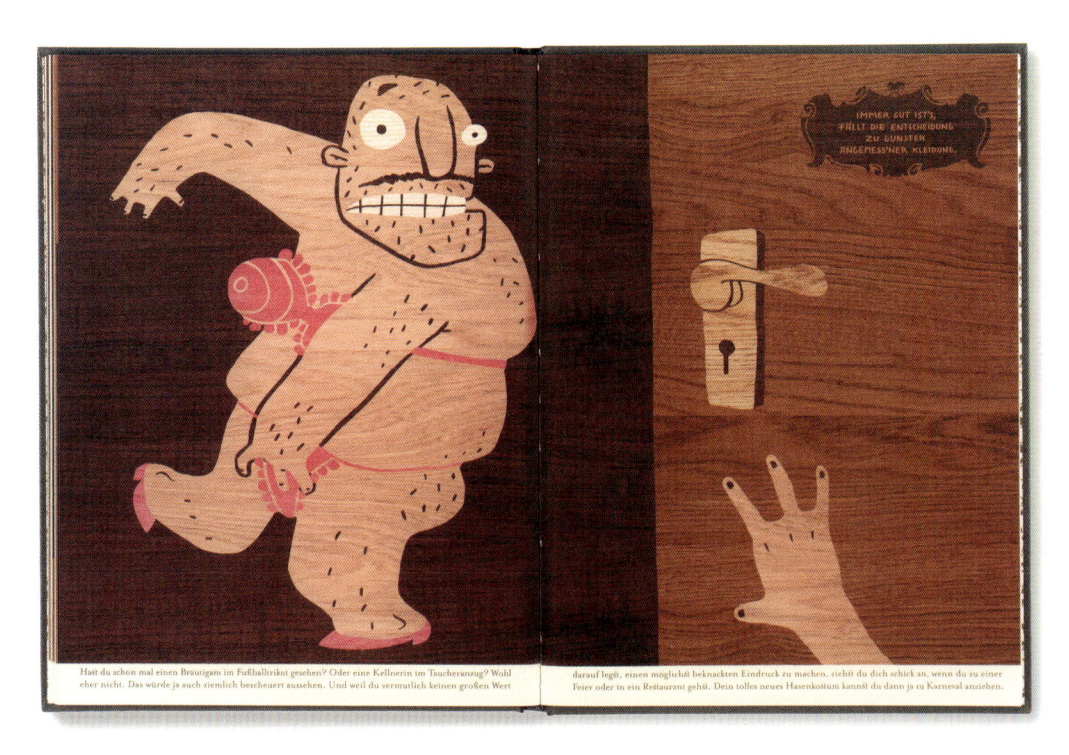

Zusätzlich erhielt diese Arbeit Silber in der Kategorie Illustration auf Seite 306/307,
Bronze in der Kategorie Dialogmarketing (Mailings und Anzeigen) auf Seite 142/143
und eine Auszeichnung in der Kategorie Grafische Einzelarbeiten auf Seite 401.

Printkommunikation/Literatur --- **327**

BRONZE

DaimlerChrysler Broschüre
»MeRSy Recycling
Management«

Auftraggeber
DaimlerChrysler AG,
DCVD
Marketingleitung
Jochen Sengpiehl
Werbeleitung
Claudia Schöttle,
Susanne Schultheiß
Agentur
Scholz & Friends
Creative Direction
Matthias Schmidt,
Julia Schmidt
Art Direction
Anne Schöber,
Maja Mack,
Pier Madonia
Text
Gerald Meilicke
Bildbearbeitung
Eder Berlin
Illustration
Michael Römer
Kundenberatung
Thomas Caprano,
Eva Scholze
Sonstiges
Art Buying:
Kirsten Rendtel

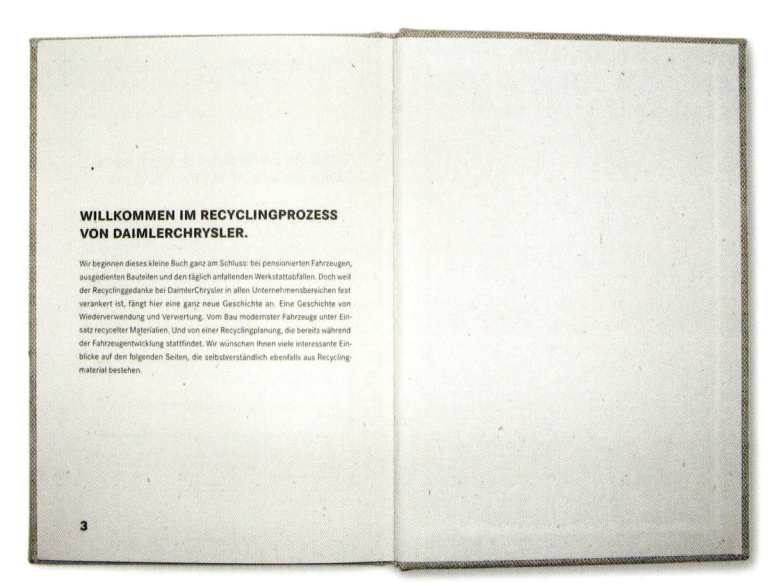

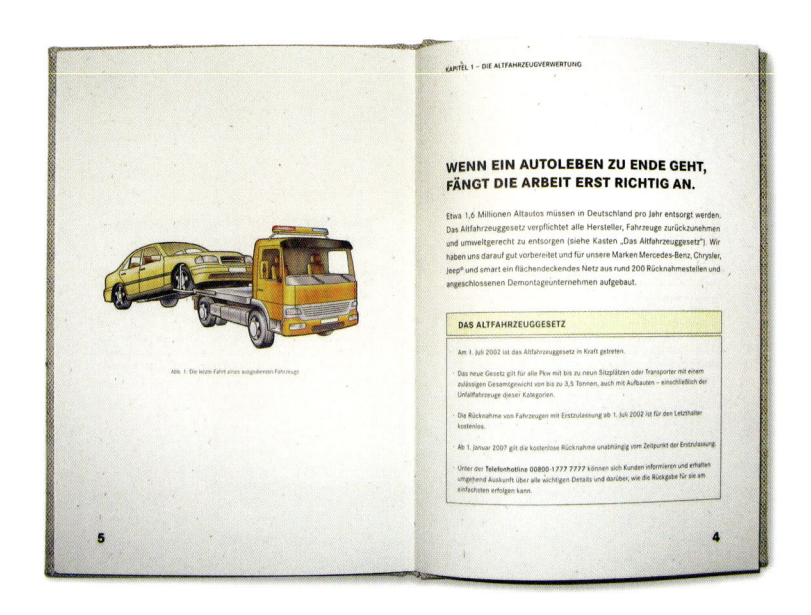

328 --- Printkommunikation/Literatur

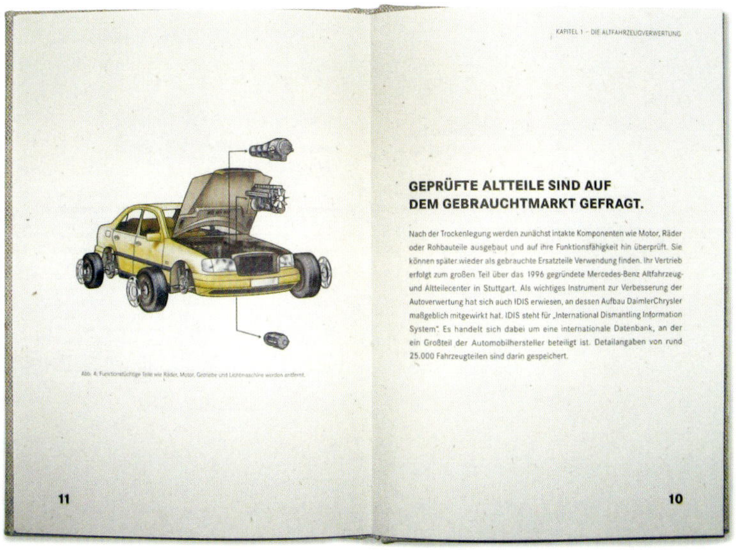
KAPITEL 1 – DIE ALTFAHRZEUGVERWERTUNG
GEPRÜFTE ALTTEILE SIND AUF
DEM GEBRAUCHTMARKT GEFRAGT.
Nach der Trockenlegung werden zunächst intakte Komponenten wie Motor, Räder oder Rohbauteile ausgebaut und auf ihre Funktionsfähigkeit hin überprüft. Sie können später wieder als gebrauchte Ersatzteile Verwendung finden. Ihr Vertrieb erfolgt zum großen Teil über das 1996 gegründete Mercedes-Benz Altfahrzeug- und Altteilecenter in Stuttgart. Als wichtiges Instrument zur Verbesserung der Autoverwertung hat sich auch IDIS erwiesen, an dessen Aufbau DaimlerChrysler maßgeblich mitgewirkt hat. IDIS steht für „International Dismantling Information System". Es handelt sich dabei um eine internationale Datenbank, an der ein Großteil der Automobilhersteller beteiligt ist. Detailangaben von rund 25.000 Fahrzeugteilen sind darin gespeichert.
Abb. 4: Funktionstüchtige Teile wie Räder, Motor, Getriebe und Lichtmaschine werden entfernt.
11
10

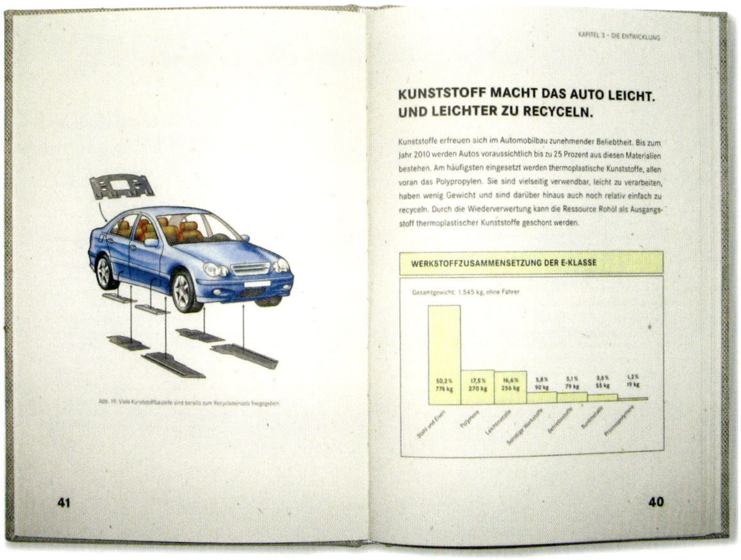
KAPITEL 3 – DIE ENTWICKLUNG
KUNSTSTOFF MACHT DAS AUTO LEICHT.
UND LEICHTER ZU RECYCELN.
Kunststoffe erfreuen sich im Automobilbau zunehmender Beliebtheit. Bis zum Jahr 2010 werden Autos voraussichtlich bis zu 25 Prozent aus diesen Materialien bestehen. Am häufigsten eingesetzt werden thermoplastische Kunststoffe, allen voran das Polypropylen. Sie sind vielseitig verwendbar, leicht zu verarbeiten, haben wenig Gewicht und sind darüber hinaus auch noch relativ einfach zu recyceln. Durch die Wiederverwertung kann die Ressource Rohöl als Ausgangsstoff thermoplastischer Kunststoffe geschont werden.
WERKSTOFFZUSAMMENSETZUNG DER E-KLASSE
Gesamtgewicht: 1.545 kg, ohne Fahrer
50,2 % 776 kg
17,5 % 270 kg
16,6 % 256 kg
5,8 % 90 kg
5,1 % 79 kg
3,6 % 55 kg
1,2 % 19 kg
Stahl und Eisen
Polymere
Leichtmetalle
Sonstige Werkstoffe
Betriebsstoffe
Buntmetalle
Prozesspolymere
Abb. 19: Viele Kunststoffbauteile sind bereits zum Recyclateinsatz freigegeben.
41
40

KAPITEL 3 – DIE ENTWICKLUNG
ERFREULICHE ERGEBNISSE HINDERN
UNS NICHT AM WEITERFORSCHEN.
Wie weit der Einsatz von Kunststoffrecyclaten in Fahrzeugen tatsächlich möglich ist, wurde im Rahmen des Forschungsprojekts CARE Car II von Chrysler in den USA untersucht. Mithilfe eines eigenen Flotationsverfahrens, das automatisch die verschiedenen Typen von Kunststoff aus verschrotteten Fahrzeugen trennt, konnten zwei Jeep® Grand Cherokees mit 54 Teilen aus recyceltem Kunststoff ausgerüstet werden. Aus zurückgewonnenem Kunststoff wurden unter anderem neue Seitenschweller, Radlauf- und Kotflügelverkleidungen hergestellt. Versuche mit Polyurethanschaum aus dem Schredder ergaben, dass dieser Kunststoff für Formteile mit sehr guten thermischen und geräuschdämmenden Eigenschaften genutzt werden kann.
Abb. 21: Das Neufahrzeug
45
44

AUSZEICHNUNG
RUHM UND EHRE

Vitra Broschüre
»Growing a Chair«

Auftraggeber
Vitra Management AG
Marketingleitung
Jürgen Dürrbaum
Werbeleitung
Bettina Korn
Agentur
Wolfgang Scheppe
Verlag
Vitra Design Museum
Creative Direction
Wolfgang Scheppe
Art Direction
Wolfgang Scheppe
Text
Wolfgang Scheppe

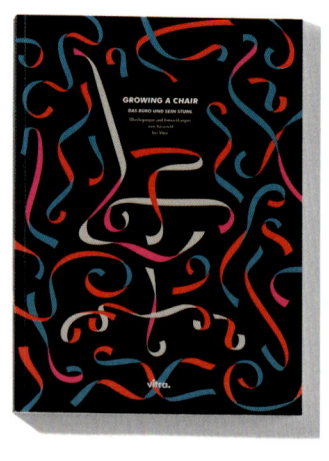

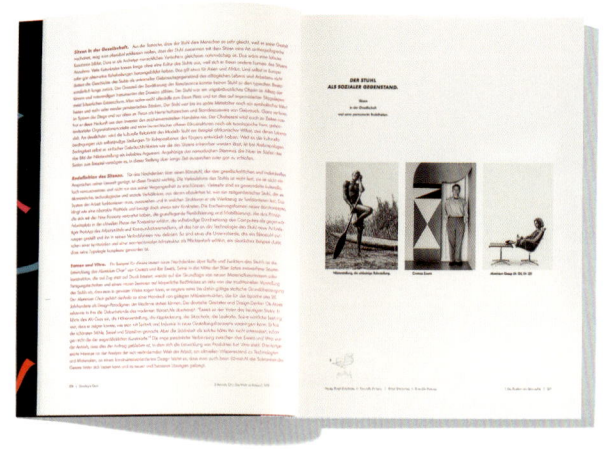

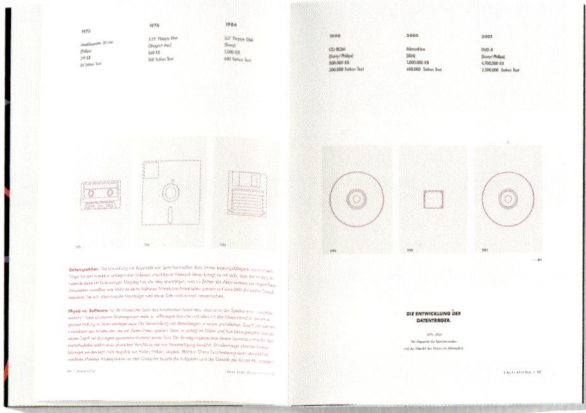

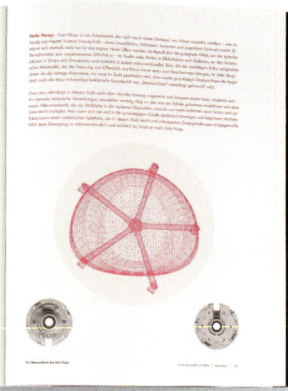

Printkommunikation/Literatur

AUSZEICHNUNG

Lamborghini Murciélago
Roadster Katalog
»Der neue Lamborghini
Murciélago Roadster«

Auftraggeber
Automobili
Lamborghini S.p.A.
Marketingleitung
Manfred Fitzgerald
Agentur
Philipp und Keuntje GmbH
Creative Direction
Diether Kerner,
Oliver Handlos
Art Direction
Frederik Hofmann
Text
Jens Daum
Grafik
Sönke Schmidt
Fotografie
Holger Wild,
Stefan Richter
Bildbearbeitung
Reproduktion
Onnen & Klein, PX3
Kundenberatung
Tanja Heier, Nina Jäger

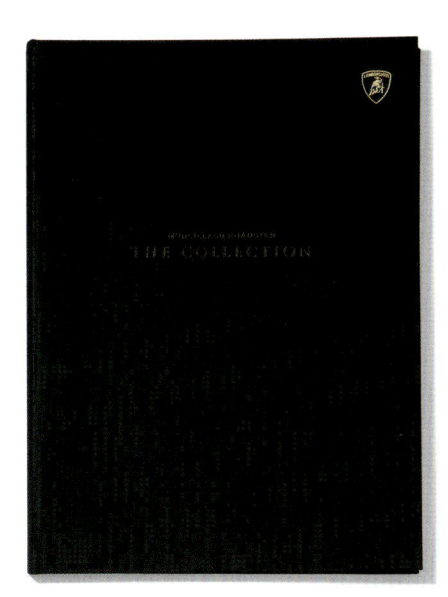

Zusätzlich erhielten verschiedene Motive aus diesem Katalog eine Auszeichnung
in der Kategorie Fotografie auf Seite 296.

AUSZEICHNUNG

Audi AG Buch
»Vorsprung«

Auftraggeber
Audi AG
Marketingleitung
Michael Finke,
Liane Scheinert
Agentur
Philipp und Keuntje GmbH
Creative Direction
Matthias Harbeck
Art Direction
Katrin Oeding
Text
Anke Gröner,
Tobias Bundt,
Robert Müller
Grafik
Michel Fong,
Axel Domke,
Alexander Scharlach
Fotografie
Christopher Thomas,
Bernd Westphal,
Holger Wild u. a.
Bildbearbeitung
PX3
Illustration
Sven Schröder,
Felix Reidenbach
Kundenberatung
Tanja Heier,
Anna Kirchner

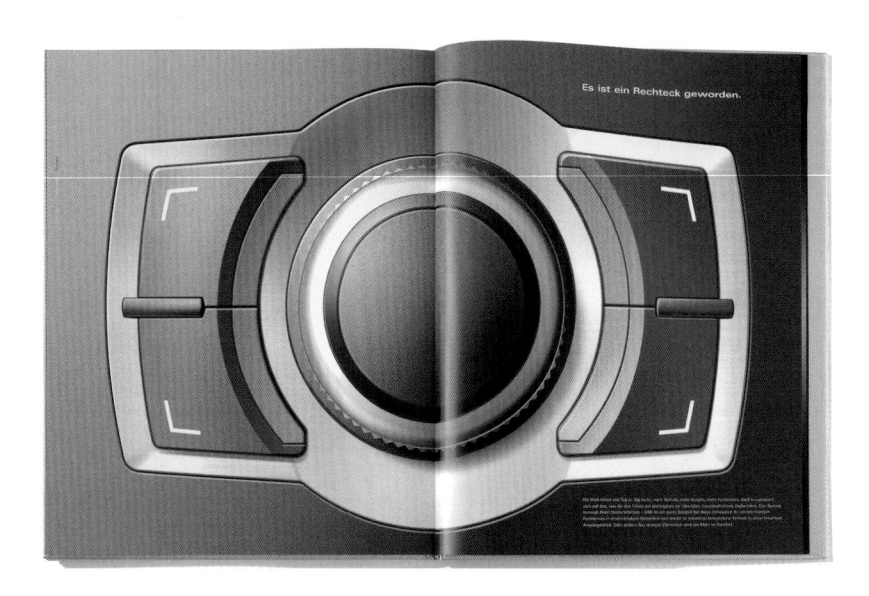

AUSZEICHNUNG

**BMW Imagebuch
»Der BMW 6er«**

Auftraggeber
Bayerische Motoren
Werke AG, München
Marketingleitung
Torsten Müller-Ötvös
Verlag
Hoffmann und Campe
Verlag
Corporate Publishing
Creative Direction
Dirk Linke
Bildredaktion
Gabriele Mayrhofer-Mik
Art Direction
Dirk Linke,
Anna Clea Skoluda
Grafik
Sabine Keller, Armin Ogris
Fotografie
Uwe Düttmann,
Kai-Uwe Gundlach u. a.
Kundenberatung
Dr. Kai Laakmann
Strategische Planung
Dr. Kai Laakmann

Zusätzlich erhielten verschiedene Motive aus diesem Buch eine Auszeichnung
in der Kategorie Fotografie auf Seite 288/289.

Printkommunikation/Literatur --- **333**

AUSZEICHNUNG
RUHM UND EHRE

Buch »Annual Reports – finest facts & figures«

Auftraggeber
Verlag Hermann Schmidt Mainz
Werbeleitung
Karin Schmidt-Friderichs
Agentur
strichpunkt
Verlag
Verlag Hermann Schmidt Mainz
Creative Direction
Kirsten Dietz,
Jochen Rädeker
Art Direction
Kirsten Dietz,
Jochen Rädeker
Text
Jochen Rädeker
Grafik
Kirsten Dietz,
Susanne Hörner,
Holger Jungkunz,
Jochen Rädeker,
Felix Widmaier
Typografie
strichpunkt
Fotografie
Niels Schubert
Bildbearbeitung
strichpunkt
Illustration
Felix Widmaier

Printkommunikation/Literatur --- **335**

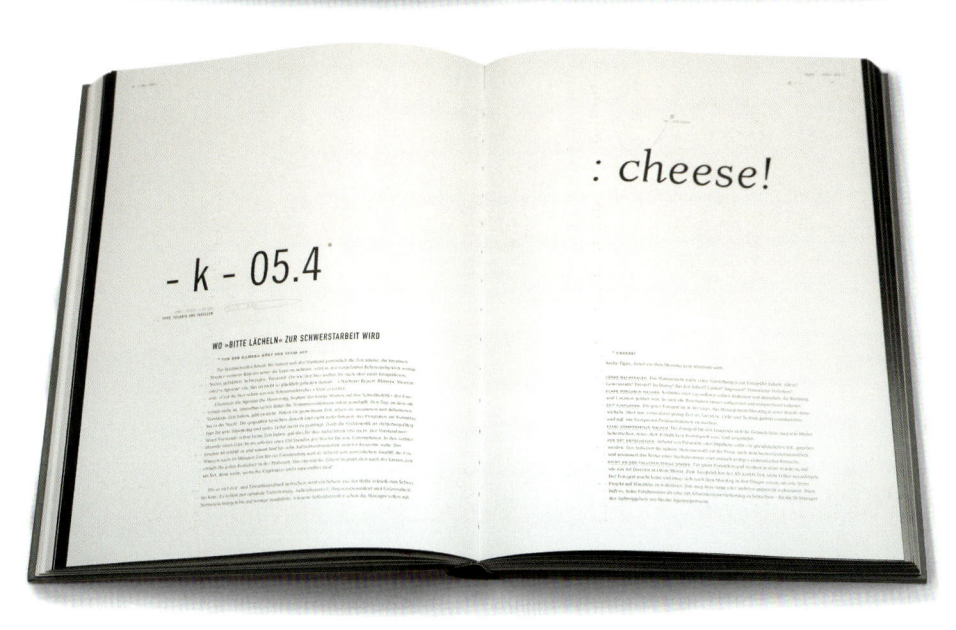

AUSZEICHNUNG
RUHM UND EHRE

H.A.P.P.Y. Buch
»Haare Am Po Po Yeah!
Das wunderbare
H.A.P.P.Y. Buch«

Auftraggeber
www.h-a-p-p-y.net
Marketingleitung
Herr Tomtschek
Agentur
3007
Verlag
Czernin Verlag Wien
Creative Direction
Eva Dranaz
Chefredaktion
Thomas Seidl,
Christopher Wurmdobler,
Eva Dranaz,
Jochen Fill
Art Direction
Eva Dranaz
Text
Christopher Wurmdobler
Grafik
Eva Dranaz,
Jochen Fill
Fotografie
Jochen Fill,
Markus Rössle,
Texas Rosenberger,
Gery van de Baur,
Katharina Gossow,
Heribert Corn
Bildbearbeitung
Jochen Fill,
Thomas Seidl
Illustration
Herr Tomtschek,
Jochen Fill,
Christian Bezdeka,
Christopher Wurmdobler
Kundenberatung
Eva Dranaz
Sonstiges
Druck: Remaprint,
Bindung: G+G

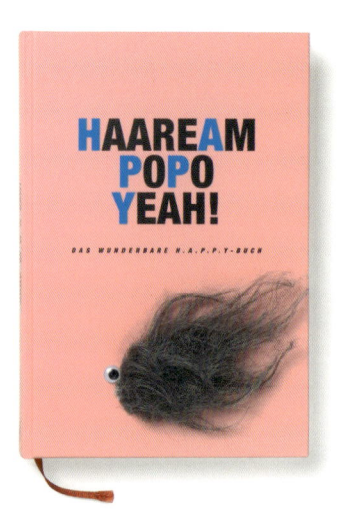

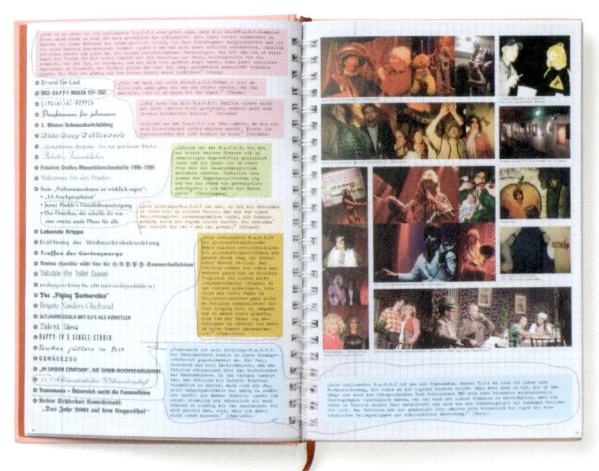

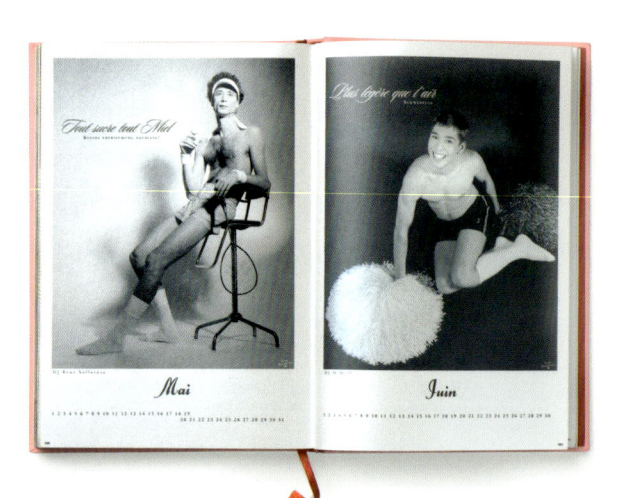

AUSZEICHNUNG

+rosebud No. 5
»MYSTERY«

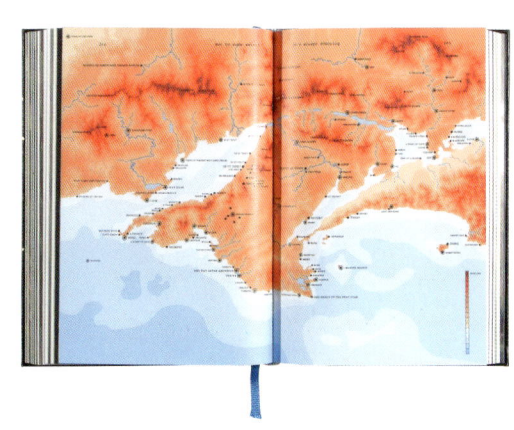

Auftraggeber
Rosebud, Inc.
Agentur
Rosebud, Inc.
Verlag
Die Gestalten Verlag,
Berlin
Creative Direction
Ralf Herms
Chefredaktion
Ralf Herms,
Katja Fössel,
Fritz Magistris
Art Direction
Ralf Herms,
Katja Fössel

Text
diverse
Grafik
diverse
Fotografie
diverse
Bildbearbeitung
Mario Rott
Illustration
diverse
Strategische Planung
Fritz Magistris

AUSZEICHNUNG

Frankfurter Allgemeine
Zeitung Broschüre
»Doppelseiten«

Auftraggeber
Frankfurter Allgemeine
Zeitung GmbH
Marketingleitung
Dr. Jan P. Klage
Agentur
Scholz & Friends
Creative Direction
Jan Leube,
Matthias Spaetgens
Art Direction
Tim Stockmar
Text
Torsten Lindner
Grafik
Sebastian Richter,
Cathrin Ciuraj,
Claudia Locherer

Fotografie
Heribert Schindler,
Ralph Baiker,
Katrin Denkewitz
Bildbearbeitung
Appel Grafik Berlin
Kundenberatung
Katrin Seegers,
Penelope Winterhager,
Daniela Winkler,
Uli Geiger
Sonstiges
Art Buying:
Adriana Meneses von Armin

Zusätzlich erhielt diese Arbeit eine Auszeichnung in der Kategorie Dialogmarketing (Mailings und Anzeigen) auf Seite 144/145.

MOST WANTED

--- täglich --- monatlich --- jährlich ---

xxxx **REWARD** xxxx

1 BRONZENER ADC NAGEL & 5 AUSZEICHNUNGEN

ZAHLENWUTIGE

ALPHANUMERISCHE

ZUKUNFTSORIENTIERTE
STRUKTURLIEBENDE

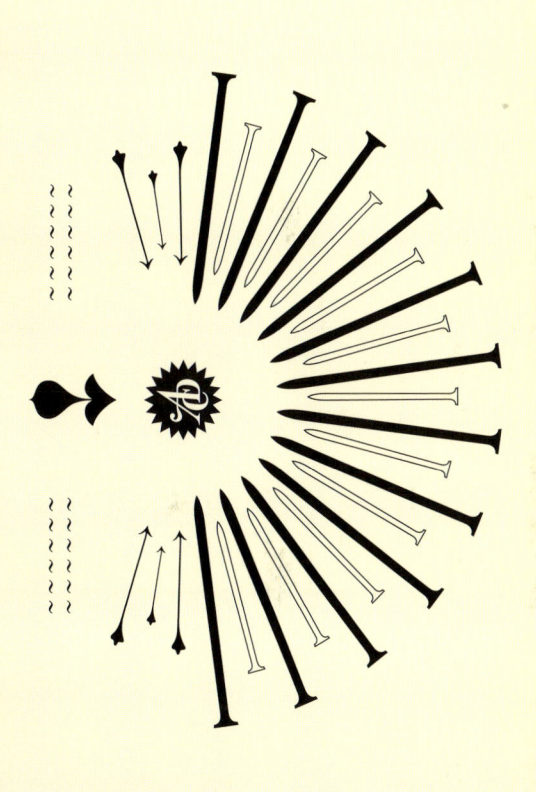

— und —

ZEITVERSESSENE

KALENDER

BRONZE

Deutsches Rotes Kreuz e.V.
»Flaggen«

Auftraggeber
Deutsches Rotes Kreuz e.V.
Marketingleitung
Adrian Teetz
Werbeleitung
Katja Aßmann
Agentur
Jung von Matt AG
Creative Direction
Wolf Heumann,
Andreas Ottensmeier,
Stefan Horbach
Art Direction
Carolin Schäfer
Text
Sascha Hanke
Kundenberatung
Andre Krüwel

Kalender --- 341

AUSZEICHNUNG

Uwe Loesch zeitRaum 05

Auftraggeber
Klingspor Museum
Offenbach am Main;
DTP Akademie Rhein Main
GmbH, Neu-Isenburg;
C4 Marketing Service
Bundesdruckerei GmbH,
Neu-Isenburg
Kurator
Dr. Stefan Soltek
Art Direction
Prof. Uwe Loesch
Typografie
Prof. Uwe Loesch

Kalender --- 343

AUSZEICHNUNG

Alzheimer Forschung
»Warning Signs 2005«

Auftraggeber
Alzheimer Forschung
Initiative e. V.
Marketingleitung
Dr. Ellen Wiese
Agentur
TBWA\
Creative Direction
Kai Röffen
Art Direction
Rainer Schmidt
Text
Donald Tursman,
Dirk Wilkesmann
Kundenberatung
Vera Decker
Produktion
Philipp Thywissen

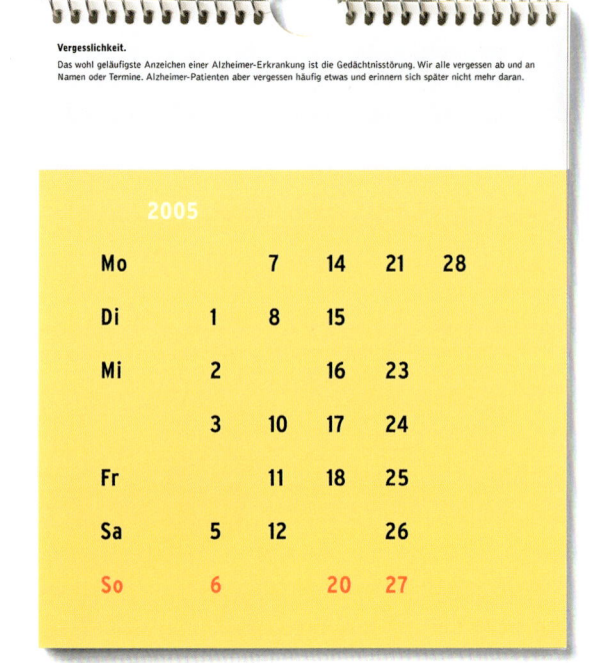

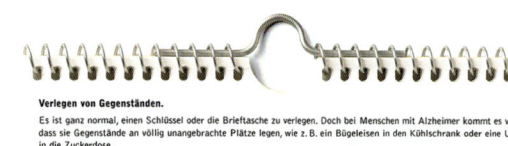

Sprachverarmung.
Manchmal nicht die richtigen Worte zu finden ist nichts Ungewöhnliches. Menschen mit Alzheimer vergessen jedoch einfache Ausdrücke oder verwenden völlig falsche Bezeichnungen, so dass sie sehr schwer zu verstehen sind. Sie sagen z. B. „das Ding für meinen Mund" statt „Zahnbürste".

MONAT NACH MAI 2005					
Erster Tag		6	13	20	27
Dingstag		7	14	21	28
Dritter Tag	1	8	15	22	29
Tag vor Fischtag	2	9	16	23	30
Fischtag	3	10	17	24	
Badetag	4	11	18	25	
Fernsehtag	5	12	19	26	

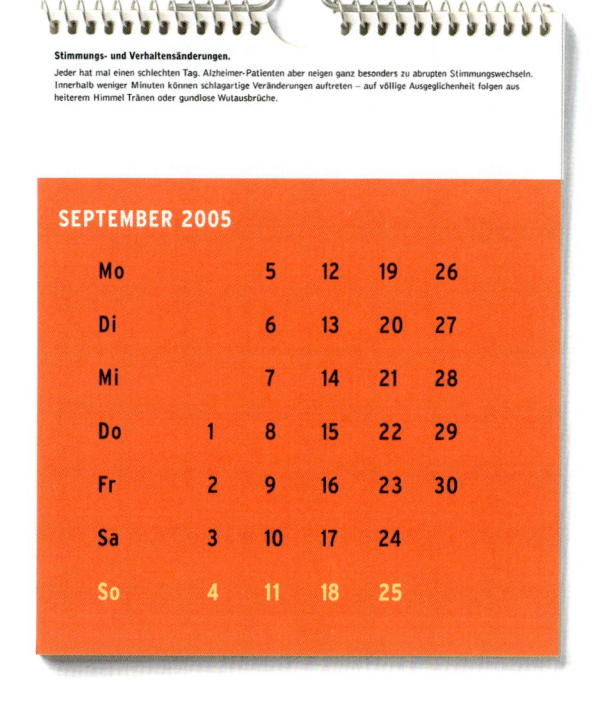

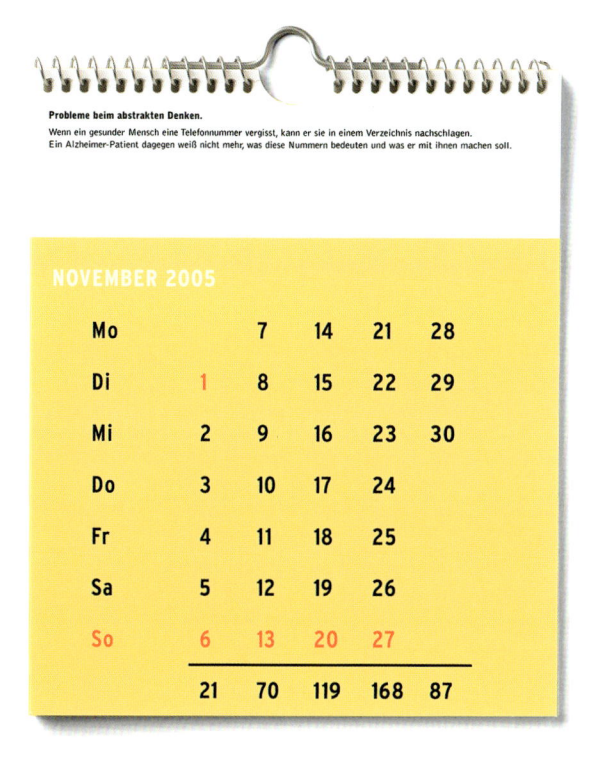

Stimmungs- und Verhaltensänderungen.
Jeder hat mal einen schlechten Tag. Alzheimer-Patienten aber neigen ganz besonders zu abrupten Stimmungswechseln. Innerhalb weniger Minuten können schlagartige Veränderungen auftreten – auf völlige Ausgeglichenheit folgen aus heiterem Himmel Tränen oder grundlose Wutausbrüche.

SEPTEMBER 2005					
Mo		5	12	19	26
Di		6	13	20	27
Mi		7	14	21	28
Do	1	8	15	22	29
Fr	2	9	16	23	30
Sa	3	10	17	24	
So	4	11	18	25	

Probleme beim abstrakten Denken.
Wenn ein gesunder Mensch eine Telefonnummer vergisst, kann er sie in einem Verzeichnis nachschlagen. Ein Alzheimer-Patient dagegen weiß nicht mehr, was diese Nummern bedeuten und was er mit ihnen machen soll.

NOVEMBER 2005					
Mo		7	14	21	28
Di	1	8	15	22	29
Mi	2	9	16	23	30
Do	3	10	17	24	
Fr	4	11	18	25	
Sa	5	12	19	26	
So	6	13	20	27	
	21	70	119	168	87

VERGESSEN SIE NICHT ZU HELFEN.

Alzheimer Forschung Initiative e.V.
10 Jahre

www.alzheimer-forschung.de / Grabenstraße 5 / 40213 Düsseldorf / 0800-200 400 1 / 02 11-86 20 66-0
Spendenkonto: Bank für Sozialwirtschaft Köln / Kontonr.: 806 34 00 / BLZ: 370 205 00

AUSZEICHNUNG

Scheufelen Diary 2005
»Das Gipfelbuch«

Auftraggeber
Papierfabrik Scheufelen
GmbH + Co. KG, Lenningen
Marketingleitung
Ulrich Mengel
Agentur
strichpunkt
Creative Direction
Kirsten Dietz,
Jochen Rädeker
Art Direction
Kirsten Dietz
Text
Jochen Rädeker
Grafik
Kirsten Dietz,
Anika Marquardsen,
Stephanie Zehender
Typografie
Kirsten Dietz,
Stephanie Zehender
Fotografie
Niels Schubert,
Peter Granser
Bildbearbeitung
strichpunkt,
Engelhardt & Bauer
Illustration
Anika Marquardsen,
Felix Widmaier
Kundenberatung
Jeannette Kohnle
Strategische Planung
Jochen Rädeker,
Kirsten Dietz

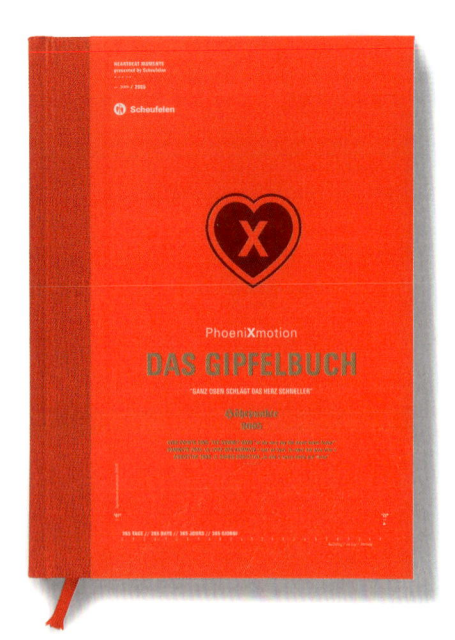

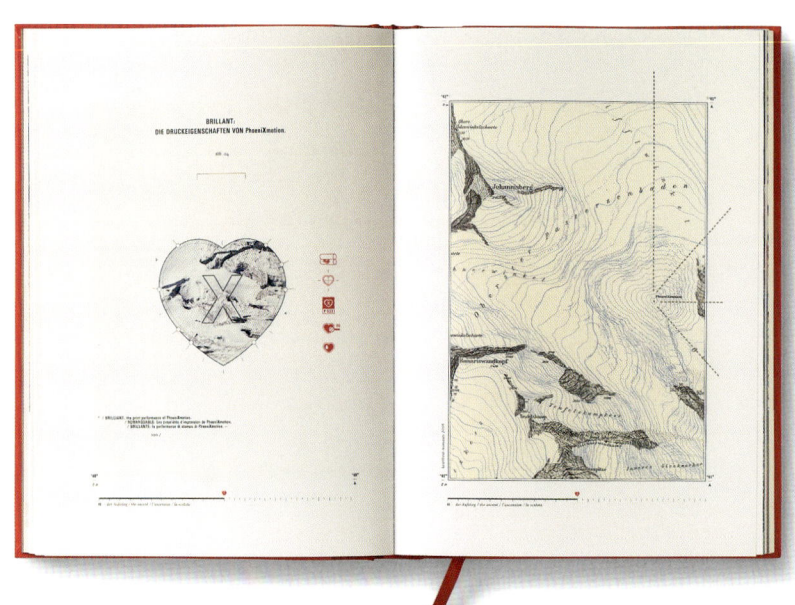

Kalender --- **347**

Apollo-Optik »Kalender«

Auftraggeber
Apollo-Optik GmbH & Co. KG
Marketingleitung
Elmar Götz,
Dr. Theo Kiesselbach
Werbeleitung
Birgit Denzinger
Agentur
Jung von Matt AG
Creative Direction
Oliver Voss, Götz Ulmer
Text
Christian Fritsche
Grafik
Lai-Sha Chan
Kundenberatung
Julia Krömker

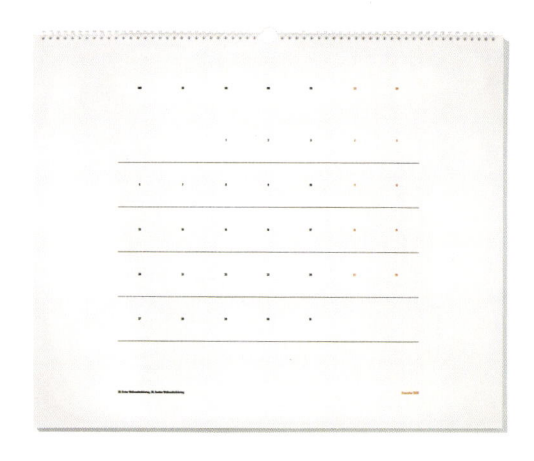

AUSZEICHNUNG

Sixt rent a car
»Weniger Zahlen«

Auftraggeber
Sixt GmbH & Co.
Autovermietung KG
Marketingleitung
Yvonne Gerlach
Agentur
Jung von Matt AG
Creative Direction
Wolf Heumann,
Timm Hanebeck,
Matthias Rauschen
Art Direction
Kay Potthoff
Text
Peter Kirchhoff
Grafik
Felix Taubert,
Vanessa Rabea Schrooten
Kundenberatung
Daniela Braun

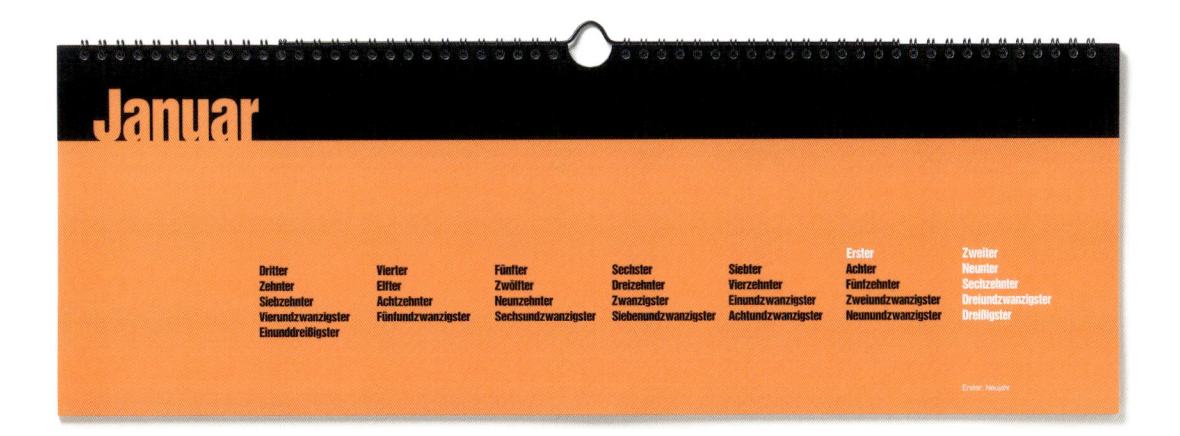

Kalender --- 349

REWARD

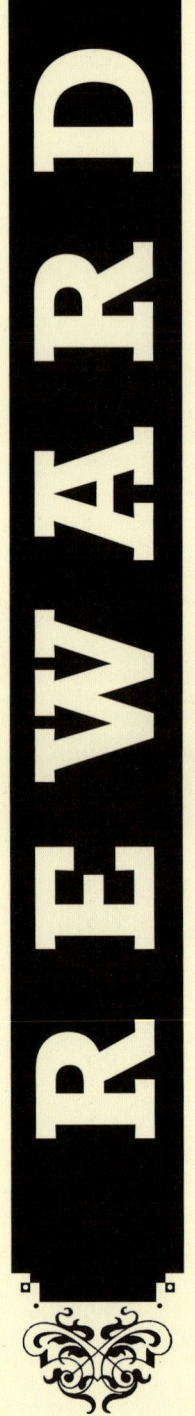

FÜR DIE *schnelle* ERGREIFUNG DER beachtlichsten ...

KUNST-/ KULTUR-/ VERANSTALTUNGS- Plakate

-- Sie sind überall --

So sehen sie aus:

DEMONSTRATIV +*sinnlich*+

BILDSCHÖN
++++++
..berührend...

SCHAU NICHT WEG!
FASS DIR EIN HERZ

UND

LIEFERE DIE EXPRESSIVEN ÜBELTÄTER
an den ADC aus!

-- BELOHNUNG --

1 GOLDENER --- 2 silberne --- 2 bronzene =» ADC NÄGEL + 10 Auszeichnungen!

GOLD

Festspielhaus Baden-Baden
»Nagano dirigiert Wagner«

Auftraggeber
Festspielhaus Baden-Baden
Agentur
Scholz & Friends
Creative Direction
Stefan Leick,
Mario Gamper
Art Direction
Volkmar Weiß
Text
Oliver Geyer
Fotografie
Piet Truhlar
Bildbearbeitung
Appel Grafik Berlin
Kundenberatung
Jörg Mayer,
Kathrin Diekmann

KENT NAGANO DIRIGIERT WAGNER.
Am 4., 6. und 8. August im Festspielhaus.

Landesfischereiverband Bayern e. V.
»Fischen in Bayern«

Auftraggeber
Landesfischereiverband
Bayern e. V.
Marketingleitung
Wolfgang Blohm
(Öffentlichkeitsarbeit)
Agentur
Heye & Partner GmbH
Creative Direction
Jan Okusluk
Art Direction
Oliver Diehr
Text
Jan Okusluk
Grafik
Oliver Diehr
Fotografie
Ludwig Leonhardt
Bildbearbeitung
Oliver Diehr,
Matthias Remmling

SILBER

Hurentour.de
»Erotische Straßenschilder«

Auftraggeber
Incentive & More OHG
Marketingleitung
Gerritje Deterding
Agentur
weigertpirouzwolf
Werbeagentur GmbH
Creative Direction
Jörn Matthies,
Tobias Holland
Art Direction
Jörn Matthies,
Claas Logemann
Fotografie
Claas Logemann
Bildbearbeitung
Appel Grafik Hamburg
GmbH & Co. KG
Kundenberatung
Christian Laur,
Maren Fohrmann

BRONZE

Hilfsorganisation
für Opfer rechter Gewalt
Kampagne »Grabsteine«

Auftraggeber
Opferperspektive e. V.
Marketingleitung
Sabine Steinhof
Agentur
Jung von Matt AG
Creative Direction
Deneke von Weltzien
Art Direction
Rolf Leger
Text
Philipp Barth
Grafik
Sina Gieselmann
Kundenberatung
Julia Krömker,
Philipp Schnitzler

Zusätzlich erhielt diese Arbeit eine Auszeichnung in der Kategorie Media auf Seite 494.

Kunst-/Kultur-/Veranstaltungsplakate --- 355

BRONZE

Zoologischer Garten Berlin
Kampagne »Rockplakate«

Auftraggeber
Zoologischer Garten
Berlin AG
Marketingleitung
Gregor Mix,
Dr. rer. Pol. Gerald R. Uhlich
Agentur
Scholz & Friends
Creative Direction
Jan Leube,
Matthias Spaetgens
Art Direction
Mathias Rebmann
Text
Florian Birkner
Grafik
Ulla Rauter,
Ole Bahrmann,
Kathrin Höfer
Kundenberatung
Katrin Seegers,
Cathleen Michaelis

Kunst-/Kultur-/Veranstaltungsplakate --- **357**

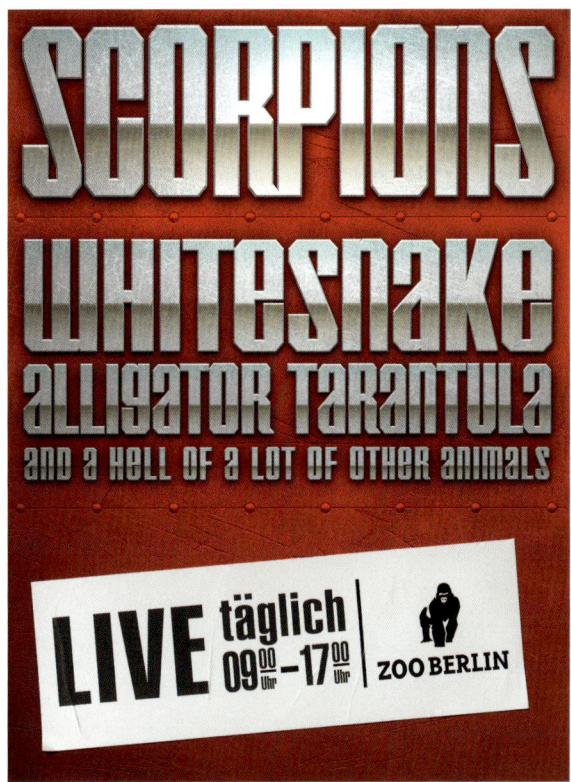

AUSZEICHNUNG
RUHM UND EHRE

Heineken Kampagne
»Flaggen«

Auftraggeber
Heineken Deutschland GmbH

Marketingleitung
Frans Bot, Birgit Muhs, Anna Büchin

Agentur
Aimaq·Rapp·Stolle Werbeagentur GmbH

Creative Direction
Oliver Frank, Olaf Reys

Art Direction
Danny Baarz

Text
Matthias Storath

Grafik
Danny Baarz

Kundenberatung
Stephanie Fehrenbach, Stefanie Gebhardt

Strategische Planung
Kerstin Foell

358 --- Kunst-/Kultur-/Veranstaltungsplakate

AUSZEICHNUNG

Kölner Wohnzimmertheater
Kampagne
»Wohnzimmertapete«

Auftraggeber
Erstes Kölner
Wohnzimmertheater
Marketingleitung
Georg Schnitzler
Agentur
Hochhaus
Werbeagentur GmbH
Creative Direction
Esther Bröhl
Art Direction
Carsten Brück
Text
Carsten Brück
Grafik
Andrzej Roskiewicz
Typografie
Esther Bröhl
Kundenberatung
Andreas Friedrichs

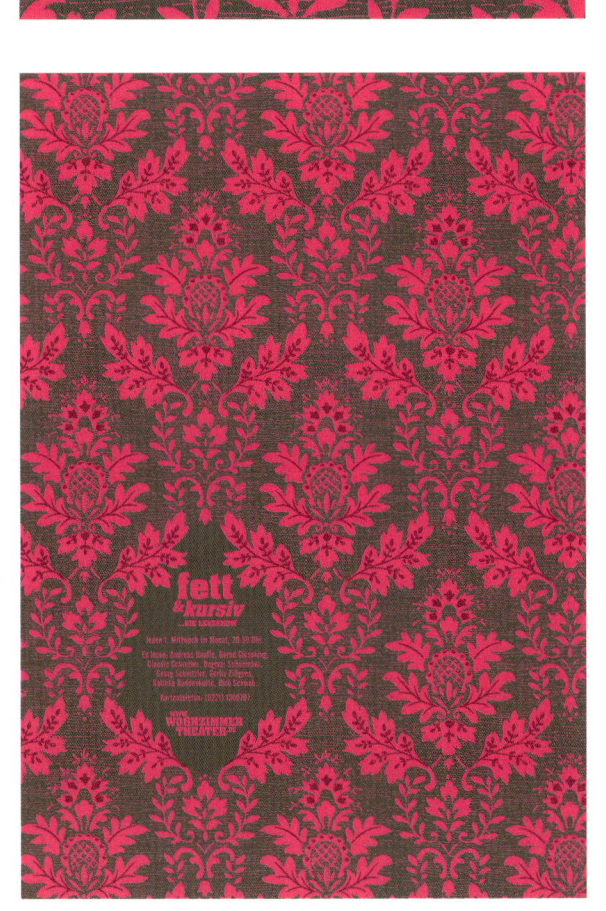

AUSZEICHNUNG

Theater Hebbel am Ufer
Kampagne
»Fight Club 1–3«

Auftraggeber
Theater Hebbel am Ufer
Marketingleitung
Kirsten Hehmeyer
Werbeleitung
Kirsten Hehmeyer
Agentur
International
Creative Direction
Todd Schulz
Art Direction
Double Standards
Text
Todd Schulz
Architektur-/Designbüro
Double Standards
Grafik
Double Standards
Typografie
Double Standards
Fotografie
Monika Rehberger
Bildbearbeitung
Double Standards
Kundenberatung
Axel Pfennigschmidt
Strategische Planung
Todd Schulz

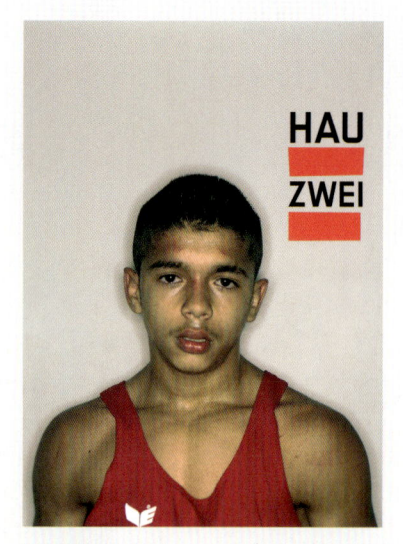

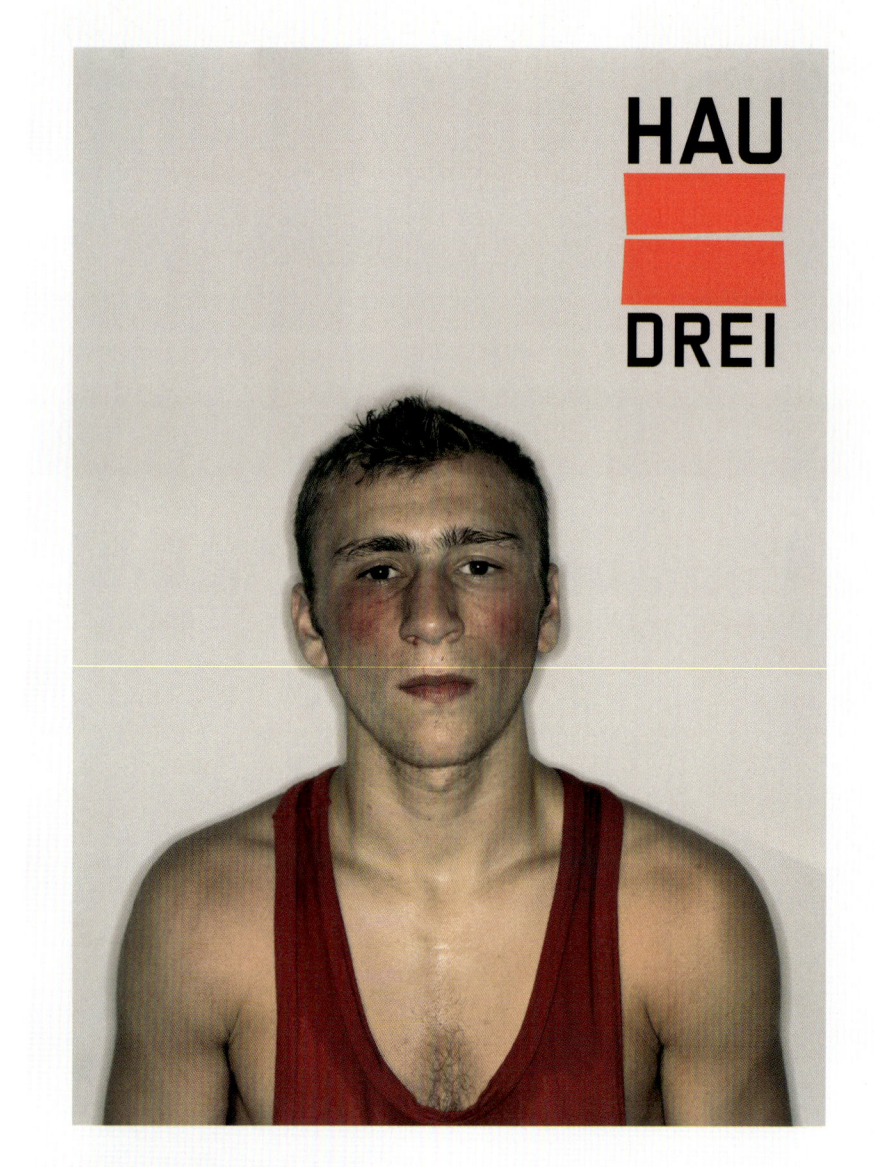

Kunst-/Kultur-/Veranstaltungsplakate

AUSZEICHNUNG

Evangelische Kirche
»Rockgottesdienste.de –
das Portal«

Auftraggeber
Evangelische Landeskirche
in Württemberg
Marketingleitung
Johannes Bräuchle
Agentur
Jung von Matt AG
Creative Direction
Joachim Silber
Art Direction
Joachim Silber
Text
Paul Fleig
Grafik
Andreas Jeutter,
Mario Loncar
Fotografie
Corbis
Kundenberatung
Annette Deller-Sahm

www.rockgottesdienste.de

EVANGELISCHE LANDESKIRCHE
Mehr als man glaubt.

AUSZEICHNUNG

Lauf Lunge Kampagne
»Time to run«

Auftraggeber
Lauf Lunge und
Sportschuhe GmbH
Marketingleitung
Lars Lunge
Werbeleitung
Lars Lunge
Agentur
Jung von Matt AG
Creative Direction
Burkhart von Scheven,
Stephan Ganser,
Ingo Höntschke
Art Direction
Daniel Hesse
Text
Bastian Engbert
Grafik
Christina Schmid
Fotografie
Thomas Strogalski
Kundenberatung
Henning Gerstner
Produktion
Andreas Reinhardt
Sonstiges
Art Buying: Katja Kühl

TIME TO RUN:
26.9.2004
31. BERLIN-MARATHON

TIME TO RUN:
26.9.2004
31. BERLIN-MARATHON

TIME TO RUN:
26.9.2004
31. BERLIN-MARATHON

Lunge.de
Sportschuh Experten

AUSZEICHNUNG

6. Kurzfilmfestival der HdM
Kampagne »KUFIFE 2004«

Auftraggeber
Hochschule der Medien
Stuttgart
Werbeleitung
Stephan Huth
Agentur
McCann Erickson
BCA GmbH
Creative Direction
Volker Schrader,
Harald Linsenmeier
Art Direction
Antje Hübsch,
Roland Bartlett
Text
Harald Linsenmeier,
Jörg Hoffmann
Fotografie
Bernd Mayer
Bildbearbeitung
Zerone Hamburg
Kundenberatung
Jan-Peter Farr
Sonstiges
Art Buying:
Christine Nilges,
Petra Kolbe

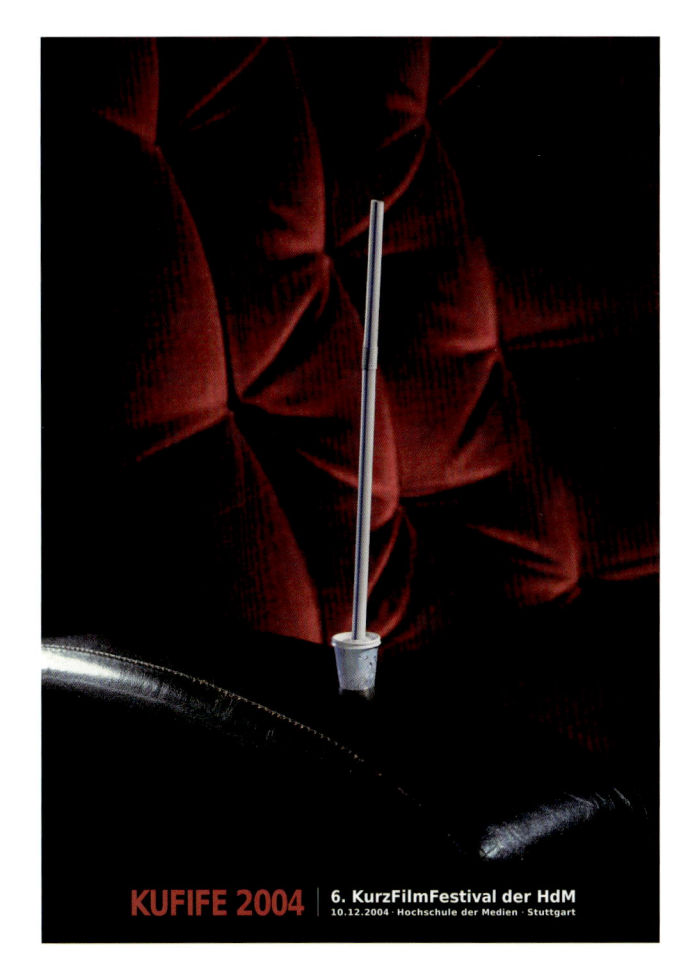

Erkrather Kriminacht
»8te Erkrather Kriminacht«

Auftraggeber
Hasso von Blücher
Werbeleitung
Dr. Claudia Gemmeke
Agentur
Hesse Design GmbH
Art Direction
Klaus Hesse
Illustration
Steffen Bergemann

8te Erkrather Kriminacht

Freitag, 23. April 2004 um 20:00 Uhr
Frank Schätzing »Der Schwarm«

Wo? Brügger Mühle, Blücher GmbH, Mettmanner Straße 25, Erkrath
Veranstalter? Blücher GmbH. Der Erlös geht zugunsten »Erkrath blüht«.
Mit freundlicher Unterstützung von Otmar Langer, Audio- und Videotechnik,
und Buchhandlung Weber. Karten? Erwachsene 9 Euro, ermäßigt 6 Euro.
Vorverkauf? Buchhandlung Weber, Hochdahler Markt, Fon 02104-940 20
und Kreuzstraße 37, Fon 0211-900 33 73

AUSZEICHNUNG

Type Directors Club
New York
»Ausstellungsplakat
TDC Show«

Auftraggeber
Type Directors Club
New York,
german liaison committee
Creative Direction
Michaela Burger,
Andreas Uebele,
Sandra Zellmer
Grafik
Michaela Burger,
Andreas Uebele,
Sandra Zellmer

Weltpremiere
50. Type Directors Show
of New York

FH D

drupa
Messe Düsseldorf
6. bis 19. Mai 2004
Stand B 27, Halle 7

AUSZEICHNUNG

Museum für Moderne Kunst
Frankfurt/Main
»Bill Viola und die anderen«

Auftraggeber
Kooperation MMK Frankfurt,
HfG Offenbach,
Uni Frankfurt

Agentur
Hesse Design GmbH

Art Direction
Klaus Hesse

Grafik
Klaus Hesse

Strategische Planung
Prof. Rotraut Pape

Peter Campus
Bill Viola
Nam June Paik

Dienstag, 25. Mai 2004
Videos   19.00 Uhr
1973 bis 1979

MMK, Domstraße 10
Frankfurt am Main

Eine Kooperation der Hochschule für Gestaltung Offenbach am Main,
des Kunstgeschichtlichen Instituts der Universität Frankfurt und des MMK Frankfurt.
Organisation und Programm: Achim Lengerer

AUSZEICHNUNG

1. FC Union Berlin
»Stadiongründer«

Auftraggeber
1. FC Union
Marketing GmbH
Marketingleitung
Ralf Büttner
Werbeleitung
Ralf Büttner
Agentur
Scholz & Friends
Creative Direction
Julia Schmidt,
Matthias Schmidt
Art Direction
Jon Frickey,
Gregory French
Text
Peter Quester, Felix John
Grafik
Jesse Becker,
Iris Thiede
Bildbearbeitung
Appel Grafik Berlin
Illustration
Efgeni Trubatschow
Kundenberatung
Thomas Caprano,
Holger Gerecke,
Stefan Flessner,
Susi Schulz

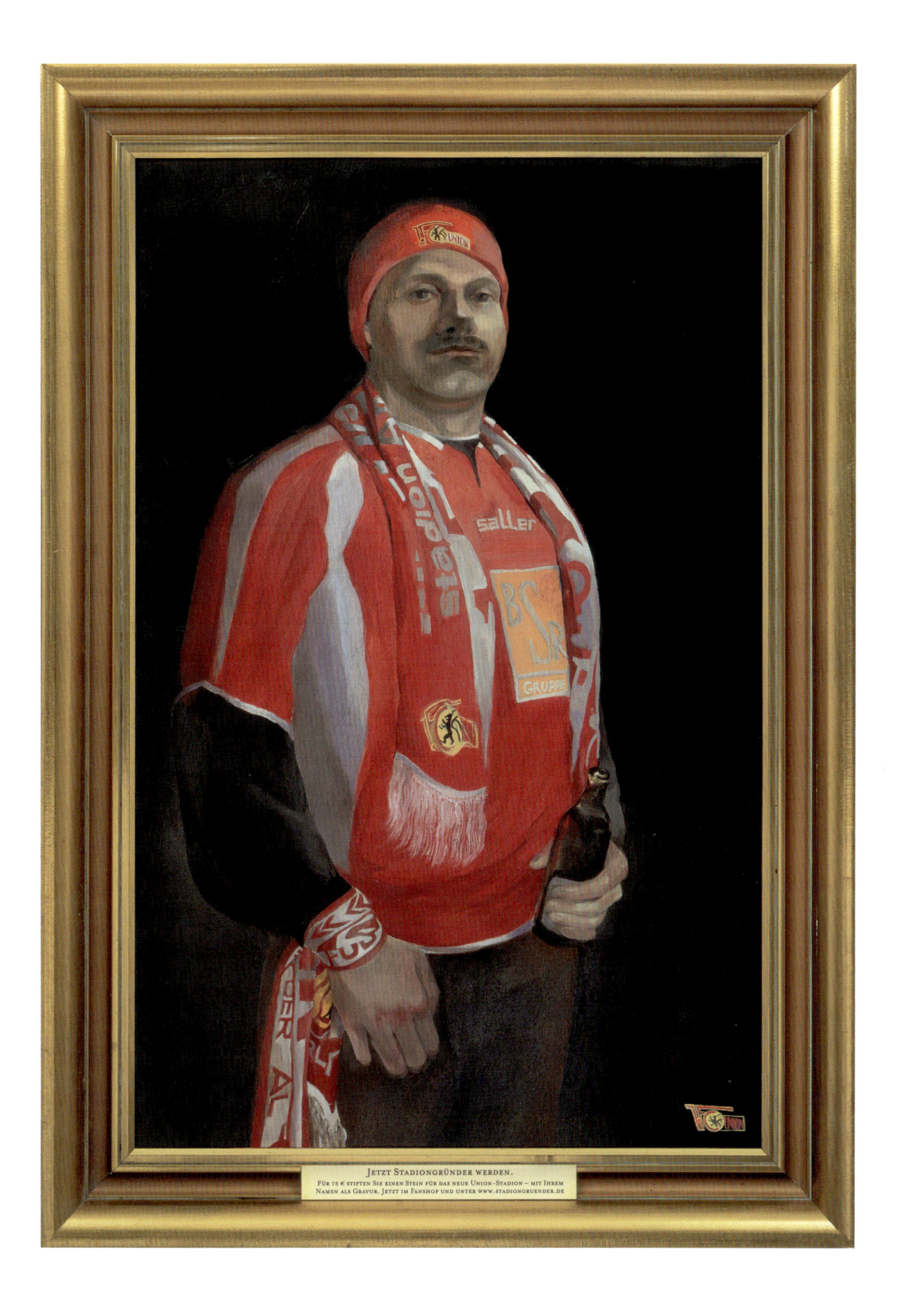

!!!WANTED!!!

—— DAS ——

COURAGIERTESTE,
artikulierteste,
PRÄGNANTESTE

CORPORATE DESIGN

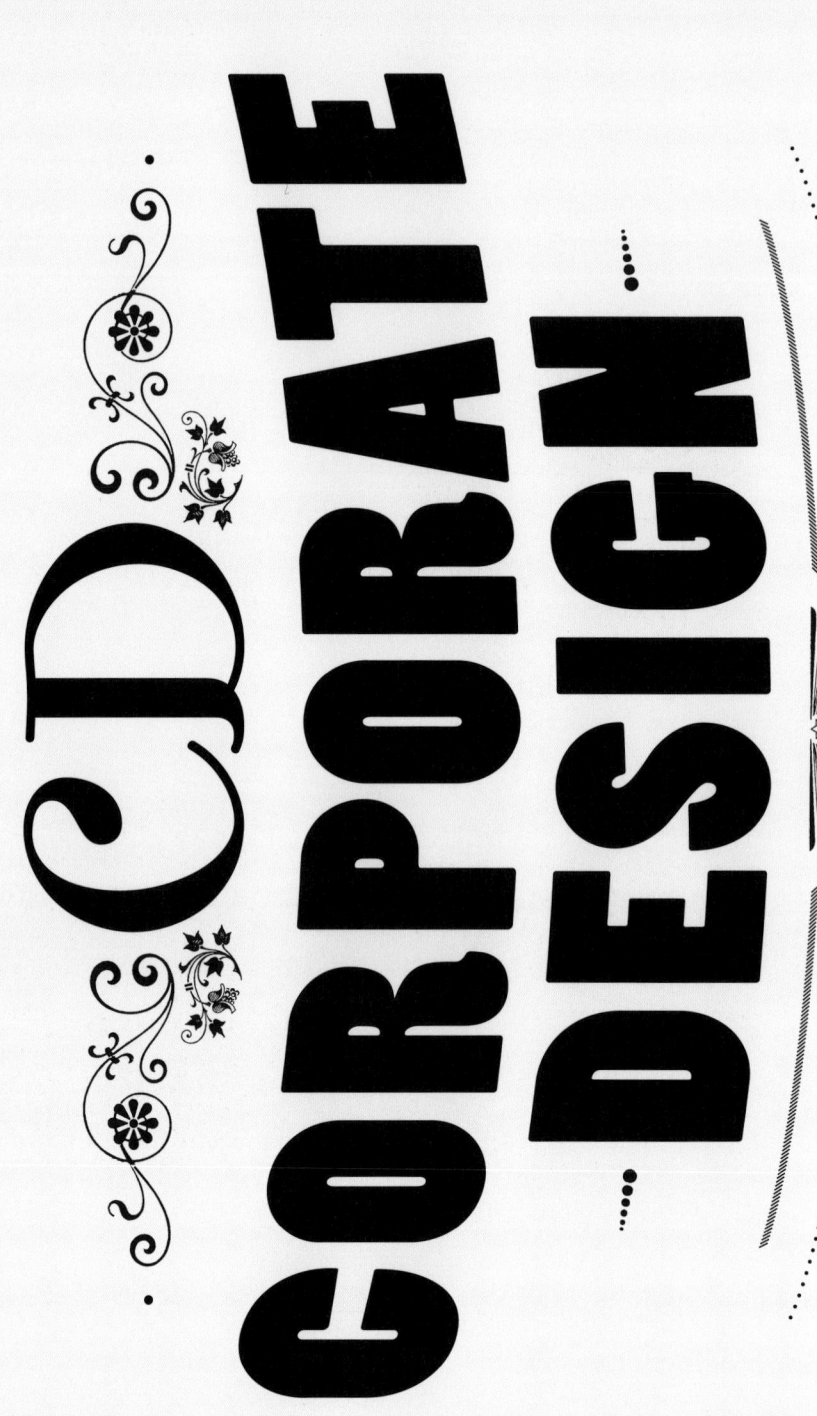

(Ganzheitliches Erscheinungsbild)

BELOHNUNG

2 SILBERNE + 1 BRONZENER ADC NAGEL + 5 AUSZEICHNUNGEN!

SILBER

jaxx Corporate Design
»jaxx«

Auftraggeber
jaxx GmbH
Marketingleitung
Neil Steinberg
Agentur
Factor Design AG
Creative Direction
Johannes Erler
Art Direction
Sonja Stroth
Grafik
Eva Sacher
Bildbearbeitung
Einsatz Hamburg
Illustration
Sonja Stroth
Kundenberatung
Markus Buchhammer
Strategische Planung
Neil Steinberg,
Johannes Erler

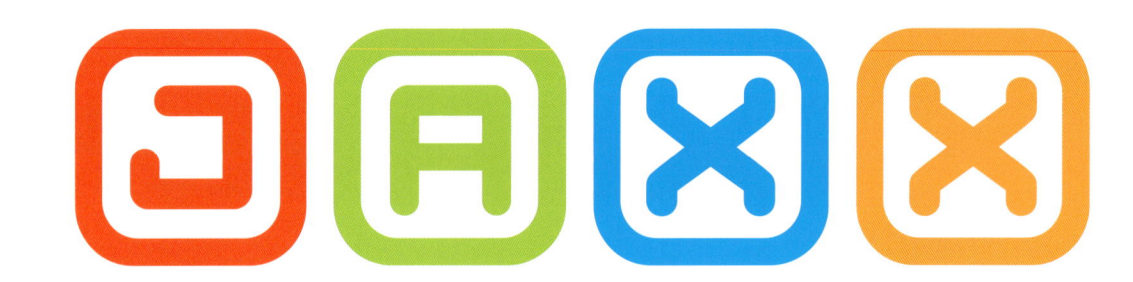

---

02 FARBE UND FORM

Die Form der Logoelemente erinnert an klassische Glücksspielelemente (Würfel, Fenster eines Geldautomaten). Gemeinsam mit Buchstaben und Farben ergibt sich eine Textur, die an ein Spiel erinnert.

03 GRUNDELEMENTE

Als JAXXTYPE wird die Gravur Condensed Black benutzt, die immer versal gesetzt wird und angemessen gesperrt wird. Sie nimmt mit ihren gerundeten Ecken den Duktus des Logos perfekt auf.
Für FLIESSTEXT IM WEB wird die Systemschrift Verdana in Regular und Bold eingesetzt.
Für FLIESSTEXT IM PRINT-BEREICH wird die Franklin Gothic in den Schriftschnitten Regular, Bold und Italic verwendet.
Grafische Elemente können aus dem Logo adaptiert werden oder müssen dem Duktus dessen entsprechen.
Die JAXX-Corporate Farbe ist ein warmes Grau. Die JAXX Farbpalette beinhaltet außerdem für jeden Glücksspiel-Channel (also die einzelnen Internet-Glücksspiele) eine seperate Farbe. Für die einzelnen Channels gibt es jeweils eine Logovariante. Das JAXX-Logo erscheint dann einfarbig in der jeweiligen Channelfarbe. Als Logozusatz erscheint der Channelname in der Gravur-Condensed-Black im JAXX-GRAU gesetzt.

GRAVUR CONDENSED BLACK
ABCDEFGHIJKLMNOPQRSTUVWXYZ
1234567890

FRANKLIN GOTHIC
ABCDEFGHIJKLMNOPQRSTUVWXYZ
abcdefghijklmnopqrstuvwxyz
1234567890

VERDANA
ABCDEFGHIJKLMNOPQRSTUVWXYZ
abcdefghijklmnopqrstuvwxyz
1234567890

Corporate Design (Ganzheitliches Erscheinungsbild)

04 FOTOGRAFIE

Die Fotoauffassung ist durch die helle, frische Farbwelt geprägt. Es werden solche Fotos ausgewählt, die einen hohen Weißanteil haben. Diese Fotos werden dann nachbearbeitet. Dabei sollen die Farben immer sehr hell, knallig und frisch erscheinen. (Entsprechend der **JAXX**-Farbpalette)

06 LOGO ANIMATION

Auf der Website ist jedem Spiele-Channel eine eigene Farbe zugeordnet, die diesen Channel auf der Website schnell erkennbar macht (siehe hierzu auch 07/Website). Um über das Channel-Logo einen ersten Hinweis auf den Charakter des jeweiligen Spiels zu geben, sind die Channel-Logos animiert.

Die animierten Versionen finden sie auf der CD.

Corporate Design (Ganzheitliches Erscheinungsbild) --- **371**

SILBER

100 DAYS
Corporate Design
»100 DAYS«

Auftraggeber
100 DAYS
Marketingleitung
Gaylord Aulke,
Oliver Schmid
Agentur
Dorten GmbH
Creative Direction
Jörg Bauer,
Christian Schwarm
Art Direction
Jörg Bauer

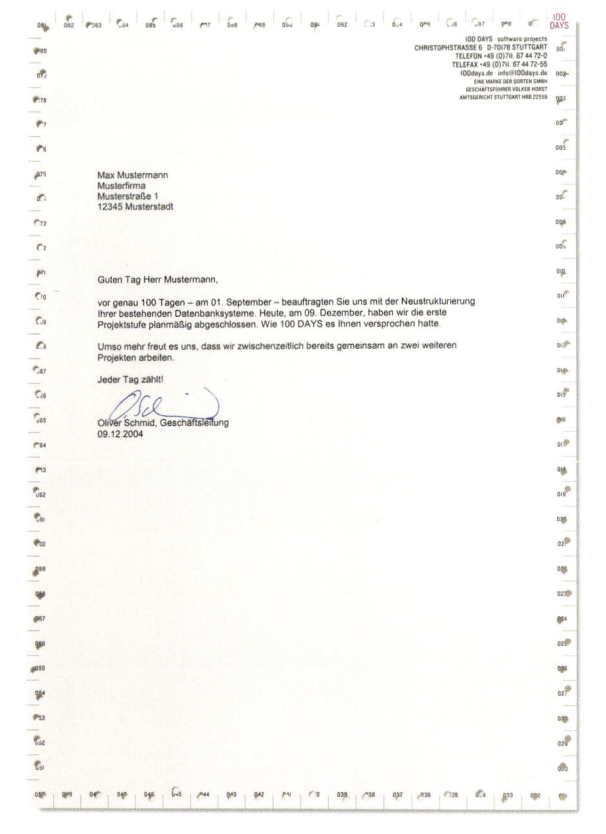

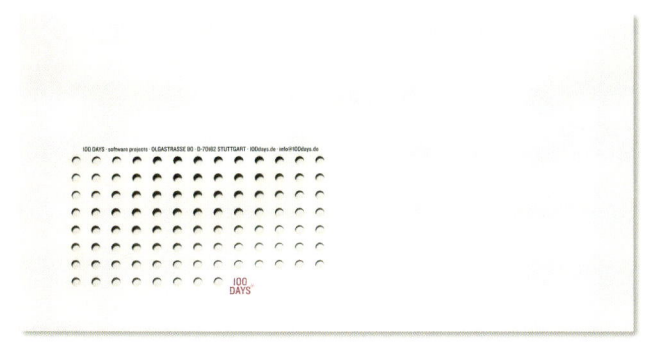

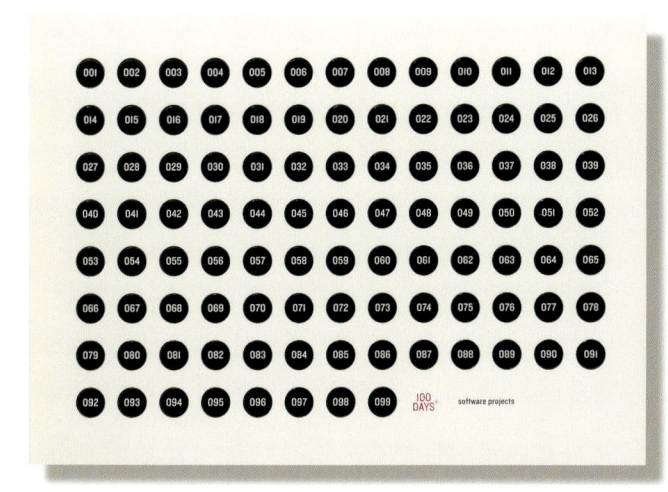

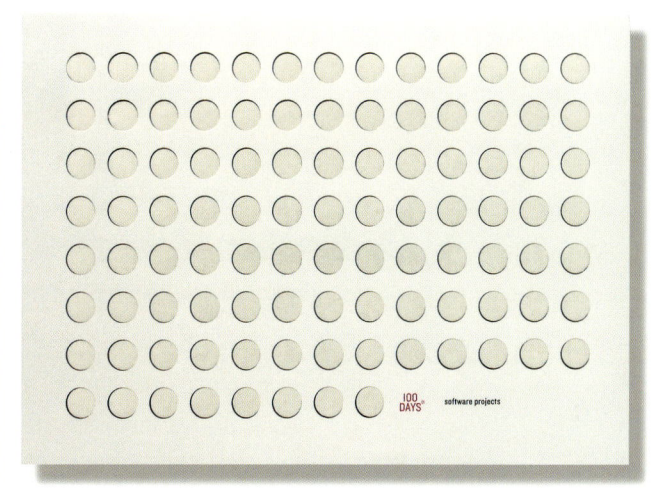

Corporate Design (Ganzheitliches Erscheinungsbild) --- 373

BRONZE

Stiftung Grünzug Neckartal
Brandmanual
»Die Marke Neckar«

Auftraggeber
Stiftung Grünzug Neckartal
Marketingleitung
Herrmann Grub
Agentur
Jung von Matt AG
Creative Direction
Achim Jäger
Art Direction
Jörg Bauer
Text
Oliver Flohrs
Fotografie
Jörg Schieferecke
Bildbearbeitung
Undercover GmbH,
recom GmbH
Illustration
Thilo Rothacker
Kundenberatung
Anna Selter

Corporate Design (Ganzheitliches Erscheinungsbild) --- **375**

AUSZEICHNUNG

Erscheinungsbild für
Porsche Design

Auftraggeber
Porsche Lizenz- und
Handelsgesellschaft
mbH & Co. KG

Marketingleitung
President und CEO:
Dr. Siegmund Rudigier

Creative Direction
Knut Maierhofer

Konzept
KMS Team

Art Direction
Patrick Märki, Dirk Koy

Architektur-/Designbüro
KMS Team

Typografie
Patrick Märki

Kundenberatung
Projektmanagement:
Sandra Ehm

Sonstiges
Materialauswahl und
Herstellungskontrolle:
Christina Baur

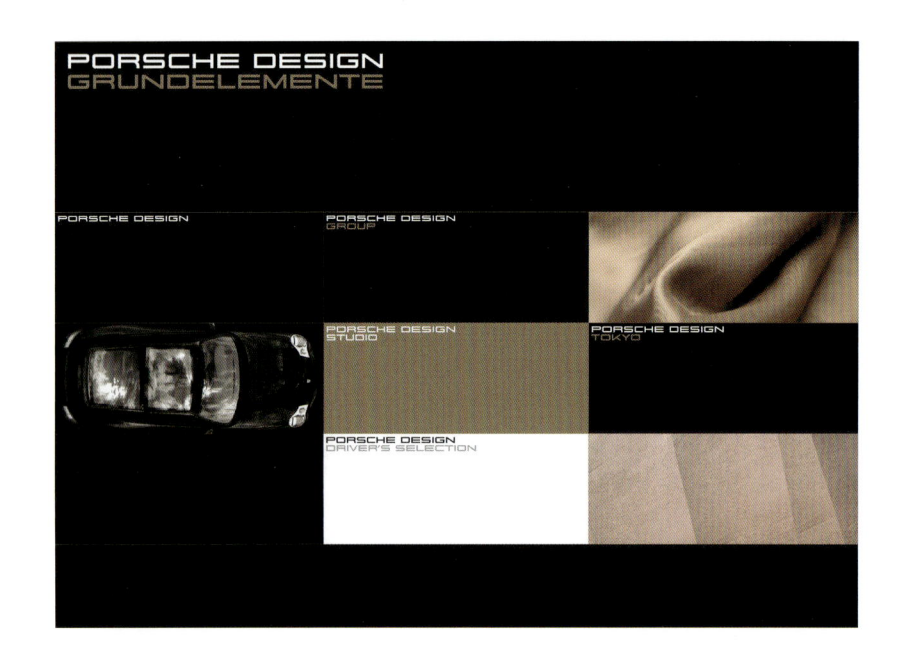

Corporate Design (Ganzheitliches Erscheinungsbild)

AUSZEICHNUNG

King Kong Mietstudio
Corporate Design
»Bigger than life«

Auftraggeber
King Kong Mietstudios
Marketingleitung
Uli Wellinger
Werbeleitung
Daniel Statz
Agentur
BBDO Campaign
GmbH Stuttgart
Creative Direction
Armin Jochum,
Andreas Rell
Grafik
Mimi Schif,
Maja Hünemörder
Illustration
Mimi Schif,
Maja Hünemörder
Kundenberatung
Sabine Démoulin
Sonstiges
Produktionsfirma:
Cicero Werkstudio

In den King Kong Mietstudios ist alles ein bisschen größer. Die Geschäftsausstattung auch.

Corporate Design (Ganzheitliches Erscheinungsbild)

AUSZEICHNUNG

Fachhochschule Osnabrück
»Orientierungssystem
Fachhochschule Osnabrück«

Auftraggeber
Staatliches Baumanagement Osnabrück
Marketingleitung
Cristina von Pozniak-Bierschenk,
Horst Schwarz
Creative Direction
Prof. Andreas Uebele
Art Direction
Gerd Häußler
Architektur
Jockers Architekten BDA
Fotografie
Andreas Körner

Corporate Design (Ganzheitliches Erscheinungsbild) --- **379**

Lost and Found
Personalberatung
Logotype »Lost and Found«

Auftraggeber
Lost and Found Personal-
beratungsgesellschaft mbH
Marketingleitung
Frank Kuechler
Agentur
Hesse Design GmbH
Creative Direction
Klaus Hesse
Art Direction
Christoph Zielke
Kundenberatung
Christine Hesse

lost and found •

The Management Selection
Düsseldorf_Berlin_Mainz_Friedrichshafen

Frank Kuechler
Ingerweg 9
D 40670 Meerbusch-Düsseldorf
Fon +49-21 59-69 69 0
Fax +49-21 59-69 69 90
Mobile +49-172-951 64 70
kuechler@lostandfound-tms.com
www.lostandfound-tms.com

lost and found •

lost and found •   lost and found •   lost and found •   lost and found •

AUSZEICHNUNG

thinknewgroup
Corporate Design
»thinknewgroup«

Auftraggeber
thinknewgroup
Marketingleitung
Claudia Scholz
Agentur
thinknewgroup
Creative Direction
Gabi Lück
Art Direction
Florian Fischer,
Martin Dvorak
Strategische Planung
Gabi Lück

Corporate Design (Ganzheitliches Erscheinungsbild)

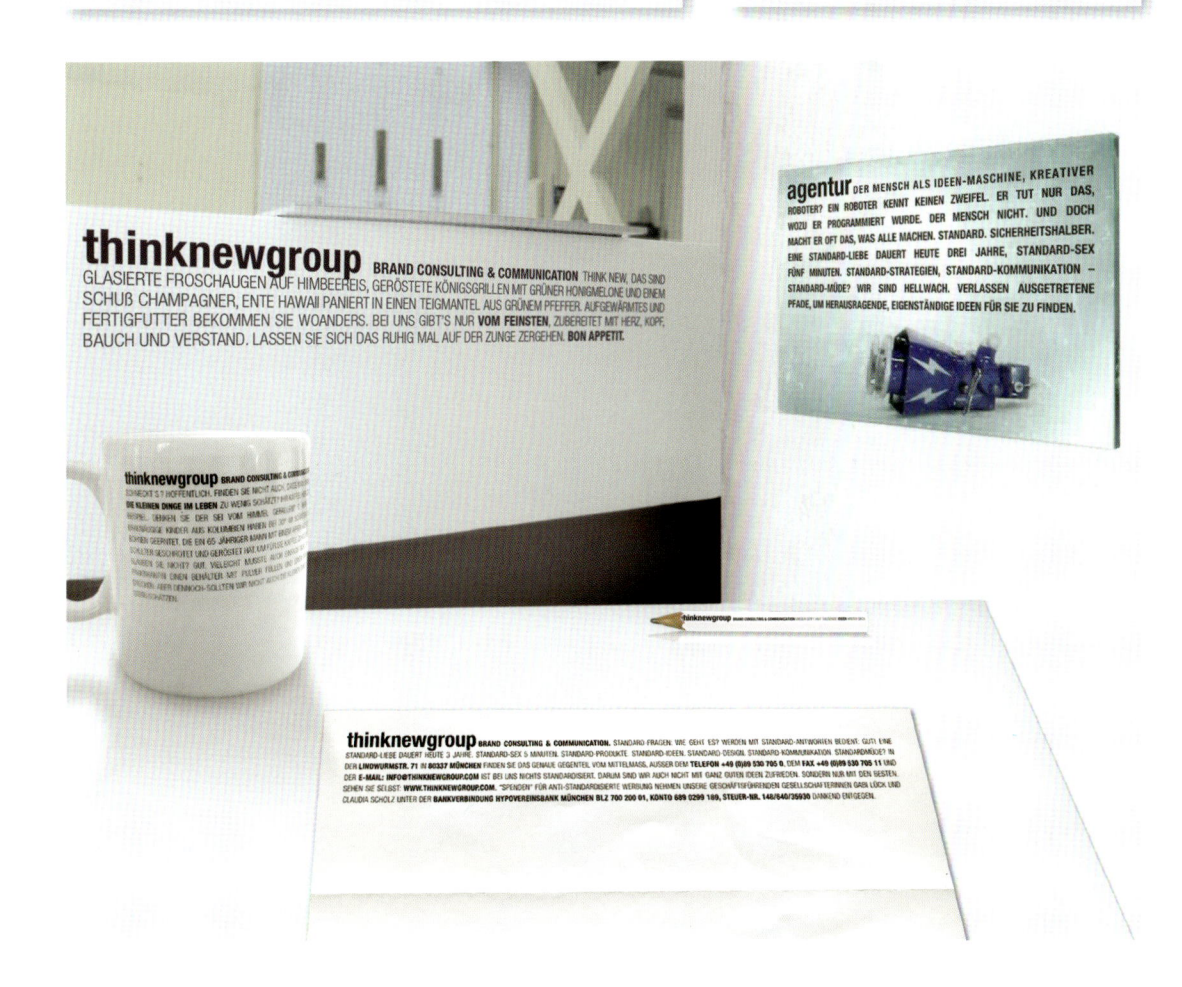

ACHTUNG!

BERÜHMT-BERÜCHTIGTE

--[*Grafische*]--

EINZEL-
ARBEITEN

************ MACHEN UNSER LAND ************ #**UNSICHER**, # ☞ ……… ‖ **FANGT SIE!** ‖

‖ GEFÄHRLICH GUTE ‖ …*EINZELARBEITEN*… ‖ MÜSSEN UNTER ‖ *Dach und Fach!*

*Karten // Einladungen // Ankündigungen
* LOGOS // GESCHÄFTSAUSSTATTUNG * Buch-
// Broschüren- // Platten- und CD-Cover
{ etc. }*

AUF IHRE
ERGREIFUNG
sind NAEGEL *aus*
EDEL — METALL
AUSGESETZT:

✶✶✶✶✶ ✶✶✶✶✶

**2 bronzene Nägel
+ 14 Auszeichnungen!**

WANTED

—¡— REWARD —¡—

BRONZE

Graphic Europa Heft
»Emerging Designers«

Auftraggeber
Graphic Europe
Werbeleitung
Iris Fussenegger
Agentur
Fons Hickmann m23
Chefredaktion
Alice Twemlow
Art Direction
Fons Hickmann,
Markus Büsges,
Gesine Grotrian-Steinweg
Architektur-/Designbüro
Fons Hickmann m23
Grafik
Markus Büsges,
Gesine Grotrian-Steinweg,
Barbara Bättig,
Iris Fussenegger,
Fons Hickmann
Bildbearbeitung
Simon Gallus,
André Müller
Illustration
Gesine Grotrian-Steinweg,
Barbara Bättig,
Markus Büsges

384 --- Grafische Einzelarbeiten

Grafische Einzelarbeiten --- **385**

BRONZE

RUNNERS POINT
Plakat »Schuh«

Auftraggeber
RUNNERS POINT
Warenhandelsgeschäft GmbH
Marketingleitung
Edgar Mohnfeld
Werbeleitung
Britta Stamm
Agentur
Jung von Matt AG
Creative Direction
Oliver Handlos,
Götz Ulmer, Oliver Voss
Art Direction
Martin Terhart,
Philipp Cerny
Grafik
Sebastian Gröbner
Kundenberatung
Julia Krömker

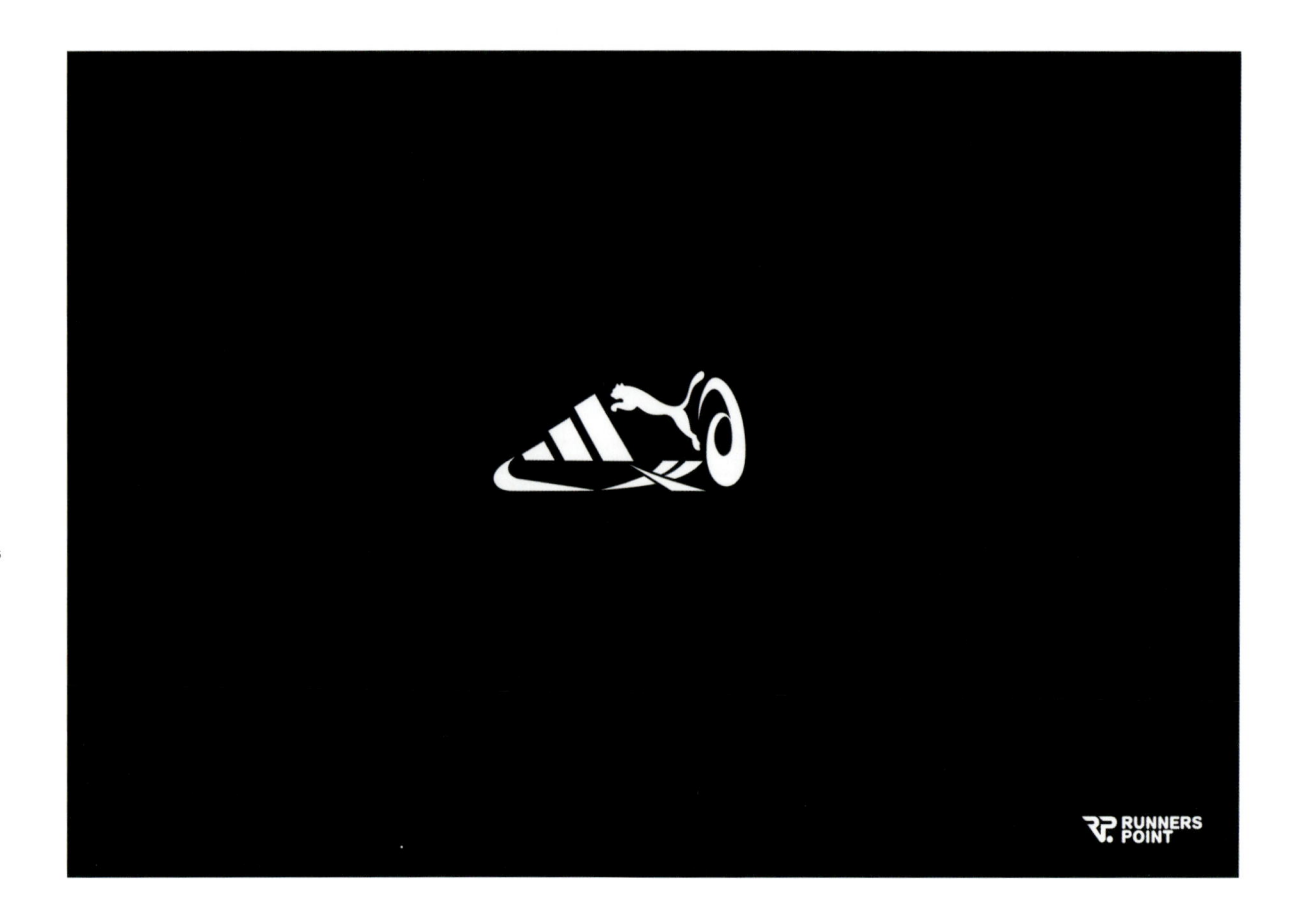

Zusätzlich erhielt diese Arbeit eine Auszeichnung in der Kategorie
Plakate und Poster (Indoor und Outdoor) auf Seite 112.

AUSZEICHNUNG

Grabarz & Partner
»Weihnachtskarte«

Auftraggeber
Grabarz & Partner
Werbeagentur GmbH
Agentur
Grabarz & Partner
Werbeagentur GmbH
Creative Direction
Ralf Heuel,
Dirk Siebenhaar
Art Direction
Dirk Siebenhaar,
Gabi Schnauder
Text
Ralf Heuel

AUSZEICHNUNG

Ausstellungskatalog
»Markus Schinwald«

Auftraggeber
Frankfurter Kunstverein,
Siemens Arts Program
Marketingleitung
Nicolaus Schafhausen,
Markus Heinzelmann
Agentur
Interkool
Verlag
Lukas & Sternberg
New York
Creative Direction
Christoph Steinegger
Chefredaktion
Nicolaus Schafhausen,
Markus Heinzelmann
Art Direction
Christoph Steinegger
Grafik
Interkool
Typografie
Interkool
Fotografie
Elisabeth Grebe,
Andreas Balon,
Jo Molitoris u. a.
Bildbearbeitung
Rotfilter, Wien
Strategische Planung
Nicolaus Schafhausen,
Markus Heinzelmann

388 --- *Grafische Einzelarbeiten*

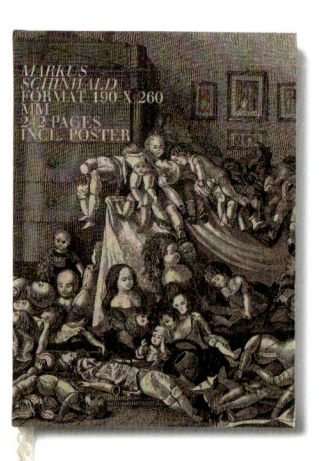

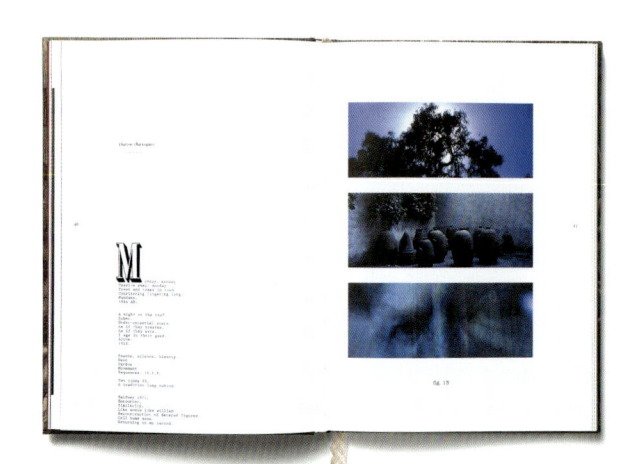

Grafische Einzelarbeiten --- **389**

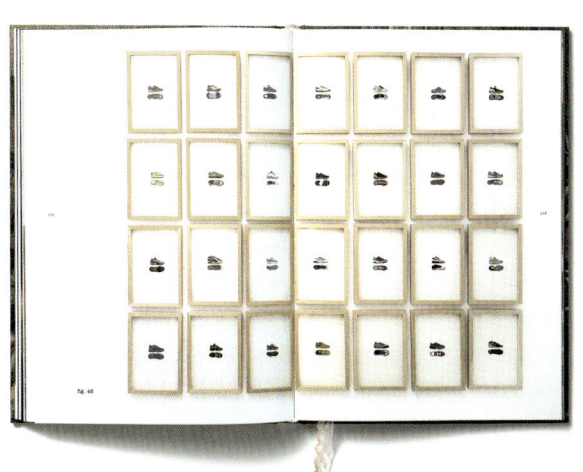

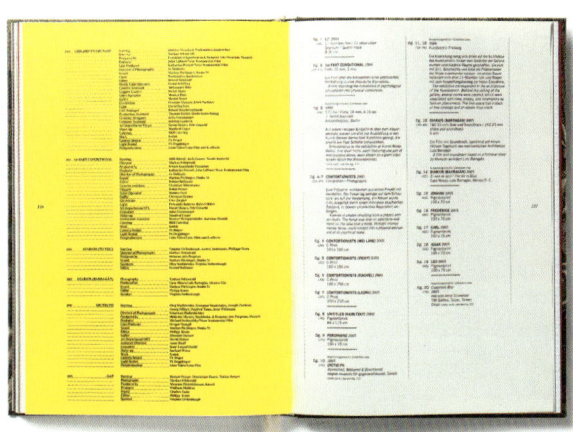

AUSZEICHNUNG

Juli Gudehus Mailing
»es wird nicht einfacher«

Auftraggeber
Juli Gudehus

Creative Direction
Juli Gudehus

Grafik
Juli Gudehus

Typografie
Juli Gudehus

Fotografie
Juli Gudehus

Hesse-Family Postkarte
»UmzugsBoxCard«

Auftraggeber
Hesse-Family
Marketingleitung
Britta Hesse
Agentur
Scheufele Kommunikation GmbH
Creative Direction
Oliver Hesse
Art Direction
Oliver Hesse
Kundenberatung
Beate Scheufele
Strategische Planung
Emma Hesse,
Greta Hesse

Grafische Einzelarbeiten --- **391**

Buch
»St. Moritz Design Summit«

Auftraggeber
Raymond Loewy
Foundation International
Agentur
Heine/Lenz/Zizka
Verlag
Verlag der Buchhandlung
Walther König
Creative Direction
Achim Heine
Typografie
Mieke Gerritzen

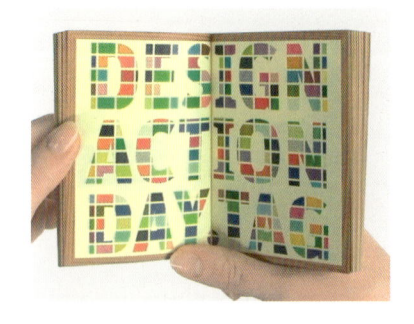

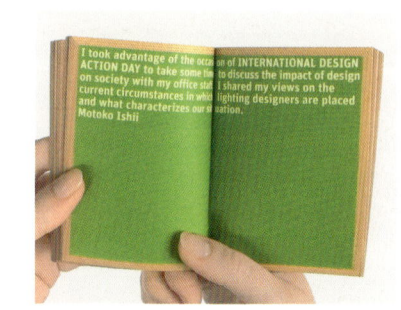

392 --- Grafische Einzelarbeiten

Rammstein CD-Cover
»Flugschreiber«

Auftraggeber
Universal Music
Marketingleitung
Cornelius Ballin
Agentur
plantage* Agentur
für Kommunikation
GmbH & Co. KG
Creative Direction
Marion Averbeck
Art Direction
Alexander Brunner
Grafik
Britta Wendland,
Alexander König
Fotografie
Olaf Heine,
Alexander Brunner,
Ute Kühn
Kundenberatung
Anja Goetz

Grafische Einzelarbeiten --- **393**

AUSZEICHNUNG

Bertelsmann Offizin Buch
»Max Herrmann-Neiße/
Musik der Nacht«

Auftraggeber
Bertelsmann Offizin
Agentur
Groothuis, Lohfert, Consorten
Verlag
Bertelsmann Offizin
Art Direction
Rainer Groothuis
Grafik
Rainer Groothuis
Typografie
Rainer Groothuis

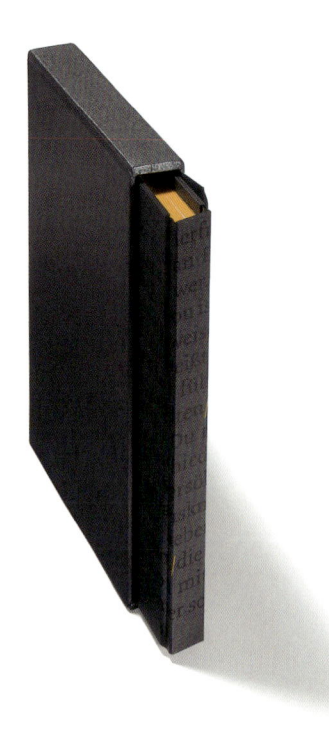

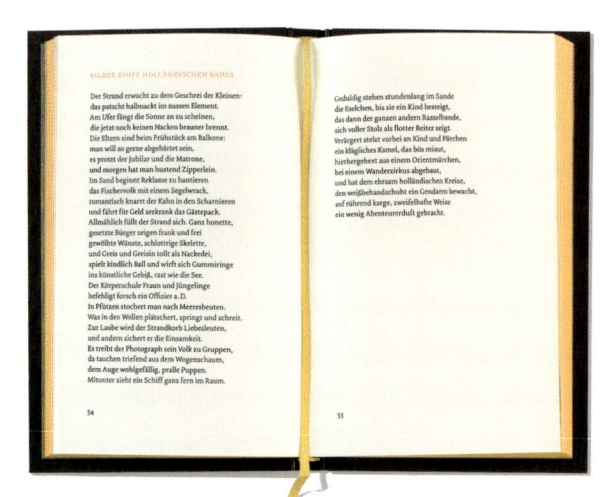

394 --- Grafische Einzelarbeiten

AUSZEICHNUNG

Maksimovic & Partners
Buch
»Maksimovic's Reisen«

Auftraggeber
Maksimovic & Partners
Agentur
Maksimovic & Partners
Creative Direction
Ivica Maksimovic
Chefredaktion
Germaine Paulus
Art Direction
Sabine Wilhelm
Text
Germaine Paulus
Grafik
Sabine Wilhelm
Typografie
Sabine Wilhelm
Fotografie
Sabine Wilhelm
Illustration
Sabine Wilhelm

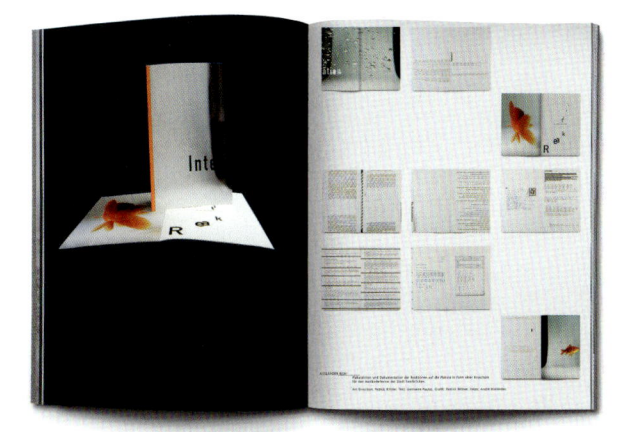

AUSZEICHNUNG

Stadt Augsburg
Buch »Bewerbung
der Stadt Augsburg
zur Kulturhauptstadt
Europas 2010«

Auftraggeber
Projektbüro Kulturreferat
der Stadt Augsburg
Marketingleitung
Thomas Höft
Agentur
Factor Design AG
Creative Direction
Johannes Erler
Chefredaktion
Thomas Höft
Art Direction
Jindrich Novotny,
Christian Tönsmann
Grafik
Frizzi Kurkhaus
Fotografie
Benne Ochs,
Olaf Fippinger,
Patrice Lange,
Werner J. Hannappel
Bildbearbeitung
Reprostudio Beckmann
Hamburg
Illustration
Marina Wember
Strategische Planung
Thomas Höft,
Johannes Erler

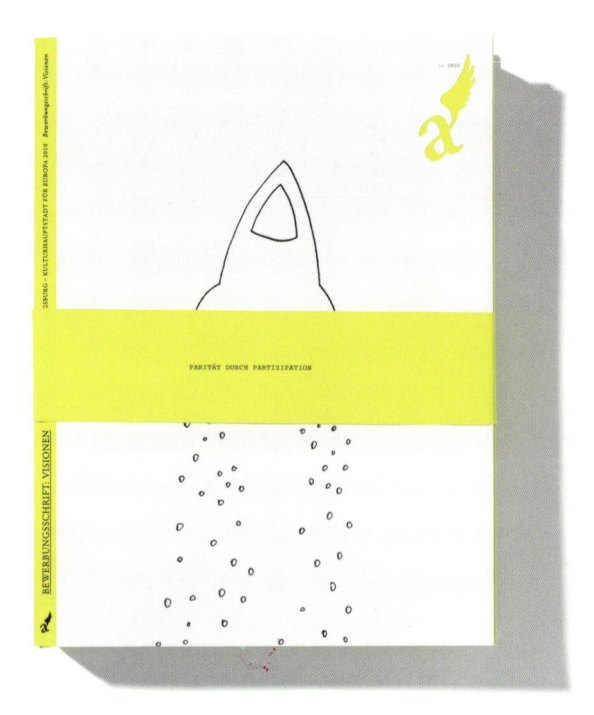

Zusätzlich erhielten die Illustrationen »Was wusste Fugger von Brecht?« eine Auszeichnung in der Kategorie Illustration auf Seite 323.

AUSZEICHNUNG

ADC
Nachwuchswettbewerb
2004 Plakatkampagne
»Juniorarbeiten,
Projektarbeiten, Party«

Auftraggeber
Art Directors Club für
Deutschland e. V.
Marketingleitung
Projektleitung:
David Riebner
Agentur
Ogilvy & Mather Frankfurt
Creative Direction
Helmut Himmler,
Lars Huvart
Art Direction
Till Schaffarczyk
Text
Aleš Polcar
Illustration
Aleš Polcar
Kundenberatung
Delle Krause

Grafische Einzelarbeiten --- **397**

AUSZEICHNUNG

Dauphin @just Give-Away
»Ergonomisch sitzen«

Auftraggeber
Friedrich-W. Dauphin
GmbH & Co.
Marketingleitung
Carola Burrell
Agentur
Q Werbeagentur AG
Creative Direction
Hans Neubert,
Lars Oehlschlaeger
Art Direction
Katharina Heitkamm
Text
Marion Hess
Grafik
Franziska Schaer
Fotografie
Sonja Mueller
Bildbearbeitung
Lars Oehlschlaeger
Kundenberatung
Andrea Bassermann

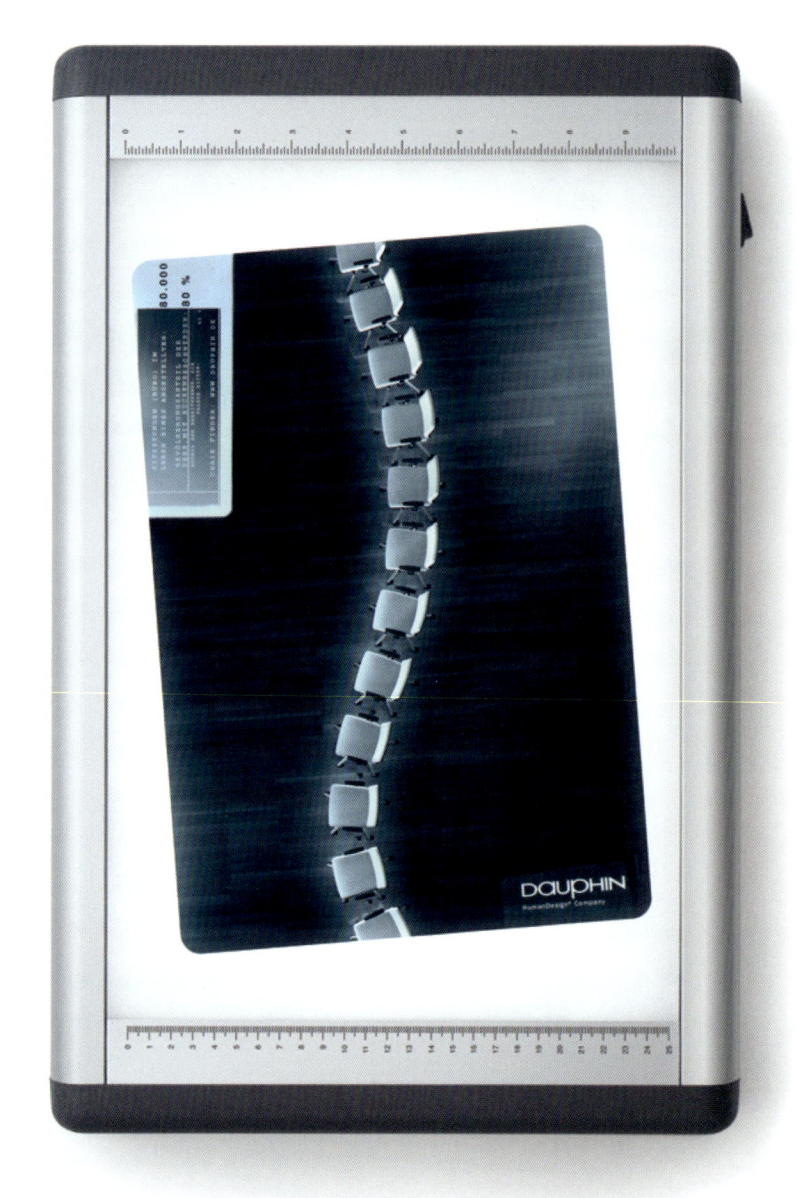

AUSZEICHNUNG

Ulrike Krasemann
Visitenkarten
»Unvergessliche Events«

Auftraggeber
Ulrike Krasemann
Agentur
Jochens.Hilbert
Creative Direction
Oliver Jochens,
Alexander Hilbert
Art Direction
Nico Döbereiner
Typografie
Nico Döbereiner
Bildbearbeitung
Onnen & Klein,
Hamburg
Kundenberatung
Oliver Jochens

Grafische Einzelarbeiten --- **399**

AUSZEICHNUNG

Mercedes-Benz
Klassische Automobile
Anzeige »Investment«

Auftraggeber
Mercedes-Benz

Marketingleitung
J. Justus Schneider

Werbeleitung
Lothar Korn, Tanja Roth,
Mark Niedzballa

Agentur
Springer & Jacoby
Werbung GmbH

Creative Direction
Dirk Haeusermann,
Tobias Ahrens,
Frank Bannöhr

Art Direction
Christian Jakimowitsch

Text
Marian Götz

Grafik
Alexandra Theux

Typografie
Tanja Pagenkämper

Fotografie
Daniel Hartz

Bildbearbeitung
S&J Digital

Kundenberatung
Andrea Ey,
Esther Wiedemann,
Jasmin Schwarzinger

Sonstiges
Media:
Cornelia Brucker

AUSZEICHNUNG

Raffles Hotel
Vier Jahreszeiten Hamburg
Buch »Gutes Benehmen
im Galopp«

Auftraggeber
Raffles Hotel
Vier Jahreszeiten
Hamburg
Marketingleitung
Judith Fuchs-Eckhoff
Agentur
Springer & Jacoby
Werbung GmbH
Creative Direction
Uli Gürtler
Art Direction
Mike Brandt
Architektur-/Designbüro
Springer & Jacoby Design
Grafik
Janina Empter
Typografie
Mike Brandt
Bildbearbeitung
Onnen & Klein
Illustration
André Rösler,
Springer & Jacoby Design
Kundenberatung
Frank Bachmann,
Dorothée Ehlert,
Carmen Jordt
Sonstiges
Projektmanager:
Claudia Opel,
Ilse Neumann;
Art Buying:
Anja Heineking

Zusätzlich erhielt diese Arbeit Silber in der Kategorie Illustration auf Seite 306/307 sowie in der Kategorie Printkommunikation/Literatur auf Seite 326/327 und Bronze in der Kategorie Dialogmarketing (Mailings und Anzeigen) auf Seite 142/143.

Grafische Einzelarbeiten

MOST WANTED!

-- schräge Typen --

MIT ODER OHNE DURCHSCHUSS:

BUCHSTÄBLICH AUSGEZEICHNETE

UND

SPERRIGE

TYPO-
GRAFIE

FEST-SETZEN WIRD BELOHNT:

☞ & ☜

GROSSE NÄGEL

in der Ausführung **SILBER** [1-mal]
BRONZE [1-mal]

+

1 AUSZEICHNUNG!

Der ADC warnt:

SCHRIFT STICHT

mitunter

ins AUGE?

SILBER

Background Records
043 LP- und CD-Cover
»Microhate«

Auftraggeber
Andy Vaz
Art Direction
Mario Lombardo
Text
Andy Vaz,
Angel Sanchez Borges
Grafik
Mario Lombardo
Typografie
Mario Lombardo
Bildbearbeitung
Mario Koell
Illustration
Mario Lombardo

AUSZEICHNUNG

Sony PlayStation2
Anzeigen
»Novemberkampagne«

Auftraggeber
Sony Computer
Entertainment
Deutschland GmbH
Marketingleitung
Ulrich Barbian
Werbeleitung
Werner Schuth
Agentur
TBWA\
Creative Direction
Kurt Georg Dieckert,
Stefan Schmidt
Bildbearbeitung
24+7
Kundenberatung
Anika Möllemann
Design
Christine Taylor

BRONZE

»decodeunicode –
the basic multilingual
plane poster«

Auftraggeber
decodeunicode,
Fachhochschule Mainz
Verlag
decodeunicode,
Fachhochschule Mainz
Konzept
Wenzel S. Spingler
Art Direction
Johannes Bergerhausen,
Siri Poarangan,
Wenzel S. Spingler
Text
Johannes Bergerhausen,
Siri Poarangan
Grafik
Bastian Schiffer
Typografie
Johannes Bergerhausen,
Siri Poarangan,
Bastian Schiffer

Typografie --- **407**

WANTED

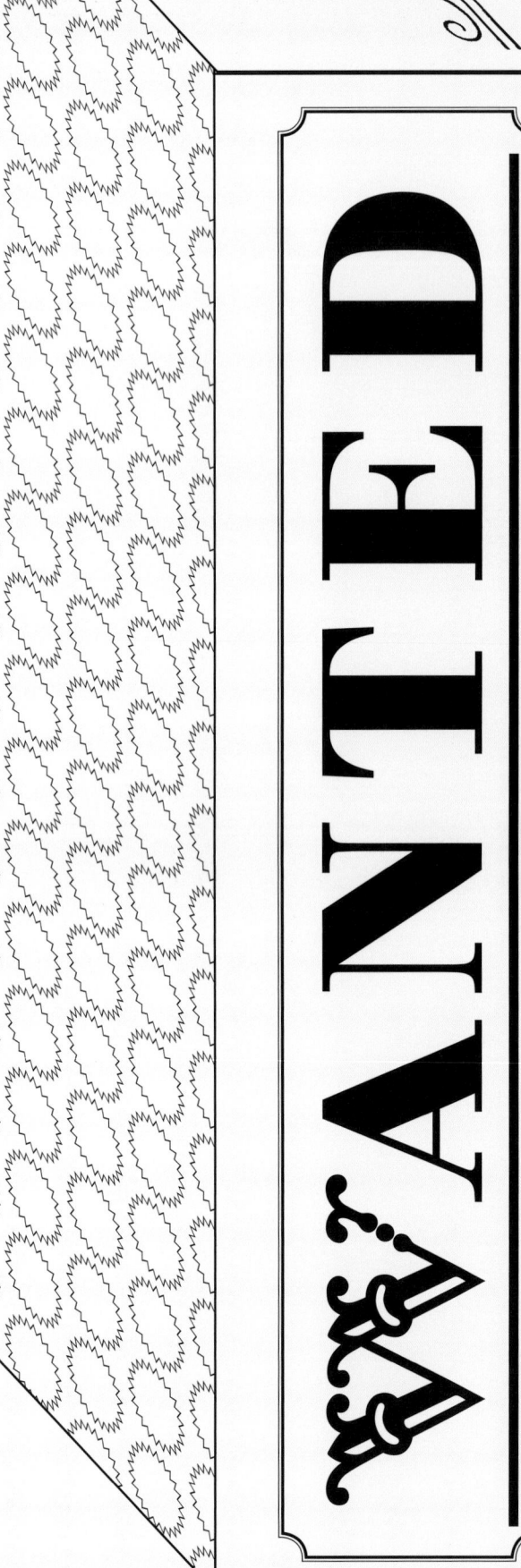

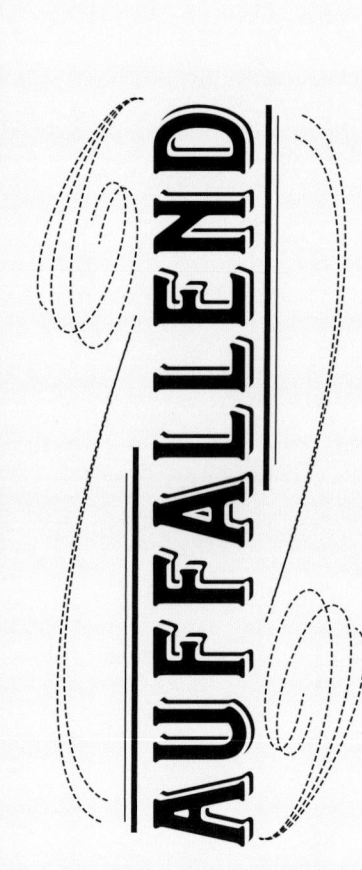

AUFFALLEND

GEFÜLLTES,
handgreifliches *und*
VOLUMINÖSES

PACKUNGS-DESIGN

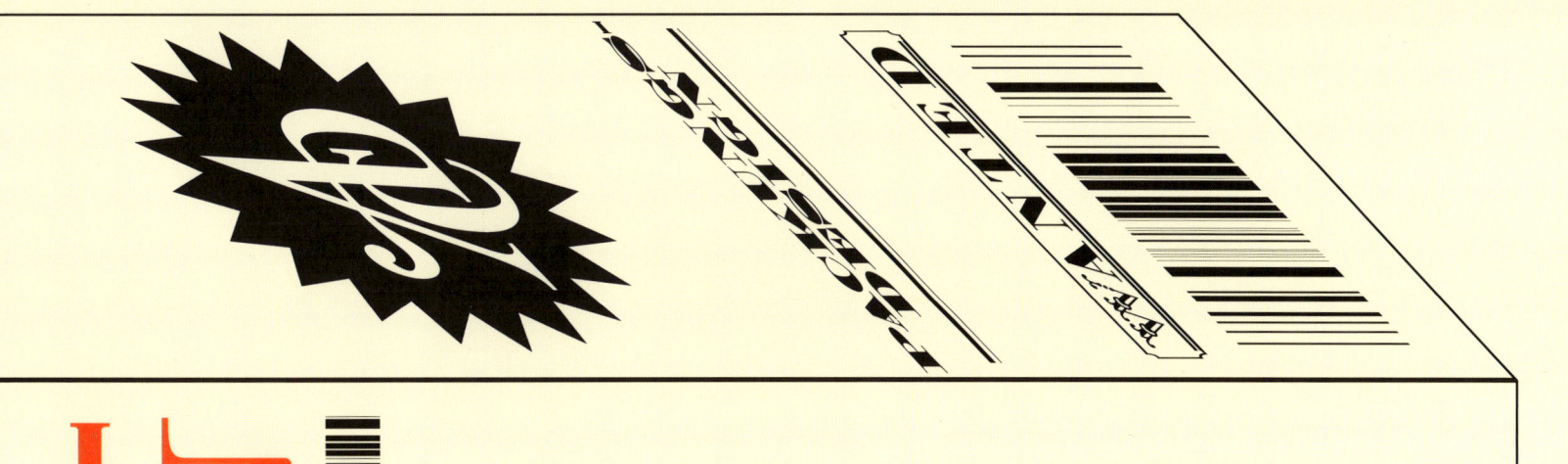

ERGREIFT DAS PACK!

DER ADC belohnt mit:
einem bronzenen ADC Nagel
...und...
2 Auszeichnungen!

DTP-Typometer
»DTP-Typometer«

Auftraggeber
Verlag Hermann Schmidt Mainz
Marketingleitung
Karin Schmidt-Friderichs
Werbeleitung
Karin Schmidt-Friderichs
Agentur
strichpunkt
Creative Direction
Kirsten Dietz
Art Direction
Kirsten Dietz
Text
Andreas und Regina Maxbauer
Typografie
Kirsten Dietz

Der Verlag Hermann Schmidt Mainz hat ein neues Typometer für den professionellen Gebrauch entwickelt, mit dem bequemere und präzisere Messungen möglich sind. Strichpunkt's Aufgabe war dabei, diese Vorteile mittels einer hochwertigen Verpackung zu veranschaulichen. Dazu wurden spezielle Techniken angewandt, wie z. B. Blindprägungen, Folienprägungen und Stanzungen auf der gesamten Verpackung. In Anlehnung an die Ursprünge der klassischen Typografietechniken wurde ein von Hand gefertigter, abgebundener Satz Bleilettern mit den Buchstaben »DTP« und dem Logo des Verlages am Schuber befestigt.

RUHM UND EHRE
AUSZEICHNUNG

Spiel »Brainstorm,
Mit Werbung spielt man nicht«

Auftraggeber
Verlag Hermann Schmidt Mainz
Marketingleitung
Karin Schmidt-Friderichs
Creative Direction
Susanne Meyer-Götz,
Daniela Koza
Text
Susanne Meyer-Götz,
Daniela Koza, Jan Fröscher
Grafik
Susanne Meyer-Götz,
Daniela Koza
Strategische Planung
Karin Schmidt-Friderichs

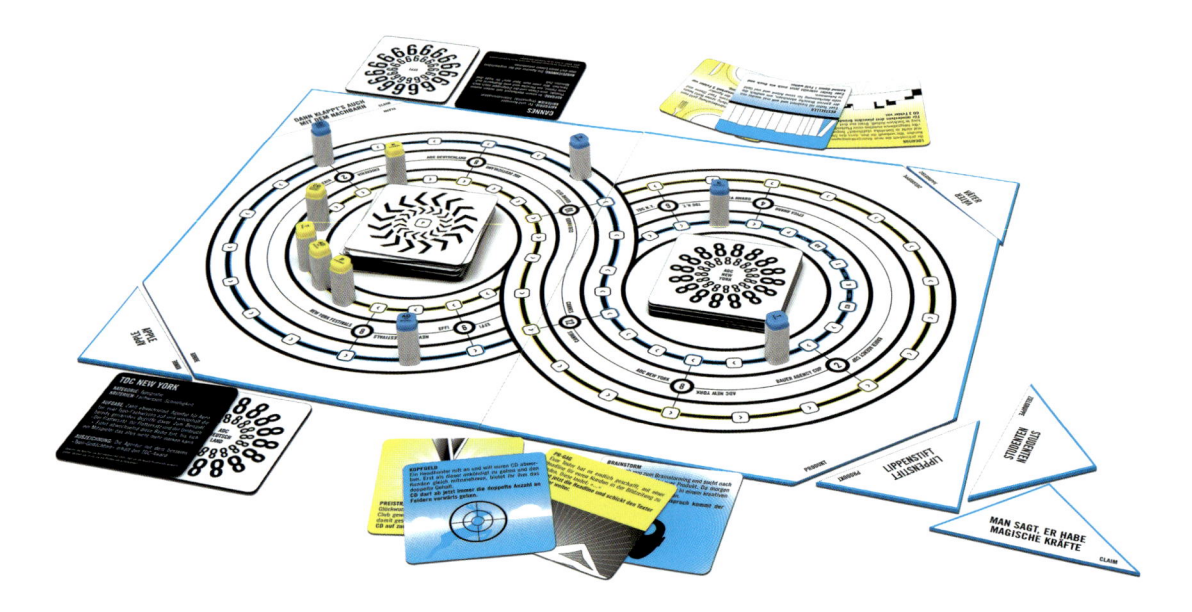

Ein Spielbrett, dessen Ecken erst mal fehlen, und dessen Vervollständigung zur ersten spielerischen Herausforderung wird …
Ein Brettspiel, das den Agenturalltag augenzwinkernd auf die Schippe nimmt und zum Feierabendvergnügen werden lässt …
Wie verpackt man das so, dass das Spiel zur Trophäe wird?
Auffallen am Point of Sale und dennoch seinen Platz im Bücherregal finden, denn der Absender ist ein Buchverlag.
Eine abgeschnittene Ecke, ein in Sonderanfertigung produziertes Brett samt Kasten ermöglichen das »Aus-der-Reihe-Tanzen«
im Regal, die wirksame Präsentation als Einzeltitel und dennoch auch die Integration ins Bücherregal von Schmidt …

AUSZEICHNUNG

STAVES
»Corporate Design«

Auftraggeber
Weingut Kornell
Marketingleitung
Florian Brigl
Agentur
Heye & Partner GmbH
Art Direction
Florian Drahorad

Das redesignte Greifensteiner Wappentier und der schlichte Schriftzug zieren Flaschen, Bottlebag und Kartons der Weinmarke STAVES. Das klare Erscheinungs-bild des Südtiroler Weinguts Kornell macht seine Produkte auch ästhetisch zum Genuss.

Packungsdesign --- 413

WANTED
KOMMUNIKATION IM RAUM
TEMPORÄRE ARBEITEN

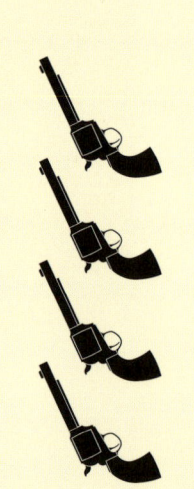

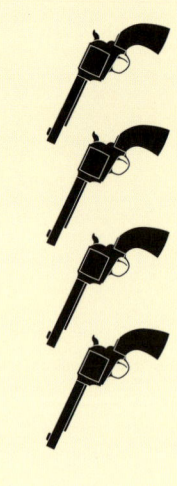

Der HfG ist auf der Suche nach ### Deutschlands herausragendster...

— STECKBRIEF —

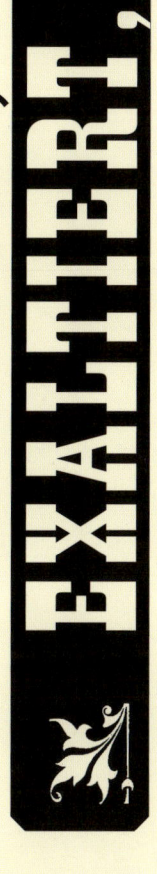

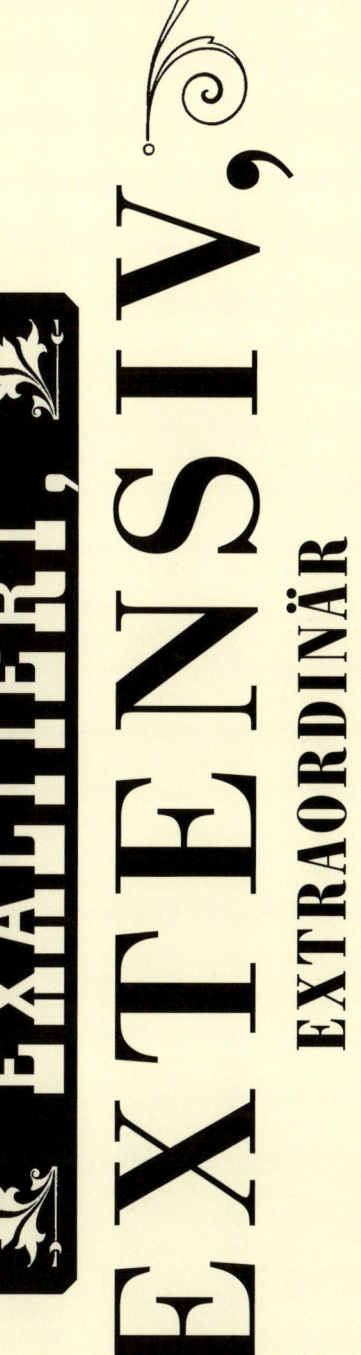

EXPLOSIV, EXPRESSIV, EXCLUSIV, EXALTIERT, EXTENSIV, EXTRAORDINÄR *und* EXORBITANT.

SIMPLY THE BEST!

EX UND HOPP:
2 goldene / 2 bronzene ADC NÄGEL!
+ 6 Auszeichnungen

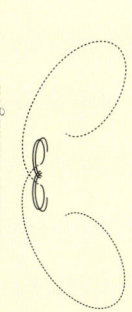

Die Arbeiten dieser Kategorie finden Sie auch auf der DVD.

GOLD

Bodeninstallation
»Das virtuelle Minenfeld«

Auftraggeber
medico international e. V.
Agentur
Heine/Lenz/Zizka
Creative Direction
Peter Zizka
Grafik
Anne Klenk,
Quentin Walesch
Fotografie
Silke Blimetsrieder
Kundenberatung
Nina Gernand

416 --- Kommunikation im Raum: temporäre Arbeiten

»Das virtuelle Minenfeld« zeigt fotografisch genaue Abbildungen von Minen. Wer darüber geht, wird sich der bizarren Strukturen erfreuen, die den vielfältigen Formen und Materialien innewohnen. Oder es offenbart sich der schreckliche Gegenstand.
Der Künstler Peter Zizka hat für die Hilfsorganisation medico international e.V. eine Bodeninstallation geschaffen, die die Bedrohung vermittelt, die von Landminen weltweit ausgeht. Die 600 einzelnen Segmente können im Internet unter www.medico.de gegen eine Spende von 500 Euro ersteigert werden.

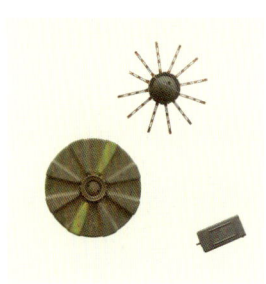

Kommunikation im Raum: temporäre Arbeiten --- 417

GOLD

Forschungsinstitut
und Naturmuseum
Senckenberg,
Luminale 2004
»ILLUMINATION:
EVOLUTION –
Eine Inszenierung
zu Licht und Leben«

Auftraggeber
Forschungsinstitut und
Naturmuseum Senckenberg
Agentur
Atelier Markgraph in
Zusammenarbeit mit den
unten aufgeführten
Partnern
Design/Lichtdesign
FOUR TO ONE:
scale design
Architektur-/Designbüro
Atelier Markgraph
**Musikkomposition/
Sound Design**
Schleuse 15
Sonstiges
Licht- und Tontechnik:
SHOWTEC,
Interaktiver Tisch:
235 Media,
Filmproduktion:
Atelier Markgraph,
Group.IE

Zum Frankfurter Licht-Kultur-Festival »Luminale 2004« lässt das Senckenbergmuseum den Jahrmillionen alten Zusammenhang von Licht und Leben lebendig werden. Mit Licht, Video und Sound verwandelt sich das Ausstellungshaus in ein Forschungsarchiv für die Sinne, in dem es Reptilien, Pflanzen und fossile Schönheiten längst vergangener Zeiten zu entdecken gibt. Videoanimationen lassen die Fassadenfenster zur »Netzhaut der Forschung« werden, auf der sich – wie in einem überdimensionalen Index – Naturschätze aus dem Museumsinnern abbilden. Im Sauriersaal entstehen auf 400 m² Wandfläche assoziative Bild- und Tonwelten zu fünf markanten Epochen der Erdgeschichte. Die ausgestellten Saurier werden zu Zeitzeugen der Evolution. Die raumfüllende Installation kann durch die Besucher zentral von einem interaktiven Tisch angesteuert werden. So ergeben sich immer wieder neue Einblicke in die Farb- und Formenvielfalt des Lebens: vier Milliarden Jahre Erdgeschichte im Licht der Gegenwart.

BRONZE

DaimlerChrysler AG
Messeauftritt Paris 2004
»Energy for the Future«

Auftraggeber
DaimlerChrysler AG
Kommunikation
Atelier Markgraph
Architektur
Kauffmann Theilig & Partner
Lichtdesign
TLD Planungsgruppe
Grafikdesign
Design Hoch Drei
Sonstiges
Exponattische: Freisteel,
Messebau:
Ernst F. Ambrosius & Sohn

Auf der Mondial de l'Automobile 2004 in Paris präsentiert sich DaimlerChrysler mit einem eigenständigen Corporate-Auftritt im direkten Umfeld seiner Marken. Unter dem Leitmotiv »Energie für die Zukunft« zeigt der Automobilkonzern sein Engagement auf dem Weg zu einer emissionsfreien Mobilität. In einem stilisierten »Labor« können die Besucher erforschen, wie aus Biomasse Kraftstoff gewonnen wird. Die interaktive Inszenierung demonstriert das Thema in drei Schritten. Architektur und Design des Standes nehmen die Thematik auf und geben sie in Materialien und Farben spielerisch wieder. Wie praxisnah der Ansatz ist, zeigt DaimlerChrysler mit dem Bürogebäude des Standes: Seine Fassade besteht komplett aus Biomasse. Aus den 2 Tonnen Holz entstehen nach Messeschluss 500 Liter SunDiesel. Damit fährt ein smart cdi 13.000 km weit.
Aus dem Messestand wird Mobilität.

Kommunikation im Raum: temporäre Arbeiten --- 421

BRONZE

Ausstellung
»Mythen. Automobili
Lamborghini in der
Pinakothek der Moderne«

Auftraggeber
Die Neue Sammlung.
Staatliches Museum
für angewandte Kunst

Technische Leitung
Wahan Mechitarian

Kurator
Michael Keller

Konzept
KMS Team

Art Direction
Birgit Vogel

Text
Axel Sanjosé

Lichtdesign
Klaus Dilger
(Limelight, München)

Architektur-/Designbüro
KMS Team

Grafik
Birgit Vogel,
Martina Keller,
Julia Romeiß

Kundenberatung
Projektmanagement:
Armin Schlamp,
Eva Rohrer,
Andreas Koch

Strategische Planung
Leitender Sammlungsdirektor:
Prof. Dr. Florian Hufnagl

Produktion
Christina Baur,
Melanie Sauer

Screen Design
Filmanimation: Dirk Koy

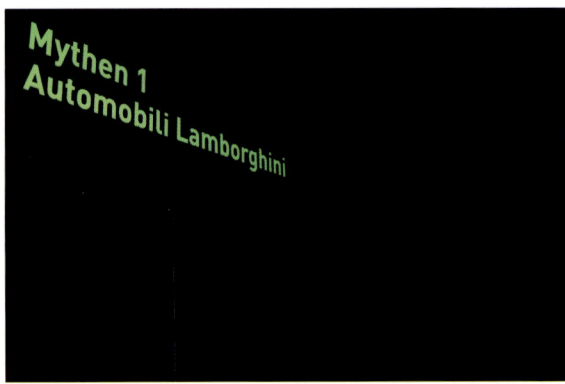

Kommunikation im Raum: temporäre Arbeiten

Für die im Auftrag der Neuen Sammlung kuratierte Ausstellung konzipierten wir eine Rauminstallation, die den »mythischen« Aspekt der Lamborghini-Boliden betonte: Die Besucher gelangten über einen eigens gebauten Schacht treppab in die Ausstellung, wo das Auge sich zunächst an die Dunkelheit gewöhnen musste. Im Zentrum war ein »Murciélago« auf einem Feld von Stahlnägeln montiert, dunkelgrünes Licht ließ die Konturen hervortreten, der Rest wurde vom Auge ergänzt. Die weiteren Fahrzeuge – alle schwarz – waren entlang der Wände auf L-förmigen Podesten angeordnet, die zur Raummitte hin jeweils eine 1,80 m hohe Wand mit schmalen vertikalen Öffnungen aufwiesen. So konnten die Automobile nur beim äußeren Rundgang betrachtet werden, von der Mitte aus erahnte man sie durch die Schlitze. In vier Metern Höhe wurden Filme projiziert, die in extremer Vergrößerung den live gefilmten Zeichenvorgang des Designers Luc Donckerwolke wiedergaben.

AUSZEICHNUNG

Vivendi Universal Games
Messestand
»Game Crazy –
Spielverrückt«

Auftraggeber
Vivendi Universal Games
Deutschland
Marketingleitung
Frank Matzke,
Frank Weber
Agentur
facts+fiction GmbH
Creative Direction
Tobias Stupeler
Art Direction
Martina Haag
Kundenberatung
Dietmar Jähn,
Beate Wittmann
Design/Lichtdesign
Creative Lighting
Architektur
Martin Sinken
Architektur-/Designbüro
Martin Sinken
Grafik
facts+fiction GmbH,
Central Public

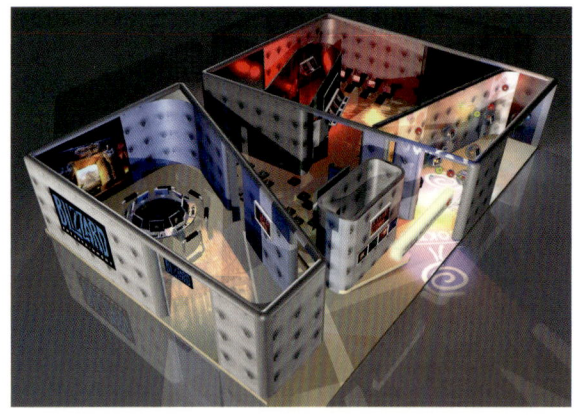

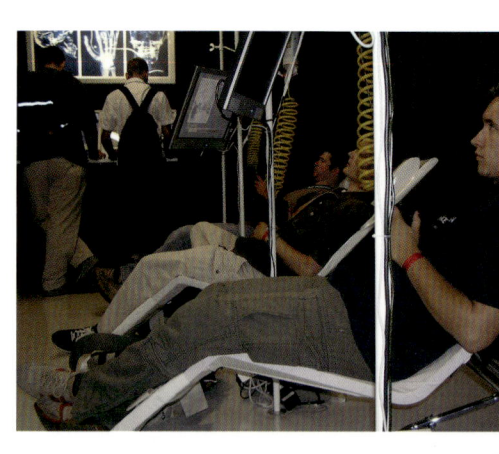

Einen interaktiven Messestand für die Games Convention zu gestalten – eines der vielleicht letzten großen Abenteuer dieser Welt. Um den Stand von Vivendi Universal Games in einer anspruchsvollen, schnell gelangweilten Zielgruppe zum Messegespräch zu machen und große Medienwirkung zu generieren, wählte facts+fiction ein bewusst provokantes Gesprächsthema – »Game Crazy – Spielverrückt«. Klapsmühle, Notaufnahme, Treffpunkt für alle vom Spielvirus befallenen Gamer.

Alle drei Marken ordneten sich der Storyline unter: So präsentierte sich Sierra mit Spielen für Über-18-Jährige in der »Geschlossenen Abteilung«; Blizzard zeigte sein neuestes Online-Rollenspiel im »Gruppentherapieraum« und die quietschbunte Welt der Jump 'n' Runs für Kinder wurde als »Psychedelic Wonderland« inszeniert.

Große Publikums- und Medienresonanz belegte die konzeptionelle These: Die spinnen, die Gamer! Der Stand wurde tatsächlich in der Zielgruppe zum Messegespräch, und die Medien nutzen dankbar die angebotenen attraktiven Fotomotive.

AUSZEICHNUNG

Temporäre Ausstellung
»Am Ball der Zeit –
Deutschland und die
Fußballweltmeisterschaften
seit 1954«

Auftraggeber
Historisches Museum
der Pfalz, Speyer;
Direktion:
Dr. Cornelia Ewigleben;
Projektleitung:
Wolfgang Leitmeyer

Agentur
Atelier Brückner, Stuttgart

Creative Direction
Prof. Uwe Brückner

Art Direction
Bernd Möller

Architektur
Atelier Brückner, Stuttgart

Grafik
attraktive grautöne,
Stuttgart

Computeranimation
janglednerves, Stuttgart

Die Ausstellung »Am Ball der Zeit« im Historischen Museum der Pfalz in Speyer gibt einen Überblick über alle Fußballweltmeisterschaften seit dem ersten Titelgewinn einer deutschen Mannschaft im Jahr 1954 und verknüpft gleichzeitig Fußball-Sport mit dem gesellschaftlichen Leben.

Das Atelier Brückner hat für die Ausstellung auf 1800 m² einen dramaturgisch strukturierten Ausstellungsparcours entwickelt, der mit wechselnden Raumbildern und bewusst gesetzten Höhepunkten versucht, die Besucher in einer spannenden, vom Fußball-Sport aus gedachten Atmosphäre zu führen.

50 Jahre Fußballweltmeisterschaften aus der Sicht des Teilnehmerlandes Deutschland – Zeugen und Zeugnisse von Sieg und Niederlage, von Dramatik und Faszination der Volksdroge Fußball. Fußball ist Leidenschaft, und die schwelgt in Erinnerungen. Jenseits von Fakten und Statistiken können die Besucher in WM-Bälle hineinhören, Fußballschuhe berühmter Spieler betrachten und den Idolen der eigenen Jugend auf den Fersen bleiben.

AUSZEICHNUNG

Audi AG
Kinetische Installation
»AUDI HIGHLINES«

Auftraggeber
AUDI AG
Messeleitung
Bernhard Neumann
Agentur
Mutabor Design GmbH
Creative Direction
Johannes Plass,
Heinrich Paravicini
Art Direction
Simone Campe
Lichtdesign
4to1
Architektur
Susanne Schmidhuber,
Doris Eizenhammer
Architektur-/Designbüro
Schmidhuber+Partner,
München
Grafik
Stefanie Tomasek
Typografie
Simone Campe
Kundenberatung
Johannes Plass
Strategische Planung
Simone Labonte,
Byron West
(Audi AG)
**Musikkomposition/
Sound Design**
Corporate Music, Kiel
Computeranimation
Kai Riemland
Technische Umsetzung
BUMAT, Hockenheim

In einer Messe-Umgebung, in der sämtliche Hersteller sich regelmäßig mit der Größe ihrer LED-Wände überbieten, wollten wir den gleichen anziehenden Effekt ohne Mediawände erzielen.
Drei bis zu 60 m lange und ca. 1 m hohe Bänder, bestehend aus einzelnen, per Computer gesteuerten drehbaren Lamellen, brachten in einer ständigen »rauschenden« Bewegung den Stand in Bewegung und boten dem Auge des Besuchers von jedem Blickwinkel aus faszinierende Momente.
Die besondere Form der typografischen Gestaltung, das abgestimmte Sounddesign und die Beleuchtung unterstützten die gefühlte »Endlosbewegung« der Installation.
Der ganze Stand war so weithin sichtbar und strahlte eine immerwährende Dynamik aus.

AUSZEICHNUNG

Mercedes-Benz
Messeauftritt Paris 2004
»Raum für
Persönlichkeiten«

Auftraggeber
DaimlerChrysler AG
Architektur
Kauffmann Theilig & Partner
Kommunikation
Atelier Markgraph
Lichtdesign
DeluxTheatre Lighting
Sonstiges
Messebau:
Ernst F. Ambrosius & Sohn

Mit vier Premierenfahrzeugen kommt Mercedes-Benz auf die Mondial de l'Automobile 2004 in Paris und unterstreicht damit Vielfalt, Individualität und Lebendigkeit der Marke. Ein Band aus Lamellen umfasst den Stand und grenzt ihn vom Messeumfeld ab. Im Inneren ruhen Türme, die wie wertvolle Kristalle schimmern. Sie tragen die Premierenthemen als Bild- und Textwelten in den Raum. Das Zusammenspiel von Film, Lichtdesign und Musik macht die Premierenfahrzeuge zu Hauptdarstellern der Szene. Möglich wird die raumgreifende Bespielung – wie bereits auf der IAA 2003 – durch eine innovative Anwendung der LED-Technologie. Aus dem Metallkleid der Türme sind LED-Flächen ausgespart, es entsteht ein faszinierendes Spiel zwischen Schärfe und Unschärfe. Souveränität und dezente Eleganz der Marke werden spürbar. Wie die LEDs sind auch Exponate und Grafik in die übergreifende Architektur integriert. Die Produkt-Highlights erhalten Raum, ihre Faszinationskraft auszustrahlen: Raum für Persönlichkeiten.

Kommunikation im Raum: temporäre Arbeiten --- **427**

AUSZEICHNUNG

Mercedes-Benz
Wanderausstellung
A-Klasse
»Die Villa des Jägers –
my mercedes«

Auftraggeber
DaimlerChrysler AG
MKP/B
Agentur
Totems Communication
& Architecture
Creative Direction
Frank C. Ulrich
Art Direction
Ulrich Henzler
Text
Mike Friedrich, Eisbrecher
Film-/Funkproduktion
Totems Communication
& Architecture
Design/Lichtdesign
Totems Communication
& Architecture
Architektur
Totems Communication
& Architecture
Grafik
Totems Communication
& Architecture
Typografie
Totems Communication
& Architecture
Fotografie
diverse
Bildbearbeitung
Totems Communication
& Architecture
Kundenberatung
Frank C. Ulrich
**Musikkomposition/
Sound Design**
Totems Communication
& Architecture
Computeranimation
Totems Communication
& Architecture

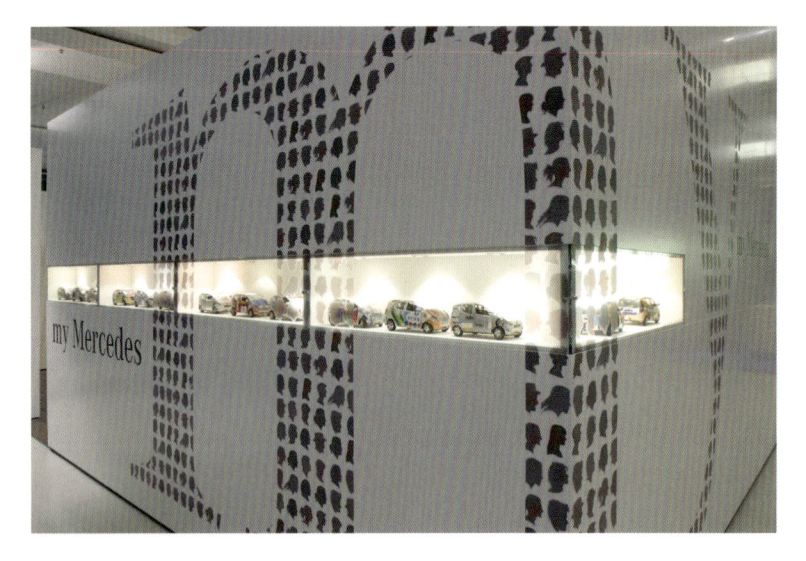

Aufgabe:
Konzeption, Recherche und Gestaltung der Wanderausstellung zur Neueinführung der A-Klasse – zu kommunizierende
Werte: frech, frisch, souverän und emotional. Inhalt sollte der persönliche Bezug zur Marke Mercedes-Benz sein, der von vielen
Menschen entwickelt wird. Vom Mercedesstern-Tatoo bis zur Häkelrolle. Die Marke traut sich, Interpretationen zu zeigen,
die sonst den CI-Wächtern die Haare zu Berge stehen lassen.

Kommunikative Lösung:
Die Villa des Jägers – eine dichte Ansammlung von Exponaten aus der ganzen Welt. Der passionierte Sammler stattet
sein komplettes Domizil mit den gefundenen Exponaten aus. Jedes in einem seinem Nutzen entsprechenden Umfeld. Hinter
jeder Ecke ist etwas Neues, Unvermutetes zu entdecken.

428 --- Kommunikation im Raum: temporäre Arbeiten

AUSZEICHNUNG

Vattenfall Europe AG
»Virtual & Real Garden«

Auftraggeber
Vattenfall Europe AG
Marketingleitung
Claudia Haferkorn
Agentur
ART+COM AG
Creative Direction
Prof. Joachim Sauter
Art Direction
Andreas Schlegel,
Patrick Kochlik
Kundenberatung
Britta Denzin,
Alexander Reiß
Sonstiges
Entwickler:
David Siegel

Teilansicht der Bodenprojektion

30 Meter langer virtueller Garten mit »Wasserspenderin«

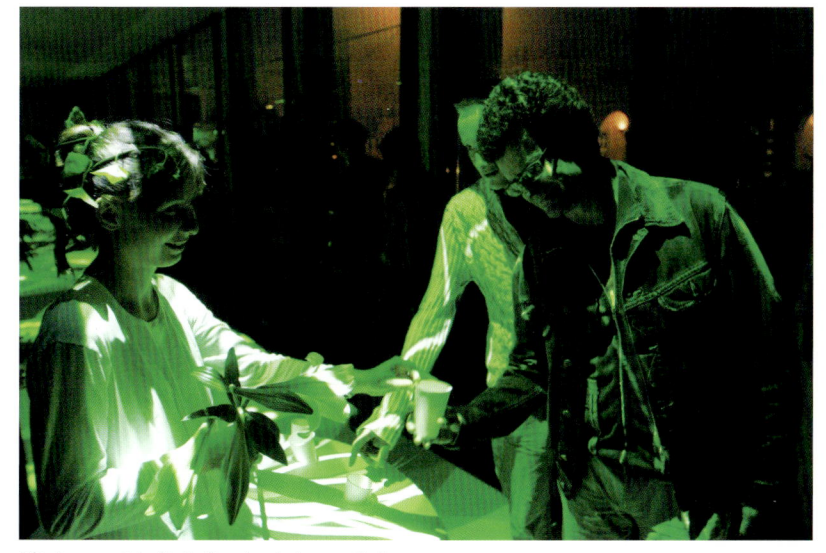

Erfrischungsgetränke für die Besucher der Langen Nacht

Auf Tuchfühlung mit virtueller Blütenwelt

Virtuell-realer Garten mit Lounge-Charakter

Zentrale des Headquarters der Vattenfall Europe AG

1850 Besucher bei Vattenfall

Für den Energiekonzern Vattenfall Europe AG hat ART+COM diesen medialen Event im Rahmen der 16. Langen Nacht der Museen in Berlin gestaltet und realisiert. Das Innere des Gebäudes sowie die Fassade wurden mittels Projektionen in einen teils virtuellen, teils realen Garten verwandelt. Die Inszenierung greift das Thema der Langen Nacht »Landschaft, Parks und Gärten« auf und macht es für die Besucher medial erlebbar. Ungewöhnlich inszenierte Akteure (sog. Wasserspender) bilden den Ausgangspunkt der Inszenierung. Von ihren kreisrunden Röcken breiten sich über den gesamten Boden hinweg virtuell wachsende Ranken aus, die in großflächige Blütenwelten übergehen.
Die Fassade der Vattenfall Europe Zentrale wird seit dem Event durch diesen generativen Film dauerhaft bespielt.

WANTED

Der ADC sucht mit allen Mitteln — { LIVE OR ALIVE } — **März 2005**

DIE ATEMBERAUBENDSTEN, STIMMUNGSVOLLSTEN

und

EINGÄNGIGSTEN

EVENTS

Veröffentlichungszeitraum:
01. 11. 2003 bis 31. 10. 2004
*****

z. B. Corporate Events,
Public Events, Promotion Events
etc.

Als Belohnung für die Ergreifung werden vergeben:
1 silberner und 2 bronzene Nägel
sowie 2 Auszeichnungen!

DER ADC
FEIERT JEDE FESTSETZUNG!

Die Arbeiten dieser Kategorie finden Sie auch auf der DVD.

SILBER

Museumsuferfest
Frankfurt 2004
»KLANG | PASSAGEN –
Symphonien einer Region«

Auftraggeber
Tourismus +
Congress GmbH
Frankfurt am Main
Agentur
Atelier Markgraph
Architektur-/Designbüro
Atelier Markgraph
**Musikkomposition/
Sound Design**
Parviz Mir-Ali,
Schleuse 15
Sonstiges
Medientechnik: Procon
MultiMedia AG,
Videotechnik:
XL Video,
Leinwand:
Procédés Chênel

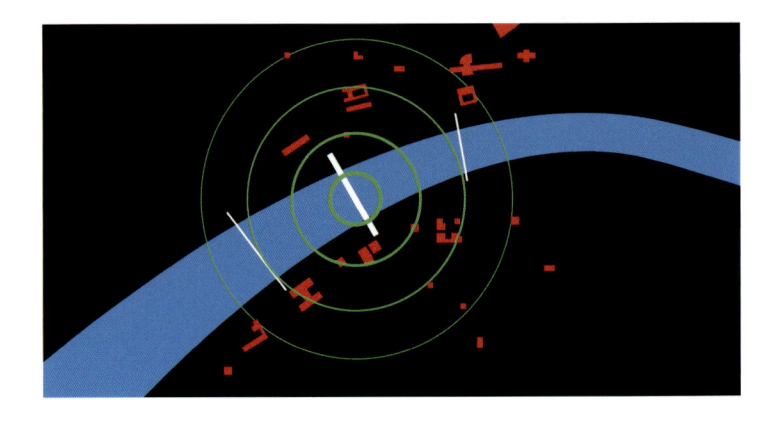

Auf dem Museumsuferfest Frankfurt 2004 erhalten die Museen eine zentrale Bühne: Die Untermainbrücke wird zur KLANG I PASSAGE. Das mediale Portal spannt eine Spur aus Licht, Video und Sound über die Brücke hinweg und rückt damit das aktuelle Thema der Museen ins Blickfeld: die Musik in der Kunst und die Kunst in der Musik. Zwei große Projektionsflächen lassen zusammen mit einem Soundsystem aus dem Transitort einen Klangraum entstehen, der zum Verweilen und Entdecken einlädt. 300 illuminierte Fahnen erweitern das Videobild auf 100 Meter Breite und setzen im synchronen Zusammenspiel mit den Projektionen den Soundtrack der Stadt weithin sichtbar in Szene. Rund 50 Bespielungen schlagen eine Brücke zwischen den Musikinszenierungen in den Ausstellungshäusern und großen Namen der Frankfurter Musikgeschichte. Mitten im Festgeschehen stellen die »KLANG I PASSAGEN« ein lebendiges Kunstwerk, das die rund drei Millionen Besucher überrascht und für die musikalische Vielfalt Frankfurts begeistert.

BRONZE

Lucky Strike
»Incognito Airport«

Auftraggeber
British American Tobacco (Germany) GmbH
Marketingleitung
Andrew Schwager
Werbeleitung
John Kohlsaat,
Stefan Fischer,
Carolin Frie,
Oliver Piskora
Agentur
KNSK Werbeagentur GmbH
Creative Direction
Michael Barche,
Vera Hampe
Art Direction
Daniela Haydt
Text
Claudia Bach
Architektur
Industrial Design:
Jasna Bilen,
Christina Leckebusch;
Modedesign:
Nina Krogmann
Grafik
Daniela Haydt
Illustration
Daniela Haydt
Kundenberatung
Corinna Elsässer
Strategische Planung
Knut Riedel,
Torben Schacht
Sonstiges
Eventagentur:
Konzeptküche Hamburg
Marc Wessendorf
und Boris Boretius

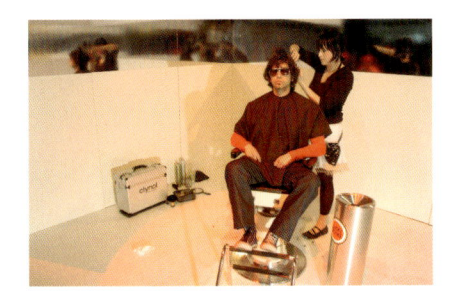

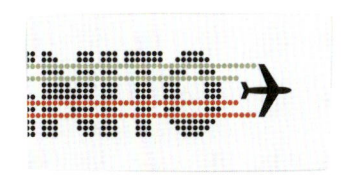

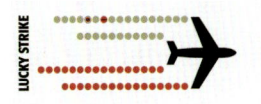

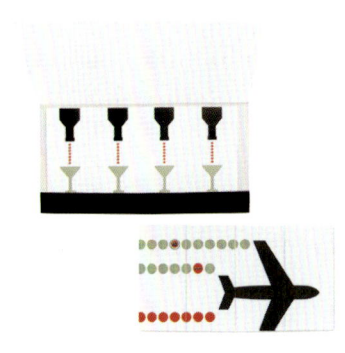

Der einzige Traum, der auf diesem Lucky Strike Incognito Event nicht wahr wurde, ist wohl der vom Fliegen: Denn die Gäste der puristischen Airport-Locations warteten an den Abenden des Geschehens vergeblich auf einen Take-off. Mit spannenden Liveacts, köstlichen Lunchpaketen und brodelnden Tanzflächen wurden dann jedoch alle gebührend entschädigt. Und außerdem gab es am Flughafen selbst viel mehr zu erleben als auf 160 cm² Flugzeugsitz: Von der fachmännischen Kontrolle beim Check-in über den gemütlichen Shopping-Bummel im Duty-Free-Geschäft bis hin zum vollautomatischen Fotokabinenshooting. Und wer wollte, konnte sich auch noch beim Profi-Coiffeur einen neuen Haarschnitt verpassen lassen. Kurzum: Wer sich früh am nächsten Morgen auf den Heimweg machte, der konnte das Chill-out-Set, das beim Auschecken verabreicht wurde, bestimmt gut gebrauchen.

BRONZE

Linde AG
»Linde. 125 Years of New Ideas.«

Auftraggeber
Linde AG Wiesbaden
Marketingleitung
Leiter Kommunikation:
Dr. Harry Roegner
Agentur
VOSS + FISCHER
Marketing
Event Agentur GmbH
Creative Direction
VOSS + FISCHER
Art Direction
VOSS + FISCHER,
WUFFDESIGN
Text
VOSS + FISCHER
Design/Lichtdesign
Neumann & Müller
Architektur
VOSS + FISCHER,
Lippsmeier & Partner
Architektur-/Designbüro
VOSS + FISCHER,
WUFFDESIGN,
Lippsmeier & Partner
Grafik
WUFFDESIGN
Typografie
WUFFDESIGN
Kundenberatung
VOSS + FISCHER
Strategische Planung
Leitung Events: Tina Mirzai
Kamera
Neumann & Müller
Producer/
Agentur Producer
SPOT Tonstudio
Musikkomposition/
Sound Design
Jogi Nestel,
SPOT Tonstudio
Sonstiges
Zielgruppe:
Geladene Gäste aus
Wirtschaft und Politik sowie
internationale Führungskräfte der Linde AG

»A Journey through the World of Ideas«

Das Jubiläum und seine Gestaltung als strategischer Baustein zur Neu-Positionierung und Imagebildung der Linde AG.
Geist, Atmosphäre und Anspruch eines traditionsreichen Unternehmens im Aufbruch.

Umsetzung:
Die »Blue Boxes« als Interpretation der fünf Kernkompetenzen des Unternehmens in Form abstrakter emotionaler Erlebnisräume.
Die »Blue Line« als roter Faden, Wegweiser, Informationsträger und als Leitsystem durch die Unternehmensgeschichte.
Das »Konzert für 32 präparierte Gaseflaschen, Cello und weibliche Stimme«, speziell zu diesem Anlass komponiert.

BRONZE

438 --- Events

Events --- 439

AUSZEICHNUNG

HypoVereinsbank
»Die Festspiel-Nacht der HypoVereinsbank«

Auftraggeber
HypoVereinsbank AG
Marketingleitung
Anneliese Gfrerer
Werbeleitung
Katrin Schoppik
Agentur
THE EVENT COMPANY
Creative Direction
Matthias Kindler,
Tobias Wannieck
Art Direction
Andreas Horbelt
Kundenberatung
Annette Moog
Regie
Prof. Cornel Franz

Für die Festspiel-Nacht der HypoVereinsbank verwandelte sich Münchens feinste Shopping-Mall »Die Fünf Höfe« in ein gigantisches Opernhaus – durch ein Konzept, das Location, Kunst und Publikum verschmelzen ließ. Unter dem Motto »Alles Gute kommt von oben« fanden Darbietungen an ungewöhnlichen Orten statt – ein Chor sang aus Fenstern im 4. Stock, ein Blechbläser-Quartett musizierte auf einer Brücke knapp 10 Meter über dem Publikum und Opern-Arien wurden in der Schalterhalle einer Bank aufgeführt.

Die Guerilla-Promotion »Instant Opera« machte das Versprechen des Events – klassischer Musikgenuss in ungewöhnlicher Umgebung – schon im Vorfeld »erlebbar«: Sänger und Promoter überraschten in Biergärten und Fußgängerzonen mit Opern-Arien. Statt um Geld zu bitten, verteilten sie Einladungen zur Festspiel-Nacht. Die konzeptionelle Vernetzung von Event, PR und Promotion generierte Presse-Berichte mit über 12 Millionen Auflage. Und mit rund 15.000 Besuchern gab es einen Besucherrekord.

AUSZEICHNUNG

Aktion Mensch Messe
»re:spect our future –
die andere Jugendmesse«

Auftraggeber
Aktion Mensch
Marketingleitung
Karl Josef Mittler
Strategische Planung
Heike Zirden
Agentur
facts+fiction GmbH
Creative Direction
Robert Müller
Art Direction
Mark Daniels
Architektur
Martin Sinken
Grafik
Patrizia Widritzki
Kundenberatung
Rüdiger Kloep

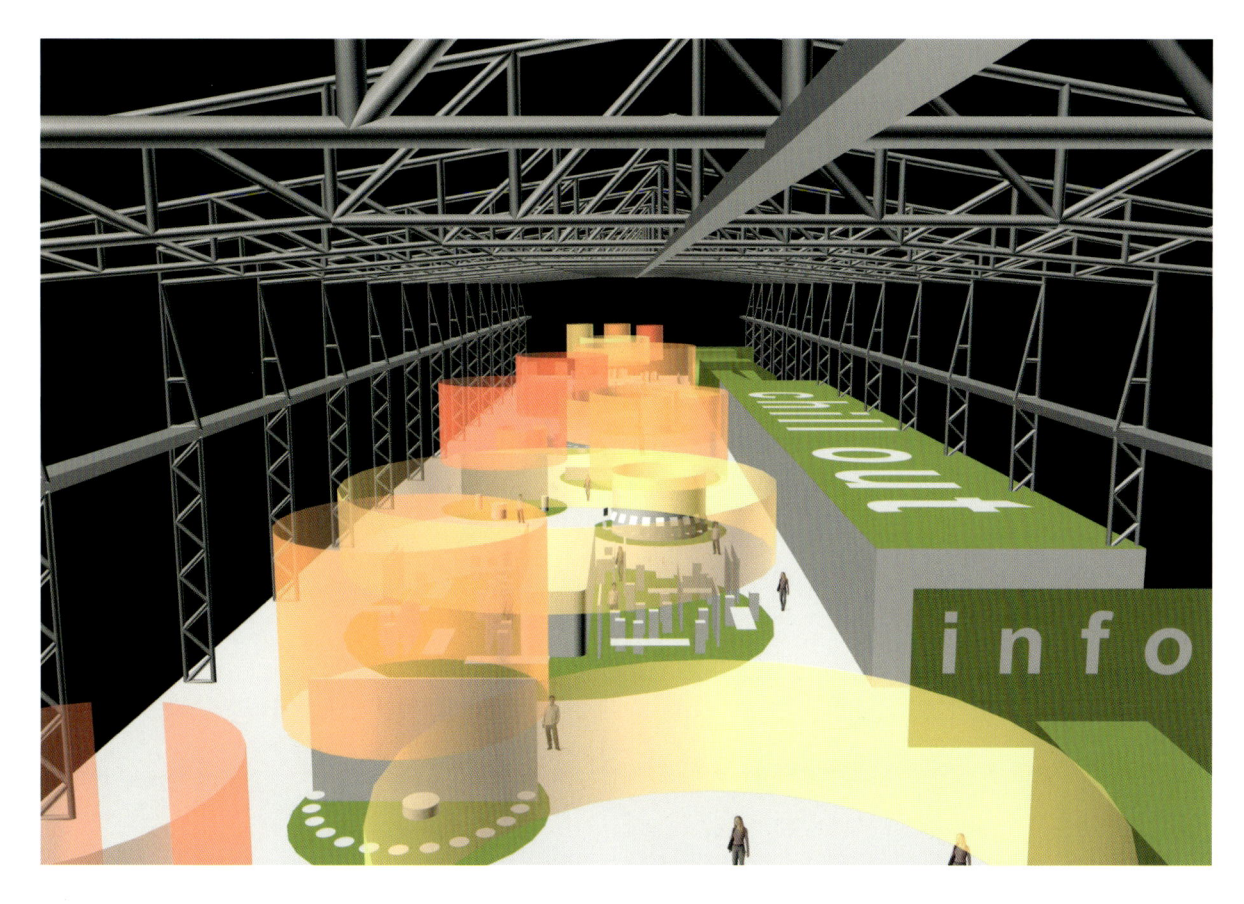

In Zusammenarbeit mit der Aktion Mensch entwickelte facts+fiction Deutschlands erste alternative Jugendmesse. Das Andere, das Ungewöhnliche war von Beginn an zu spüren. Nicht einzelne Messestände, sondern eine parkähnliche Landschaft mit 13 thematischen Inseln lud ein, sich von Thema zu Thema treiben zu lassen. Die einheitliche Gestaltung gab den Rahmen, die Inhalte variierten. Doch trotz aller inhaltlichen Unterschiede gab es eine Gemeinsamkeit: Die Aufforderung, aktiv zu werden, sich und seine Fähigkeiten einzubringen. Beim gemeinsamen Erstellen eines Hörbuchs, in der Kreativwerkstatt, bei der Diskussion über verschiedene Religionen, bei der Selbstfindung und bei der Erprobung eigener sportlicher und künstlerischer Fertigkeiten, selbstverständlich on stage usw. Das Angebot: Themenbereiche unterschiedlichster Ausprägung, die alles bereithielten, was das Leben der Jugend bestimmt. Die Bandbreite: Kultur und Kunst, Bühne, Show und Action, Mode, Medien und Technik, Gesellschaft sowie die persönliche Zukunft.

Art Directors Club
DEUTSCHLAND
2005

REWARD

1 silberner
UND
2 bronzene
ADC NÄGEL
— & —
3 AUSZEICHNUNGEN
!

WANTED

DER ADC
SUCHT AUF ALLEN SEITEN:

Un- und höchst prätentiöse,

DURCHGÄNGIGE,
schöpferische,
TAUFRISCHE

UND

**BLATT FÜR BLATT
DIFFERENZIERTE**

= ZEITSCHRIFTEN =
GESTALTUNG

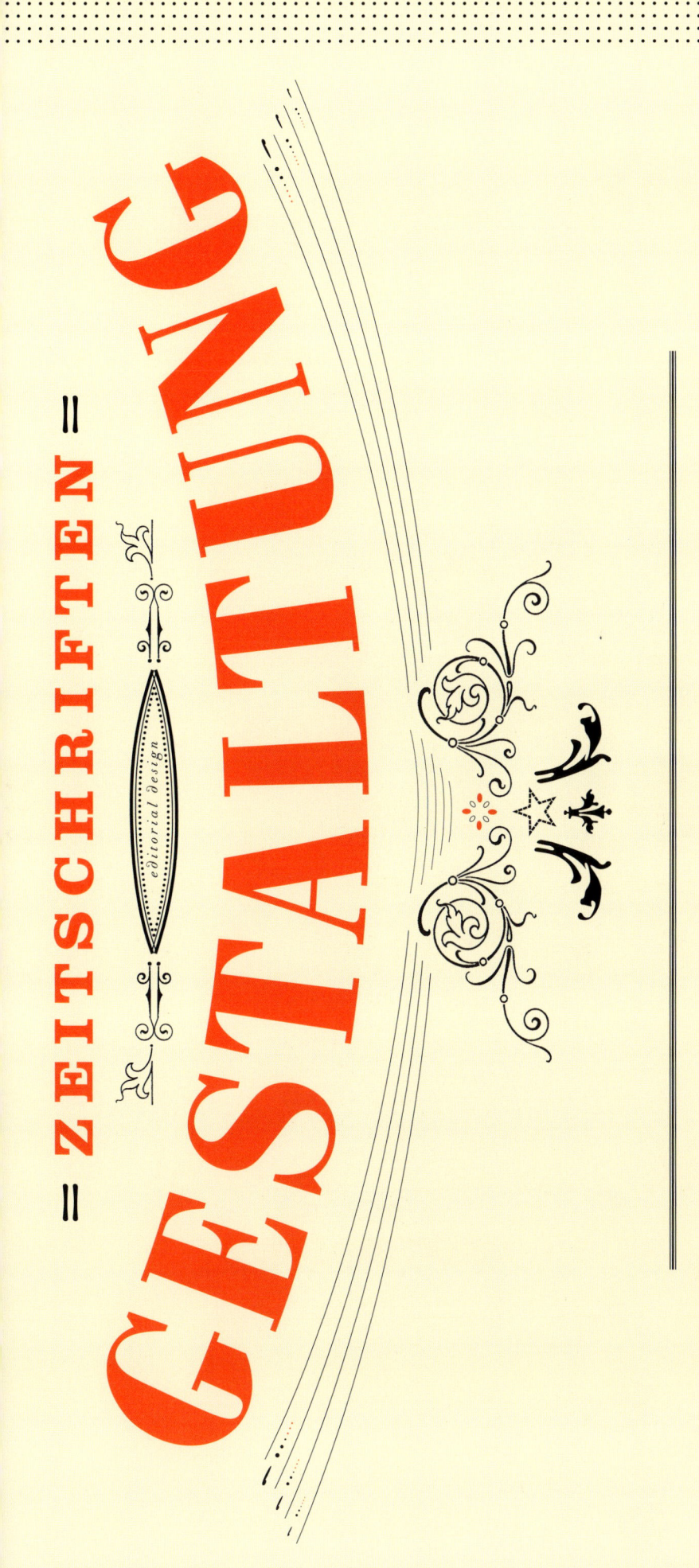

editorial design

ZUR WAFFE!
(MUNITION)

Mit freundlicher Unterstützung von:

DER SPIEGEL
SPIEGEL-Leser wissen mehr.

SPEX No. 284
»Bestmarkenalbum«

Auftraggeber
Alexander Lacher
Verlag
Piranha Media
Chefredaktion
Uwe Viehmann
Art Direction
Mario Lombardo
Text
Tobias Thomas,
Stephan Glietsch,
Wolfgang Frömberg,
Markus Hablizel,
Andrea Pritschow,
Thomas Brill
Grafik
Mario Koell,
Susanne Schandelmaier
Fotografie
Gerald von Foris,
Henrik Drescher,
Mareike Foecking,
Ilan Hamra
Illustration
Mario Koell,
Susanne Schandelmaier,
Mario Lombardo

Zeitschriften Gestaltung --- 445

BRONZE

Sleek
»Fantasy ? Reality«

Auftraggeber
sleek things
Agentur
c-feld
Verlag
sleek things
Creative Direction
Mieke Haase
Chefredaktion
Lothar Eckstein
Art Direction
Jan-Christoph Prilop
Grafik
Jenny Grieger,
Swantje Maria Osburg,
Martin-Raju Kuhlmann

Zeitschriften Gestaltung --- **447**

BRONZE

Sleek
»Create ? Destroy«

Auftraggeber
sleek things
Agentur
c-feld
Verlag
sleek things
Creative Direction
Mieke Haase
Chefredaktion
Lothar Eckstein
Art Direction
Jan-Christoph Prilop,
Christian Küpker
Grafik
Jenny Grieger,
Swantje Maria Osburg

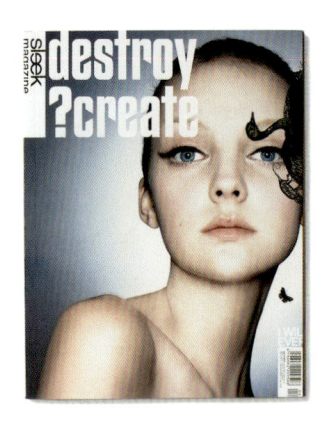

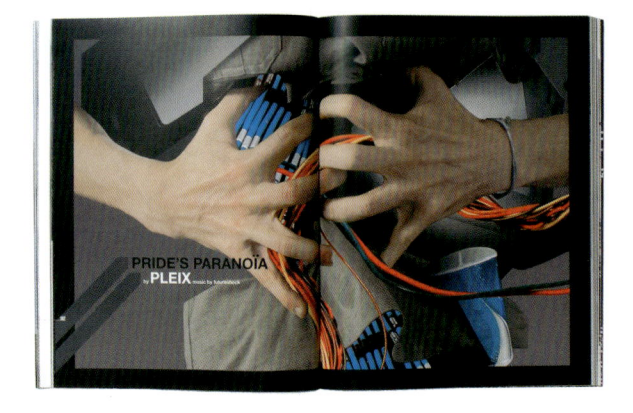

Zusätzlich erhielten verschiedene Illustrationen aus dieser Zeitschrift Bronze
in der Kategorie Illustration auf Seite 308/309. Der Titel erhielt eine Auszeichnung
in der Kategorie Zeitschriften Titel auf Seite 461.

AUSZEICHNUNG

soDA magazin
#26 »Surface«

Auftraggeber
soDA Verlag s.A.
Verlag
soDA Verlag s.A.
Creative Direction
Martin Loetscher
Chefredaktion
Susanne von Ledebur
Art Direction
Marc Kappeler
Text
diverse
Grafik
diverse
Typografie
Markus Reichenbach
Fotografie
diverse
Illustration
diverse
Strategische Planung
Iris Ruprecht

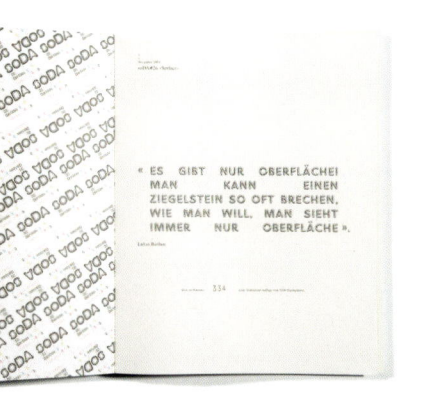

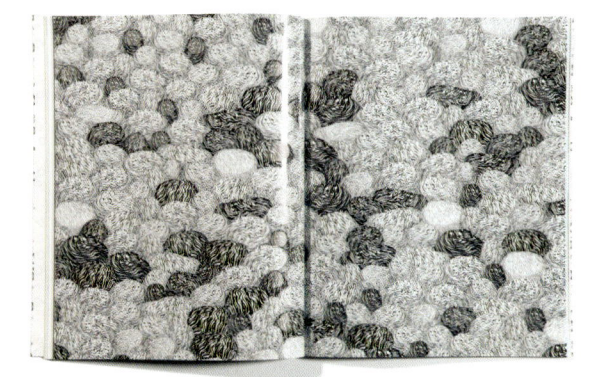

Zeitschriften Gestaltung --- 449

AUSZEICHNUNG

kid's wear »Volume 19«

Auftraggeber
Achim Lippoth

Werbeleitung
Ann-Katrin Weiner

Agentur
Meiré&Meiré

Verlag
kid's wear Verlag

Creative Direction
Mike Meiré

Art Direction
Florian Lambl

Text
Michael Kröger,
Klaus Wolfertstetter,
Thomas Edelmann,
Sven Lager, Elke Naters

Grafik
Esther Gebauer

Fotografie
Shelby Lee Adams,
Mark Borthwick,
Achim Lippoth,
Mike Meiré,
Martin Parr,
Vanina Sorrenti

Bildbearbeitung
digitalunit.de

Illustration
Manu Burghart,
Zec Elie-Meiré,
Esther Gebauer,
Carlotta Kinze,
Jasper und Lily Kröger

Kundenberatung
Ann-Katrin Weiner

Sonstiges
Catrin Hansmerten,
Jana Kausmann,
Aurora Grisanti,
Kerstin-Anna Hielscher,
Michelle Elie

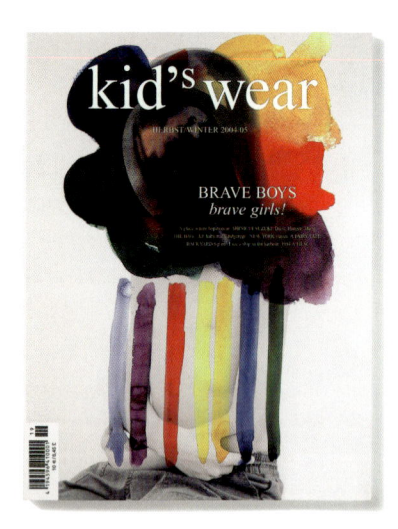

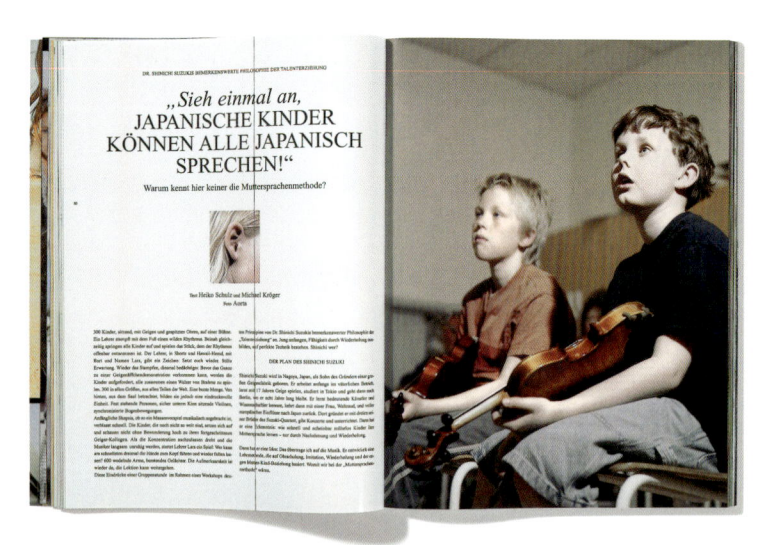

Zusätzlich erhielt der Beitrag »The colours of Cologne« eine Auszeichnung in der Kategorie Zeitschriften Beiträge auf Seite 466.

Zusätzlich erhielten verschiedene Motive aus dieser Zeitschrift eine Auszeichnung
in der Kategorie Illustration auf Seite 322.

AUSZEICHNUNG
RUHM UND EHRE

INSTANT »No. 57«

Auftraggeber
INSTANT
Corporate Culture

Marketingleitung
Thomas Feicht

Agentur
Heye & Partner GmbH

Verlag
INSTANT
Corporate Culture

Creative Direction
Thomas Feicht,
Norbert Herold

Redaktion
Gitta Schecker

Art Direction
Jörg Stöckigt

Text
Peter Hirrlinger,
Andreas Forberger,
Thilo v. Büren,
Gunnar Immisch,
Dietmar Henneka,
Ono Mothwurf,
Florian Ege,
Martin Kießling,
Lothar Hackethal,
Jan Okusluk,
Thomas Winklbauer,
Otward Buchner

Bildbearbeitung
Jörg Kratisch,
Matthias Remmling

Illustration
Marc Herold

Produktion
Carsten Horn

Zeitschriften Gestaltung --- 451

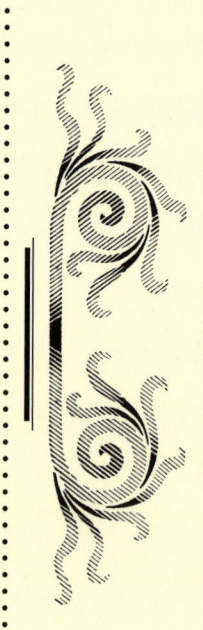

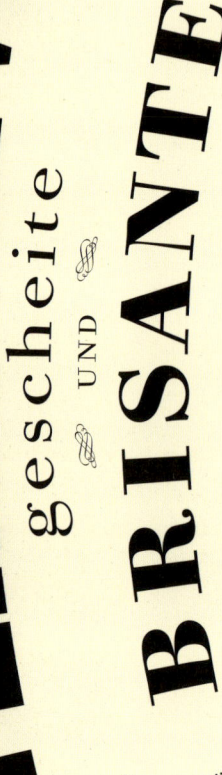

DER ADC sucht die denkwürdigsten und eigenwilligsten Zeitschriften-Titel!

WANTED

EINPRÄGSAME, **PLAKATIVE,** gescheite UND **BRISANTE**

ZEITSCHRIFTEN TITEL

REWARD!

9 AUSZEICHNUNGEN!

AUSZEICHNUNG

monopol. Magazin
für Kunst und Leben
»Ausgabe 4«

Auftraggeber
Juno Verlag
GmbH & Co. KG

Marketingleitung
Alexander von Oheimb

Verlag
Juno Verlag
GmbH & Co. KG

Creative Direction
Amélie von Heydebreck

Chefredaktion
Florian Illies,
Amélie von Heydebreck

Art Direction
Andre Wyst,
Vladimir Llovet Casademont

Grafik
Andre Wyst,
Vladimir Llovet Casademont

Typografie
Andre Wyst,
Vladimir Llovet Casademont

Bildbearbeitung
Andre Wyst,
Vladimir Llovet Casademont

monopol

Magazin für Kunst und Leben, Nr. 4, Oktober/November 2004
Euro 7,00 (A 8,00 / Lux 8,40) SFr 13,70

Mr. Cool
Julian Opie im Exklusiv-Interview:
Meine Portraits kennen keinen Schmutz

Wunder Goslar
Wie Gerhard Richters Kerzenbild
eine Kleinstadt reich macht

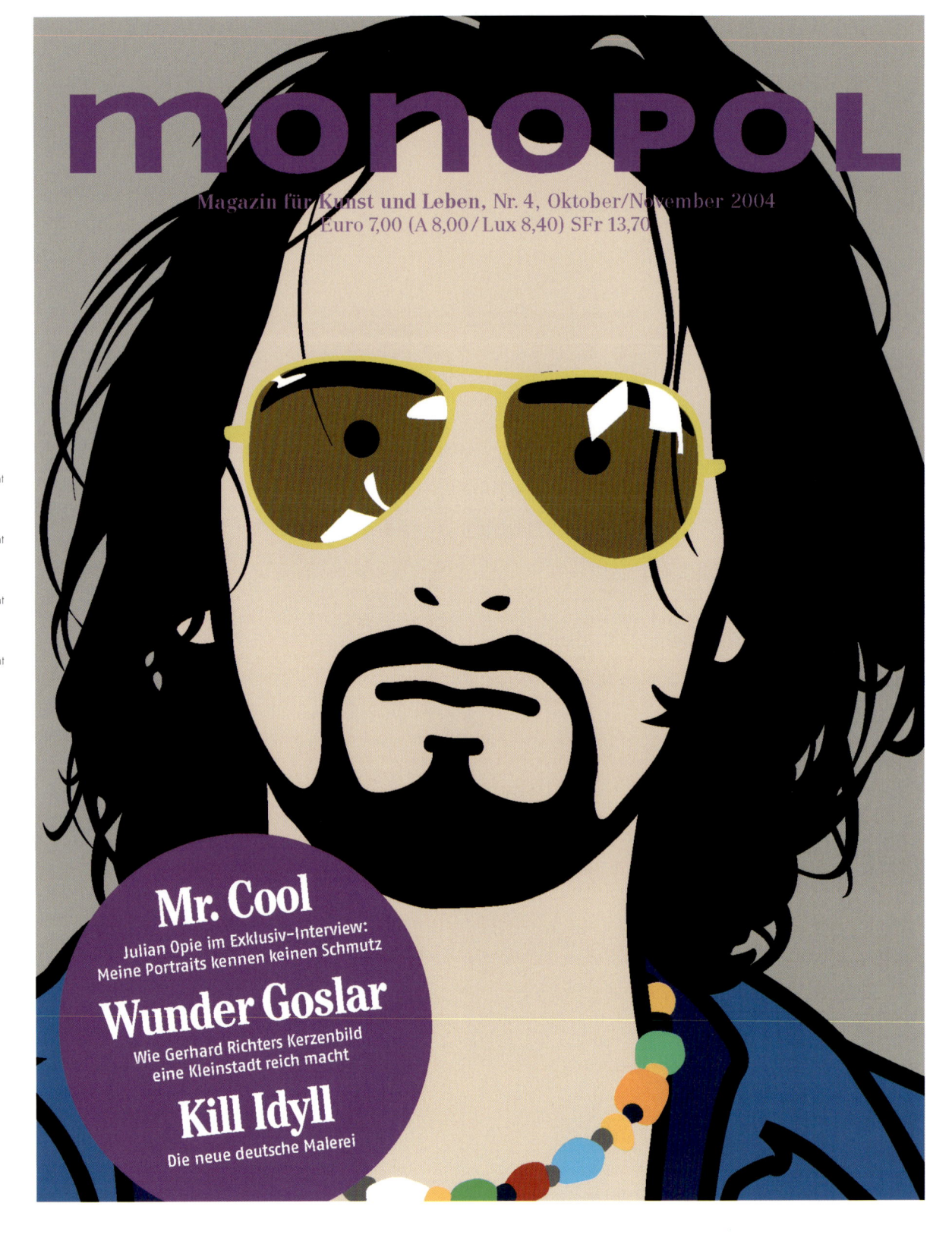

Kill Idyll
Die neue deutsche Malerei

AUSZEICHNUNG

DER SPIEGEL
»Prinzip Zufall –
Die Wahrscheinlichkeit des
Unwahrscheinlichen«

Auftraggeber
Chefredaktion
DER SPIEGEL
Verlag
SPIEGEL-Verlag Rudolf
Augstein GmbH & Co KG
Chefredaktion
Stefan Aust
Bildredaktion
Gershom Schwalfenberg,
Monika Zucht
Art Direction
Stefan Kiefer
Grafik
Iris Kuhlmann, Arne Vogt
Illustration
John Harwood

Zeitschriften Titel --- 455

AUSZEICHNUNG

WirtschaftsWoche
»Die Produkte des Jahres«

Auftraggeber
WirtschaftsWoche
Verlag
Verlagsgruppe
Handelsblatt GmbH
Chefredaktion
Stefan Baron
Bildredaktion
Hildegard Schneider
Art Direction
Holger Windfuhr

Süddeutsche Zeitung Magazin
»Der Sitz des Bundespräsidenten«

Auftraggeber
Magazin
Verlagsgesellschaft
Süddeutsche Zeitung mbH

Verlag
Magazin
Verlagsgesellschaft
Süddeutsche Zeitung mbH

Chefredaktion
Jan Weiler,
Dominik Wichmann

Art Direction
Christine Rampl

Text
Christian Gottwalt

Grafik
Anne Blaschke

Fotografie
André Mühling

AUSZEICHNUNG

Süddeutsche Zeitung
Magazin
»Uschi, 60«

Auftraggeber
Magazin
Verlagsgesellschaft
Süddeutsche Zeitung mbH
Verlag
Magazin
Verlagsgesellschaft
Süddeutsche Zeitung mbH
Chefredaktion
Jan Weiler,
Dominik Wichmann
Art Direction
Christine Rampl
Text
Christian Gottwalt,
Jan Weiler
Grafik
Christine Rampl
Fotografie
Olaf Blecker

Süddeutsche Zeitung
MAGAZIN
No. 32 — 6.8.2004

Überall Qaida
Die islamistischen Terroristen sind längst unter uns

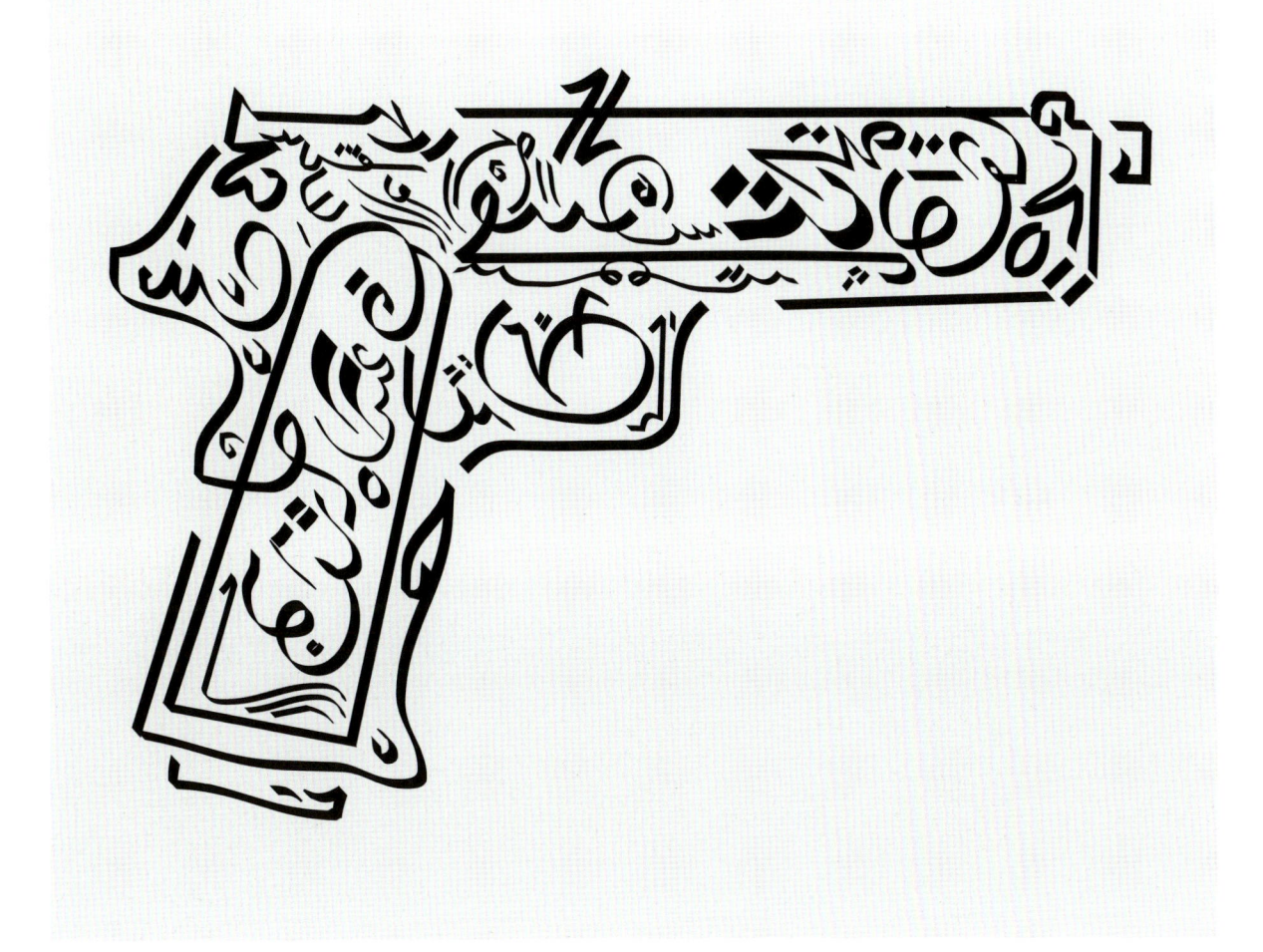

Süddeutsche Zeitung
Magazin
»Überall Qaida«

Auftraggeber
Magazin
Verlagsgesellschaft
Süddeutsche Zeitung mbH
Verlag
Magazin
Verlagsgesellschaft
Süddeutsche Zeitung mbH
Chefredaktion
Jan Weiler,
Dominik Wichmann
Art Direction
Mirko Borsche
Text
Christian Gottwalt
Grafik
Anne Blaschke,
Daniel Bognar,
Mirko Borsche,
Anna Linder
Illustration
Mirko Borsche

Zusätzlich erhielt der Beitrag »Al-Qaida ist überall« eine Auszeichnung in der Kategorie Zeitschriften Beiträge auf Seite 477.

AUSZEICHNUNG

Süddeutsche Zeitung
Magazin
»Bloß keine Scheuklappen«

Auftraggeber
Magazin
Verlagsgesellschaft
Süddeutsche Zeitung mbH
Verlag
Magazin
Verlagsgesellschaft
Süddeutsche Zeitung mbH
Chefredaktion
Jan Weiler,
Dominik Wichmann
Art Direction
Mirko Borsche
Text
Christian Gottwalt,
Jan Weiler
Grafik
Anne Blaschke,
Daniel Bognar,
Mirko Borsche,
Anna Linder
Fotografie
Reinhard Hunger

Zusätzlich erhielten verschiedene Motive des Zeitschriftenbeitrags »Boxenluder« Bronze
in der Kategorie Fotografie auf Seite 284/285.

460 --- Zeitschriften Titel

AUSZEICHNUNG

SPEX No. 279
»The Roots«

Auftraggeber
Alexander Lacher
Verlag
Piranha Media
Chefredaktion
Uwe Viehmann
Art Direction
Mario Lombardo
Text
Tobias Thomas,
Stephan Glietsch,
Wolfgang Frömberg,
Markus Hablizel,
Andrea Pritschow,
Thomas Brill
Grafik
Mario Koell,
Sharmila Bandyopadhyay
Typografie
Mario Lombardo
Fotografie
Alfred Jansen
Illustration
Mario Koell,
Sharmila Bandyopadhyay,
Mario Lombardo

AUSZEICHNUNG

Sleek
»Create ? Destroy«

Auftraggeber
sleek things
Agentur
c-feld
Verlag
sleek things
Creative Direction
Mieke Haase
Chefredaktion
Lothar Eckstein
Art Direction
Jan-Christoph Prilop,
Christian Küpker
Grafik
Jenny Grieger,
Swantje Maria Osburg
Fotografie
Ranjit
Illustration
Christian Küpker
Sonstiges
Styling:
Anja Schulte-Vogelheim

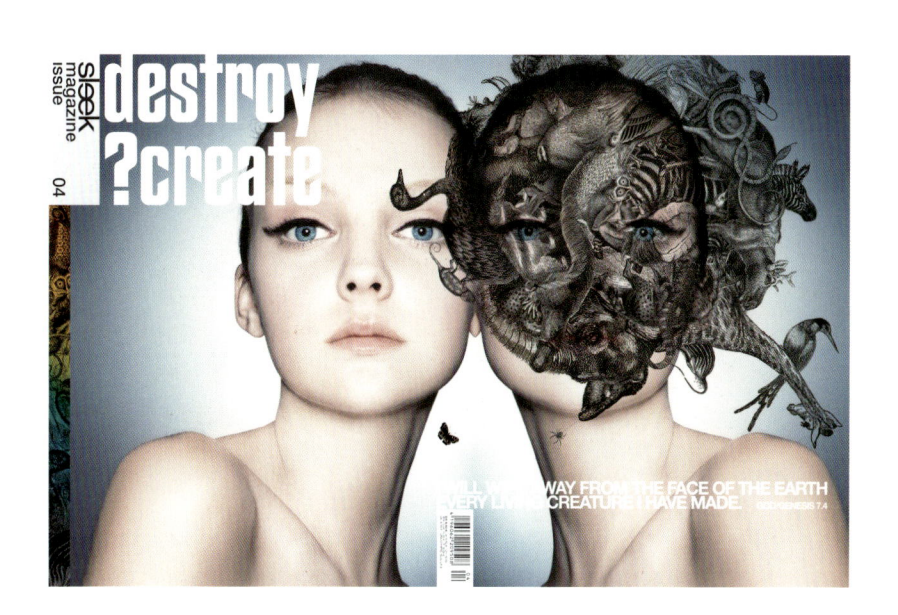

Zusätzlich erhielt diese Zeitschrift Bronze in der Kategorie Zeitschriften Gestaltung auf Seite 448, verschiedene Illustrationen erhielten Bronze in der Kategorie Illustration auf Seite 308/309.

Zeitschriften Titel --- 461

WANTED

REWARD — 13 Auszeichnungen !!!

Mit **HERZBLUT** gestaltete,

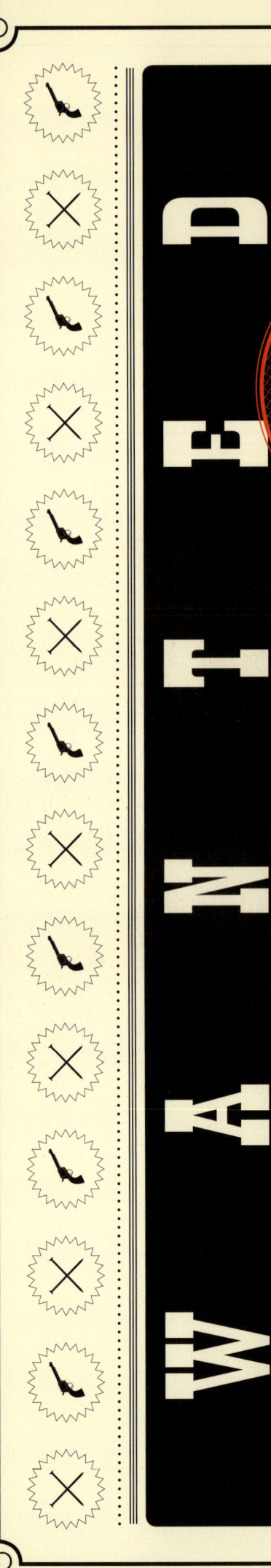

— * —

DER

KONVERSATION ZUTRÄGLICHE,

auf mitreißende Art **ERZÄHLENDE,**

——— mit allen Mitteln SPIELENDE ———

ADC

ZEITSCHRIFTEN = BEITRÄGE

zuträglich, beisteuernd, TRAGFÄHIG, beispielgebend:

REWARD!

AUSZEICHNUNG

stern
»Seebeben in Südasien«

Auftraggeber
stern
Verlag
Gruner + Jahr AG & Co. KG
Chefredaktion
Thomas Osterkorn,
Andreas Petzold
Art Direction
Tom Jacobi
Grafik
Ibrahim Kepenek,
Andreas Nyland
Fotografie
diverse Fotografen

464 --- Zeitschriften Beiträge

Zeitschriften Beiträge --- **465**

AUSZEICHNUNG
RUHM UND EHRE

kid's wear Magazin
»The colours of Cologne«

Auftraggeber
kid's wear Magazin
Verlag
kid's wear Verlag
Creative Direction
Mike Meiré
Art Direction
Florian Lambl
Grafik
Esther Gebauer
Fotografie
Achim Lippoth
Bildbearbeitung
digitalunit.de

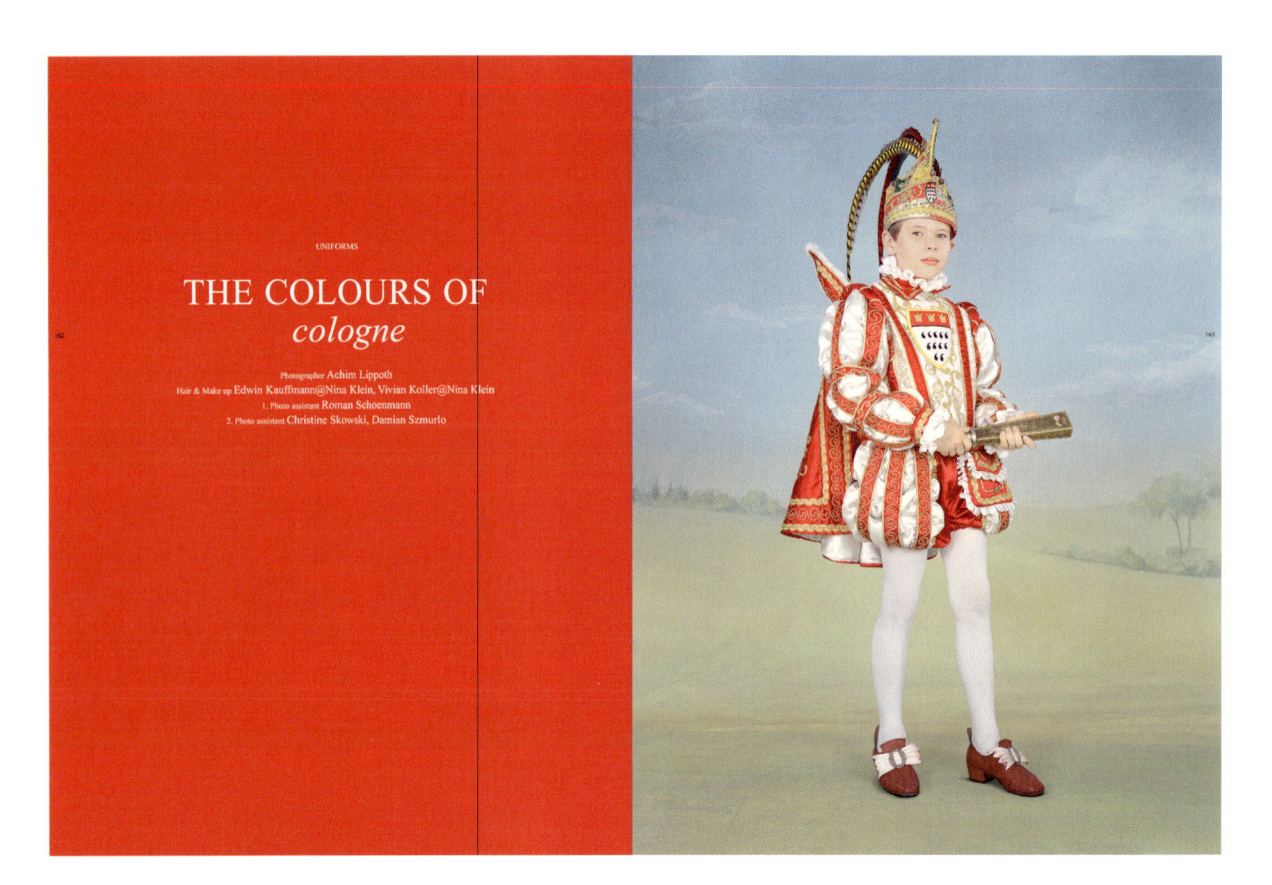

Zusätzlich erhielt kid's wear »Volume 19« eine Auszeichnung in der Kategorie Zeitschriften Gestaltung auf Seite 450.

AUSZEICHNUNG

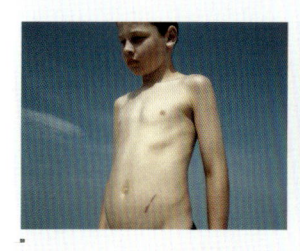

Sleek Magazin
»Reality Sucks«

Auftraggeber
sleek things
Agentur
c-feld
Verlag
sleek things
Creative Direction
Mieke Haase
Chefredaktion
Lothar Eckstein
Art Direction
Jan-Christoph Prilop
Grafik
Jenny Grieger,
Swantje Maria Osburg,
Martin-Raju Kuhlmann
Fotografie
Christiane Wöhler

Zeitschriften Beiträge --- 467

Sleek Magazin
»Holy Cow«

Auftraggeber
sleek things
Agentur
c-feld
Verlag
sleek things
Creative Direction
Mieke Haase
Chefredaktion
Lothar Eckstein
Art Direction
Jan-Christoph Prilop
Grafik
Jenny Grieger,
Swantje Maria Osburg,
Martin-Raju Kuhlmann
Fotografie
Brigitte Niedermair

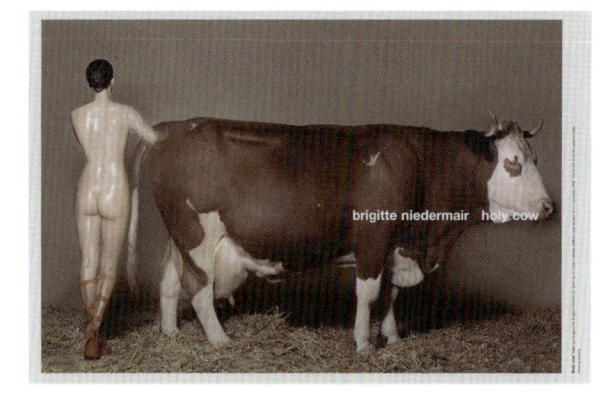

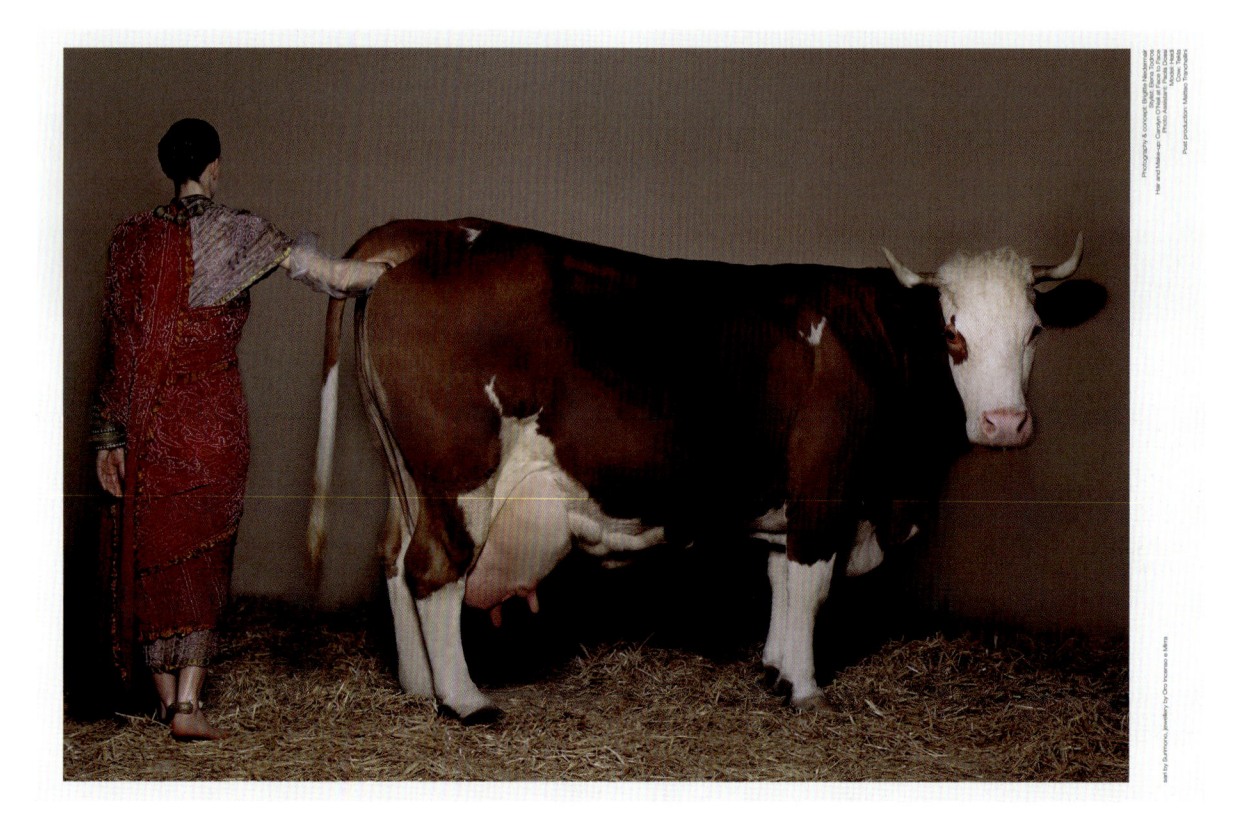

Sleek Magazin
»... the Afterlife«

Auftraggeber
sleek things
Agentur
c-feld
Verlag
sleek things
Creative Direction
Mieke Haase
Chefredaktion
Lothar Eckstein
Art Direction
Jan-Christoph Prilop
Text
Eva Karcher
Grafik
Jenny Grieger,
Swantje Maria Osburg,
Martin-Raju Kuhlmann
Sonstiges
Künstler: Martin Eder

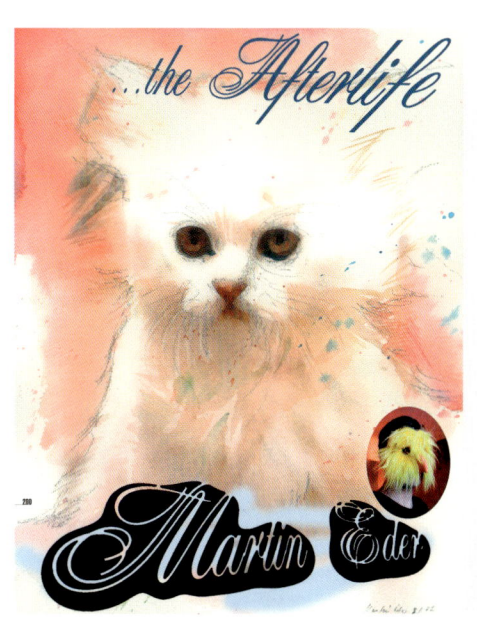

AUSZEICHNUNG

Süddeutsche Zeitung
Magazin
»Affenschande«

Auftraggeber
Magazin
Verlagsgesellschaft
Süddeutsche Zeitung mbH
Verlag
Magazin
Verlagsgesellschaft
Süddeutsche Zeitung mbH
Chefredaktion
Jan Weiler,
Dominik Wichmann
Art Direction
Mirko Borsche
Text
Johannes Waechter
Grafik
Anne Blaschke,
Daniel Bognar,
Mirko Borsche,
Anna Linder
Fotografie
James Mollison

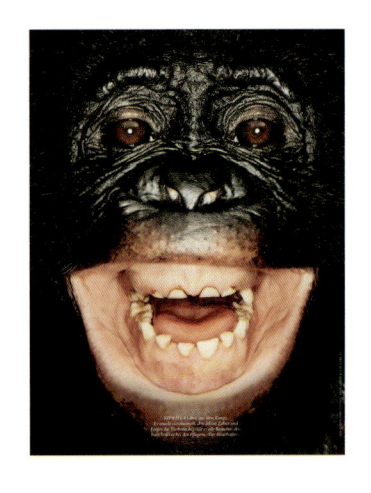

AUSZEICHNUNG

Neon Magazin
»Alte Schule«

Auftraggeber
Gruner + Jahr
AG & Co. KG

Verlag
Gruner + Jahr
AG & Co. KG

Chefredaktion
Timm Klotzek,
Michael Ebert

Art Direction
Gunter Schwarzmaier

Grafik
Sandra Eichler,
Sarah Illenberger,
Enite Hoffmann

Fotografie
Mareike Föcking

Bildbearbeitung
Artur Wahl GmbH

Illustration
Sarah Illenberger

Sonstiges
Styling:
Corinna Teresa Brix

Zeitschriften Beiträge --- 471

AUSZEICHNUNG

BILD-Zeitung
»Schröder zum
60. Geburtstag«

Auftraggeber
BILD-Zeitung
Verlag
Axel Springer AG
Creative Direction
Veronika Illmer,
Markus Ackermann
Chefredaktion
Kai Diekmann
Art Direction
Patrick Markowski

Vergleiche hierzu auch die Motive aus dem Buch »Stille Berge«,
die in der Kategorie Fotografie auf Seite 276/277 Silber erhielten.

AUSZEICHNUNG

Süddeutsche Zeitung
Magazin
»Berg in Black«

Auftraggeber
Magazin
Verlagsgesellschaft
Süddeutsche Zeitung mbH
Verlag
Magazin
Verlagsgesellschaft
Süddeutsche Zeitung mbH
Chefredaktion
Jan Weiler,
Dominik Wichmann
Art Direction
Friederike Gauss
Text
Christian Gottwalt
Grafik
Anne Blaschke
Fotografie
Michael Schnabel

Zeitschriften Beiträge --- **473**

Fluter Magazin
»Alles hat seinen Preis«

Auftraggeber
Bundeszentrale für
politische Bildung
Verlag
Bundeszentrale für
politische Bildung
Chefredaktion
Dirk Schönlebe
(Redaktion & Koordination)
Art Direction
Thomas Kartsolis
Text
verschiedene
Grafik
Alexandra Rusitschka
Fotografie
Ulrike Myrzik,
Manfred Jarisch

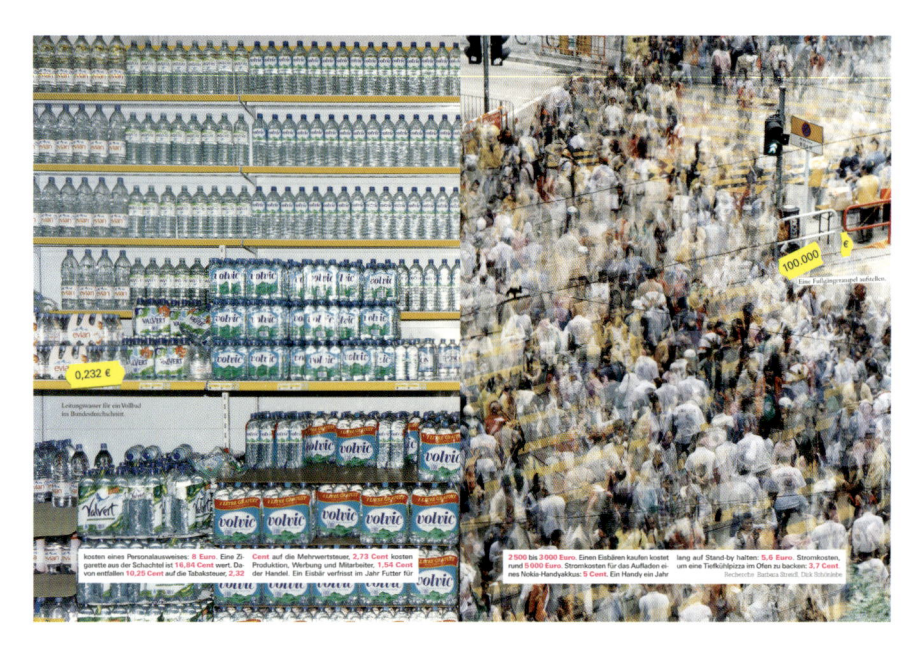

AUSZEICHNUNG

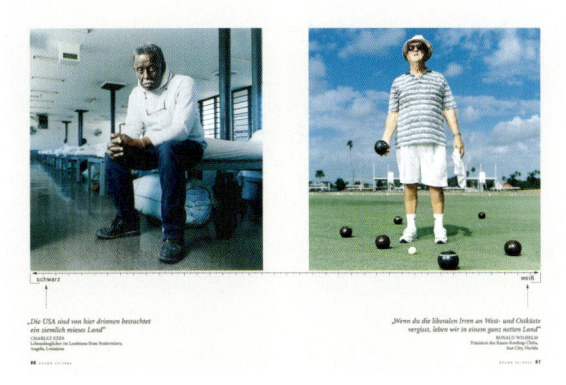

stern
»USA –
Das gespaltene Land«

Auftraggeber
stern
Verlag
Gruner + Jahr AG & Co. KG
Chefredaktion
Thomas Osterkorn,
Andreas Petzold
Art Direction
Tom Jacobi
Grafik
Mark Ernsting
Fotografie
Mathias Braschler,
Monika Fischer

AUSZEICHNUNG

Neon Magazin
»Wovon träumen Tellerwäscher?«

Auftraggeber
Gruner + Jahr
AG & Co. KG

Verlag
Gruner + Jahr
AG & Co. KG

Chefredaktion
Timm Klozek,
Michael Ebert

Art Direction
Mirko Borsche

Text
Eva Lehnen

Grafik
Sandra Eichler,
Sarah Illenberger,
Enite Hoffmann

Fotografie
Gianni Occipinti

Bildbearbeitung
Artur Wahl GmbH

AUSZEICHNUNG

Süddeutsche Zeitung
Magazin
»Al-Qaida ist überall«

Auftraggeber
Magazin
Verlagsgesellschaft
Süddeutsche Zeitung mbH

Verlag
Magazin
Verlagsgesellschaft
Süddeutsche Zeitung mbH

Chefredaktion
Jan Weiler,
Dominik Wichmann

Art Direction
Mirko Borsche

Text
Susanne Schneider,
Jan Heidtmann

Grafik
Anne Blaschke,
Daniel Bognar,
Mirko Borsche,
Anna Linder

Illustration
Mirko Borsche

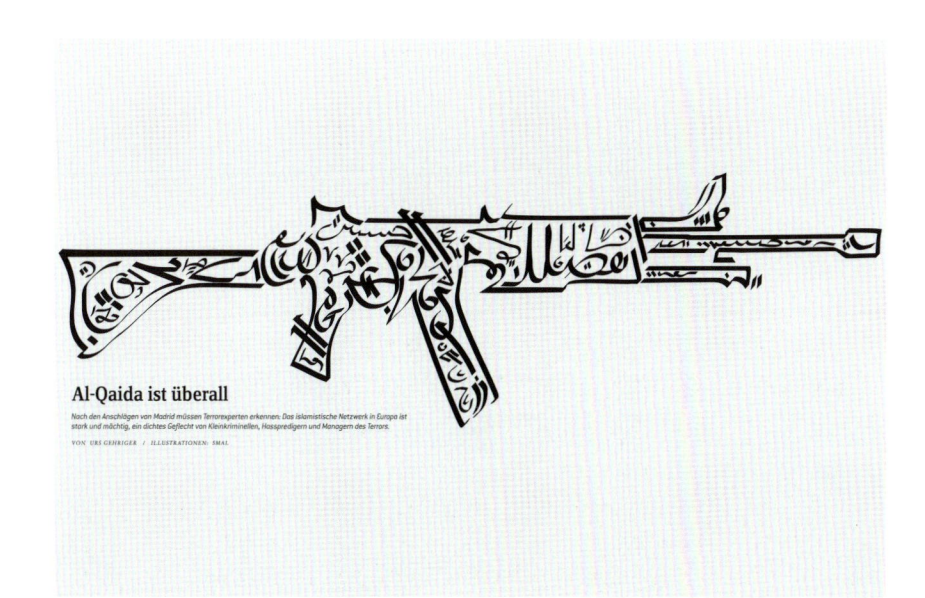

Zusätzlich erhielt dieses Magazin eine Auszeichnung in der Kategorie Zeitschriften Titel auf Seite 459.

REWARD!

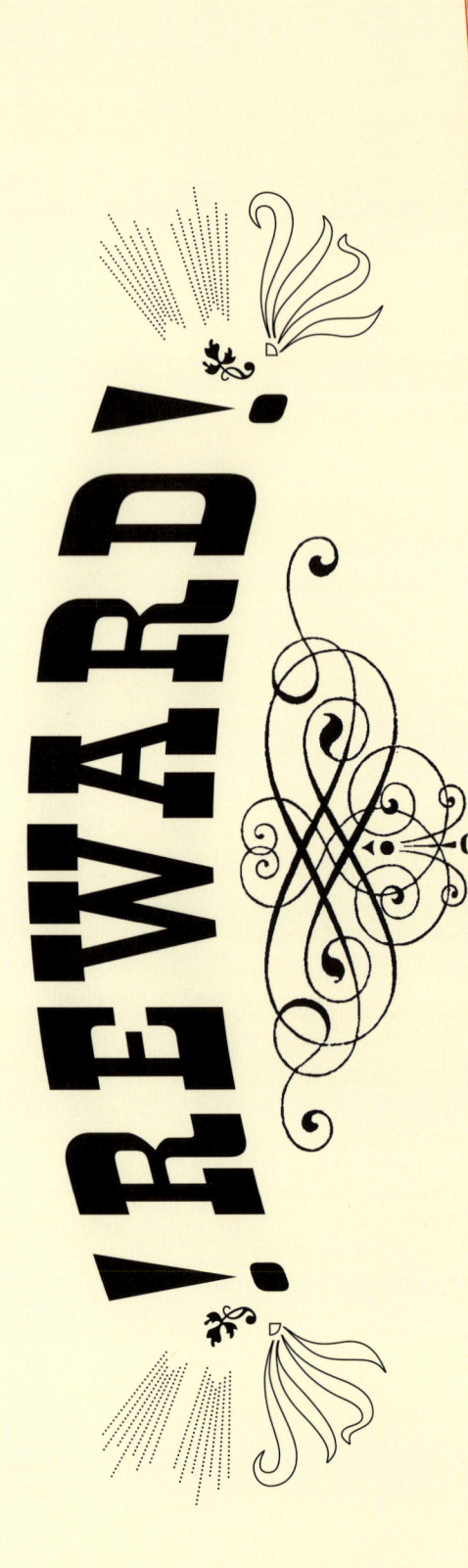

SHOOT TO THRILL

FÜR BEWEGENDE UND RADIKAL-RESOLUTE, INNOVATIVE, LÜCKENLOS gute

MEDIA
IDEEN

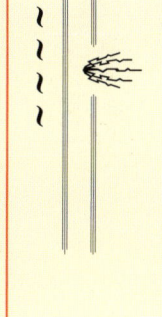

1 X GOLD

4 X BRONZE

8 X AUSZEICHNUNG

DER ADC VERGIBT GROSSZÜGIG BELOHNUNGEN AUS HARTEM METALL.

GOLD

smart forfour Aktion
»Auf Schienen«

Auftraggeber
DaimlerChrysler
Vertriebsorganisation
Deutschland
Marketingleitung
Jochen Sengpiehl,
Peter Kraushaar
Agentur
Springer & Jacoby
Werbung GmbH
Creative Direction
Dirk Haeusermann,
Matthias Harbeck
Art Direction
Birgit Hogrefe,
Nina Pohl,
Alexander Sehrbrock
Text
Christiane Rein,
Daniel Ernsting,
Jan Krause
Grafik
Felix Vorreiter
Kundenberatung
Katrin Streich,
Mareike Milde,
Jens Portmann

Ein neues Auto zu präsentieren, ist nichts Besonderes. Es sei denn, man macht es dort, wo es zuvor noch keiner gemacht hat: auf U-Bahn-Schienen. Der neue smart forfour wurde vor rund 250.000 staunenden Menschen in den U-Bahn-Stationen von Berlin präsentiert – eine Woche vor seiner offiziellen Einführung auf der Straße.

Zusätzlich erhielt diese Arbeit Silber in der Kategorie Verkaufsförderung auf Seite 135.

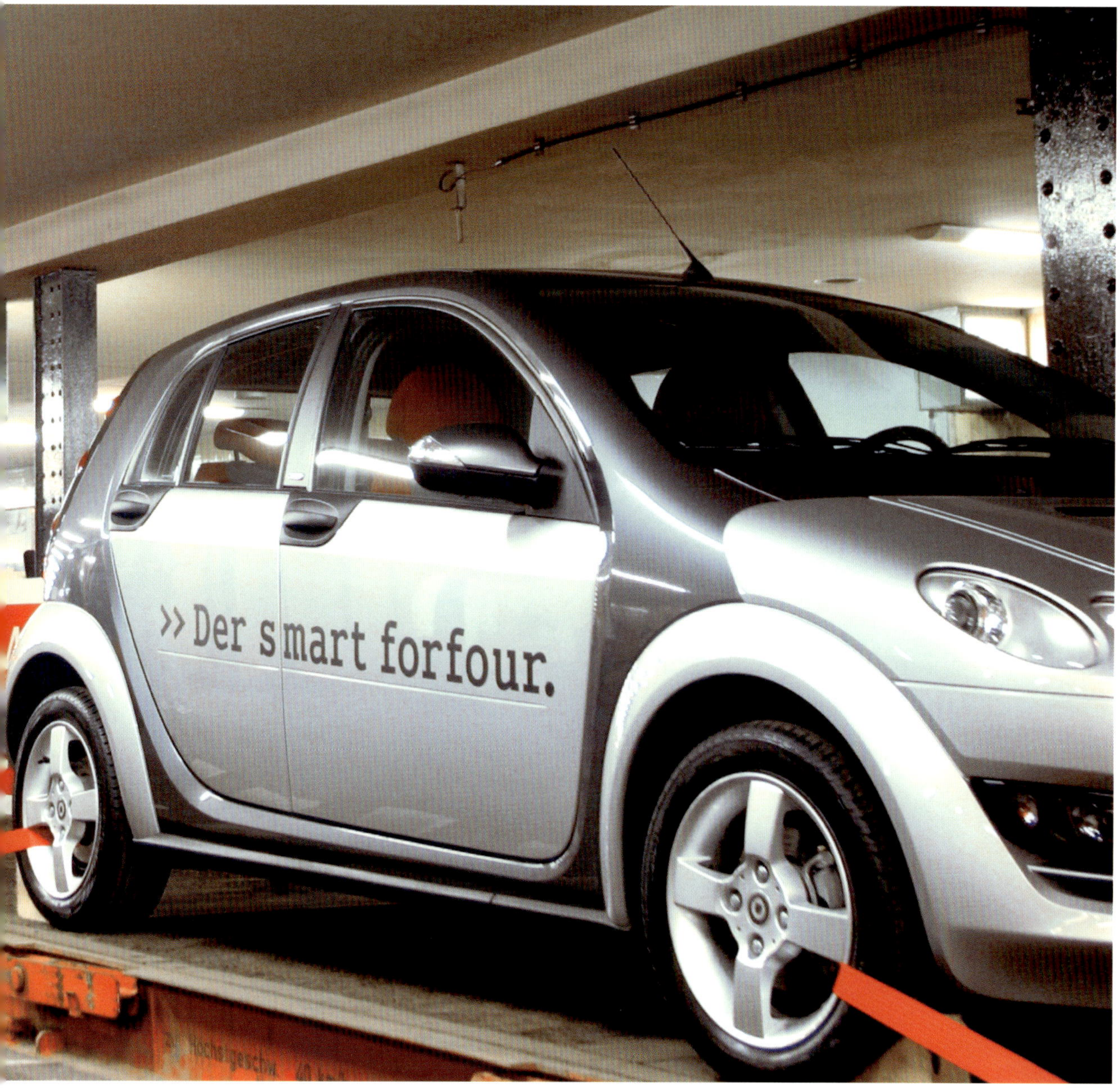
>> Der smart forfour.

BRONZE

BMW 6er Anzeigen
»Coverstar«

Auftraggeber
BMW AG

Marketingleitung
Dr. Wolfgang Armbrecht,
Jürgen Korzer

Werbeleitung
Bernhard Schneider,
Claudia Kohl,
Thomas Koller,
Virginie Briand

Agentur
Jung von Matt AG

Creative Direction
Deneke von Weltzien,
Thimoteus Wagner,
Bernhard Lukas

Art Direction
Mirjam Heinemann,
Tobias Eichinger

Text
Björn Lockstein,
Tobias Holland

Grafik
Volkmar Weiß

Fotografie
Gulliver Theis,
Nico Weymann,
James Merrell,
Lukas Spörl,
Ellen von Unwerth,
Tom Nagy

Kundenberatung
Christian Hupertz,
Holger Hennschen,
Franca Indemans

Strategische Planung
Daniel Adolph

**Producer/
Agentur Producer**
Marcus Loick

Sonstiges
Art Buying:
Susanne Nagel

»Ein einmaliger Coup: Werbung auf allen Titelseiten der Zielgruppen-Magazine! Nicht mit grellen und werbigen Störern, sondern durch die organische Integration des BMW 6er ins Titel-Layout, teilweise ergänzt durch Redaktionelles. Ein echter 6er im Media-Lotto.«

€ 7,80 (D, A) · SFR 14,00 · Mai 2004 · C 4701 E
Die Lust am Reisen
MERIAN
Lissabon
EXTRA
Mit Faltplan für die Tasche
Alfama
Abenteuer Altstadt
Strände
Wo die Stadt baden geht
Fußball
Das runde Herz Lissabons
www.merian.de
28 Seiten Service Hotels • Sehenswertes • Aktiv

BRONZE

Görtz Schuhe Plakat
»Kinderschuhe«

Auftraggeber
Ludwig Görtz GmbH
Marketingleitung
Michael Jacobs
Werbeleitung
Gerd Kessler
Agentur
Springer & Jacoby
Werbung GmbH
Creative Direction
Dirk Haeusermann,
Matthias Harbeck
Art Direction
Birgit Hogrefe
Text
Alexander Ardelean
Fotografie
Thomas Arva
Kundenberatung
Robert Heim,
Julia Waldi
Sonstiges
Dummybau:
Thomas Beecken,
Art Buying:
Susanne Kastner-Linke

Bei Görtz gibt's nicht nur Schuhe für Erwachsene, sondern auch für Kinder. Und weil uns die Kleinen besonders am Herzen liegen, stellten wir neben normale Citylight-Poster und 18/1-Plakate mit Erwachsenen-Schuhwerbung extra angefertigte Mini-Citylights und Mini-18/1 auf, die Kinderschuhe bewarben.

BRONZE

VIVA PLUS
»Clip Creator« –
Interaktive Werbetrenner
und Station IDs

Auftraggeber
VIVA PLUS
Fernsehen GmbH,
Annabel Beresford,
Tobias Trosse

Agentur
FEEDMEE
DESIGN GMBH

Creative Direction
Annabel Beresford,
VIVA Fernsehen GmbH,
Susanne Lüchtrath
und Anton Riedel,
FEEDMEE
DESIGN GMBH

**Musikkomposition/
Sound Design**
Thomas Bücker,
Achim Fischer

Computeranimation
After Effects:
Frank Schmidt,
Flash: Markus Cecot

Sonstiges
Programmierung:
Peter Petermann,
Jan Tietze,
Studio Orange,
Technische Konzeption:
Boris Tschernach,
Peter Pardeike

Schritt 1: Als Member auf vivaplus.tv einloggen.

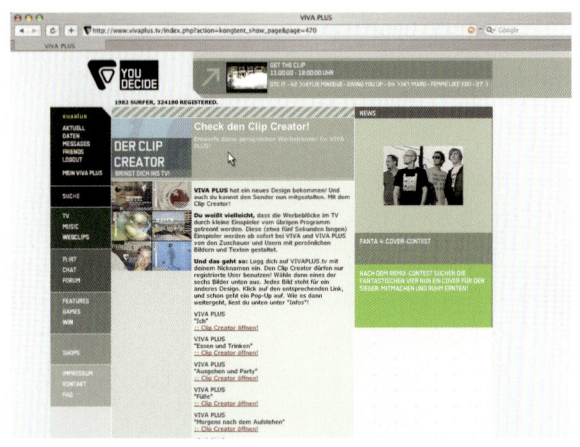

Schritt 2: CLIP CREATOR anwählen und ein Thema auswählen.

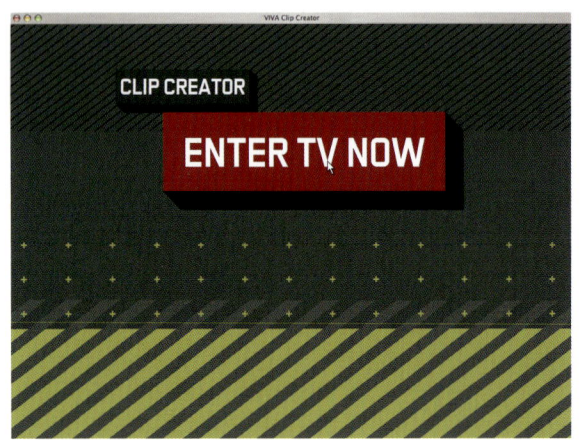

Schritt 3: Startanimation CLIP CREATOR.

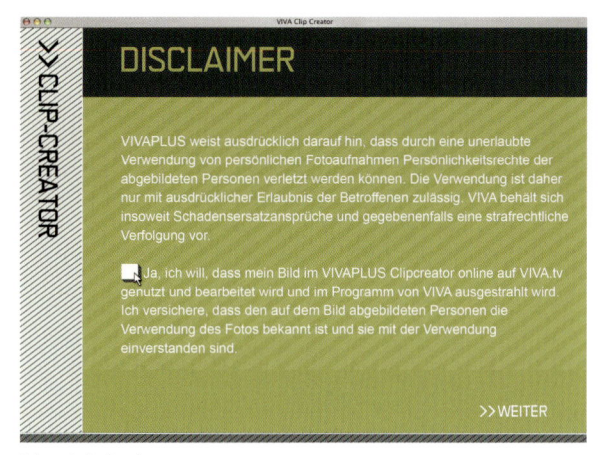

Schritt 4: Rechteabtretung.

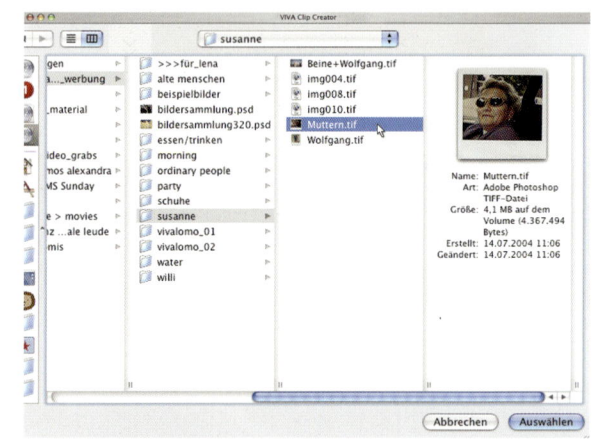

Schritt 5: Bild vom eigenen Rechner uploaden.

Schritt 6: Bild positionieren.

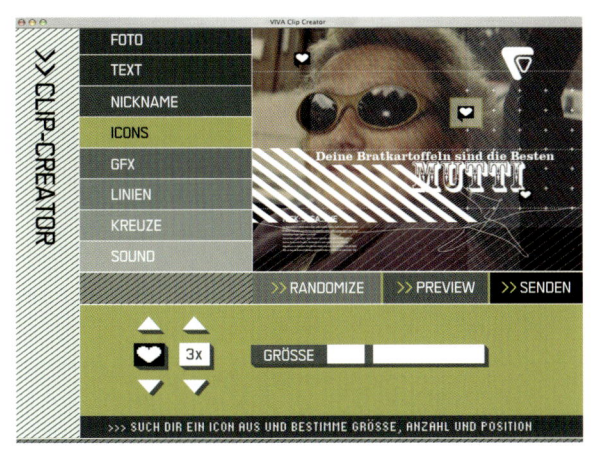

Schritt 7: Bild mit den Grafikelementen bearbeiten.

Schritt 8: Fertigen Clip abschicken.

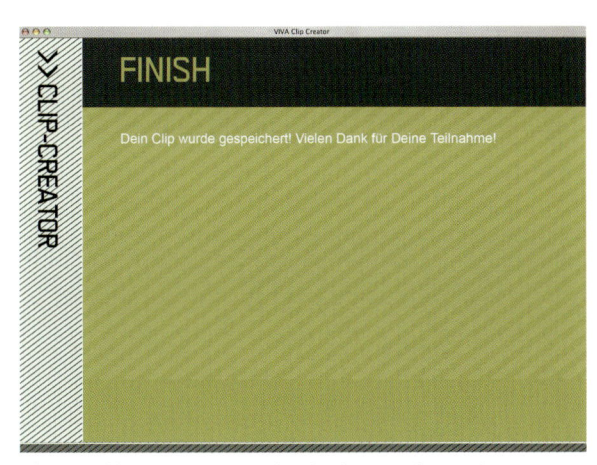

Schritt 9: Meldung von VIVA PLUS, dass der Clip gespeichert worden ist.

Schritt 10: Der Clip geht on Air.

FEEDMEE entwickelte im Rahmen des Redesigns für den interaktiven Musiksender VIVA PLUS ein webbasiertes Tool zur Produktion von Werbetrennern und Station IDs. Auf www.vivaplus.tv können registrierte Zuschauer das Erscheinungsbild des Senders interaktiv mitgestalten. Durch Upload eines Fotos, Eingabe einer persönlichen Textnachricht sowie einer Auswahl an Designelementen wird ein individueller Clip erstellt. Dieser erscheint on Air als Bestandteil der Sender CI.

Zusätzlich erhielt diese Arbeit Silber in der Kategorie TV-Design/Kino-Design auf Seite 224/225.

AUSZEICHNUNG

Renault Modus Spot
»Modus – ein Film
zum Umschalten«

Auftraggeber
Renault Nissan
Deutschland AG
**Leitung
Marketing-Kommunikation**
Jörg-Alexander Ellhof
Werbe-/Medialeitung
Astrid Kauffmann,
Wolfram Irmler
Agentur
Nordpol+ Hamburg
Creative Direction
Lars Rühmann
Art Direction
Gunther Schreiber,
Björn Rühmann
Text
Ingmar Bartels,
Christoph Bielefeldt,
Philipp Dörner
Film-/Funkproduktion
Silbersee Film
Grafik
Betrand Kirschenhofer,
Nicole Fiebig
Kundenberatung
Mathias Müller-Using
Strategische Planung
Mathias Müller-Using
Regie
Mark Malze
Kamera
Sebastian Pfaffenpichler
**Producer/
Agentur Producer**
Wiebke Schuster,
Birgit Damen
Schnitt/Postproduction
Pictorion
Das Werk Hamburg
Musik
Lars Löhn
Sound Design
Hahn Nitzsche Studios

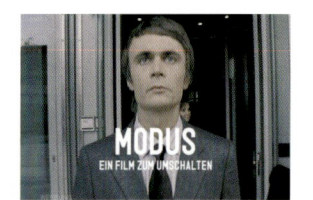

Zum ersten Mal im Werbefernsehen wurde das Umschalten zum Prinzip: Auf SAT.1 und ProSieben liefen parallel zwei Spots, jedoch mit formal unterschiedlichen Variationen desselben Plots. Der Zuschauer war dazu aufgerufen, zwischen den Kanälen hin- und herzuschalten: Jeder Senderwechsel hatte einen visuellen Effekt. Das Ende des Films, in dem das Auto zum ersten Mal gezeigt wurde, war nur im Internet zu sehen.

AUSZEICHNUNG

Xbox Halo 2 Spot
»Alien«

Auftraggeber
Microsoft
Deutschland GmbH
Marketingleitung
Martin Bachmayer,
Pamela Liebhardt
Agentur
Avantgarde
Kreation GmbH
Creative Direction
Martin Schnaack,
Michael Matzke
Art Direction
Rudi Skukalek
Film-/Funkproduktion
Production
International GmbH
Kundenberatung
Kati Schäfer,
Antonia de Vivie,
Max Ringel
Regie
Andreas Schäfer
Producer/
Agentur Producer
Reinhard Gedack,
Stephanie Solterbeck
Schnitt
PICTORION das werk

Ein regulärer MINI-Spot beginnt.

Mitten im Spot flackert plötzlich das Bild ...

... und wird schließlich ganz unterbrochen: Ein Alien erscheint und übermittelt den Zuschauern eine kryptische Botschaft!
Die Unterbrechung dauert ca. 10 Sekunden und bleibt unkommentiert.

Anschließend geht der MINI-Spot wie gewohnt weiter.

»Die Aliens kommen – rette die Welt!« lautet das Kampagnenmotto zur Markteinführung des Xbox-Videospiels Halo 2 –
eine Kampagne, die das Thema von Halo 2 aufgreift und Realität mit Fiktion verschmelzen lässt. Der Höhepunkt: Ein Alien hackt
sich ins deutsche Fernsehen! Es unterbricht einen regulären TV-Spot und übermittelt den Zuschauern eine kryptische Botschaft.
Die unkommentierte Unterbrechung – eine bisher einzigartige Media-Kooperation von Microsoft, MINI und ProSieben – sorgt
für Aufregung unter den Fernsehzuschauern: Zu hunderten rufen sie verstört bei ProSieben und den großen Zeitungsredaktionen
an und bringen eine riesige Medienlawine ins Rollen. Zahlreiche Zeitungen und Magazine berichten im großen Stil über
den Alien-Auftritt. Eine völlig neue Werbeform ist geboren: das »Pirate Advertising«!

AUSZEICHNUNG

Reisswolf Anzeige
»Probleme vernichten«

Auftraggeber
Reisswolf Deutschland
Akten- und Daten-
vernichtung GmbH
Marketingleitung
Thomas Sander
Werbeleitung
Thomas Sander
Agentur
Springer & Jacoby
Werbung GmbH
Verlag
RDV Datakontext
Creative Direction
Till Hohmann,
Axel Thomsen
Art Direction
Maik Kähler
Text
Christoph Nann
Grafik
Esther Flemming
Fotografie
Stefan Richter
Bildbearbeitung
Esther Flemming
Kundenberatung
Robin Ruschke
Sonstiges
Art Buying:
Tanja Braune

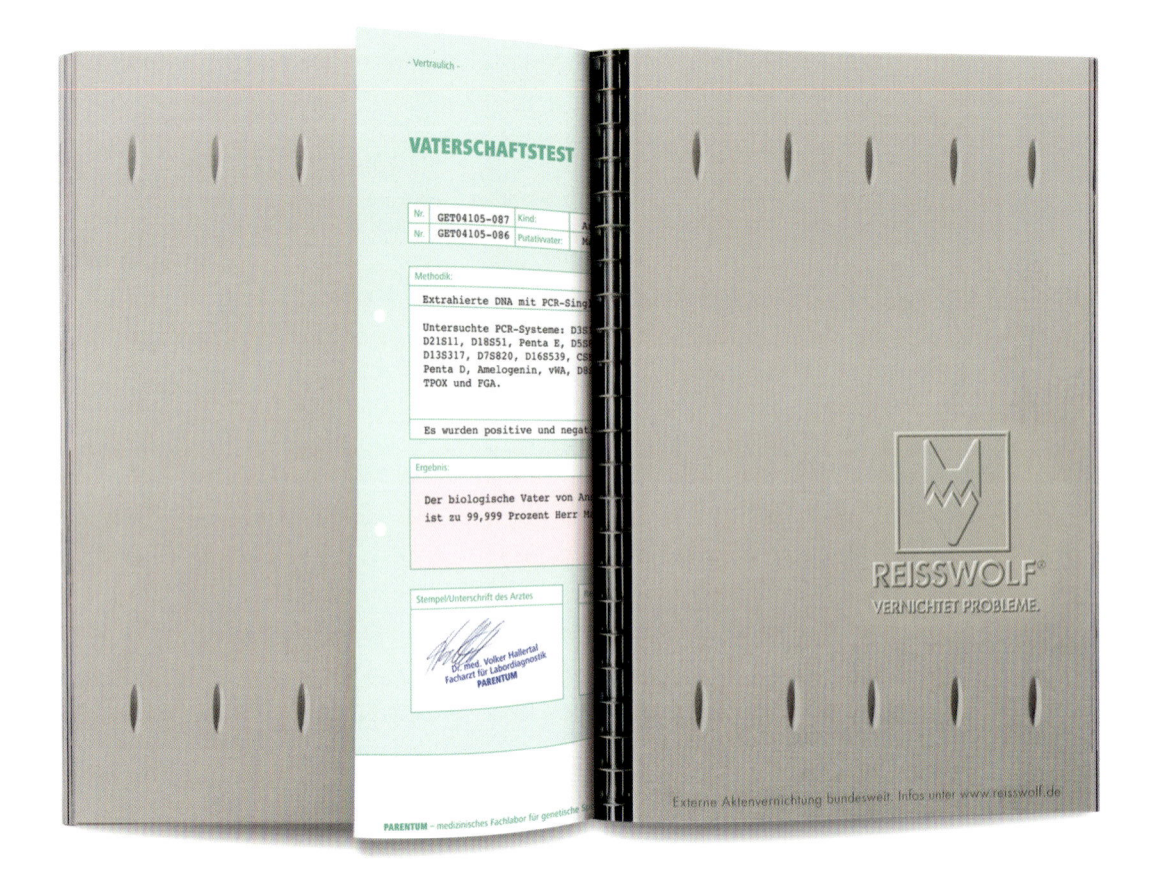

Kompromittierende Dokumente werden scheinbar direkt im Magazin von einem Reißwolf eingezogen und sind bereits zur Hälfte vernichtet. Dazu wurden die Dokumente als halbe Seite speziell produziert und mit in das Magazin eingebunden. Die umgebende Doppelseite zeigt den Reisswolf-Reißwolf.

AUSZEICHNUNG

smart fortwo Promotion
»Großer Innenraum«

Auftraggeber
DaimlerChrysler
Vertriebsorganisation
Deutschland
Marketingleitung
Jochen Sengpiehl,
Peter Kraushaar
Agentur
Springer & Jacoby
Werbung GmbH
Creative Direction
Dirk Haeusermann,
Matthias Harbeck
Art Direction
Nina Pohl
Text
Daniel Ernsting
Grafik
Stefan Schabenberger
Fotografie
Ralph Knoss
Bildbearbeitung
S&J Digital
Kundenberatung
Julia Helm,
Jens Portmann
**Producer/
Agentur Producer**
Tanja Kosnik

Außen klein, innen groß: Der smart fortwo ist ein echtes Raumwunder. Um das zu inszenieren, bedruckten wir die Etikett-Rückseiten von Bad Liebenzeller Mineralwasser mit dem smart fortwo Innenraum. Wölbung und Wasser wirkten wie eine natürliche Lupe.

AUSZEICHNUNG

Mercedes-Benz A-Klasse
Banden-Plakat
»Seitenaufprallschutz«

Auftraggeber
DaimlerChrysler
Vertriebsorganisation
Deutschland
Marketingleitung
Andreas Poulionakis,
Susanne Vetter
Agentur
Springer & Jacoby
Werbung GmbH
Creative Direction
Dirk Haeusermann,
Matthias Harbeck,
Stefan Meske,
Arno Lindemann
Art Direction
Myles Lord
Text
Michael Benzinger
Grafik
Stefan Schabenberger,
Bill Yom
Bildbearbeitung
Alexander Sombrowski
Kundenberatung
Nico Hinze,
Marc Pech,
Jens Portmann
**Producer/
Agentur Producer**
Stefan Rentzow
Sonstiges
Aufkleber:
Poster Media e. K.

Wenn es mal kracht, ist es gut, in der neuen A-Klasse mit Seitenaufprallschutz zu sitzen. Um das ungewöhnlich zu demonstrieren, haben wir ein »interaktives Plakat« als Bandenwerbung in einem Eishockeystadion angebracht: Während des Spiels knallten die Spieler mit voller Wucht gegen die Bande. Die A-Klasse blieb davon natürlich völlig unbeeindruckt.

AUSZEICHNUNG

interfilm Kurzfilmfestival
Roll-CLP
»Kurz Filme gucken?«

Auftraggeber
interfilm Berlin
Management GmbH
Marketingleitung
Alexander Stein
Werbeleitung
Heino Handelmann
Agentur
Springer & Jacoby
Werbung GmbH
Creative Direction
Till Hohmann,
Axel Thomsen
Art Direction
Erik Gonan
Text
Patrick Matthiensen
Kundenberatung
Robin Ruschke

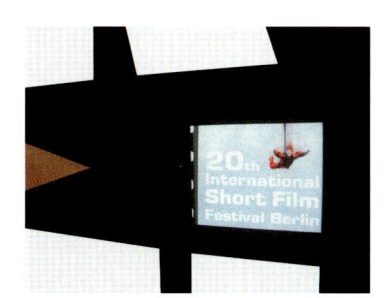

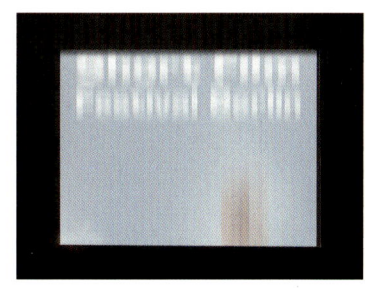

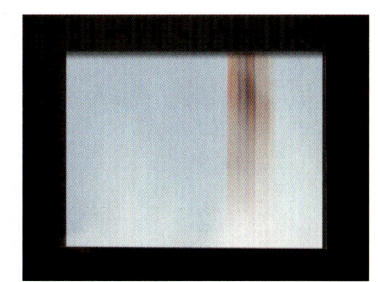

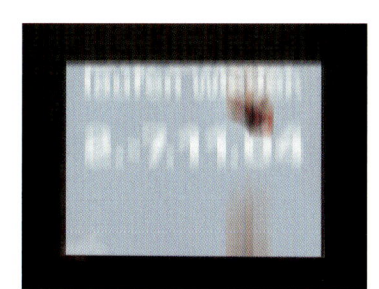

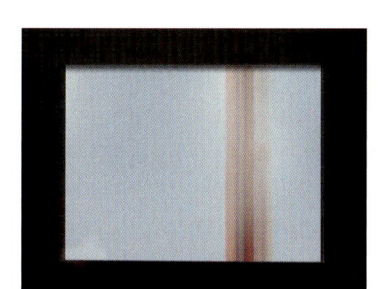

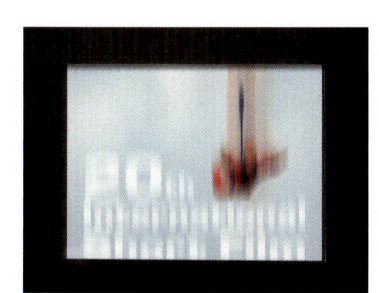

Die gesamte Vorderseite eines Roll-CLP-Kastens ist bis auf ein kleines Fenster mit Folie beklebt.
Der Clou: Die rollenden CLP erzeugen den Eindruck, in dem kleinen Fenster läuft ein Kurzfilm.
Ideale Werbung für das 20th International Short Film Festival.

Media --- 493

BRONZE

**Fix Foto Plakate
»Blitzerkampagne«**

Auftraggeber
Fix Foto GmbH
Marketingleitung
Thomas Bomm
Agentur
Scholz & Friends
Creative Direction
Jan Leube,
Matthias Spaetgens
Art Direction
Tim Stockmar
Text
Torsten Lindner
Kundenberatung
Katrin Seegers,
Katrin Ploska

Die meisten Werbemittel landen ungesehen im Müll. Bei offizieller Post ist das anders. Fix Foto nutzte diesen Umstand, um einen freundlich gemeinten Hinweis in die Köpfe potenzieller Kunden zu schmuggeln. Der Trick: Fix Foto platzierte mobile Großflächenplakate im Blickfeld von »Starenkästen«. Dadurch landete die eigene Werbebotschaft automatisch auf den Blitz-Fotos, die der Polizeipräsident den Verkehrssündern zuschickte.

Zusätzlich erhielt diese Arbeit Bronze in der Kategorie Verkaufsförderung auf Seite 124/125.

AUSZEICHNUNG

**Hilfsorganisation
für Opfer rechter Gewalt
Plakat »Grabsteine«**

Auftraggeber
Opferperspektive e.V.
Marketingleitung
Sabine Steinhof
Creative Direction
Deneke von Weltzien
Art Direction
Rolf Leger
Text
Philipp Barth
Grafik
Sina Gieselmann
Kundenberatung
Julia Krömker,
Philipp Schnitzler
**Producer/
Agentur Producer**
Marcus Loick

An vielen Ampelschaltkästen sind Werbeflächen für Veranstaltungsposter angebracht. Um auf die Ausstellung »Opfer rechter Gewalt« aufmerksam zu machen, wurde die Steinstruktur der Schaltkästen auf die Veranstaltungsposter übertragen. So wurden die Ampelschaltkästen plötzlich zu Grabsteinen.

Zusätzlich erhielt diese Arbeit Bronze in der Kategorie Kunst-/Kultur-/Veranstaltungsplakate auf Seite 355.

Die Seiten der Autozeitschrift DAZ sind, bis auf den Umschlag, aus Tageszeitungspapier. Die Anzeige für den permanenten Allradantrieb 4MATIC in der C-Klasse wurde auf der letzten Doppelseite geschaltet – halb auf rauem Zeitungspapier, halb auf glattem Umschlagpapier.

Zusätzlich erhielt diese Anzeige eine Auszeichnung in der Kategorie Publikumsanzeigen auf Seite 40.

AUSZEICHNUNG

Mercedes-Benz C-Klasse
Anzeige »Glatt«

Auftraggeber
Mercedes-Benz
Marketingleitung
Jochen Sengpiehl
Werbeleitung
Andreas Poulionakis,
Tim Steinküller
Agentur
Springer & Jacoby
Werbung GmbH
Creative Direction
Dirk Haeusermann,
Niels Alzen,
Tobias Ahrens,
Frank Bannöhr
Art Direction
Christian Jakimowitsch
Text
Marian Götz
Grafik
Alexandra Theux
Fotografie
Iver Hansen
Bildbearbeitung
Claudia Stasch
Kundenberatung
Melanie Werner,
Melanie Noack
**Producer/
Agentur Producer**
Silvi Luft
Sonstiges
Media:
Cornelia Brucker,
Art Buying:
Tanja Braune

Willkommen in

ARD Radio Kreativ-Wettbewerb 2005

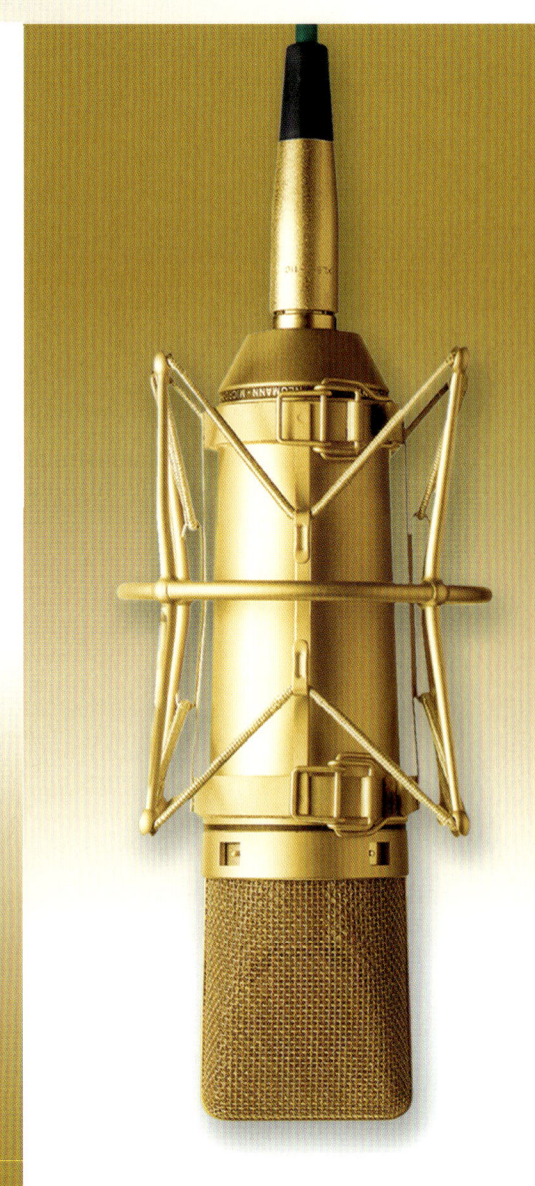

25 Jahre ARD Radio-Awards

Alle ausgezeichneten Radiowerbespots und -kampagnen der letzten 25 Jahre sind in der **Hall of Fame** der Radiowerbung zu hören unter www.ard-radio-awards.de.
Die dazugehörige DVD können Sie gegen eine Schutzgebühr von 15,- Euro im Internet bestellen.

der Radio Hall of Fame!

Die Gewinner

GOLDEN RADIO AWARD 2005
und CATEGORY-AWARD in der Kategorie Verkehr
Radiokampagne „Sommermodelle"
Werbungtreibender: Ford Motor Company (Austria)
Agentur: Ogilvy & Mather, Wien
Tonstudio: TIC-Music, Wien

CATEGORY-AWARDS 2005
Kategorie Getränke
Radiospot „Neulich beim Wegräumen"
Werbungtreibender: Flensburger Brauerei
Agentur: ad.quarter, Hamburg
Tonstudio: Studio Funk, Hamburg

Kategorie Haus, Garten & Tier und
Visual-Transfer-Award 2005 für gelungene
Synergie zwischen TV und Radio
Radiokampagne „Sommerspiele"
Werbungtreibender: Hornbach Baumarkt AG
Agentur: Heimat Werbeagentur, Berlin
Tonstudio: Studio Funk, Berlin

Kategorie Touristik, Reisen & Gastronomie
Radiokampagne „McChicken Relaunch"
Werbungtreibender: McDonald´s Österreich
Agentur: GBK, Heye, München
Tonstudio: TIC-Music, Wien

Kategorie Institutionelle Werbung & Sonstiges
Radiospots „High five", „Dancefloor", „Software"
Werbungtreibender: Wall Street Institute
Agentur: Grabarz & Partner, Hamburg
Tonstudio: Studio Funk, Hamburg

Kategorie Institutionelle Werbung & Sonstiges
Radiospot „Mann/Frau"
Werbungtreibender: Frauennotruf
Agentur: Y & R Germany, Frankfurt
Tonstudio: FunDeMental Studios, Frankfurt

Kategorie Institutionelle Werbung & Sonstiges
Radiokampagne „Termite City"
Werbungtreibender: Schauspielhaus Wien
Agentur: JungvonMatt/Donau, Wien
Tonstudio: MG-Sound, Wien

JINGLE-AWARD 2005
Jingle „Lasst euch nicht verarschen"
Werbungtreibender: Media Markt
Agentur: kempertrautmann, Hamburg
Tonstudio: Hastings Music, Hamburg

SONDER-AWARD 2005
für Kampagnen Kontinuität
Werbungtreibender: Hiendl - Wunderland des Wohnens
Werbeagentur: Partnerpool KreativMarketing, München
Tonstudio: Giesing Team, München

ARD-Werbung SALES & SERVICES dankt allen Teilnehmern des Wettbewerbs 2005
und freut sich auf die Einsendungen im kommenden Jahr.

ARD Werbung SALES & SERVICES

FRED BAADER
Jury-Chairman

MEINUNG, MEINE.

WARUM HAT MAN GERADE MICH GEFRAGT, OB ICH IN 2005 DEN JURY-CHAIRMAN GEBEN MÖCHTE, FRAGE ICH MICH.

Alter? (56), Größe? (1,92m), Hamburger? (seit 1980).

-- **AM ENDE** einige ich mich darauf, dass man diesmal jemanden will, der einerseits noch voll im Job steckt (also selbst im Glashaus sitzt), andererseits aber nicht mehr so gefangen darin ist, dass er Abhängigkeiten spürt (»Pass auf, dass dich der Turner nicht manipuliert!«) – und sich also eine idealistische Sicht leisten kann. ☞ Zumindest ist das ein Gedanke, der mir gefällt. Und deshalb nehme ich mir vor, den Chairman-Job genauso anzugehen: gleichermaßen mitfühlend wie meinungsstark. Der Spielraum ist eh nicht besonders groß, es geht nur und ausschließlich um Zweifelsfälle – Zweifelsfälle bei Plagiats-Vorwürfen, bei Fake-Verdacht. Und weil es eben Zweifelsfälle sind (soll man, darf man, muss man?), die das amtierende ADC Gesetzbuch nicht eindeutig regelt, ist Meinung gefragt.

Meine Meinung zu **FAKES** ist eindeutig: Warum sollte ich heimlich unterm Tisch etwas basteln, wofür ich später beim Kunden ein Veröffentlichungsrecht erbetteln muss, freilich nicht ohne ihm zuvor Kostenübernahme bei Produktion und Media zugesichert zu haben?

ANACHRONISMUS! VERKEHRTE WELT!

Und ein verhängnisvoller Irrweg des ADC, den es zu stoppen gilt. Jedenfalls ist das die Meinung der meisten ADC Mitglieder, wenn man sie unter vier Augen und losgelöst von eigenen (verständlichen) Interessen befragt.

DIE JURYS DES ADC haben sich in diesem Jahr mehrheitlich dieser Sichtweise angeschlossen und real existierende Qualität ausgezeichnet. Das allseits befürchtete weitere Auseinanderdriften in Parallelwelten – hier die unter professionellen Bedingungen entstandenen Auftragsarbeiten, dort die ausschließlich dem Selbstzweck dienenden Wettbewerbsbeiträge – wurde verhindert.

Die prämierten Arbeiten und bemerkenswerterweise die Spitze dieser Arbeiten sind Kampagnen für große Kunden und große Marken. Eindeutiger Trend dabei: weniger brasilianische Kryptik in wettbewerbsaffinem Codier-/Decodier-Stil.

STATTDESSEN:

erzählerische Formate, viel Gefühl,

NATÜRLICH HUMOR

UND

– ja, sogar das –

POESIE.

Mein Lieblingsfilm, der für VW mit dem Jungen, der knallrot anläuft, wurde übrigens disqualifiziert, weil plötzlich eine ähnliche Arbeit von irgendwo auf der Welt auftauchte. Ich hätte ihn trotzdem durchgewunken, denn zum Thema DUBLETTEN würde ich einen deutlich moderateren Umgang empfehlen. Aber da war meine Meinung nicht gefragt.

DA WAR DAS REGELWERK UNMISSVERSTÄNDLICH.

FRED BAADER

PS: Sebastian Turner hat übrigens zu keiner Zeit versucht, mich zu manipulieren. Worüber ich ehrlich gesagt ein wenig enttäuscht war. Denn was ließe sich Kompetenteres über einen prominenten Werber sagen, als dass er erstklassig manipuliert.

SZYMON ROSE, JONATHAN SCHUPP
ADC Junioren des Jahres

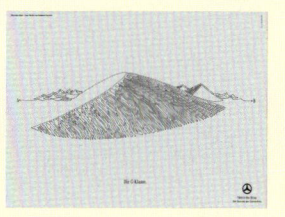

*Die Junioren des Jahres Szymon Rose und
Jonathan Schupp mit ihrer Teamarbeit
»Einstrich-Kampagne: Mountain, Sahara, Canyon«*

DER NACHWUCHS GEWINNT.
NICHT NUR BEIM NACHWUCHS.

-- Das war doch mal wieder was. --

Die ADC Junior Days, ganz neu und frisch, haben am 29. und 30. und 31. Oktober 2004 einen Traumstart hingelegt. Die Ausstellung war mit mehr als 500 Semester-, Diplom- und Praxisarbeiten mehr als sehenswert. Die Juryarbeit der 55 ADC Mitglieder war spannend und im Ergebnis für die meisten erfreulich. Die Preisverleihung war mit über 600 Gästen leicht bis zeitweise heftig chaotisch. Es war voll, eng und laut. Aber genau so muss es ja sein. Die anschließende Party war zu lang, zu heftig und dank des großzügigen Sponsorings auch zu feucht. Zum Glück, denn die Stimmung war prächtig.

Ein Wochenende lang drehte sich alles – nur um den Nachwuchs.

Der Art Directors Club (ADC) suchte die Kreativstars von morgen und stellte sie schon heute im Rahmen des ADC Nachwuchswettbewerbs aufs Siegertreppchen. Welche Studenten und welche Junioren aus der Praxis haben die Nase vorn? Wer ist der Beste? Der Allerbeste? »Wir holen den Nachwuchs aus der Anonymität, zeigen, was die jungen Talente zu bieten haben«, so wurde ich von der Presse zitiert.
Zum ersten Mal wurde nicht nur der Junior des Jahres (die oder der kommt aus der Praxis) und das Talent des Jahres (die oder der kommt von der Uni) gekürt, 2004 wurde auch der ADC Student des Jahres mit dem FOCUS/ADC STUDENT AWARD geehrt und gefeiert.
---- Die Agenturjunioren *Szymon Rose* und *Jonathan Schupp* (Springer & Jacoby, Hamburg) teilten sich mit ihrer Teamarbeit »Einstrich-Kampagne: Mountain, Sahara, Canyon« den begehrten Titel ADC JUNIOR DES JAHRES 2004. Ihre Kampagne für Mercedes-Benz überzeugte die Jury durch ihre Einfachheit und die Idee des kalligraphischen Layouts. Dass die Arbeit etwas Besonderes ist, zeigt auch ihr großer Erfolg beim diesjährigen »normalen« ADC Wettbewerb. Und anderen Awards-Shows.

REGINALD WAGNER
ADC Talent des Jahres

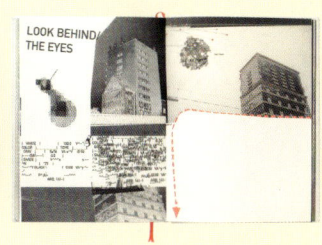

ADC Talent des Jahres Reginald Wagner und seine Diplomarbeit »Wasteland – Somewhere. Inside«

ADC TALENT DES JAHRES 2004 wurde *Reginald Wagner* von der Fachhochschule Dortmund mit seiner Diplomarbeit »Wasteland – Somewhere. Inside«, dem in Buch- und Filmform erzählten »Traum« einer fiktiven Flugmaschine zur Erkundung verseuchter Gebiete *(siehe oben)*.

Und mit der Semesterarbeit »Präzisionswaffen«, einer überraschend schlichten und originellen Imagekampagne für Smith & Wesson, konnte *Menno Kluin (nächste Seite)* von der Miami Ad School Hamburg den erstmalig vergebenen Titel FOCUS/ADC STUDENT DES JAHRES erringen. Motto seiner Arbeit: »Mit präzisen Schusswaffen trifft man auch das kleinste Ziel.«

»DAS NIVEAU LAG IN DIESEM JAHR UNGLAUBLICH HOCH«,
war abends auf der Preisverleihung von mir als dem Juryvorsitzenden und verantwortlichen ADC Vorstand zu hören.
---- UND ----
»EINDEUTIGES FAZIT:
UM DEN KREATIVEN NACHWUCHS IN DIESEM LAND MÜSSEN WIR UNS KEINE SORGEN MACHEN.«

Worte wie spielerisch, überraschend, mutig, ungesehen, perfekt und es macht Spaß, es zu lesen, waren häufig von den Juroren zu hören. Was nicht jedes Jahr der Fall war. Gut so. Diesmal fand man es öfter. Das Ungewöhnliche. Den neuen Gedanken. Das Abweichen vom Üblichen. Die Idee.

Neben den Siegertiteln verlieh die Jury 18 Auszeichnungen im Bereich Diplomarbeiten, 16 Auszeichnungen im Bereich Praxisarbeiten und 15 im Bereich Semesterarbeiten. Die Besten des Nachwuchswettbewerbs wurden zur ADC Ausstellung im März 2005 nach Berlin eingeladen, wo ihre Arbeiten einer großen Öffentlichkeit gezeigt wurden.

MENNO KLUIN
ADC Student des Jahres

FOCUS/ADC Student des Jahres Menno Kluin und seine Semesterarbeit »Präzisionswaffen«

Und: Die Junioren, das Talent und der Student des Jahres durften zum Clio Award 2005 nach Miami/Florida reisen. Und damit auch alle Beteiligten im nächsten Jahr kräftig an ihrer Karriere basteln können, hat Frank-Michael Müller vom FOCUS bereits fest zugesagt, dass er im Herbst 2005 die nächsten ADC Junior Days wieder unterstützen wird.

----- HURRA. *Und Danke.* -----

ES KANN ALSO WIEDER AN
AWARDTRÄCHTIGEN ARBEITEN GEBASTELT WERDEN.
MIT NEUEN IDEEN.
DENN AM ENDE MACHT NUR DIE BESSERE IDEE DEN UNTERSCHIED.
EINE, DIE VOM NORMALEN ABWEICHT.
Die Regeln aushebelt.
DIE EXISTIERENDE INFORMATIONEN ÜBER MARKT,
MARKE, PRODUKT UND INSIGHTS DER ZIELGRUPPE NEU ORDNET
UND KREATIV DARSTELLT.

IDEEN, DIE RADIKAL GENUG SIND, UM
AUFZUFALLEN.
Und relevant genug, um etwas zu bewegen.
ZUM BEISPIEL AWARDS GEWINNEN.
UND DAS NICHT NUR BEIM NACHWUCHSWETTBEWERB.

DELLE KRAUSE
Executive Creative Director
Ogilvy Frankfurt und im ADC Vorstand
verantwortlich für die
ADC Junior Days

Wir übersetzen auch ins Arabische.

• A

Mercedes-Benz

WIENERS+WIENERS
Werbelektorat und Adaptionen

ARMIN MAIWALD, MAUS & ELEFANT
ADC Ehrenmitglied(er) des Jahres

DIESE MAUS IST EIN ELEFANT.

»Ach Leute«, hieß es als Gegenargument, »der Mann hatte einmal eine Idee –
und soll jetzt Ehrenmitglied werden?«
Tja, auf die Größe der Idee kommt es eben an.
Die Idee der Sachgeschichten in der Sendung mit der Maus ist eine verdammt große Idee.
Sonst ließe sie sich nicht bisher über 1500-mal verschieden interpretieren.
Der ADC ruft das Zeitalter der Idee aus. Da gibt es wohl kein besseres Vorbild als Armin Maiwald.
Hochkreativ und trotzdem wiedererkennbar, immer wieder neu und trotzdem vertraut.
Der ADC zieht ganz tief den Hut und freut sich, dass
Armin Maiwald uns die Ehre gibt, dieses Jahr unser Ehrenmitglied zu sein.

HANS-PETER ALBRECHT

*ADC Ehrenmitglied des Jahres
Armin Maiwald*

Nachstehendes Interview hat Kollege Jan Weiler mit Armin Maiwald geführt.
Für die Genehmigung zum Abdruck bedanken wir uns beim SZ-Magazin.

Aus dem SZ-Magazin Nr. 28/2003

»ICH BIN ERST MAL DOOF«

KAUM ZU GLAUBEN, WENN MAN ARMIN MAIWALD AM SONNTAGVORMITTAG IM FERNSEHEN SIEHT.
EIN GESPRÄCH MIT DEM MANN VON DER MAUS.

----- *Herr Maiwald, wären Sie einverstanden, wenn man Sie als Vater der Nation bezeichnete?*
ARMIN MAIWALD: Oh Gott.
----- *Man hat Ihnen immerhin in Millionen von Familien das Erklären dieser Welt anvertraut. Ist das nicht eine Belastung?*
A.M.: Manchmal schon. Ich werde oft auf der Straße angesprochen, ob ich nicht mal schnell dies oder das erklären könne.
----- *Und was machen Sie dann?*
A.M.: Dann versuche ich, die Frage in einer Minute und dreißig Sekunden zu beantworten.
----- *Zu Ihrem Beruf gehört, dass Sie immer und überall nett sein müssen. Können Sie es sich leisten, sich in der Öffentlichkeit zu betrinken oder sich mit Kellnern oder Taxifahrern anzulegen?*
A.M.: Das kann ich, glaube ich, nicht. Meine Stimme ist nun einmal sehr bekannt. Wenn ich sage: »Ich möchte ein Bier, bitte«, dann sind das fünf Wörter. Die reichen auf jeden Fall aus, damit der Kellner ruft: »Hey, Sie sind doch der von der Maus.«
----- *Es ist ja nicht nur Ihre Stimme, sondern die Intonation, mit der Sie Ihre Sachgeschichten erzählen. Stimmt es, dass Sie ohne Manuskript sprechen?*
A.M.: Ja, das geschieht ganz spontan, während ich den Film auf dem Monitor sehe. Es ist so eine Art Markenzeichen geworden.
----- *Inzwischen wird Ihr Stil häufig parodiert. Im Internet kursiert zum Beispiel eine imitierte Sachgeschichte zum Irakkrieg.*
A.M.: Die kenne ich. Sie ist ganz gut nachgemacht und eigentlich ist es schmeichelhaft, wenn man kabarettfähig geworden ist. Aber es gibt Geschmacksgrenzen, die schnell erreicht sind,
weil ich nun einmal Fernsehen für Kinder mache. Erwachsenenwitze mit meinem Sprachduktus finde ich dementsprechend wenig komisch. Aber ich kann nichts dagegen machen. Es gab auch so einen Werbespot für Schuhe in dem Stil. Nachdem der gelaufen ist, bin ich ständig darauf angesprochen worden. Dabei darf ich gar keine Werbung machen.
----- *Aber sicher treten Unternehmen gern an Sie heran, damit Sie bei ihnen filmen, wie etwas hergestellt wird.*
A.M.: Das passiert oft. Aber ein Chipshersteller hat nichts davon, wenn wir bei ihm drehen, weil wir jedes Logo abkleben, damit wir nicht in Verdacht geraten, Werbung für das Unternehmen zu machen.
----- *Sind Ihnen schon Fehler in Sachgeschichten unterlaufen?*
A.M.: Kaum. Ich habe einmal »dasselbe« anstatt »das Gleiche« gesagt.
----- *Das ist alles?*
A.M.: Ich habe eine Fräse und eine Drehbank verwechselt.
----- *Um Himmels willen!*
A.M.: Sie glauben gar nicht, welchen Zorn Sie sich damit zuziehen. Wir bekamen deswegen empörte Post.
----- *Die Sachgeschichten haben sich im Laufe der Zeit verändert. Früher waren das eher Ratefilme, in denen erst nach und nach klar wurde, was da gerade entstand.*
A.M.: Das geht heute kaum mehr, weil man bei modernen Maschinen die einzelnen Arbeitsschritte oft nicht mehr sehen kann, das findet alles im Inneren statt und hinten plumpst das fertige Produkt raus. Also müssen wir uns für jede Frage eine neue Dramaturgie einfallen lassen.
----- *Welche Ambition hatten Sie, als Sie vor 34 Jahren mit dem Kinderfernsehen anfingen?*

A.M.: Ich wollte jedenfalls nicht Vater der Nation werden, wenn Sie das meinen. Es gab damals im Kinderprogramm nur Märchenfilme oder Schattenspiele oder Bastelstunden. Wir wollten lieber Geschichten aus der Wirklichkeit erzählen und filmten dann die Herstellung von Milch, Brötchen und einem Ei. Dazu gab es noch nicht einmal einen Text.

----- *Wie reagierte das Publikum?*

A.M.: Lehrer haben sich fürchterlich aufgeregt. »Ihr macht die Kinder sprachlos«, hieß es, »ihr benennt die Dinge nicht«, weil kein Text dabei war. Andere sagten: »Ihr zeigt nur Produkte, aber nicht die ausgebeuteten Arbeiter dazu.«

----- *Und die Kinder?*

A.M.: Die waren begeistert. Wir wussten, dass Kinder lieber

----- *Zu Ihren großen Verdiensten um das deutsche Kinderfernsehen gehört auch Robbi, Tobbi und das Fliewatüüt. Es gibt ein Foto von den Dreharbeiten, auf dem Sie rückenlange Haare haben. Sie waren ein Hippie.*

A.M.: Nein, ich schneide aus Aberglauben meine Haare während der Produktion eines Films nicht. Und diese Produktion dauerte vier Jahre. Zum Glück sind unsere Sachgeschichten schneller fertig, ich komme also öfter zum Friseur.

----- *Robbi, Tobbi und das Fliewatüüt war ein Riesenerfolg.*

A.M.: Wir haben damals sehr innovativ gearbeitet, weil wir nicht wollten, dass die Serie aussieht wie Puppentheater. Wir wollten einen richtigen Spielfilm machen.

----- *Sie ist schon lange nicht mehr gelaufen.*

»FRÜHER WURDE GEFRAGT, WO DIE GASTARBEITER HERKOMMEN, HEUTE FRAGEN DIE KINDER NACH ASYLBEWERBERN.«

Armin Maiwald

den Werbeblock im Fernsehen ansahen als die Kinderstunde. Dort herrschte damals noch der Irrtum vor, Filme für Kinder müssten gaaaanz langsam und bedächtig sein, damit die lieben Kleinen alles verstehen können. Das Gegenteil ist der Fall: Kinder lieben Tempo. Wir nannten unsere Sachgeschichten »Werbespots aus der Wirklichkeit«.

----- *Sehr revolutionär für pädagogisches Fernsehen.*

A.M.: Stopp! Großer Irrtum! Die Sendung mit der Maus ist kein Bildungsfernsehen.

----- *Sondern?*

A.M.: Sie ist ein Unterhaltungsprogramm. Als wir anfingen, hat niemand das Wort »Bildungsprogramm« in den Mund genommen. Das war verpönt wie sonst was. Wir haben uns nicht als Pädagogen betrachtet, sondern als Journalisten. Und für uns war der dramaturgische Kniff viel wichtiger als der Lerneffekt des Filmes. Ich hatte schließlich Theaterwissenschaft studiert. Bis heute bin ich sicher, dass wir kein Lernfernsehen machen. Es ist Unterhaltung für Kleine.

----- *Und für Große. Im deutschen Fernsehen gibt es zwei Bastionen der Familienunterhaltung: Wetten, dass ...? und Die Sendung mit der Maus.*

A.M.: Ja, das stimmt wohl. Diese Formate haben etwas gemein, nämlich die Neugier, mit der man sich den Themen nähert. Die Wetten sind ja so gesehen auch Sachgeschichten.

A.M.: Schade, ja.

----- *Würden Sie zustimmen, dass die Sachgeschichten in der Sendung mit der Maus die journalistischsten Beiträge im deutschen Fernsehen sind?*

A.M.: Da tun Sie den politischen Korrespondenten aber bitter Unrecht.

----- *Sie sind immer objektiv, sachbezogen, unabhängig und überparteilich. Viele andere Sendungen können das nicht von sich behaupten. Überall wird Stimmung und Meinung gemacht. Bei Ihnen nicht.*

A.M.: Wenn Sie es so betrachten, ist das ein großes Kompliment. Und es stimmt wohl auch: Ich gehöre noch zu der Generation, die gelernt hat, niemandem und nichts verpflichtet zu sein außer der Wahrheit.

----- *Aber es gibt gewisse Bereiche, die Sie aussparen. Über einen Streik hat die Maus noch nie berichtet.*

A.M.: Niemand verbietet uns, darüber etwas zu machen. Aber die Gefahr, dabei in die eine oder andere Richtung zu driften, ist groß. Ich bin kein Feind, aber auch kein Freund der Gewerkschaften. Im Moment wirken sie meines Erachtens bloß für diejenigen, die noch Arbeit haben, nicht aber für ihre arbeitslosen Mitglieder. Es mangelt überall an Solidarität. Wenn ich so etwas darzustellen hätte, bekäme ich große Probleme.

----- *Mit Ihrem Sender.*

A.M.: Nein, mit mir selbst. Ich spüre auch oft ein Unbehagen, wenn wir in einer Fabrik drehen, in der kaum mehr Menschen zu sehen sind, nur noch Roboter. Das kann einem schon Angst machen.

----- *Wovor hatten Sie als Kind Angst?*
A.M.: Ich bin 1940 geboren und hatte vor den Bombenangriffen Angst. Aber noch mehr hat mich die Ruhe nach der Kapitulation geängstigt. Es hatte vorher nicht einen Tag und nicht eine Nacht ohne den Krach von Bomben und Munition gegeben – und dann war es still. Gespenstisch.

----- *Was ist Ihre stärkste Erinnerung an den Krieg?*
A.M.: Wir fuhren mit einem Zug und mussten anhalten, weil Kampfflugzeuge angriffen. Wir warfen uns ins Gras und dann schossen die Flieger ihre Garben in die Wiese. Nach dem Angriff stand die Hälfte der Menschen wieder auf, stieg in den Zug und fuhr weiter.

----- *War Ihr Vater Soldat?*
A.M.: Ja, ich habe ihn überhaupt nur einmal im Leben gesehen. Er ist beim einzigen Angriff auf Freising gestorben. Er stand auf dem Bahnhof und bekam eine Bombe mitten auf den Kopf, die hat ihn atomisiert. Er galt erst als vermisst, aber dann fand man zwei Jahre später seinen Trauring in den Gleisen und konnte rekonstruieren, was passiert war.

----- *Hat Ihre Kriegskindheit Sie für die Arbeit geprägt?*
A.M.: Sie hat mich auf jeden Fall persönlich geprägt, bis hin zu Angewohnheiten. Wir mussten damals unsere Kleider nachts so hinlegen, dass wir sie in der Dunkelheit finden und anziehen konnten, wenn die Sirenen heulten. Bis heute lege ich meine Klamotten auf diese Weise in die Nähe des Bettes. Ich bin dieses Kriegschaos nie losgeworden.

----- *Kann man sagen, dass Sie mit Ihrer aufklärerischen Arbeit Ordnung in dieses Chaos bringen?*
A.M.: Das ist ein Gedanke, den man haben kann.

»*Ich gehöre noch zu der Generation, die gelernt hat, nichts und niemandem verpflichtet zu sein außer der*
WAHRHEIT.«

----- *An wie vielen Filmen arbeiten Sie parallel?*
A.M.: An etwa zwanzig, die in unterschiedlichen Fertigungsstufen sind.

----- *Was wird als Nächstes gedreht?*
Mullbinden.

----- *Ist das spannend?*
A.M.: Mal sehen. Wir fangen in ein paar Tagen an. Wussten Sie, dass es in ganz Deutschland nur noch einen einzigen Hersteller von Mullbinden gibt?

----- *Nein. Woher wissen Sie eigentlich immer alles so genau?*
A.M.: Eigentlich weiß ich gar nichts. Wir fangen an, irgendeine Frage von einem Kind zu recherchieren, und ich bin erst einmal doof. Meine Mitarbeiter und ich müssen uns das alles ziemlich mühsam erarbeiten. Seit zwei Jahren versuche ich zum Beispiel, einen Weg zu finden, um zu verdeutlichen, was in einer Solarzelle passiert. Das ist scheißeschwer.

----- *Wird man manchmal noch von Fragen überrascht?*
A.M.: Oh ja, ständig. Mullbinde! Da hätten wir im Verlauf der letzten dreißig Jahre auch selber draufkommen können. Achtzig Prozent aller Anregungen für die Sachgeschichten kommen von Kindern, die uns schreiben. Da ist oft etwas dabei.

----- *Gibt es Fragen, die man nicht beantworten kann?*
A.M.: Ja. »Kann man das Ozonloch stopfen?« ist so eine. Oder »Wo wohnt der liebe Gott?« Geht nicht.

----- *Die am häufigsten gestellte Frage ist…*
A.M.: »Wie funktioniert ein Handy? Was passiert im Computer? Was ist ein Mikrochip?« Es gibt auch gesellschaftliche Trends. Früher wurde gefragt, wo die Gastarbeiter herkommen, heute fragen die Kinder nach Asylbewerbern. Und nach dem Tod. Das ist ein großes Thema.

----- *War es vor dreißig Jahren noch einfacher, die Welt zu erklären?*
A.M.: Schwierig zu sagen. Vielleicht ist es heute schwieriger, die Welt zu verstehen. Sehen Sie sich doch die Nachrichten an. Wenn Mr. Greenspan den Leitzins erhöht, weiß kein Mensch, was das bedeutet.

----- *Sie könnten es erklären.*
A.M.: Aber nicht in der Sendung mit der Maus. Kinder interessieren sich nicht für diese Erwachsenen-Quatschsprache.

----- *Sie könnten eine Erklärserie für Erwachsene machen.*
A.M.: Wie stellen Sie sich das vor?

----- *Sie sitzen auf einem Stuhl unter einem Baum und erklären die Dinge, die wir nicht mehr verstehen. Die Serie hieße Die Sendung mit dem Baum.*
A.M.: Hübsche Idee. Und Sie glauben, dafür fände sich ein Sender? Niemals!

----- *Als Vater der Nation: Welchen Rat geben Sie jungen Eltern für die Kindererziehung?*
A.M.: Erstens: Jedes Kind ist anders. Also greifen angeblich allgemein gültige Regeln nicht. Zweitens: Kinder kann man nicht abschalten. Die sind immer da, selbst wenn sie erwachsen sind. Versuchen Sie so schnell wie möglich, sich daran zu gewöhnen. Drittens: Kinder brauchen Aufmerksamkeit. Da müssen Sie durch, auch wenn Sie noch so müde und kaputt sind. Viertens: Alles, was wir unseren Kindern antun – im Guten wie im Schlechten –, kriegen wir zurück, früher oder später.

....*fin.*

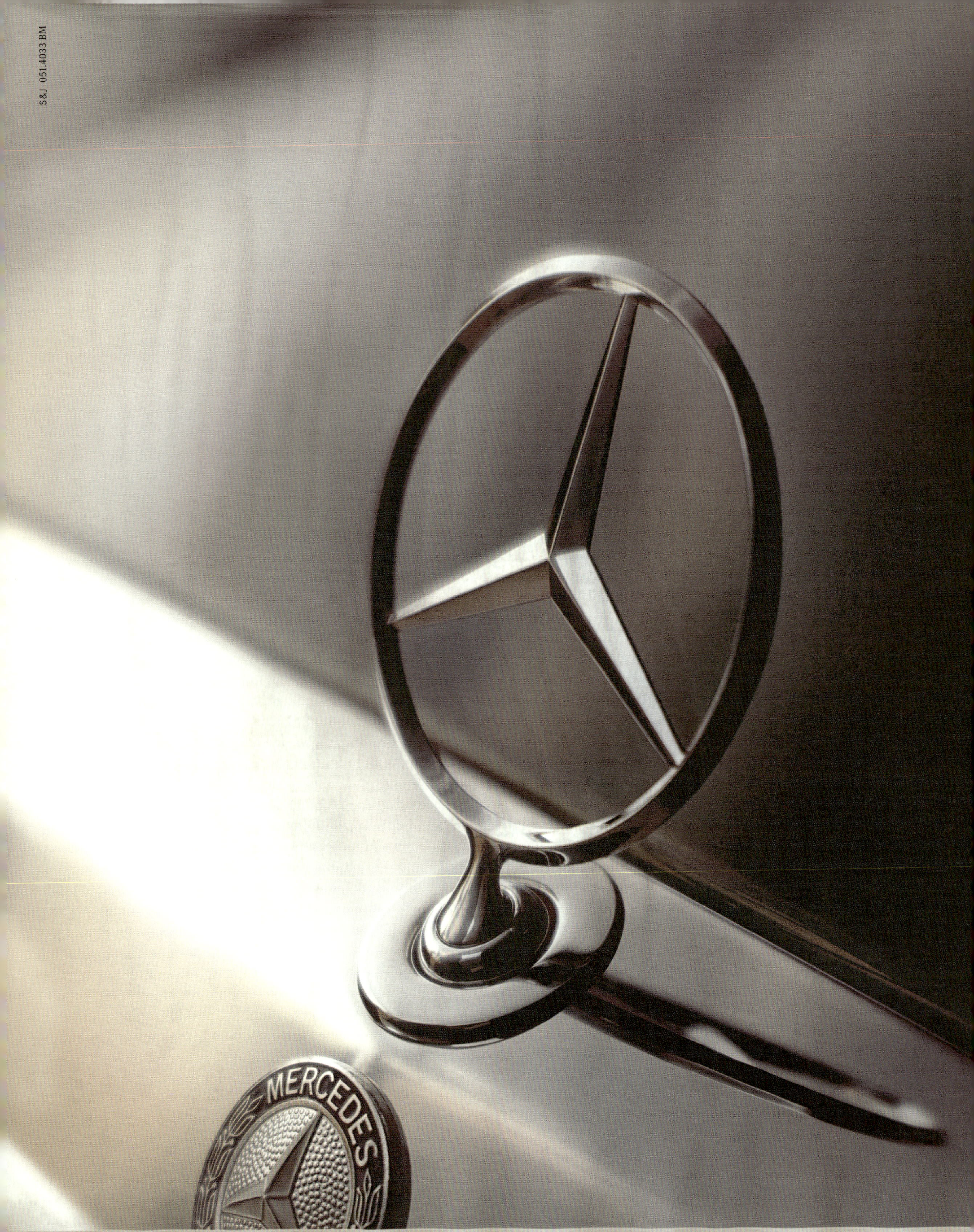
MERCEDES

Seit 15 Jahren im Buch.

Mercedes-Benz ist kreativster Kunde Deutschlands.

Mercedes-Benz

JÜRGEN SCHRÖCKER
ADC Kunde des Jahres

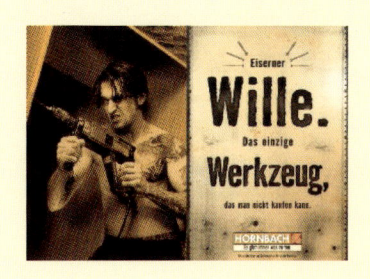

*ADC Kunde des Jahres
Jürgen Schröcker und eine Anzeige
aus der Hornbach-Kampagne*

YIPPIEYAYA
YIPPIEYIPPIEYEAH

GUTE, SCHLAUE oder einfach nur mitreißende Werbung über eine gewisse Zeit zu fördern, reicht qua ADC Definition aus, um Kunde des Jahres zu werden. Die Leistung von Jürgen Schröcker, Marketingvorstand der Hornbach Baumarkt AG, geht darüber hinaus. Auf ihn und seine Arbeit ist ein vielschichtiger Paradigmenwechsel zurückzuführen.

HANDELSWERBUNG,
speziell die für einen Bau- und Gartenmarkt,
MUSSTE PLÖTZLICH NICHT MEHR AUF IRGENDEINE ART »BILLIG« ODER »GÜNSTIG« SAGEN.
NEIN,
Handelswerbung konnte Spaß machen,
Leidenschaft transportieren,
MENSCHEN BEGEISTERN
UND EBEN AUF DIESEM WEGE DAS LETZTENDLICHE HANDELS-ZIEL
UMSATZSTEIGERUNG ERREICHEN.

Heimwerken war mit einem Male en vogue. Aus dem Schattendasein im Hobby-Keller fand die Heimwerkerbewegung ihren Weg in die Öffentlichkeit. Statt eines leisen »Ich MUSS das selber machen, weil ich es mir anders gar nicht leisten könnte!« schallte es »Yippieyayayippieyippieyeah«. Aus Kunden wurden Fans – getrieben von der inneren Mission der steten Erneuerung.
Und Hornbach war plötzlich eine Marke. Eine Marke, die selbst der Nicht-Heimwerker kannte, auch wenn er nicht unbedingt im Einzugsgebiet einer der europaweit 130 Märkte wohnte.
Jürgen Schröcker liebt seine Marke Hornbach und ihre Kunden. Hornbach ist sein allumfassendes Projekt. So ist es nicht verwunderlich, dass seine Arbeit einer steten Renovierung gleicht. Er hält sie in Schuss, wohl wissend, dass sie auf einem stabilen Betonfundament steht. Kaum ist das Gerüst der klassischen Kommunikation hochgezogen, schon bekommt das monatliche Hornbach Werbeheft einen umfassenden Relaunch oder wird die Beschilderung der Märkte noch einmal überdacht.

Hornbach und Jürgen Schröcker, das heißt zwangsläufig eben auch:
»ES GIBT IMMER WAS ZU TUN.«

GUIDO HEFFELS
HEIMAT WERBEAGENTUR

DÖRTE SPENGLER-AHRENS
ADC Vorstand für Seminare und Feinschmeckerin

Dörte Spengler-Ahrens und die Gewinnerarbeit des Creative Phoenix

Menu

*Frittura di Patatine
in Rapsöl gebackene Kartoffelstreifen
dazu reichen wir eine süß-pikante Tomatensauce*

*Fleischpflanzerl vom Rind
auf Sesambun an Chestertranche
in Chiffonade von Zwiebel, Tomate & Eisbergsalat
auf würziger Crème*

Koffeiniertes Erfrischungsgetränk auf Eis

Das Sparmenü. 100% Qualität.

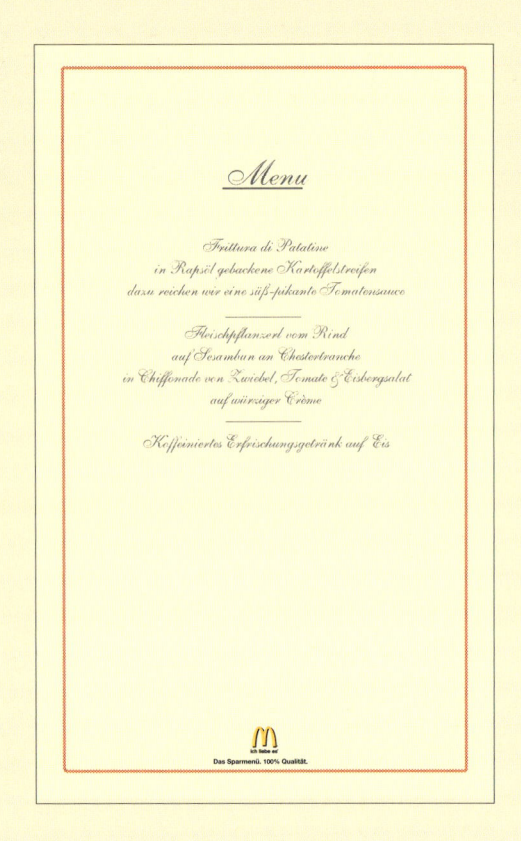

DAS AUGE ISST MIT.

Da lagen sie, 44 Juniorkreationen, appetitlich angerichtet, bereit, um von der Jury verschlungen zu werden. Zubereitet allesamt von den Teilnehmern des ADC Junior Seminars 04/05 nach einem Briefing von McDonald's. Die Tische bogen sich förmlich unter den vielen Arbeiten. Tisch an Tisch reihten sie sich.

Mit kritischem Blick machten sich die ADC Juroren ans Werk und zeigten sich sehr bald erfreut über das allgemein hohe Niveau. Zwischen kreativer Hausmannskost stachen einige Highlights heraus. Die Frische, die Vielfalt, aber auch die Darbietung der Ideen konnte überzeugen. Die Zutaten stimmten, die Kompositionen ebenfalls.

Einige sehr gute Ansätze gab es gleich in mehrfacher Ausführung, die alle heiß diskutiert wurden. Schließlich wurde getreu dem Motto: »Das Auge isst mit« die appetitlichste Gestaltung, der liebevollste Text und die konsequenteste Umsetzung prämiert.

DAS ERGEBNIS:
*Eine tolle Arbeit, die es durchaus mit den Kreationen
der »Großen« aufnehmen kann,*

was der donnernde Applaus bei der ADC Verleihung bewies.

GROSSES KOMPLIMENT AN DIE BEIDEN KÜNSTLER!
Alice Brücher-Kerpel /// Guido Stanzinski Opak

INSGESAMT KANN MAN SAGEN, WAS WIR DIESES JAHR AUFGETISCHT BEKAMEN, WAR ECHT LECKER.
UND MACHT LUST AUF MEHR!

SPIEGEL-LESER WISSEN MEHR

spiegel.de/mehrwissen

DESIGNKLASSIKER

Barcelona Chair, 1929

iMac, 1998

DIE ZEIT, 2005*

***DIE ZEIT, The World's Best-Designed Newspaper**

1998, 1999, 2000, 2001, 2002, 2005

EL DORADO NAIL NEWS

2005 — THROUGH DUST TO GOLD
2005 — DAS NEUESTE AUS DEM WILDEN WESTEN

DER ART DIRECTORS CLUB FÜR DEUTSCHLAND INFORMIERT

KLARHEIT, ÜBERZEUGUNGSKRAFT — ORIGINALITÄT, MACHART, FREUDE

HART ABER GERECHT -- **IMPRESSIONEN DER JURIERUNG** -- Art Directors Club für Deutschland, Berlin

| BERLIN, 20. MÄRZ 2005 -- | *Zwei Tage lang* wurden den insgesamt 208 ADC Sheriffs verdächtige Ideen vorgeführt. Aufgeteilt in 36 Kategorien identifizierten die 16 Jurys sofort die gefährlichsten und nagelten sie fest. Die Gerissenheit einiger Ideen stellte die Sheriffs vor manch harte Probe, der sie sich mit Routine und eisenharter Hand stellten. Währenddessen trieben sich nervöse Meuten von Kopfgeldjägern bis zur Auszahlung der Kopfgelder in diversen Saloons der Stadt herum und gaben Anlass für einige Unruhen. -- -- -- -- -- -- -- -- -- -- -- --

Lo Breier, Juryvorsitz Corporate Design: »*Wenn das der Durchschnitt der Corporate-Design-Entwicklungen in Deutschland ist, dann fällt zuerst auf, dass es Handlungsbedarf gibt. Zum Glück gibt es wie immer ein paar Ausreißer. Deutschland holt auf, könnte man es nennen. Aber es gibt noch viel zu tun. Packen wir es an.*«

Georg Dieckert, Juryvorsitzender Fachanzeigen, Tageszeitungsanzeigen: * * * * ----------------------
»ES GIBT VIELE ›L'ART POUR L'ART‹-ARBEITEN, DIE ABER BEI DEN BEWERTUNGEN KAUM CHANCEN HATTEN.«

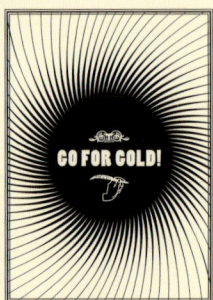

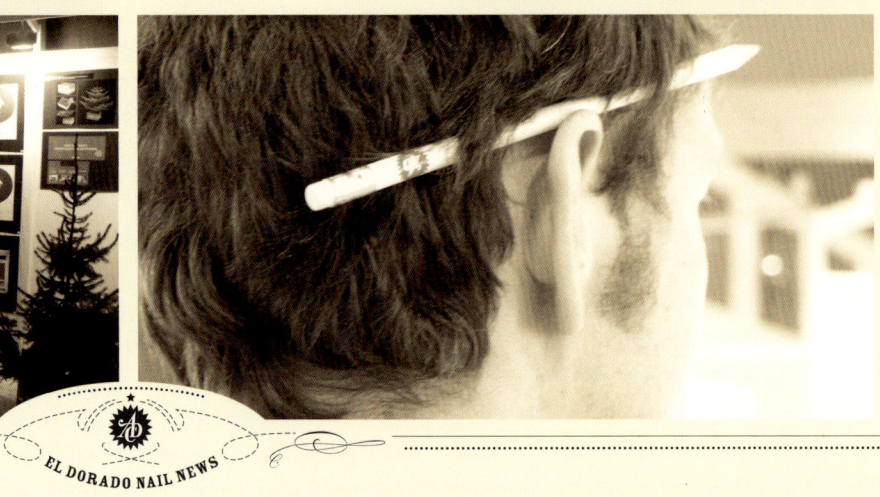

NUR MUT!

EL DORADO NAIL NEWS

520 --- *Impressionen der Jurierung*

Marc Wirbeleit, Juryvorsitz Verkaufsförderung, Media: »HERRLICH, AUF SO HOHEM NIVEAU ZU LEIDEN: KAUM EINE DER EINGEREICHTEN ARBEITEN KONNTE GAR NICHT ÜBERZEUGEN. LEIDER WAREN TROTZ DES HOHEN PEGELS DIE AUSSCHLÄGE EHER NIEDRIG. EINZELNE LEISTUNGEN ÜBERZEUGTEN DAFÜR UMSO MEHR. ERFREULICH, DASS NICHT NUR ÜBER STREICHHOLZBRIEFCHEN UND BIERDECKEL NACHGEDACHT WURDE, SONDERN WIRKLICH QUER DURCH ALLE MEDIEN AUSSERGEWÖHNLICHE EINREICHUNGEN KAMEN.«

----- Gold oder Bronze, *das ist hier die Frage!* -----

Impressionen der Jurierung --- 521

Mehr wissen. Besser entscheiden.

Mehr Bewegung im Business.

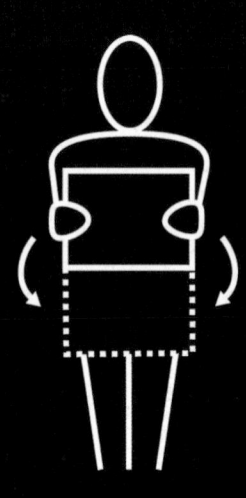

1. Sie leiden unter Bewegungsmangel? Die Waage ist Ihr Feind? Und beim Fitness-Studio kommen Sie nicht durch die Drehtür? Dann gibt's nur eins: entspannte Sitzhaltung einnehmen, zu HORIZONT greifen ...

2. .... und Ihre Lieblings-Zeitung an beiden Enden festhalten. Dabei die Ellenbogen im 90-Grad- Winkel ausrichten. Brust raus, Bauch rein und die Arme weit ausbreiten!

3. Nach zwei Artikeln wieder zusammenführen. Und ausbreiten – zusammenführen. Und zwei, und drei, und vier, und fünf ... (und immer weiter bis zu Spießer Alfons).

Warnung: versuchen Sie dieses Workout nie mit einem anderen Fachblatt als HORIZONT. Haltungsschäden wären programmiert.

CUCARACHAS

4. Jetzt den Nacken entspannen und den Kopf ganz langsam von links oben nach rechts unten ...

5. ... und wieder zurück bewegen. Diese Übung bitte mehrfach wiederholen.

6. Zum Abschluss spontan aufspringen, locker ins Meeting oder in die Mittagspause joggen und die Kollegen mit den neuesten Top-News aus Marketing, Werbung und Medien beeindrucken.

STERN * EMPFANG

ONE SCOTCH
— ONE BEER —
ONE GLASS OF WINE...

EL DORADO NAIL NEWS

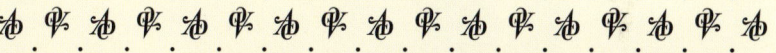

Stern-Empfang --- 525

anzeigen@stern.de

ADC VISIONS

I WANNA RAPE, KILL,
PILLAGE 'N' BURN.
AND EAT DEAD BABIES!
I WANNA RAPE, KILL...

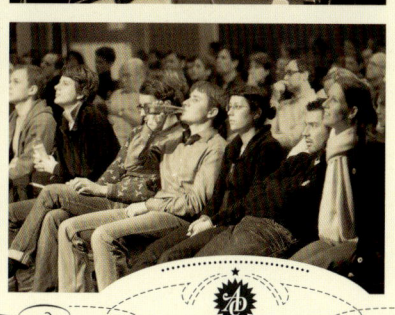

DON'T DREAM IT
be it!

EL DORADO NAIL NEWS

ADC Visions --- 527

SPRINGER
get together

18.03.05 --- JOURNALISTEN-CLUB ************ 22.00 UHR

El Dorado Nail News

528 --- Springer-Empfang

ANZEIGE

Wo bist Du?

Du hattest den
SCHÖNSTEN NAGEL
in Händen.

✦ Melde Dich! ✦

CHIFFRE SE18305

EL DORADO NAIL NEWS

Springer-Empfang --- **529**

——— AND THE NAGEL GOES TO ———

ADC
AWARDS-SHOW
& after-show PARTY

EL DORADO NAIL NEWS

530 --- Awards-Show & After-Show-Party

KREATIVPHOENIX 2005
Alice Brüchner-Herpel
Guido Stanzinski

Accréditation pour le
YOUNG CREATIVE FESTIVAL CANNES

Awards-Show & After-Show-Party --- **531**

532 --- Awards-Show & After-Show-Party

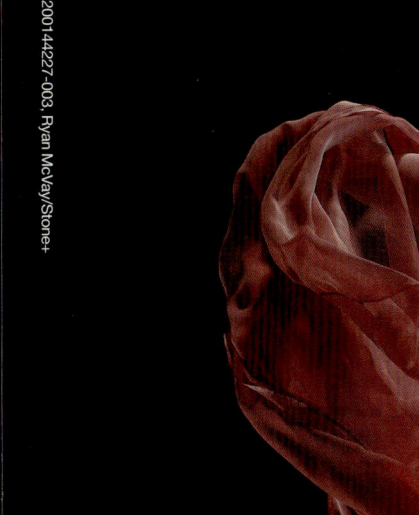

Entfesseln Sie Ihre Kreativität.

Werbung. Design. Editorial. Film. Nachrichten. Sport.
gettyimages.de
0800 101 31 35

gettyimages®
Wir feiern 10-jähriges Jubiläum

http://mapage. noos.fr/joelapompe/ rightframe2.html

WIRKLICH NEUES STEHT IN MAX.

max

Awards-Show & After-Show-Party — 535

Kunde des Jahres
Jürgen Schröcker
Hornbach

...PLEASE
TURN THE
PAGE......

EL DORADO NAIL NEWS

536 --- Awards-Show & After-Show-Party

EL DORADO NAIL NEWS

Awards-Show & After-Show-Party --- 537

DARAUF STEHEN DEUTSCHLANDS BESTE IDEEN

WEISSGOLD FÜR DEN GOLDRAUSCH: Der Art Directors Club für Deutschland sucht jedes Jahr die besten Ideen Deutschlands.
Und zur Belohnung wird Gold ausgesetzt. Weissgold. Denn nur die Allerbesten werden in den Jahrespublikationen des ADC auf unseren gestrichenen Premiumpapieren verewigt.
Seit über 150 Jahren fertigen wir unser „weisses Gold" in bester Papierhersteller-Tradition und mit modernster Technik.
Auch ohne den ADC verdienen Ihre guten Ideen „Weissgold": Wir beraten Sie gerne!

Scheufelen
1855–2005

-- Die Marken von Scheufelen: PhoeniXmotion, Consort Royal, Job Parilux, BVS und BRO --

Papierfabrik Scheufelen GmbH + Co. KG -- Adolf-Scheufelen-Straße 26 -- D-73252 Lenningen -- Telefon +49 (0) 7026 66-1 -- Fax +49 (0) 7026 66-703
service@scheufelen.de -- www.scheufelen.com

Gedruckt auf PhoeniXmotion, Xenon, gestrichen Feinstpapier, holzfrei, 135 g/m²

540 --- Awards-Show & After-Show-Party

Awards-Show & After-Show-Party 541

EL DORADO NAIL NEWS

novum
WORLD OF GRAPHIC DESIGN 1 /04

INTERNATIONAL ISSUE
GERMAN / ENGLISH

DDD LIVE AND
DIREKT 4 NOVUM

Your World is
Graphic Design

novum shows it
to you.

4 198092 909809

WWW.NOVUMNET.DE

design: Thomas Ardelt, Sebastian Groß, Christopher Grouls and Tim Schmitt (academy U5, munich)

#
drink a lot

EL DORADO NAIL NEWS

544 --- *Awards-Show & After-Show-Party*

Österreich zockt deutsche Urlauber ab

Seite 14 — Österreich — Donnerstag, 26. Mai 2005

Hartberg: Bonner Reisegruppe auf Parkplatz ausgeraubt

Schweres Gondelunglück
Sechs Deutsche Urlauber verletzt

Über Nacht im Sessellift vergessen
Kölner Snowboarder überlebt schwer unterkühlt - Seite 5

KÄRNTEN
Urlaub auf Bauernhof wird für Deutschen zum Horrortrip
Seite 2

DONNERSTAG, 17. FEBRUAR, 2005 — REGION

Österreich Arlberg
Deutsche Urlauber von Lawine erfasst

Deutscher Bergsteiger am Großglockner abgestürzt
Bericht Seite 2

Deutscher Reisebus verunglückt
Über 40 Personen verletzt

Komm lieber zum Arbeiten nach Österreich.
Demner, Merlicek & Bergmann sucht Kreative.

www.dmb.at

546 --- Awards-Show & After-Show-Party

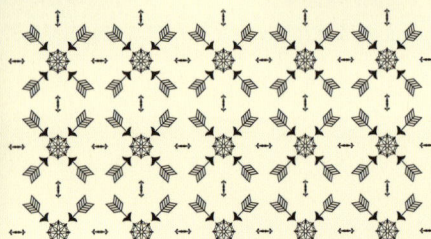

EL DORADO NAIL NEWS

*www.bluwi.com

ADC–AUSSTELLUNG

ADC AUSSTELLUNG ZU BERLIN — 18.–21.03.05 — hangar 2

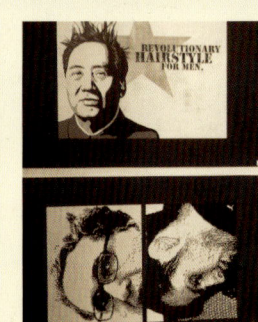

El Dorado Nail News

Ausstellung --- 549

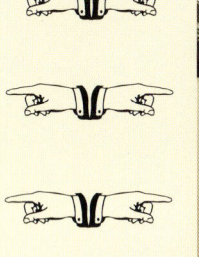

550 --- *Ausstellung*

www.focus.de

PENG.

FOCUS

FAKTEN. FAKTEN. FAKTEN.

MEMBERS OF ADC GERMANY

UNSER ZIEL:

DIE KREATIVE LEISTUNG **IN DEUTSCHLAND** *ZU VERBESSERN UND* somit neue **MASS-STÄBE** zu setzen

DIE BESTEN KREATIVEN AUS:

WORT, BILD, DESIGN, EDITORIAL, FOTOGRAFIE, ILLUSTRATION, FUNK, FILM UND INTERAKTIVE MEDIEN

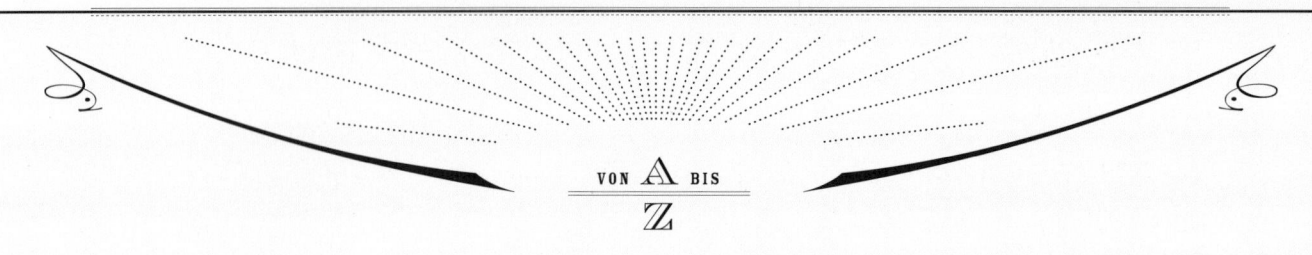

VON A BIS Z

TOBIAS AHRENS
Creative Director
Springer & Jacoby
4. Werbeagentur GmbH & Co. KG
Poststraße 18
20354 Hamburg
T 0 40-3 56 03-1 55
F 0 40-3 56 03-6 66
tobias.ahrens@adc.de

ANDRÉ AIMAQ
Texter
Aimaq·Rapp·Stolle
Werbeagentur GmbH
Münzstraße 15
10178 Berlin
T 0 30-30 88 71-0
F 0 30-30 88 71-71
andre.aimaq@adc.de

HANS-PETER ALBRECHT
Texter
hp albrecht werbeagentur gmbh
Geyerstraße 13 b
80469 München
T 0 89-20 25 60-0
F 0 89-20 25 60-20
hanspeter.albrecht@adc.de

CHRISTIAN
VON ALVENSLEBEN
Christian von Alvensleben
Photographie
Kayhuder Straße 40
23863 Bargfeld-Stegen
T 0 45 35-4 44
F 0 45 35-4 33
christianvon.alvensleben@adc.de

NIELS ALZEN
Geschäftsführender Gesellschafter
santamaria
Wohlwillstraße 35
20359 Hamburg
T 0 40-3 99 22 10
F 0 40-39 92 21 29
niels.alzen@adc.de

PAUL APOSTOLOU
Creative Director
Elephant Seven AG
Gerhofstraße 1–3
20354 Hamburg
T 0 40-3 41 01-3 15
F 0 40-3 41 01-1 01
paul.apostolou@adc.de

ULF ARMBRUST
Creative Director
Hofweg 19
22085 Hamburg
T 0 40-22 71 42 27
F 0 40-22 71 61 96
ulf.armbrust@adc.de

JÜRGEN ASSMANN
Creative Director
Eppendorfer Baum 13
20249 Hamburg
T 0 40-48 43 93
F 0 40-46 77 59 31
mobil 01 71-2 11 03 50
juergen.assmann@adc.de

FRED BAADER
Creative Director, Mitinhaber
Baader Hermes
Werbeagentur GmbH
Fischertwiete 1 (Chilehaus)
20095 Hamburg
T 0 40-8 08 05-24 15
F 0 40-8 08 05-24 19
fred.baader@adc.de

STEFAN BAGGEN
Creative Director, Geschäftsführer
BaggenDesign GmbH
Martinstraße 47–55, Gebäude F
40223 Düsseldorf
T 02 11-61 71 76-27
F 02 11-61 71 76-21
stefan.baggen@adc.de

FRANK BANNÖHR
Creative Director
Springer & Jacoby
4. Werbeagentur GmbH & Co. KG
Poststraße 18
20354 Hamburg
T 0 40-3 56 03-4 40
F 0 40-3 56 03-6 66
frank.bannoehr@adc.de

MICHAEL BARCHE
Creative Director, Gesellschafter
KNSK Werbeagentur GmbH
Alte Rabenstraße 1
20148 Hamburg
T 0 40-4 41 89-01
F 0 40-4 41 89-3 06
michael.barche@adc.de

★ Jurymitglied 2005   ● Neues Mitglied

ALEXANDER BARTEL
Geschäftsführer Creation
GBK, Heye Werbeagentur GmbH
Linprunstraße 16
80335 München
T 0 89-54 24 43 13
F 0 89-54 24 43 10
alexander.bartel@adc.de

CHRISTOPH BARTH
Creative Director
Kapellenstraße 33
65193 Wiesbaden
christoph.barth@adc.de

DIRK BARTOS
Creative Director, Geschäftsführer
Bartos Kersten Printmediendesign
Heinrichstraße 11
22769 Hamburg
T 0 40-42 10 65 33
F 0 40-42 10 65 37
dirk.bartos@adc.de

JOERG BAUER
Grafik-Designer
joergbauerdesign
Dornhaldenstraße 6
70199 Stuttgart
T 07 11-7 65 22 30
F 07 11-7 65 22 31
joerg.bauer@adc.de

ASTA BAUMÖLLER
Managing Director
VIVA SCHWEIZ S
Media Vision AG
Schaffhauser Straße 550
CH 8052 Zürich
T 00 41-44-5 56 56-02
F 00 41-44-5 56 56-57
asta.baumoeller@adc.de

TOYGAR BAZARKAYA
Creative Director
Springer & Jacoby
Jungfernstieg 30
20354 Hamburg
T 0 40-3 56 03-1 93
F 0 40-3 56 03-4 11
toygar.bazarkaya@adc.de

JAN BAZING
Illustrator
Jan Bazing Illustrationsatelier
Seyfferstraße 91
70197 Stuttgart
T 07 11-63 86 73
F 07 11-63 86 74
jan.bazing@adc.de

WILLIE BECKER
Komponist, Funk-Regie
mbs-studio
Eimsbütteler Chaussee 12
20259 Hamburg
T 0 40-43 18 94 31
F 0 40-43 18 94 40
willie.becker@adc.de

WOLFGANG BEHNKEN
Art Director
Funk + Behnken
Hohe Bleichen 24
20354 Hamburg
T 0 40-35 01 66-80
F 0 40-35 01 66-88
mobil 01 72-9 24 89 76
wolfgang1.behnken@adc.de

WOLFGANG BEHNKEN
Creative Director, Mitinhaber
Baader Hermes
Werbeagentur GmbH
Fischertwiete 1 (Chilehaus)
20095 Hamburg
T 0 40-8 08 05-24 13
F 0 40-8 08 05-24 19
wolfgang.behnken@adc.de

JOCHEN BEITHAN
JBCC Jochen Beithan
Corporate Communication
Bismarckstraße 4
35781 Weilburg
T 0 64 71-13 40
F 0 64 71-37 96 23
mobil 01 73-9 74 00 85
jochen.beithan@adc.de

BERND BEITZ
Geschäftsführer
BRANDINSIDER
Integrated Brand Marketing GmbH
Lilienstraße 11
20095 Hamburg
T 0 40-3 17 66-4 02
F 0 40-3 17 66-4 44
bernd.beitz@adc.de

ARWED BERENDTS
Geschäftsführer Kreation
Saint Elmo's Agentur für
Kreative Energie GmbH
Max-Joseph-Straße 7a
80333 München
T 0 89-59 99 58-0
F 0 89-59 99 58-88
arwed.berendts@adc.de

MATTHIAS BERG
Creative Director, Consultant
MATTHIAS BERG arbeitet.
Elbchaussee 28
22765 Hamburg
T 0 40-36 00 69 30
F 0 40-36 00 69 39
mobil 01 72-2 00 18 79
matthias.berg@adc.de

KATHRIN BERGER
Creative Director Art
Köhlbrandtreppe 1
22767 Hamburg
T 0 40-38 59 26
F 0 40-38 59 26
mobil 01 72-4 56 25 42
kathrin.berger@adc.de

**PROF.
HANS-JOACHIM BERNDT**
Regisseur, Geschäftsführer
House of Packshots GmbH
Film- und Fernsehproduktion
Franklinstraße 12–14
10587 Berlin
T 0 30-39 83 69-10
hansjoachim.berndt@adc.de

MICHI BESLER
Musiker, Komponist
EARDRUM
MUSIC + SOUND DESIGN
Langbehnstraße 4
22761 Hamburg
T 0 40-4 39 27 77
mobil 01 77-2 99 51 51
michi.besler@adc.de

REINHARD BESSER
Komponist, Musikproduzent
BESSER MUSIC
production & consulting
Mörfelder Landstraße 165
60598 Frankfurt am Main
T 0 69-69 76 66-20
F 0 69-69 76 66-21
reinhard.besser@adc.de

JOACHIM BEUTLER
Creative Director
c-one.net/communication network
Hansaallee 159
40549 Düsseldorf
T 02 11-9 04 94 13
F 02 11-39 41 71
mobil 01 72-6 46 44 56
joachim.beutler@adc.de

MATTHIAS BIRKENBACH
Creative Director
Isestraße 53
20149 Hamburg
T 0 40-47 29 64
mobil 01 70-9 07 76 99
matthias.birkenbach@adc.de

HELGE BLÖCK
Ass. Creative Director
TBWA Werbeagentur GmbH
Rosenstraße 16–17
10178 Berlin
T 0 30-4 43 29 30
F 0 30-4 43 29 33 99
mobil 01 72-3 88 87 50
helge.bloeck@adc.de

DIETER BLUM
Fotograf
Studio Dieter Blum
Ina-Seidel-Weg 26
73732 Esslingen
T 07 11-37 70 66
F 07 11-3 70 25 53
mobil 01 78-2 59 47 77
dieter.blum@adc.de

TIMO BLUNCK
Komponist
BLUWI | Blunck & Will
Mühlenkamp 63 a
22303 Hamburg
T 0 40-27 87 85 67
F 0 40-27 80 66 12
mobil 01 72-5 45 57 07
timo.blunck@adc.de

MICHAEL BOEBEL
Creative Consultant, Dozent
Feldbergstraße 49
60323 Frankfurt am Main
T 0 69-71 03 33 01
F 0 69-71 58 89 55
mobil 01 71-6 43 51 72
michael.boebel@adc.de

Mitglieder --- 553

RAINER BOLLMANN
Geschäftsführer Kreation
McCann-Erickson Frankfurt GmbH
Großer Hasenpfad 44
60598 Frankfurt am Main
T 0 69-6 05 07-1 92
F 0 69-6 05 07-5 51
rainer.bollmann@adc.de

MICHAEL BORCH
Geschäftsführer
Michael Borch Werbung GmbH
Roßpfad 55
40489 Düsseldorf
T 02 11-40 48 85
F 02 11-4 08 93 84
michael.borch@adc.de

PHILIP BORCHARDT
Art Director
TBWA Werbeagentur GmbH
Rosenstraße 16–17
10178 Berlin
T 0 30-4 43 29 32 80
F 0 30-4 43 29 33 99
philip.borchardt@adc.de

CHRISTIAN BOROS
Geschäftsführer
Boros GmbH Agentur für Kommunikation
Hofaue 63
42103 Wuppertal
T 02 02-24 84 30
F 02 02-2 48 43 19
christian.boros@adc.de

MIRKO BORSCHE
Art Director
Magazin Verlagsgesellschaft Süddeutsche Zeitung mbH
Rindermarkt 5
80331 München
T 0 89-21 83 95 40
F 0 89-2 60 82 17
mirko.borsche@adc.de

FRANK BRAMMER
Gesellschafter
Franken Architekten
Hochstraße 17
60313 Frankfurt am Main
T 0 69-2 97 28 30
F 0 69-29 72 83 29
frank.brammer@adc.de

LO BREIER
Creative Director Art
Susettestraße 6
22763 Hamburg
mobil 01 72-9 01 13 41
lo.breier@adc.de

PETER BREUL
Art Director
Frankfurter Allgemeine Zeitung GmbH
Hellerhofstraße 2–4
60327 Frankfurt am Main
T 0 69-75 91 28 38
peter.breul@adc.de

HEIKE BROCKMANN
Creative Director
SCHOLZ & VOLKMER GmbH
Schwalbacher Straße 76
65138 Wiesbaden
T 06 11-1 80 99-33
F 06 11-1 80 99-77
heike.brockmann@adc.de

FELIX BRUCHMANN
Texter
Bruchmann, Schneider, Bruchmann Werbeagentur GmbH
Friesenstraße 50
50670 Köln
T 02 21-12 10 55
F 02 21-13 52 46
felix.bruchmann@adc.de

JÖRG BRUCHMANN
Texter
Bruchmann, Schneider, Bruchmann Werbeagentur GmbH
Friesenstraße 50
50670 Köln
T 02 21-12 10 55
F 02 21-13 52 46
joerg.bruchmann@adc.de

PROF. UWE R. BRÜCKNER
Creative Director
Atelier Brückner GmbH
Quellenstraße 7
70376 Stuttgart
T 07 11-5 00 07 70
F 07 11-50 00 77 22
uwe.brueckner@adc.de

ROBERT BRÜNIG
Geschäftsführer Creation
Ogilvy & Mather Düsseldorf GmbH & Co. KG
Am Handelshafen 2–4
40221 Düsseldorf
T 02 11-4 97 00-0
F 02 11-4 97 00-2 43
robert.bruenig@adc.de

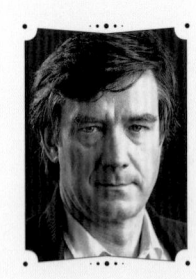

HANS-JAKOB BRUPPACHER
Creative Director, Geschäftsführer
Bruppacher + Partner AG
Florastraße 14
CH 4502 Solothurn
T 00 41-32-6 22 64 41
F 00 41-32-6 22 63 93
hansjakob.bruppacher@adc.de

CARSTEN BUCK
Grafik-Designer
Mutter GmbH
Eppendorfer Weg 87a
20259 Hamburg
T 0 40-48 40 47-0
F 0 40-4 91 52 65
carsten.buck@adc.de

THILO VON BÜREN
Creative Director
Belgradstraße 24
80796 München
mobil 01 63-8 07 41 96
thilovon.bueren@adc.de

HANS-JÜRGEN BURKARD
Freier Fotokorrespondent
Gruner + Jahr AG & Co. KG Redaktion Stern
Am Baumwall 11
20459 Hamburg
T 0 40-37 03 35 67
mobil 01 72-4 02 40 20
hansjuergen.burkard@adc.de

SÖNKE BUSCH
Creative Director
Papenhuder Straße 30
22087 Hamburg
mobil 01 60-90 11 20 68
soenke.busch@adc.de

UWE BUSCHKÖTTER
Inhaber
UBM Records
Menzelstraße 11
14193 Berlin
T 0 30-89 73 69 10
F 0 30-8 97 36 91 20
mobil 01 70-8 62 09 77
uwe.buschkoetter@adc.de

WERNER BUTTER
Creative Director
Butter. Agentur für Werbung GmbH
Kronprinzenstraße 87
40217 Düsseldorf
T 02 11-86 79 70
F 02 11-8 67 97 86
werner.butter@adc.de

THOMAS CASPARI
Regisseur, Produzent
CASPARI FILM GmbH
Hansaallee 159
40549 Düsseldorf
T 02 11-7 33 73 53
F 02 11-7 33 73 38
thomas.caspari@adc.de

THOMAS CHUDALLA
Executive Creative Director
DDB Tokyo
9th floor Hiroo Plaza
5-6-6 Hiroo Shibuya-ku
JP 150-0012 Tokyo
T 00 81 3 57 91 10 20
F 00 81 3 57 91 10 21
thomas.chudalla@adc.de

VERONIKA CLASSEN
Creative Director, Mitinhaberin
REINSCLASSEN Agentur für Sprache
Schwanenwik 32
22087 Hamburg
T 0 40-22 69 27-0
F 0 40-22 69 27-70
veronika.classen@adc.de

RENÉ CLOHSE
Fotograf
Francheville 6B
B 4970 Stavelot
T 00 32-80-88 11 08
F 00 32-80-88 04 83
rene.clohse@adc.de

MATS CORDT
Fotograf
Mats Cordt Photography
Lagerstraße 32 c, Hof
20357 Hamburg
T 0 40-41 92 18 72
F 0 40-41 92 18 76
mats.cordt@adc.de

OLAF CZESCHNER
Creative Partner
**NEUE DIGITALE Agentur
für neue Medien GmbH**
Falkstraße 5
60487 Frankfurt am Main
T 0 69-7 04 03-2 00
F 0 69-7 04 03-5 00
olaf.czeschner@adc.de

ARNDT DALLMANN
Executive Creative Director
Passeo Picasso 22-2-2 b
ES 08005 Barcelona
T 00 34-6 99 95 95 53
mobil 00 34-6 99 95 95 53
arndt.dallmann@adc.de

MARIUSZ JAN DEMNER
Geschäftsleitung
**Demner, Merlicek & Bergmann
Werbegesellschaft mbH**
Lehargasse 9–11
A 1061 Wien
T 00 43-1-5 88 46-52
F 00 43-1-5 88 46-69
mariuszjan.demner@adc.de

HAJO DEPPER
Creative Director Text
RG Wiesmeier Werbeagentur AG
Landsberger Straße 404
»Campus West«
81241 München
T 0 89-29 00 89-34
F 0 89-2 04 00 27-34
hajo.depper@adc.de

FEICO DERSCHOW
Creative Consultant, Dozent
MasterClass e.V. MCAD
Stielerstraße 7
80336 München
T 0 89-76 62 60
F 0 89-76 62 60
mobil 01 71-765 99 12
feico.derschow@adc.de

KURT GEORG DIECKERT
Chief Creative Officer
TBWA Werbeagentur GmbH
Rosenstraße 16–17
10178 Berlin
T 0 30-44 32 93-0
F 0 30-44 32 93-3 99
kurtgeorg.dieckert@adc.de

OLIVER DIEHR
Art Director
**Heye & Partner GmbH
Werbeagentur GWA**
Ottobrunner Straße 28
82008 Unterhaching
T 0 89-6 65 32-1 63
F 0 89-6 65 32-3 80
oliver.diehr@adc.de

KIRSTEN DIETZ
Grafik-Designerin, Geschäftsführerin
**strichpunkt agentur für visuelle
kommunikation gmbh**
Schönleinstraße 8 a
70184 Stuttgart
T 07 11-62 03 27-0
F 07 11-62 03 27-10
kirsten.dietz@adc.de

PROF. TANJA DIEZMANN
Geschäftsführende Gesellschafterin
pReview digital design GmbH
Kastanienallee 29/30
10435 Berlin
T 0 30-4 43 51 95-0
F 0 30-4 43 51 95-99
tanja.diezmann@adc.de

KLAUS DOLDINGER
Komponist, Produzent
Ulrichstraße 64
82057 Icking
T 0 81 78-33 02
F 0 81 78-33 65
klaus.doldinger@adc.de

FRANK DOVIDAT
Geschäftsführender Gesellschafter
PUBLICIS Hamburg GmbH
Große Elbstraße 39
22767 Hamburg
T 0 40-3 81 07-3 50
F 0 40-3 81 07-3 01
frank.dovidat@adc.de

UWE DÜTTMANN
Fotograf
Studio Uwe Düttmann
Mörikestraße 22 a + b
22587 Hamburg
T 0 40-86 60 06 66
F 0 40-86 60 06 88
uwe.duettmann@adc.de

DIETRICH EBERT
Grafik-Designer, Illustrator
**D. & I. Ebert Grafik
& illustrative Dinge**
Braikinbachweg 12
72766 Reutlingen
T 0 71 21-4 57 47
F 0 71 21-47 04 10
dietrich.ebert@adc.de

AXEL ECKSTEIN
Art Director
Jung von Matt/Limmat AG
Wolfbachstraße 19
CH 8032 Zürich
T 00 41-1-2 54 66 49
axel.eckstein@adc.de

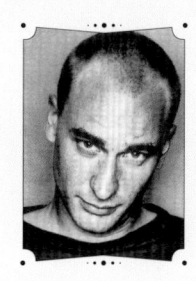

TOBIAS EICHINGER
Creative Director
Jung von Matt/Neckar GmbH
Eberhardstraße 69–71
70173 Stuttgart
T 07 11-24 89 84-5 39
F 07 11-24 89 84-40
tobias.eichinger@adc.de

KAY EICHNER
Creative Director Text
**weigertpirouzwolf
Werbeagentur GmbH**
Waterloohain 9
22769 Hamburg
T 0 40-4 32 39-2 42
F 0 40-4 32 39-2 22
kay.eichner@adc.de

JOSEPH EMONTS-POHL
Creative Director Art
Lüders BBDO Werbeagentur GmbH
Bismarckstraße 50
50672 Köln
T 02 21-95 15 95 82
F 02 21-52 95 16
mobil 01 73-9 77 94 47
joseph.emontspohl@adc.de

JOHANNES ERLER
Partner
Factor Design AG
Schulterblatt 58
20357 Hamburg
T 0 40-43 25 71-34
F 0 40-43 25 71-99
johannes.erler@adc.de

CHRISTOPH EVERKE
Creative Director
**Serviceplan
Dritte Werbeagentur GmbH**
Brienner Straße 45 a–d
80333 München
T 0 89-20 50 20
christoph.everke@adc.de

KAI FEHSE
Vorstand
**For Sale Werbeagentur
München AG**
Nymphenburger Straße 86
80636 München
T 0 89-1 20 09-1 02
F 0 89-1 20 09-5 00
kai.fehse@adc.de

KLAUS FEHSENFELD
Creative Director, Geschäftsführer
W. A. F. Werbegesellschaft mbH
Gottfried-von-Cramm-Weg 35–37
14193 Berlin
T 0 30-30 30 05 26
F 0 30-30 30 05 30
klaus.fehsenfeld@adc.de

THOMAS FEICHT
Geschäftsführer
INSTANT Corporate Culture
Leerbachstraße 58
60322 Frankfurt am Main
T 0 69-71 91 54 80
F 0 69-72 93 41
thomas.feicht@adc.de

WOLFGANG FETZER
Creative Director
Teutonen 10
40545 Düsseldorf
wolfgang.fetzer@adc.de

Mitglieder --- 555

GEORG FISCHER
Fotograf
Flemingstraße 3
22299 Hamburg
T 0 40-48 10 36
F 0 40-46 53 85
mobil 01 72-4 32 15 20
georg.fischer@adc.de

CATRIN FLORENZ
Freie Texterin
Ilsenweg 28
22395 Hamburg
T 0 40-4 80 49 82
F 0 40-63 70 85 74
mobil 01 72-4 34 85 40
catrin.florenz@adc.de

HEICO FORSTER
Art Director
Redaktion MAX
MAX Verlag GmbH & Co. KG
Milchstraße 1
20148 Hamburg
T 0 40-41 31-38 50
mobil 01 71-5 39 68 70
heico.forster@adc.de

OLIVER FRANK
Texter
Aimaq·Rapp·Stolle
Werbeagentur GmbH
Münzstraße 15
10178 Berlin
T 0 30-30 88 71-0
F 0 30-30 88 71-71
oliver.frank@adc.de

EKKI FRENKLER
Geschäftsführer Kreation
Holding/Werbeagenturen
Serviceplangruppe für innovative
Kommunikation GmbH & Co. KG
Briennerstraße 45 a–d
80333 München
T 0 89-20 50-20/-10
mobil 01 73-9 39 81 79
ekkehard.frenkler@adc.de

MIKE FRIEDRICH
Creative Director, Geschäftsführer
Eisbrecher Konzeption & Design
Sophienstraße 17
70178 Stuttgart
T 07 11-96 01-8 12
F 07 11-96 01-8 30
mike.friedrich@adc.de

JAN FRÖSCHER
Geschäftsführer Kreation
Red Rabbit Werbeagentur GmbH
Große Brunnenstraße 63 a
22763 Hamburg
T 0 40-41 00 91-11
F 0 40-41 00 91-22
mobil 01 72-3 97 72 35
jan.froescher@adc.de

KLAUS FUNK
Konzeptionist, Regisseur, Dramaturg,
Geschäftsführer
Studio Funk GmbH & Co. KG
Eimsbütteler Chaussee 69
20259 Hamburg
T 0 40-4 32 04-3
mobil 01 72-4 31 04 30
klaus.funk@adc.de

PROF. PETER GAMPER
Art Director, Hochschuldozent
Buchenstraße 26
63110 Rodgau
T 0 61 06-7 12 92
F 0 61 06-88 66 32
peter.gamper@adc.de

STEPHAN GANSER
Creative Director
Jung von Matt/Spree GmbH
Hasenheide 54
10967 Berlin
T 0 30-78 95 62 57
F 0 30-78 95 61 15
stephan.ganser@adc.de

PROF. FRIEDERIKE-NANNETTE GAUSS
Art Director
SZ-Magazin
Corneliusstraße 3
80469 München
T 0 89-26 01 98 58
mobil 01 73-3 27 44 31
friederike.gauss@adc.de

OLIVER GEHRS
DUMMY Magazin gbR
c/o »Schön & Gut«,
»Büro für Texte«
Kulturbrauerei Haus M
Schönhauser Allee 36
10435 Berlin
T 030-44 01 03 17
oliver.gehrs@adc.de

JAN HENDRIK GESCHKE
Texter, Executive Creative Director
UCA United Creatives
Agency GmbH
Bleibtreustraße 38
10263 Berlin
T 0 30-27 87 88-0
F 0 30-27 87 88-22
janhendrik.geschke@adc.de

ANDREAS GEYER
Creative Director
Kolle Rebbe Werbeagentur GmbH
Dienerreihe 2
20457 Hamburg
T 0 40-32 54 23-0
F 0 40-32 54 23-23
andreas.geyer@adc.de

MICHEL GIRARDIN
Creative Consultant
Girardin Creative Consulting
Staffelstraße 10
CH 8045 Zürich
T 00 41-1-3 81 09 04
F 00 41-1-3 81 09 14
mobil 00 41-79-4 02 99 49
michel.girardin@adc.de

FELIX GLAUNER
Chief Creative Officer
EURO RSCG Worldwide
Kaiserswerther Straße 135
40474 Düsseldorf
T 02 11-99 16-2 03
F 02 11-99 16-2 55
felix.glauner@adc.de

OVE GLEY
Geschäftsführer Kreation, Art
Jung von Matt/Fleet GmbH
Glashüttenstraße 79
20357 Hamburg
T 0 40-43 13 53-0
F 0 40-43 13 53-6 01
ove.gley@adc.de

AXEL GNAD
Fotograf
Axel Gnad Fotografie
Lindemannstraße 18
40237 Düsseldorf
T 02 11-68 30 10
F 02 11-68 30 10
axel.gnad@adc.de

GEORG GOTTBRATH
Fotograf
Lessingstraße 5
60325 Frankfurt am Main
georg.gottbrath@adc.de

ANDREAS GRABARZ
Geschäftsführer
Grabarz & Partner
Werbeagentur GmbH
Alter Wall 55
20457 Hamburg
T 0 40-3 76 41-0
F 0 40-3 76 41-4 00
andreas.grabarz@adc.de

TOBIAS GREMMLER
T 0 89-58 95 87 89
F 0 89-58 95 88 92
tobias.gremmler@adc.de

FLORIAN GRIMM
Geschäftsführender Gesellschafter
Grimm Gallun Holtappels
Werbeagentur GmbH & Co. KG
Schützenstraße 21
22761 Hamburg
T 0 40-28 80 26 86
F 0 40-28 80 26 26
florian.grimm@adc.de

LUC(AS) DE GROOT
Direktor
FontFabrik
Apostel-Paulus-Straße 32
10823 Berlin
T 0 30-78 70 30 97
F 0 30-78 10 58 78
mobil 01 71-2 65 61 49
lucasde.groot@adc.de

JOHN GROVES
Komponist
John Groves Music
Isekai 20
20249 Hamburg
T 0 40-4 71 03 50
F 0 40-46 40 78
mobil 01 72-4 50 44 91
john.groves@adc.de

HARTMUT GRÜN
Creative Director
Grün Communication
Ludwigstraße 33
60327 Frankfurt am Main
T 0 69-74 09 39 00
F 0 69-74 09 39 02
hartmut.gruen@adc.de

KAI-UWE GUNDLACH
Fotograf
Studio Gundlach
Arndtstraße 24 A
22085 Hamburg
T 0 40-61 01 89
F 0 40-61 02 13
kaiuwe.gundlach@adc.de

ULI GÜRTLER
Creative Director
Springer & Jacoby Design GmbH & Co. KG
Poststraße 37–39
20354 Hamburg
T 0 40-35 60 35 54
F 0 40-35 60 32 24
uli.guertler@adc.de

PROF. FRITZ HAASE
Creative Director, Inhaber
Haase & Knels Atelier für Gestaltung
Am Landherrnamt 8
28195 Bremen
T 04 21-3 34 98-0
F 04 21-3 34 98-33
fritz.haase@adc.de

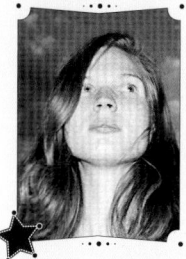

MIEKE HAASE
Creative Director,
Geschäftsführerin Kreation
c-feld GmbH
Sternstraße 121
20357 Hamburg
T 0 40-4 01 87 70
F 0 40-40 18 77 15
mieke.haase@adc.de

SIBYLLE HAASE
Creative Director, Inhaberin
Haase & Knels Atelier für Gestaltung
Am Landherrnamt 8
28195 Bremen
T 04 21-3 34 98-0
F 04 21-3 34 98-33
sibylle.haase@adc.de

NADIM HABIB
Freier Art Director
Contentismissing
Leipziger Straße 55
10117 Berlin
nadim.habib@adc.de

DIRK HAEUSERMANN
Creative Director Art
Springer & Jacoby Werbung GmbH & Co. KG
Poststraße 18
20354 Hamburg
T 0 40-35 60 34 18
mobil 01 75-2 63 76 00
dirk.haeusermann@adc.de

PROF. NIKOLAUS HAFERMAAS
Art Center College of Design
Dekan Fachbereich Grafikdesign
1700 Lida St.
USA 91103 Pasadena
T 00 1 626 396 2290
nikolaus.hafermaas@adc.de

KLAUS HAGMEIER
Fotograf
Klaus Hagmeier
Güntherstraße 18 a
60528 Frankfurt am Main
T 0 69-6 77 15 55
F 0 69-6 77 15 57
mobil 01 72-7 80 86 00
klaus.hagmeier@adc.de

DORIS HAIDER
Creative Director Text
.start GmbH
Pestalozzistraße 31
80469 München
T 0 89-74 61 36-3 10
F 0 89-7 21 26 00
mobil 01 73-9 22 87 99
doris.haider@adc.de

OLAF HAJEK
Illustrator
Schröderstraße 4
10115 Berlin
T 030-28 38 59 47
mobil 01 73-2 39 22 10
olaf.hajek@adc.de

HUBERTUS HAMM
Fotograf
Trogerstraße 19
81675 München
T 0 89-28 22 22
F 0 89-47 13 25
hubertus.hamm@adc.de

OLIVER HANDLOS
Creative Director Text
Jung von Matt/Spree GmbH
Hasenheide 54
10967 Berlin
T 0 30-78 95 60
F 0 30-78 95 61 11
oliver.handlos@adc.de

MATTHIAS HARBECK
Creative Director
Springer & Jacoby 3. Werbeagentur GmbH & Co. KG
Poststraße 18
20354 Hamburg
T 0 40-3 56 03-2 15
mobil 01 72-4 17 69 54
matthias.harbeck@adc.de

CLAUS HARDEN
Creative Director
Pilger Harden Creative Concepte
Schirmerstraße 76
40211 Düsseldorf
T 02 11-17 54 69 01
F 02 11-17 54 69 03
claus.harden@adc.de

SEBASTIAN HARDIECK
Creative Director
BBDO Campaign GmbH
Königsallee 92
40212 Düsseldorf
T 02 11-13 79 85 27
F 02 11-13 79 91 85 27
mobil 01 63-4 33 54 04
sebastian.hardieck@adc.de

FELIX HARNICKELL
Creative Director
Harnickell Design
Jungfernstieg 43
20354 Hamburg
T 0 40-35 71 85 83
F 0 40-35 71 85 84
mobil 01 73-6 13 34 70
felix.harnickell@adc.de

ARNO HAUS
Freier Creative Director
Gradnauerstraße 10
14532 Kleinmachnow
mobil 01 71-7 65 04 03
arno.haus@adc.de

IRENE HECHT
Creative Director Art
Alte Mauergasse 5
61348 Bad Homburg
T 0 61 72-68 52 00
F 0 61 72-68 52 02
irene.hecht@adc.de

ULI HECKMANN
Fotodesigner
Adelheidstraße 14
80798 München
T 0 89-52 72 80
F 0 89-5 23 71 11
mobil 0177-5 27 28 00
uli.heckmann@adc.de

GUIDO HEFFELS
Creative Director,
Geschäftsführer Kreation
HEIMAT Werbeagentur GmbH
Segitzdamm 2
10969 Berlin
T 0 30-6 16 52-0
F 0 30-6 16 52-2 00
guido.heffels@adc.de

ALEXANDER HEIL
Art Director
Ogilvy & Mather
Worldwide Plaza
309 West 49th Street
USA 10019-7399 New York
T 0 01-2 12-2 37-40 00
alexander.heil@adc.de

PROF. ACHIM HEINE
Geschäftsführung Design
Heine/Lenz/Zizka
Fritzlarer Straße 28–30
60487 Frankfurt am Main
T 0 30-85 40 80-0
F 0 30-85 40 80-99
achim.heine@adc.de

Mitglieder --- 557

GERALD HEINEMANN
Chief Creative Officer
Abteistraße 30
20149 Hamburg
mobil 01 77-3 01 93 54
gerald.heinemann@adc.de

CARSTEN HEINTZSCH
Managing Partner
BBDO Campaign
Hausvogteiplatz 2
10117 Berlin
T 0 30-34 00 03-1 11
F 0 30-34 00 03-20
carsten.heintzsch@adc.de

ERIK HEITMANN
Creative Director
Springer & Jacoby Werbung
GmbH & Co. KG
Poststraße 14–16
20354 Hamburg
T 0 40-3 56 03-0
F 0 40-3 56 03-3 44
erik.heitmann@adc.de

RAINER HELLMANN
Creative Director
Zinzendorfstraße 4
70825 Korntal
mobil 01 73-3 44 92 31
rainer.hellmann@adc.de

DIETMAR HENNEKA
Fotograf
Studio Dietmar Henneka
Mörikestraße 24
70178 Stuttgart
T 07 11-60 50 40
F 07 11-6 40 84 55
dietmar.henneka@adc.de

TORSTEN HENNINGS
Regisseur-, Producer-Radiowerbung,
Toning, Geschäftsführer Werbung
Studio Funk GmbH & Co. KG
Eimsbütteler Chaussee 69
20259 Hamburg
T 0 40-43 20-43
F 0 40-43 20-44 00
torsten.hennings@adc.de

KLAUS-JÜRGEN HERGERT
Creative Director, Geschäftsführer
H&K Hergert Werbeagentur GmbH
Im Kohlruß 5
65835 Liederbach am Taunus
T 0 61 96-50 28-5 22
F 0 61 96-50 28-5 99
klausjuergen.hergert@adc.de

CHRISTOPH HEROLD
Creative Director Text
J. Walter Thompson GmbH & Co. KG
Schwedlerstraße 6
60314 Frankfurt am Main
T 0 69-40 57 65 97
F 0 69-4 05 76-6 60
christoph.herold@adc.de

NORBERT HEROLD
Executive Creative Director
Griechenplatz 5
81545 München
T 0 89-64 60 69
F 0 89-64 86 76
mobil 01 62-2 88 80 04
norbert.herold@adc.de

PROF. KLAUS HESSE
Designer
Hesse Design GmbH
Düsseldorfer Straße 16
40699 Erkrath
T 02 11-28 07 20-0
F 02 11-28 07 20-20
klaus.hesse@adc.de

PETER HESSLER
Art Director
PHCC Peter Heßler Agentur für
Corporate Communication
Lilistraße 83 b – Loft 13/2.1
63067 Offenbach am Main
T 0 69-56 04 37 38
mobil 01 73-9 32 91 85
peter.hessler@adc.de

RALF HEUEL
Geschäftsführer Kreation, Partner
Grabarz & Partner
Werbeagentur GmbH
Alter Wall 55
20457 Hamburg
T 0 40-3 76 41-0
F 0 40-3 76 41-4 00
ralf.heuel@adc.de

JÜRGEN HEYMEN
Creative Director
T 02 11-66 08 65
mobil 01 70-2 23 00 74
juergen.heymen@adc.de

**PROF. FONS MATTHIAS
HICKMANN**
Fons Hickmann m23
Mariannenplatz 23
10997 Berlin
T 0 30-69 51 85 01
F 0 30-69 51 85 11
fons.hickmann@adc.de

HELMUT HIMMLER
Creative Director
Friedrichstraße 6
69221 Dossenheim/Heidelberg
T 0 62 21-18 20 67
mobil 01 72-6 04 36 51
helmut.himmler@adc.de

OLIVER HINRICHS
Designer für interaktive Medien
Jarrestraße 52
22303 Hamburg
T 0 40-2 79 83 65
mobil 01 72-4 16 50 60
oliver.hinrichs@adc.de

GEPA HINRICHSEN
Texterin
ZOO Werbeagentur
Holstenwall 7
20355 Hamburg
T 0 40-32 08 70
F 0 40-32 08 73 20
mobil 01 77-4 80 24 33
gepa.hinrichsen@adc.de

VOLKER HINZ
Fotograf
Fischers Allee 22
22763 Hamburg
T 0 40-3 90 97 78
F 0 40-3 90 16 72
mobil 01 72-5 14 93 42
volker.hinz@adc.de

PETER HIRRLINGER
Creative Director
Heye & Partner
Werbeagentur GmbH
Ottobrunner Straße 28
82008 Unterhaching
T 0 89-66 53 24 41
mobil 01 62-2 88 80 23
peter.hirrlinger@adc.de

WILBERT HIRSCH
Komponist, Geschäftsführer
complete audio Music Post
u. Sounddesign GmbH
Schützenstraße 89
22761 Hamburg
T 0 40-8 53 21 40
F 0 40-8 50 94 90
wilbert.hirsch@adc.de

NICOLE HOEFER
Freie Kreative
mobil 01 73-3 42 18 76
nicole.hoefer@adc.de

THOMAS HOFBECK
Creative Director
Ogilvy & Mather
Werbeagentur GmbH & Co. KG
Darmstädter Landstraße 112
60598 Frankfurt am Main
T 0 69-96 22 50
F 0 69-96 22 55 55
thomas.hofbeck@adc.de

CASPAR-JAN HOGERZEIL
Regisseur
Ackerstraße 173
10115 Berlin
mobil 01 71-5 15 33 32
casparjan.hogerzeil@adc.de

TILL HOHMANN
Creative Director Text
Springer & Jacoby
3. Werbeagentur GmbH & Co. KG
Poststraße 14–16
20354 Hamburg
T 0 40-35 60 33 48
mobil 01 77-2 41 32 07
till.hohmann@adc.de

PROF. WERNER HOLZWARTH
Professor für visuelle Kommunikation
Bauhaus Universität Weimar, Fakultät Gestaltung
Marienstraße 1
99423 Weimar
T 0 36 43-58 33 34
werner.holzwarth@adc.de

JUDITH HOMOKI
Freier Creative Director, Texterin
Grolmanstraße 15
10623 Berlin
T 0 30-31 80 00 52
mobil 01 72-4 77 14 47
judith.homoki@adc.de

INGO HÖNTSCHKE
Creative Director Text
Jung von Matt/Spree GmbH
Hasenheide 54
10967 Berlin
T 0 30-78 95 62 80
F 0 30-78 95 61 12
ingo.hoentschke@adc.de

WALTER HUGELSHOFER
Art Director
Publicis Werbeagentur Ag, BSW
Theaterstraße 8
CH 8001 Zürich
T 00 41-1-2 65 31 11
F 00 41-1-2 62 57 80
walter.hugelshofer@adc.de

ANDREAS HYKADE
Animationsfilmer
Andreas Hykade
Ostendstraße 106
70188 Stuttgart
T 07 11-4 87 05 06
F 07 11-4 89 19 25
andreas.hykade@adc.de

FLORIAN ILLIES
Chefredaktion, Creative Direction
Juno Verlag GmbH & Co. KG
Choriner Straße 20
10435 Berlin
T 0 30-44 01 34 40
F 0 30-44 01 34 43
florian.illies@adc.de

TOM JACOBI
Art Director
Gruner + Jahr AG & Co. KG, Redaktion stern
Am Baumwall 11
20459 Hamburg
T 0 40-37 03-32 50
F 0 40-37 03-56 11
tom.jacobi@adc.de

KONSTANTIN JACOBY
Creative Director
Springer & Jacoby Werbung GmbH & Co. KG
Poststraße 14–16
20354 Hamburg
T 0 40-3 56 03-3 45
F 0 40-3 56 03-2 48
konstantin.jacoby@adc.de

ACHIM JÄGER
Geschäftsführer
Jung von Matt/Neckar GmbH
Eberhardtstraße 69–71
70173 Stuttgart
T 07 11-2 48 98 40
F 07 11-24 89 84 40
achim.jaeger@adc.de

ALEXANDER JAGGY
Geschäftsführer Kreation
Jung von Matt/Limmat AG Werbeagentur BSW
Wolfbachstraße 19
CH 8032 Zürich
T 00 41-4 42 54 66 96
F 00 41-4 42 54 66 01
alexander.jaggy@adc.de

JOERG JAHN
Texter, Geschäftsführer Kreation
Scholz & Friends Wien
Zirkusgasse 13
A 1020 Wien
T 00 43-1-2 18 54 00
F 00 43-1-2 18 54 00-54
mobil 01 77-4 54 37 25
joerg.jahn@adc.de

MATHIAS JAHN
Chief Creative Officer
Foote Cone & Belding
An der Alster 42
20099 Hamburg
T 0 40-28 81-13 49
F 0 40-28 81-13 00
mathias.jahn@adc.de

WOLFGANG JAISER
Regisseur
Essenweinstraße 41
76131 Karlsruhe
wolfgang.jaiser@adc.de

ARMIN JOCHUM
Geschäftsführer Kreation
BBDO Campaign
Olgastraße 80
70182 Stuttgart
T 07 11-24 83 80-0
F 07 11-24 83 80-87
armin.jochum@adc.de

PETER JOOSS
Creative Director
Wire Advertising GmbH
Fettstraße 7a
20357 Hamburg
T 0 40-4 32 96 10
F 0 40-43 29 61 99
peter.jooss@adc.de

DANIEL JOSEFSOHN
Foto, Regie
ELTERNHAUS
Bergstraße 27, 2. HH
10115 Berlin
T 0 30-29 66 49 00
F 0 30-29 66 49 72
daniel.josefsohn@adc.de

EVA JUNG
Freier Creative Director
Paulsenplatz 11
22767 Hamburg
T 0 40-5 14 15 07
F 0 40-5 14 15 07
eva.jung@adc.de

RICHARD JUNG
Geschäftsführer Kreation
Scholz & Friends Hamburg GmbH
Am Sandtorkai 76
20457 Hamburg
T 0 40-3 76 81-5 75
F 0 40-3 76 81-1 47
richard.jung@adc.de

GABI JUNKLEWITZ
Freie Texterin
Feichtetstraße 17b
82343 Pöcking
T 0 81 57-99 82 00
F 0 81 57-92 49 85
mobil 01 70-2 31 70 20
gabi.junklewitz@adc.de

LASZLO KADAR
Regisseur, Kameramann, Geschäftsführer
Laszlo Kadar Film GmbH & Co. KG
Schulterblatt 58
20357 Hamburg
T 0 40-88 88 99-0
F 0 40-88 88 99-10
laszlo.kadar@adc.de

CONSTANTIN KALOFF
Texter, Geschäftsführer Kreation
Jung von Matt/Fleet GmbH
Glashüttenstraße 79
20357 Hamburg
T 0 40-43 13 53-6 62
F 0 40-43 13 53-6 01
constantin.kaloff@adc.de

CHRISTIAN KÄMMERLING
Creative Consultant
Langstraße 94
CH 8005 Zürich
T 00 41-43-2 43 80 90
christian.kaemmerling@adc.de

OLIVER KAPUSTA
Creative Director
Fritz-Windisch-Straße 96
40885 Ratingen
T 02 11-1 30 90-0
F 02 11-1 30 90-3 33
oliver.kapusta@adc.de

STEFAN KARL
Geschäftsführer Kreation
Shanghai Berlin Netzwerk für Kommunikation GmbH
Leibnizstraße 65
10629 Berlin
T 0 30-69 53 73-0
F 0 30-69 53 73-99
stefan.karl@adc.de

NIKOLAI KARO
Regisseur, Autor
Soulmate
Noestraße 16
81479 München
T 0 89-74 99 66-94
F 0 89-74 99 66-94
nikolai.karo@adc.de

DETMAR KARPINSKI
Texter
KNSK Werbeagentur GmbH
Alte Rabenstraße 1
20148 Hamburg
T 0 40-4 41 89-4 11
F 0 40-4 41 89-3 00
detmar.karpinski@adc.de

AMIR KASSAEI
Chief Creative Officer
DDB Group Germany GmbH
Neue Schönhauser Straße 3–5
10178 Berlin
T 0 30-2 40 84-5 71
F 0 30-2 40 84-5 72
amir.kassaei@adc.de

MICHAEL KELLER
Geschäftsführer
KMS-Team GmbH
Deroystraße 3–5
80335 München
T 0 89-49 04 11-0
F 0 89-49 04 11-49
michael.keller@adc.de

ANDRÉ KEMPER
Inhaber und Geschäftsführer
kempertrautmann gmbh
Neuer Wall 59
20354 Hamburg
T 0 40-41 34 99 14
F 0 40-41 34 99 27
andre.kemper@adc.de

DIETHER KERNER
Creative Director,
Geschäftsführer Kreation
Philipp und Keuntje GmbH
Holstentwiete 15
22763 Hamburg
T 0 40-4 11 16-0
F 0 40-4 11 16-1 00
diether.kerner@adc.de

OLIVER KESSLER
Creative Director
**J. Walter Thompson
GmbH & Co. KG**
Schwedlerstraße 6
60314 Frankfurt am Main
T 0 69-40 57 62 09
mobil 01 73-2 07 67 78
oliver.kessler@adc.de

HARTWIG KEUNTJE
Geschäftsführer
Philipp und Keuntje GmbH
Brunnenhofstraße 2
22767 Hamburg
T 0 40-43 25 99-0
F 0 40-43 25 99-99
hartwig.keuntje@adc.de

MARTIN KIESSLING
Geschäftsführer Creation
GBK, Heye Werbeagentur GmbH
Linprunstraße 16
80335 München
T 0 89-54 24 43 14
F 0 89-54 24 43 10
mobil 01 72-6 46 49 19
martin.kiessling@adc.de

MATTHIAS KINDLER
Geschäftsführender Gesellschafter
**THE EVENT COMPANY
Gesellschaft für Event Marketing mbH**
Prinzregentenstraße 67
81675 München
T 0 89-41 80 07-0
F 0 89-41 80 07-17
matthias.kindler@adc.de

LUKAS KIRCHER
Creative Director, Managing Partner
**Kircher Burkhardt Editorial &
Corporate Communication GmbH**
Hackescher Markt 4
10178 Berlin
T 0 30-4 40 32 18
F 0 30-4 40 32 20
lukas.kircher@adc.de

STEPHAN KLEIN
Konzeption, Text
Creative Direction
Barcelona, Berlin, Wien
stephan.klein@adc.de

ANDREAS KLEMP
Creative Director
Berenter Straße 21
81927 München
T 0 89-6 65 32 10
andreas.klemp@adc.de

CHRISTOPH KLINGLER
Creative Director
**LOWE GGK Wien
Werbeagentur GmbH**
Linzerstraße 375
A 1140 Wien
T 00 43-1-9 10 10-4 40
F 00 43-1-9 10 10-4 47
christoph.klingler@adc.de

PETER KNAUP
Fotograf
Peter Knaup Photograph
11, Rue de L'Aqueduc
FR 75010 Paris
T 0 03 31-40 35 29 87
F 0 03 31-40 05 15 79
peter.knaup@adc.de

GEORG KNICHEL
Creative Director
Schnelle Brüter
Nordstraße 71
40667 Meerbusch
T 0 21 32-1 37 69 26
F 0 21 32-75 85 44
mobil 0173-5 32 35 75
hansgeorg.knichel@adc.de

WERNER KNOPF
Geschäftsführer
KNSK Werbeagentur GmbH
Alte Rabenstraße 1
20148 Hamburg
T 0 40-4 41 89-01
F 0 40-4 41 89-1 00
werner.knopf@adc.de

PETRA KNYRIM
Designerin, Gesellschafterin
**Nowakteufelknyrim
Kommunikationsdesign &
Ausstellungsarchitektur**
Lichtstraße 52
40235 Düsseldorf
T 02 11-68 91-11
petra.knyrim@adc.de

CLAUS KOCH
Geschäftsführer
Claus Koch™
Kaistraße 18
40221 Düsseldorf
T 02 11-3 01 02 30
F 02 11-3 01 02 20
claus.koch@adc.de

MICHAEL KOCH
Geschäftsführer Kreation
**OgilvyOne worldwide
GmbH + Co. KG**
Darmstädter Landstraße 112
60598 Frankfurt am Main
T 0 69-6 09 15-3 27
mobil 01 72-6 42 50 85
michael.koch@adc.de

STEFAN KOLLE
Geschäftsführer Kreation
Kolle Rebbe Werbeagentur GmbH
Dienerreihe 2
20457 Hamburg
T 0 40-32 54 23-86
F 0 40-32 54 23-23
stefan.kolle@adc.de

DAGMAR KÖNIG
Creative Director Text
Am Treptower Park 36
12435 Berlin
mobil 01 71-8 24 90 68
dagmar.koenig@adc.de

**PROF.
WILFRIED KORFMACHER**
Creative Director
Zeichenverkehr
Wanheimer Straße 11 a
40667 Meerbusch
T 0 21 32-97 14 00
F 0 21 32-97 14 01
wilfried.korfmacher@adc.de

DELLE KRAUSE
Executive Creative Director
**Ogilvy & Mather Werbeagentur
GmbH & Co. KG**
Darmstädter Landstraße 112
60598 Frankfurt am Main
T 0 69-9 62 25-17 50
F 0 69-9 62 25-17 31
delle.krause@adc.de

ROBERT KRAUSE
Texter
Hochsitz 41
14169 Berlin
T 0 30-81 49 07 36
robert.krause@adc.de

JOHANNES KREMPL
Creative Director
BBDO Campaign
Hausvogteiplatz 2
10117 Berlin
T 0 30-3 40 00 32 59
johannes.krempl@adc.de

STEPHANIE KRINK
Freier Creative Director, Texterin
Hummelsbütteler Landstraße 104
22339 Hamburg
T 0 40-45 03 56 25
F 0 40-45 03 56 25
mobil 01 71-7 85 77 45
stephanie.krink@adc.de

TIM KRINK
Creative Director Art
KNSK Werbeagentur GmbH
Alte Rabenstraße 1
20148 Hamburg
T 0 40-4 41 89-4 28
F 0 40-4 41 89-3 00
tim.krink@adc.de

HENNER KRONENBERG
Creative Director, Partner
Grabarz & Partner Werbeagentur GmbH
Alter Wall 55
20457 Hamburg
T 0 40-3 76 41-0
F 0 40-3 76 41-4 00
henner.kronenberg@adc.de

LARS KRUSE
Geschäftsführender Gesellschafter
Puschert & Kruse GmbH Werbeagentur und Meisterbetrieb für Werbetechnik
Hohe Luft 3
27404 Heeslingen
T 0 42 81-9 51 94 46
lars.kruse@adc.de

DETLEF KRÜGER
Art Director
KNSK Werbeagentur GmbH
Alte Rabenstraße 1
20148 Hamburg
T 0 40-4 41 89-4 39
F 0 40-4 41 89-3 00
detlef.krueger@adc.de

MIKE KRÜLL
Creative Director, Geschäftsführer
FCB Leutenegger Krüll AG
Herzogenmühle 16
CH 8304 Wallisellen-Zürich
T 00 41-1-8 77 87 97
F 00 41-1-8 77 87 50
mike.kruell@adc.de

IRENE KUGELMANN
Creative Director Art
Wieden & Kennedy Amsterdam
Keizersgracht 125–127
NL 1015 CJ Amsterdam
T 00 31-20-7 12 65 75
F 00 31-20-7 12 66 99
irene.kugelmann@adc.de

HANS DIETER KÜGLER
Creative Director
Kügler & Partner
Bürgerstraße 20
40219 Düsseldorf
T 02 11-55 40 12
F 02 11-55 40 08
hansdieter.kuegler@adc.de

BASTIAN KUHN
Creative Director Art
DDB Werbeagentur GmbH
Neue Schönhauser Straße 3–5
10178 Berlin
T 0 30-24 08 43 43
F 0 30-24 08 43 00
bastian.kuhn@adc.de

THOMAS KURZAWSKI
Creative Director
GOLDAMMER Werbeagentur
Pinnasberg 47
20359 Hamburg
T 0 40-86 68 55-13
F 0 40-86 68 55-44
mobil 01 72-2 02 97 42
thomas.kurzawski@adc.de

ROLAND LACHER
Creative Director
PINX Werbeagentur
Seestrasse 23
CH 8702 Zollikon 2
T 00 41-1-3 95 40 90
F 00 41-1-3 95 40 99
roland.lacher@adc.de

ROLAND LAMBRETTE
Geschäftsführer
Atelier Markgraph GmbH
Hamburger Allee 45
60486 Frankfurt am Main
T 0 69-97 99 30
F 0 69-9 79 93 14 83
roland.lambrette@adc.de

PETRA LANGHAMMER
Art Director Design
Friedbergstraße 21
14057 Berlin
petra.langhammer@adc.de

TILL LEESER
Fotograf
Till Leeser
Eppendorfer Weg 87a
20259 Hamburg
T 0 40-40 39 66
F 0 40-4 91 46 49
mobil 01 71-5 27 29 20
till.leeser@adc.de

JOCHEN LEISEWITZ
Geschäftsführer Kreation
ECONOMIA Gesellschaft für Marketing u. Werbung mbH
An der Alster 35
20099 Hamburg
T 0 40-2 84 22-1 83
F 0 40-2 84 22-1 12
jochen.leisewitz@adc.de

BRUCE LEONARD
Regisseur, Geschäftsführer
Dowsing & Leonard Filmproduktion GmbH
Amalienstraße 81
80799 München
T 0 89-28 50 31
F 0 89-2 80 53 36
bruce.leonard@adc.de

CHARLY LESKE
Regisseur, Kameramann
Borgweg 17
22303 Hamburg
T 0 40-27 38 38
mobil 01 71-7 73 02 27
charly.leske@adc.de

JAN LEUBE
Creative Director Text
Scholz & Friends Berlin GmbH
Wöhlertstraße 12/13
10115 Berlin
T 0 30-2 85 35-5 24
F 0 30-2 85 35-5 99
mobil 01 78-6 46 44 28
jan.leube@adc.de

JANA LIEBIG
Freier Creative Director, Texterin
Schlankreye 35
20144 Hamburg
T 0 40-43 27 52 34
F 0 40-43 27 52 34
mobil 01 71-8 39 93 39
jana.liebig@adc.de

ALFRED LIMBACH
Creative Director
Limbachconception
Auf dem Rothenberg 13
50667 Köln
T 02 21-2 58 14 63
F 02 21-2 58 22 53
mobil 01 72-2 00 03 33
alfred.limbach@adc.de

ARNO LINDEMANN
Inhaber und Geschäftsführer
Oysterbay Werbeagentur GmbH
Große Theaterstraße 1
20354 Hamburg
T 0 40-68 87 40-20
F 0 40-68 87 40-11
mobil 01 71-8 60 86 83
arno.lindemann@adc.de

DAVID LINDERMAN
Creative Director
Fork Unstable Media
Wolliner Straße 18/19
10435 Berlin
T 0 30-4 43 50 70
F 0 30-44 35 07 11
david.linderman@adc.de

Mitglieder --- **561**

DIRK LINKE
Art Director
Hagedornstraße 25
20149 Hamburg
T 0 40-44 77 11
F 0 40-44 77 11
mobil 01 71-8 37 77 41
dirk.linke@adc.de

HARALD LINSENMEIER
Creative Director Text
30 St. John's Road, Fresnaye
ZA 8005 Cape Town
T 00 27-21-4 34 09 48
harald.linsenmeier@adc.de

MARCUS LOEBER
Komponist, Produzent
KCM Marcus Loeber
Am Tannenberg 30
21218 Seevetal
T 0 41 05-57 06 57
F 0 41 05-57 06 58
mobil 01 71-3 13 19 99
marcus.loeber@adc.de

PROF. UWE LOESCH
Arbeitsgemeinschaft für visuelle
und verbale Kommunikation
Mettmanner Straße 25
40699 Düsseldorf-Erkrath
T 02 11-5 58 48
F 02 11-5 58 46 10
mobil 01 73-9 82 58 66
uwe.loesch@adc.de

BENJAMIN LOMMEL
Creative Director
Saatchi & Saatchi GmbH
Uhlandstraße 2
60314 Frankfurt am Main
T 0 69-71 42-1 71
F 0 69-71 42-4 06
benjamin.lommel@adc.de

TOMÁS LORENTE
Av. Faria Lima 20555 12 andar CEP
BR 01451-001 Sao Paulo
tomas.lorente@adc.de

FRANK LÜBKE
Creative Director, Geschäftsführer
Euro RSCG Lübke Prey GmbH
Rosenheimer Straße 145 e–f
81671 München
T 0 89-4 90 67-1 51
F 0 89-4 90 67-1 00
frank.luebke@adc.de

GERD LUDWIG
Fotograf
Gerd Ludwig Photography
2256 Nichols Canyon Road
USA Los Angeles, CA. 90046
T 0 01-3 23-8 82 69 99
F 0 01-3 23-8 82 64 20
gerd.ludwig@adc.de

MATTHIAS LÜHRSEN
Geschäftsführender Gesellschafter
HASTINGS MUSIC GmbH
Ruhrstraße 13
22761 Hamburg
T 0 40-8 53 28 90
F 0 40-8 50 21 56
mobil 01 73-3 78 71 83
matthias.luehrsen@adc.de

BERNHARD LUKAS
Creative Director
**Jung von Matt/Alster
Werbeagentur GmbH**
Glashüttenstraße 38
20357 Hamburg
T 0 40-43 21-0
mobil 01 72-4 04 39 03
bernhard.lukas@adc.de

PROF. IVICA MAKSIMOVIC
Creative Director
**Maksimovic & Partners
Agentur für Werbung und Design
GmbH**
Johannisstraße 5
66111 Saarbrücken
T 06 81-9 50 96-13
ivica.maksimovic@adc.de

JÜRGEN MANDEL
Creative Director
Wittelsbacherstraße 27
10707 Berlin
T 0 30-80 58 08 00
mobil 01 72-2 10 27 76
juergen.mandel@adc.de

GUIDO MANGOLD
Fotograf
Ginsterweg 7
85521 Ottobrunn
T 0 89-6 09 26 31
guido.mangold@adc.de

ANDREAS MANTHEY
Senior Texter
andreas.manthey@adc.de

CHARLOTTE MARCH
Fotografin
Jarrestraße 80
22303 Hamburg
T 0 40-2 79 27 09
F 0 40-2 79 21 58
charlotte.march@adc.de

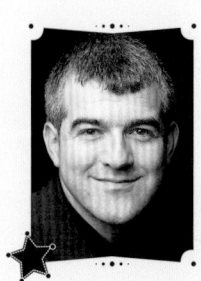

UWE MARQUARDT
Executive Creative Director
Young & Rubicam GmbH & Co. KG
Kleyerstraße 19
60326 Frankfurt am Main
T 0 69-75 06-13 28
F 0 69-75 06-16 48
uwe.marquardt@adc.de

OLAF MARTENS
Fotograf
Thomasiusstraße 16
04109 Leipzig
T 03 41-9 93 93 33
F 03 41-9 93 93 34
olaf.martens@adc.de

CHRIS MAYRHOFER
Creative Director Art
Xynias, Wetzel Werbeagentur GmbH
Schwanthaler Straße 9–11
80336 München
T 0 89-55 25 55-85
F 0 89-55 25 55-99
mobil 01 72-8 31 30 69
chris.mayrhofer@adc.de

JAN VAN MEEL
Chief Creative Officer
Leo Burnett NL
Cronenburg 2
NL 1081 GN Amsterdam
T 00 31-2 05 04 61 61
F 00 31-2 05 04 61 51
janvan.meel@adc.de

MARCO MEHRWALD
Creative Director
.start GmbH
Pestalozzistraße 31
80469 München
T 0 89-7 46 13 61 55
F 0 89-7 46 13 64 90
marco.mehrwald@adc.de

FRITZ HENDRICK MELLE
Geschäftsführer Kreation
Dorland Werbeagentur GmbH
Leuschnerdamm 31
10999 Berlin
T 0 30-61 68 40
F 0 30-61 68 41 66
fritzhendrick.melle@adc.de

PROF. HG MERZ
Architekt, Museumsgestalter
Architekturbüro Prof. HG Merz
Relenbergstraße 6
70174 Stuttgart
T 07 11-22 41 96-0
F 07 11-22 41 96-60
hg.merz@adc.de

STEFAN MESKE
Creative Director
**Springer & Jacoby
1. Werbeagentur GmbH & Co. KG**
Jungfernstieg 30
20354 Hamburg
T 0 40-3 56 03-3 60
F 0 40-3 56 03-4 11
stefan.meske@adc.de

MICHAEL MEYER
Freier Texter
mobil 01 79-4 50 24 90
michael.meyer@adc.de

THOMAS MEYER-HERMANN
Regisseur, Produzent
Studio Film Bilder
Ostendstraße 106
70188 Stuttgart
T 07 11-48 10 27
F 07 11-4 89 19 25
thomas.meyerhermann@adc.de

JULIAN MICHALSKI
Geschäftsführer Kreation
Change Communication GmbH
Solmsstraße 4
60486 Frankfurt am Main
T 0 69-9 75 01-1 20
F 0 69-9 75 01-1 00
julian.michalski@adc.de

OLAF MIERAU
Leiter Musikredaktion,
HR Fernsehspiel
ZDF
ZDF-Straße 1
55127 Mainz
T 0 61 31-70-24 10
F 0 61 31-70-68 73
olaf.mierau@adc.de

JOHANNES MILLA
Creative Director, Geschäftsführer
Milla und Partner GmbH
Agentur & Ateliers
Heusteigstraße 44
70180 Stuttgart
T 07 11-9 66 73 72
F 07 11-6 07 50 76
johannes.milla@adc.de

BERND MISSKE
Chief Executive Officer,
Executive Creative Director
McCann-Erickson Gesellschaft mbH
Gregor-Mendel-Straße 50
A 1191 Wien
T 00 43-1-3 60 55-2 77
F 00 43-1-3 60 55-2 70
bernd.misske@adc.de

STEPHAN MORITZ
Sound Engineer
Studio Funk GmbH & Co. KG
Skalitzer Straße 104
10997 Berlin
T 0 30-6 11 40 74
F 0 30-6 11 50 88
stephan.moritz@adc.de

BORIS MOSNER
Director & Director of Photography
Alter Kirchweg 18
25474 Hasloh
T 0 40-52 87 62 62
F 0 40-52 87 62 63
boris.mosner@adc.de

ONO MOTHWURF
Creative Director Text
Waldheimstraße 29
82166 Gräfelfing
T 0 89-13 37 17
F 0 89-13 99 92 01
mobil 01 72-6 83 73 73
ono.mothwurf@adc.de

MARGOT MÜLLER
Creative Consultant
Myliusstraße 39
60323 Frankfurt am Main
T 0 69-72 86 83
F 0 69-71 40 89 90
margot.mueller@adc.de

PROF. GUDRUN MÜLLNER
Kommunikationsdesignerin
Schlesierstraße 70
81669 München
T 0 89-6 80 12 07
F 0 89-68 05 07 76
mobil 01 79-2 22 27 97
gudrun.muellner@adc.de

BEAT NÄGELI
Creative Consultant
KNSK Werbeagentur GmbH
Alte Rabenstraße 1
20148 Hamburg
T 0 40-4 41 89-5 12
F 0 40-4 41 89-3 06
mobil 01 77-4 00 27 77
beat.naegeli@adc.de

KERRIN NAUSCH
Creative Director Text
Leo Burnett GmbH
Alexanderstraße 65
60489 Frankfurt am Main
T 0 69-7 80 77-6 33
F 0 69-7 80 77-7 31
kerrin.nausch@adc.de

HANS NEUBERT
Creative Director Text
Q Werbeagentur AG
Nymphenburger Straße 86
80636 München
T 0 89-55 29 92 01
F 0 89-55 29 92 99
hans.neubert@adc.de

GERD NEUMANN
International Executive Creative
Director
Ogilvy & Mather Werbeagentur GmbH & Co. KG
Darmstädter Landstraße 112
60598 Frankfurt am Main
T 0 69-9 62 25-15 73
gerd.neumann@adc.de

RALF NOLTING
Creative Director
Grabarz & Partner
Werbeagentur GmbH
Alter Wall 55
20457 Hamburg
T 0 40-3 76 41-0
F 0 40-3 76 41-4 00
ralf.nolting@adc.de

STEFAN NOWAK
Nnowakteufelknyrim
Kommunikationsdesign &
Ausstellungsarchitektur
Lichtstraße 52
40235 Düsseldorf
T 02 11-68 91 11
F 02 11-68 91 12
stefan.nowak@adc.de

CARLOS OBERS
Texter
Aventinstraße 7a
80469 München
T 0 89-8 34 82 02
F 0 89-8 34 81 20
carlos.obers@adc.de

LARS OEHLSCHLAEGER
Creative Director Art
Q Werbeagentur AG
Nymphenburger Straße 86
80636 München
T 0 89-5 52 99-2 00
F 0 89-5 52 99-2 99
lars.oehlschlaeger@adc.de

OLIVER OELKERS
Freier Creative Director
Elisabethstraße 27
80796 München
T 0 89-27 37 53 19
oliver.oelkers@adc.de

MICHAEL OHANIAN
Creative Director
kempertrautmann gmbh
Neuer Wall 59
20354 Hamburg
T 0 40-4 13 49 90
mobil 01 63-2 97 37 01
michael.ohanian@adc.de

JAN OKUSLUK
Creative Director
Heye & Partner
Werbeagentur GmbH
Ottobrunner Straße 28
82008 Unterhaching
T 0 89-66 53 22 73
jan.okusluk@adc.de

OLAF OLDIGS
Geschäftsführer Creation
Kolle Rebbe Werbeagentur GmbH
Dienerreihe 2
20457 Hamburg
T 0 40-3 25 42 30
F 0 40-32 54 23-23
olaf.oldigs@adc.de

BETTINA OLF
Creative Director Art
Springer & Jacoby
5. Werbeagentur GmbH & Co. KG
Gänsemarkt 35
20354 Hamburg
T 0 40-3 56 03 82 37
F 0 40-35 60 35 55
bettina.olf@adc.de

SIMON OPPMANN
Creative Director Art
Ogilvy & Mather Werbeagentur GmbH & Co. KG
Darmstädter Landstraße 112
60598 Frankfurt am Main
T 0 69-9 62 25-17 52
F 0 69-9 62 25-15 55
simon.oppmann@adc.de

PETER OPRACH
Creative Director Copy
Platanenstraße 7
40233 Düsseldorf
T 02 11-67 54 39
F 02 11-67 54 39
peter.oprach@adc.de

FIETE OSENBRÜGGE
Regisseur, Kameramann
Images Film- und Fernsehproduktion GmbH
Johannes-Brahms-Platz 9–11
20355 Hamburg
T 0 40-35 76 74-0
F 0 40-35 76 74-74
fiete.osenbruegge@adc.de

THOMAS PAKULL
Creative Director Art
.start GmbH
Pestalozzistraße 31
80469 München
T 0 89-74 61 36-4 25
F 0 89-74 61 36-4 90
thomas.pakull@adc.de

HEINRICH PARAVICINI
Creative Director, Gesellschafter
Mutabor Design GmbH
Große Elbstraße 145b
22767 Hamburg
T 0 40-39 92 24-12
F 0 40-39 92 24-29
heinrich.paravicini@adc.de

PATRICIA PÄTZOLD
Creative Director
Grabarz & Partner Werbeagentur GmbH
Alter Wall 55
20457 Hamburg
T 0 40-37 64 10
F 0 40-37 64 14 00
patricia.paetzold@adc.de

HARTMUT PFLÜGER
Creative Director
Trills 104
40699 Erkrath
T 0 21 04-3 54 19
hartmut.pflueger@adc.de

OANH PHAMPHU
Gestalter
Phamphu Design
Hohenzollernstraße 97
80796 München
T 0 89-2 71 90 56
F 0 89-2 73 00 16
oanh.phamphu@adc.de

BRITTA POETZSCH
Creative Director Text
M.E.C.H. McCann-Erickson Communications House Berlin GmbH
Schönhauser Allee 37
10435 Berlin
T 0 30-4 40 30-2 25
mobil 01 73-2 00 06 37
britta.poetzsch@adc.de

PROF. HANS-GEORG POSPISCHIL
Art Director
Lettera GmbH
Wolfsgangstraße 68
60322 Frankfurt am Main
T 0 69-9 55 28 00
F 0 69-95 52 80 28
hansgeorg.pospischil@adc.de

MICHAEL PREISWERK
Geschäftsführender Gesellschafter
GPP. Werbeagentur GmbH
Heilbronner Straße 154
70191 Stuttgart
T 07 11-2 55 07-3 10
F 07 11-2 55 07-3 03
michael.preiswerk@adc.de

MARTIN PROSS
Creative Director, Partner
Scholz & Friends Berlin GmbH
Wöhlertstraße 12/13
10115 Berlin
T 0 30-2 85 35-4 62
F 0 30-2 85 35-5 97
martin.pross@adc.de

MARCO PUPELLA
Executive Vice President
Saatchi & Saatchi Milan
Corso Monforte, 52
IT 20122 Milan
T 00 39-02 77 01-37 36
F 00 39-02 78 11 96
marco.pupella@adc.de

NINA PURI
Freie Texterin
Eppendorfer Weg 87a
20259 Hamburg
T 0 40-43 27 07 91
mobil 01 72-5 17 98 86
nina.puri@adc.de

RAPHAEL PÜTTMANN
Art Director
Scholz & Friends Berlin GmbH
Wöhlertstraße 12/13
10115 Berlin
T 0 30-2 85 35-4 64
F 0 30-2 85 35-5 99
raphael.puettmann@adc.de

PETER QUESTER
Texter
Scholz & Friends Berlin GmbH
Wöhlertstraße 12/13
10115 Berlin
T 0 30-2 85 35-5 22
F 0 30-2 85 35-5 86
peter.quester@adc.de

JOCHEN RÄDEKER
Geschäftsführer
strichpunkt agentur für visuelle kommunikation gmbh
Schönleinstraße 8 a
70184 Stuttgart
T 07 11-62 03 27-32
F 07 11-62 03 27-10
jochen.raedeker@adc.de

DIDDO RAMM
Creative Director
DRDCC
Pastorenstraße 16–18 »Druvenhof«
20459 Hamburg
T 0 40-87 88 66-0
F 0 40-87 88 66-22
diddo.ramm@adc.de

MARKUS RASP
Art Director
Anzinger | Wüschner | Rasp Agentur für Kommunikation GmbH
Triftstraße 13
80538 München
T 0 89-53 90 67-0
mobil 01 72-9 98 70 24
markus.rasp@adc.de

UTZ D. RAUSCH
Creative Director, Inhaber
UTZ Beratung & Kommunikation GmbH
Kohlfurter Straße 41–43
10999 Berlin
T 0 30-61 65 45 60
mobil 01 71-8 90 55 55
utz.rausch@adc.de

DORA REALE
Art Director
Goernestraße 2
20249 Hamburg
T 0 40-46 26 46
dora.reale@adc.de

PETRA REICHENBACH
Art Director
reichenbach-design
Puschkinstraße 29
06108 Halle an der Saale
T 03 45-2 90 97 65
F 03 45-6 86 82 00
mobil 01 51-15 12 68 16
petra.reichenbach@adc.de

COSIMA REIF
Texterin, Illustratorin
Schleifmühlgasse 3/5
A 1040 Wien
T 00 43 15 81 11 83
mobil 00 43 66 41 56 39 86
cosima.reif@adc.de

DIETMAR REINHARD
Creative Director
J. Walter Thompson GmbH & Co. KG
Schwedlerstraße 6
60314 Frankfurt am Main
T 0 69-4 05 76-0
F 0 69-40 57 66 60
dietmar.reinhard@adc.de

ARMIN REINS
Creative Director, Mitinhaber
REINSCLASSEN Agentur für Sprache
Schwanenwik 32
22087 Hamburg
T 0 40-22 69 27-0
F 0 40-22 69 27-70
armin.reins@adc.de

ALEXANDER REISS
Creative Director
cayenne Werbeagentur GmbH
Rheinallee 9
40549 Düsseldorf
T 02 11-9 77 69-1 54
F 02 11-9 77 69-40
alexander.reiss@adc.de

MICHAEL R. REISSINGER
Creative Director
weigertpirouzwolf
Werbeagentur GmbH
Waterloohain 9
22769 Hamburg
T 0 40-43 23 92 04
F 0 40-43 23 92 22
michael.reissinger@adc.de

THOMAS REMPEN
Grafik-Designer
Büro Rempen GmbH
Rather Straße 110 b
40476 Düsseldorf
T 02 11-5 80 80 40
F 02 11-58 08 04 10
mobil 01 72-8 58 20 75
thomas.rempen@adc.de

IVO VON RENNER
Fotograf
Metzendorfer Weg 11
21224 Rosengarten (Hamburg)
T 0 41 08-4 33 00-0
F 0 41 08-4 33 00-30
ivovon.renner@adc.de

JAN REXHAUSEN
Creative Director Art
Jung von Matt/Basis GmbH
Glashüttenstraße 38
20357 Hamburg
T 0 40-43 21-12 65
F 0 40-43 21-19 90
jan.rexhausen@adc.de

BRIGITTE RICHTER
Fotografin
C/. Cuadrado 9
ES 07100 Sóller/Mallorca
T 00 34-9 71-63 22 99
F 00 34-9 71-63 32 17
brigitte.richter@adc.de

TORSTEN RIEKEN
Executive Creative Director
J. Walter Thompson
GmbH & Co. KG
Elbberg 1
22767 Hamburg
T 0 40-3 06 19-4 01
F 0 40-3 06 19-2 20
torsten.rieken@adc.de

MANFRED RIEKER
Fotograf
Manfred Rieker Studio
Blumenstraße 36
71106 Magstadt
T 0 71 59-40 07-0
F 0 71 59-40 07-50
manfred.rieker@adc.de

MANFRED RIEMEL
Creative Consultant
riemel.com
Dreifaltigkeitsplatz 4
80331 München
T 0 89-55 05 09 66
manfred.riemel@adc.de

MIKE RIES
Chief Creative Officer
J. Walter Thompson
GmbH & Co. KG
Schwedlerstraße 6
60314 Frankfurt am Main
T 0 69-4 05 76-6 02
F 0 69-4 05 76-5 89
mike.ries@adc.de

MARKUS RINDERMANN
Art Director
Markus Rindermann – Studio
Nibelungenstraße 24
80469 München
T 01 72-8 65 49 64
F 0 89-20 25 60 20
markus.rindermann@adc.de

JAN RITTER
Creative Director, Inhaber
Ritterslagman Werbeagentur
GmbH & Co. KG
Stadtdeich 27
20097 Hamburg
T 0 40-30 97 01-17
F 0 40-30 97 01-15
jan.ritter@adc.de

KAI RÖFFEN
Executive Creative Director,
Managing Director
TBWA
Schanzenstraße 54 a
40549 Düsseldorf
T 02 11-86 43 51 13
F 02 11-86 43 51 08
kai.roeffen@adc.de

HEINER BAPTIST ROGGE
Creative Director, Gesellschafter
D, G, M Werbeagentur
GmbH & Co. KG
Leibnizstraße 65
10629 Berlin
T 0 30-2 03 11-0
mobil 01 72-4 54 59 02
heinerbaptist.rogge@adc.de

ALEX RÖMER
Kreativer
RömerWildberger
Hackescher Markt 4/
Große Präsidentenstraße 10
10178 Berlin
T 0 30-4 40 32 28
mobil 01 60-8 02 04 81
alex.roemer@adc.de

PETER RÖMMELT
Creative Director
Ogilvy & Mather Werbeagentur
GmbH & Co. KG
Darmstädter Landstraße 112
60598 Frankfurt am Main
T 0 69-9 62 25-17 33
F 0 69-9 62 25-12 99
peter.roemmelt@adc.de

CHRISTINE DE ROOY
Creative Director
Holbeinstraße 46
60596 Frankfurt am Main
T 0 69-63 15 37 32
F 0 69-63 15 37 32
christinede.rooy@adc.de

THILO ROTHACKER
Illustrator
Thilo Rothacker
Herzogstraße 15
70176 Stuttgart
T 07 11-6 14 33 45
F 07 11-6 14 33 46
mobil 01 73-3 41 15 95
thilo.rothacker@adc.de

HELMUT ROTTKE
Art Director, Inhaber
Rottke Werbung
Dominikanerstraße 19
40545 Düsseldorf
T 02 11-58 87 12
F 02 11-58 83 38
helmut.rottke@adc.de

RABAN RUDDIGKEIT
Partner
Wächter & Wächter Worldwide
Partners. Identity & Design.
Grimmstraße 3
80336 München
T 0 89-74 72 42 41
mobil 01 73-5 63 40 91
raban.ruddigkeit@adc.de

KERSTEN SACHSE
Geschäftsführer Creation
Heuer & Sachse
Werbeagentur GmbH
Paul-Dessau-Straße 3 c
22761 Hamburg
T 0 40-8 19 55-1 11
F 0 40-8 19 55-155
kersten.sachse@adc.de

WOLFGANG SASSE
Geschäftsführer
KNSK Werbeagentur GmbH
Alte Rabenstraße 1
20148 Hamburg
T 0 40-4 41 89 01
F 0 40-44 18 93 03
wolfgang.sasse@adc.de

PROF. JOACHIM SAUTER
Creative Director
ART + COM AG
Kleiststraße 23–26
10787 Berlin
T 0 30-2 10 01-0
F 0 30-2 10 01-5 55
joachim.sauter@adc.de

SIMON SCHÄFER
Creative Director
Movement Marketing GmbH
Oranienstraße 183
10999 Berlin
T 0 30-61 67 85-0
F 0 30-61 67 85-50
simon.schaefer@adc.de

REINHOLD SCHEER
Creative Executive Director
McCann-Erickson Berlin
KulturBrauerei, Haus P
Schönhauser Allee 37
10435 Berlin
T 0 30-4 40 30-2 50
mobil 01 73-9 24 20 96
reinhold.scheer@adc.de

BURKHART VON SCHEVEN
Geschäftsführer Kreation
Jung von Matt/Spree GmbH
Hasenheide 54
10967 Berlin
T 0 30-7 89 56-2 00
F 0 30-7 89 56-1 12
burkhartvon.scheven@adc.de

ALEXANDER SCHILL
Chief Creative Officer
Springer & Jacoby Deutschland GmbH & Co. KG
Poststraße 14–16
20354 Hamburg
T 0 40-3 56 03-2 35
F 0 40-3 56 03-3 44
alexander.schill@adc.de

PROF. MICHAEL SCHIRNER
Geschäftsführender Gesellschafter
Institut für Kunst und Medien Karlsruhe
Lorenzstraße 15
76135 Karlsruhe
T 01 72-2 11 73 49
F 07 21-82 03 22 01
michael.schirner@adc.de

PROF. VOLKER SCHLEGEL
Regisseur
FF-Company Film- und Fernsehproduktion GmbH
Heimhuder Straße 54
20148 Hamburg
T 0 40-4 10 20 41
F 0 40-44 67 58
volker.schlegel@adc.de

RALPH M. SCHLEHOFER
Gesellschafter, Geschäftsführer
SMP Schlehofer mit Partnern GmbH Kommunikationsberatung
Ehrengutstraße 1
80469 München
T 0 89-72 10 90
F 0 89-7 21 09 28
ralph.schlehofer@adc.de

RALF SCHMERBERG
Regisseur, Produzent
Trigger Happy Productions GmbH
Swinemünder Straße 121
10435 Berlin
T 0 30-28 48 97-30
F 0 30-28 48 97-55
ralf.schmerberg@adc.de

MARTIN SCHMID
Regisseur, Geschäftsführer
JOISCHMID Filmproduktion GmbH
Budapester Straße 7–9
10787 Berlin
T 0 30-26 39 88-0
F 0 30-26 39 88-20
martin.schmid@adc.de

SUSANNE SCHMIDHUBER
Innenarchitektin, Geschäftsführerin
Schmidhuber+Partner
Nederlinger Straße 21
80638 München
T 0 89-1 57 99 70
F 0 89-15 79 97 99
susanne.schmidhuber@adc.de

HEIKO SCHMIDT
Creative Director
Leagas Delaney Hamburg GmbH
Waterloohain 5
22769 Hamburg
T 0 40-5 48 04-4 18
heiko.schmidt@adc.de

JENS SCHMIDT
Creative Director
Moccu GmbH & Co. KG Web Design and Entertainment
Pappelallee 10
10437 Berlin
T 0 30-44 01 30-52
mobil 01 73-6 13 97 03
jens.schmidt@adc.de

JULIA SCHMIDT
Creative Director Art
Oderberger Straße 60
10435 Berlin
T 0 30-4 41 55 91
julia.schmidt@adc.de

MATTHIAS SCHMIDT
Partner
Scholz & Friends Berlin GmbH
Wöhlertstraße 12/13
10115 Berlin
T 0 30-2 85 35-5 14
F 0 30-2 85 35-5 82
matthias.schmidt@adc.de

STEFAN SCHMIDT
Chief Creative Officer
TBWA\Germany
Rosenstraße 16–17
10178 Berlin
T 0 30-44 32 93-0
F 0 30-44 32 93-4 00
mobil 01 72-8 09 81 16
stefan.schmidt@adc.de

ROLF SCHMIDT-HOLTZ
Mitglied des Vorstands,
CCO Bertelsmann AG,
chairman of the board Sony BMG
Herrengraben 3
20459 Hamburg
T 0 40-80 80 95-8 00
F 0 40-45 76 26

HARALD SCHMITT
Creative Director, Mitinhaber
BCST Advertising Boebel Camesasca Schmitt Tilliger
Hanauer Landstraße 161–173
60314 Frankfurt am Main
mobil 01 76-22 88 64 66
harald.schmitt@adc.de

MICHAEL SCHNABEL
Fotograf
Michael Schnabel Fotodesign
Schubartstraße 16-2
70190 Stuttgart
T 07 11-2 85 85 89
F 07 11-2 85 85 76
mobil 01 72-7 32 26 09
michael.schnabel@adc.de

CHRISTIAN SCHNEIDER
Komponist, Musikproduzent
pearls° Gesellschaft für Acoustic Identity mbH
Hanauer Landstraße 11–13
60314 Frankfurt
T 0 69-43 05 18-0
F 0 69-43 05 18-10
christian.schneider@adc.de

FRANK SCHNEIDER
Düsseldorfer Straße 71
40545 Düsseldorf
T 02 11-57 21 71
F 02 11-5 56 00 74
frank.schneider@adc.de

GÜNTHER SCHNEIDER
Creative Director Text
Heye & Partner Hamburg
Hans-Henny-Jahnn-Weg 35
22085 Hamburg
T 0 40-2 29 33-01
F 0 40-2 29 33-1 00
guenther.schneider@adc.de

MANFRED SCHNEIDER
Creative Director
TBWA
Ridlerstraße 31B
80339 München
T 0 89-74 63 64-0
F 0 89-74 63 64-11
manfred.schneider@adc.de

TIM SCHNEIDER
Art Director
HEIMAT Werbeagentur GmbH
Segitzdamm 2
10969 Berlin
T 0 30-6 16 52-0
F 0 30-6 16 52-2 00
tim.schneider@adc.de

WOLFGANG SCHNEIDER
DDB Werbeagentur GmbH
Neue Schönhauser Straße 3–5
10178 Berlin
T 0 30-2 40 84-0
F 0 30-2 40 84-2 00
wolfgang.schneider@adc.de

BERND SCHÖLL
Geschäftsführer
Instant Records GmbH
Osterwaldstraße 10
80805 München
T 0 89-36 19 24 86
F 0 89-36 19 24 88
mobil 01 72-8 36 62 40
bernd.schoell@adc.de

PROF. WOLFGANG SCHÖNHOLZ
Professor für Mediendesign
Danziger Straße 35a
20099 Hamburg
T 0 40-24 85 96 60
F 0 40-24 85 96 61
wolfgang.schoenholz@adc.de

JOACHIM SCHÖPFER
Texter, Geschäftsführer Kreation
Serviceplan Zweite Werbeagentur GmbH
Brienner Straße 45 a–d
80333 München
T 01 74-9 47 33 85
joachim.schoepfer@adc.de

VOLKER SCHRADER
Creative Director
Unter den Golläckern 44
64295 Darmstadt
T 0 61 51-38 57 05
F 0 61 51-38 57 06
volker.schrader@adc.de

PATRICK SCHRAG
Konzept, Text, Regie
Saarbrücker Straße 11
10405 Berlin
mobil 01 77-6 22 63 90
patrick.schrag@adc.de

STEFAN SCHULTE
Creative Director
Aimaq·Rapp·Stolle Werbeagentur GmbH
Münzstraße 15
10178 Berlin
T 0 30-30 88 71 69
F 0 30-30 88 71 71
stefan.schulte@adc.de

TODD SCHULZ
Geschäftsführer Creation international
Pfuelstraße 5/5
10997 Berlin
T 0 30-61 65 79-0
F 0 30-61 65 79-20
todd.schulz@adc.de

KLEMENS SCHÜTTKEN
Creative Director
Plavecka 12
CZ 12000 Prag 2
T 00 42 02 25 35 44 11
klemens.schuettken@adc.de

CHRISTIAN SCHWARM
Geschäftsleitung
Dorten GmbH
Christophstraße 6
70178 Stuttgart
T 07 11-4 70 46-0
F 07 11-4 70 46-5 55
christian.schwarm@adc.de

ROLAND SCHWARZ
Geschäftsführer Kreation
Wensauer & Partner Werbeagentur GmbH
Osterholzallee 76
71636 Ludwigsburg
T 0 71 41-4 07 50
F 0 71 41-40 75 10
roland.schwarz@adc.de

BORIS SCHWIEDRZIK
Ass. Creative Director
TBWA Werbeagentur GmbH
Rosenstraße 16–17
10178 Berlin
T 0 30-4 43 29 30
F 0 30-4 43 29 33 99
boris.schwiedrzik@adc.de

CHRISTIAN SEIFERT
Creative Director
Ogilvy & Mather Werbeagentur GmbH & Co. KG
Darmstädter Landstraße 112
60598 Frankfurt am Main
T 0 69-9 62 25-17 76
mobil 01 51-18 45 15 15
christian.seifert@adc.de

OLIVER SELTMANN
Creative Director
Red Rabbit
Neuer Kamp 30
20357 Hamburg
mobil 01 79-2 10 54 45
oliver.seltmann@adc.de

HELMUT SENDLMEIER
Chairman, Chief Executive Officer
McCann-Erickson Deutschland GmbH
Großer Hasenpfad 44
60598 Frankfurt am Main
T 0 69-60 50 72 11
F 0 69-60 50 72 49
helmut.sendlmeier@adc.de

MARCELLO SERPA
Creative Director
Almap BBDO Edificio Morumbi Office Tower
Av. Roque Petroni JR, 999-5/6/7
BR 04707-905 Sao Paolo
T 00 55-11-21 61 56 00
F 00 55-11-21 61 56 55
marcello.serpa@adc.de

STEFAN SETZKORN
Geschäftsführer Kreation
Scholz & Friends Hamburg GmbH
Am Sandtorkai 76
20457 Hamburg
T 0 40-37 68 15 72
F 0 40-37 68 13 73
stefan.setzkorn@adc.de

OTHMAR SEVERIN
Creative Consultant
Fürstenberger Straße 233
60323 Frankfurt am Main
T 0 69-55 17 83
F 0 69-55 37 32
othmar.severin@adc.de

GERD SIMON
Am Sportplatz 4
40670 Meerbusch
T 0 21 59-41 49
F 0 21 59-91 03 49
gerd.simon@adc.de

ANNA CLEA SKOLUDA
Freie Kreative
Anberg 1
20459 Hamburg
T 0 40-28 78 94 24
mobil 01 63-5 10 27 17
annaclea.skoluda@adc.de

MATTHIAS SPAETGENS
Creative Director
Scholz & Friends Berlin GmbH
Wöhlertstraße 12/13
10115 Berlin
T 0 30-2 85 35-5 23
F 0 30-2 85 35-5 99
mobil 01 73-9 47 77 31
matthias.spaetgens@adc.de

DÖRTE SPENGLER-AHRENS
Jung von Matt/9
Glashüttenstraße 38
20357 Hamburg
T 0 40-43 21-12 52
F 0 40-43 21-19 90
doerte.spenglerahrens@adc.de

PROF. DR. HEIKE SPERLING
Creative Director
Institut für Musik und Medien Robert Schumann Hochschule
Georg-Glock-Straße 15
40474 Düsseldorf
heike.sperling@adc.de

REINHARD SPIEKER
Art Director, Geschäftsführer
WATZMANN Advertising Culture KG
Ludwigstraße 182
63067 Offenbach am Main
T 0 69-17 00 03 13
F 0 69-72 23 69
reinhard.spieker@adc.de

PROF. ERIK SPIEKERMANN
Inhaber
United Designers Network
Motzstraße 59
10777 Berlin
T 0 30-21 28 08-0
F 0 30-21 28 08-10
mobil 01 72-3 13 17 11
erik.spiekermann@adc.de

JULIA STACKMANN
Freier Creative Director, Texterin
Papenhuder Straße 33
22087 Hamburg
mobil 01 71-1 27 22 31
julia.stackmann@adc.de

CHRISTOPH STEINEGGER
Grafik-Designer
**Christoph Steinegger/
INTERKOOL**
Schulterblatt 14
20357 Hamburg
T 0 40-44 80 40 10
F 0 40-4 48 04 08 88
christoph.steinegger@adc.de

LUDWIG STEINMETZ
Grafiker, Texter
AHA Advertising Head Agency GmbH
Widenmayerstraße 25
80538 München
T 0 89-29 16 09 25
F 0 89-29 16 09 24
ludwig.steinmetz@adc.de

MICHAEL STIEBEL
Regisseur, Geschäftsführer
Downtown Film Productions GmbH
Große Elbstraße 146
22767 Hamburg
T 0 40-30 68 50-0
F 0 40-30 68 50-20
mobil 01 72-4 35 00 77
michael.stiebel@adc.de

MATHIAS STILLER
Creative Director
DDB Werbeagentur GmbH
Neue Schönhauser Straße 3–5
10178 Berlin
T 0 30-2 40 84-3 40
F 0 30-2 40 84-2 00
mathias.stiller@adc.de

CHRISTIAN STÖPPLER
Geschäftsführer
DSB&K Werbeagentur GmbH & Co. KG
Zeppelinallee 77
60487 Frankfurt am Main
T 0 69-24 79 07-0
F 0 69-24 79 07-3 99
christian.stoeppler@adc.de

MARC STROTMANN
Creative Director Text
Xynias, Wetzel Werbeagentur GmbH
Schwanthaler Straße 9–11
80336 München
T 0 89-55 25 55 95
F 0 89-55 25 55 99
mobil 01 71-4 98 28 79
marc.strotmann@adc.de

ACHIM SZYMANSKI
Freier Creative Director, Texter
Wagmüllerstraße 19
80538 München
T 0 89-29 91 89
F 0 89-2 28 38 07
mobil 01 72-8 90 34 20
achim.szymanski@adc.de

RALPH TAUBENBERGER
Creative Director
**Heye & Partner GmbH
Werbeagentur GWA**
Ottobrunner Straße 28
82008 Unterhaching
T 0 89-6 65 32-4 06
F 0 89-6 65 32-3 80
ralph.taubenberger@adc.de

CHRISTINE TAYLOR
Head of Design
TBWA Werbeagentur GmbH
Rosenstraße 16–17
10178 Berlin
T 0 30-4 43 29 32 88
F 0 30-4 43 29 33 99
christine.taylor@adc.de

PROF. PHILIPP TEUFEL
Kommunikationsdesigner,
Ausstellungsdesigner
Nowakteufelknyrim
Lichtstraße 52
40235 Düsseldorf
T 02 11-68 91 11
philipp.teufel@adc.de

PATRICK THEY
Creative Director Art
Schlüterstraße 71
10625 Berlin
mobil 01 73-6 50 70 33
patrick.they@adc.de

CHRISTOPHER THOMAS
Fotograf
Fotostudio Christopher Thomas
Thalkirchner Straße 143
81371 München
T 0 89-7 23 45 16
F 0 89-7 24 28 68
christopher.thomas@adc.de

AXEL THOMSEN
Creative Director Art
**Springer & Jacoby
3. Werbeagentur GmbH & Co. KG**
Poststraße 14–16
20354 Hamburg
T 0 40-3 56 03-2 30
mobil 01 71-6 41 64 33
axel.thomsen@adc.de

HANS-JOACHIM TIMM
Chief Creative Officer
TBWA\Switzerland AG
Freihofstraße 22
CH 8700 Küsnacht/ZH
T 00 41-1-9 13 31-31
F 0 41-1-9 13 31-32
mobil 00 41-7 92 11 36 51
hansjoachim.timm@adc.de

CHRISTIAN TRAUT
Creative Director
KNSK Werbeagentur GmbH
Alte Rabenstraße 1
20148 Hamburg
T 0 40-4 41 89-01
F 0 40-4 41 89-3 00
christian.traut@adc.de

SEBASTIAN TURNER
Partner, Vorstandsvorsitzender
Scholz & Friends AG
Chausseestraße 8/E
10115 Berlin
T 0 30-59 00 53-2 10
F 0 30-59 00 53-2 99
sebastian.turner@adc.de

PROF. ANDREAS UEBELE
Architekt, Grafik-Designer
**Büro Uebele
Visuelle Kommunikation**
Heusteigstraße 94 a
70180 Stuttgart
T 07 11-34 17 02-0
F 07 11-34 17 02-30
andreas.uebele@adc.de

GÖTZ ULMER
Creative Director Art
**Jung von Matt/
Alster Werbeagentur GmbH**
Glashüttenstraße 79
20357 Hamburg
T 0 40-43 21-0
F 0 40-43 21-13 24
goetz.ulmer@adc.de

FRANK C. ULRICH
Creative Partner
Totems Communication & Architecture
Ludwigstraße 59
70176 Stuttgart
T 07 11-50 53 11 00
F 07 11-50 53 13 33
frank.ulrich@adc.de

PETER UNFRIED
Stellvertr. Chefredakteur
**taz, die Tageszeitung
Verlagsgenossenschaft e. G.**
Kochstraße 18
10969 Berlin
T 0 30-25 90 22 94
mobil 01 72-1 75 51 54
peter.unfried@adc.de

ERIC URMETZER
Creative Director
WUNDERHAUS GmbH
Ledererstraße 6
80331 München
T 0 89-24 29 66-00
mobil 01 63-6 64 44 40
eric.urmetzer@adc.de

MIRKO VASATA
Texter
**Vasata | Schröder
Werbeagentur GmbH**
Stresemannstraße 29
22769 Hamburg
T 0 40-43 28 66-0
F 0 40-43 28 66-10
mirko.vasata@adc.de

HERMANN VASKE
Creative Director, Regisseur
Hermann Vaske's Emotional Network
Schmidtstraße 12
60326 Frankfurt am Main
T 0 69-7 39 91 80
F 0 69-73 10 21
hermann.vaske@adc.de

OLIVER VIETS
Creative Director Art
Elephant Seven GmbH
Gerhofstraße 1–3
20354 Hamburg
T 0 40-3 41 01-5 65
F 0 40-3 41 01-1 01
oliver.viets@adc.de

GERHARD PETER VOGEL
Creative Director, Geschäftsführer
KOPRA GmbH Agentur für klassische und interaktive Kommunikation
Zimmerstraße 19
40212 Düsseldorf
T 02 11-5 59 58 57
mobil 01 70-3 13 13 10
gerhardpeter.vogel@adc.de

DR. STEPHAN VOGEL
Executive Creative Director
Frankfurt am Main
stephan.vogel@adc.de

MANFRED VOGELSÄNGER
Regie, Geschäftsführer
Vogelsänger Film GmbH
Oberlöricker Straße 398
40547 Düsseldorf
T 02 11-53 75 77-0
F 02 11-53 75 77-77
manfred.vogelsaenger@adc.de

MICHAEL VOLKMER
Geschäftsführung
SCHOLZ & VOLKMER GmbH
Schwalbacher Straße 76
65183 Wiesbaden
T 06 11-1 80 99-0
F 06 11-1 80 99-77
michael.volkmer@adc.de

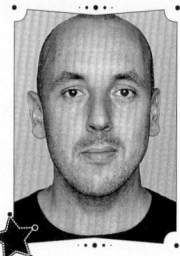

STEFAN VONDERSTEIN
Werbetexter
BBDO Campaign
Königsallee 92
40212 Düsseldorf
T 02 11-13 79-88 10
stefan.vonderstein@adc.de

OLIVER VOSS
Geschäftsführer Kreation,
President Miami Ad School Europe
Jung von Matt/Alster Werbeagentur GmbH
Glashüttenstraße 79
20357 Hamburg
T 0 40-43 21-12 10
oliver.voss@adc.de

JÜRGEN VOSSEN
Geschäftsführer Kreation
HEIMAT Werbeagentur GmbH
Segitzdamm 2
10969 Berlin
T 0 30-6 16 52-1 11
F 0 30-6 16 52-2 00
mobil 01 70-5 28 52 99
juergen.vossen@adc.de

PROF. MANFRED WAGNER
Managing Director,
Geschäftsführer, Inhaber
Braun Wagner
Krefelder Straße 147
52070 Aachen
T 02 41-9 97 39 60
F 02 41-9 97 39 61
manfred.wagner@adc.de

THIMOTEUS WAGNER
Creative Director
Jung von Matt/Alster Werbeagentur GmbH
Glashüttenstraße 79
20357 Hamburg
T 0 40-43 21-11 81
F 0 40-43 21-12 14
thimoteus.wagner@adc.de

PETER WAIBEL
Geschäftsführer
Jung von Matt/Neckar GmbH
Eberhardstraße 69–71
70173 Stuttgart
T 07 11-24 89 84-0
F 07 11-24 89 84-40
peter.waibel@adc.de

PIUS WALKER
Creative Director
walker Werbeagentur
Blaufahnenstraße 14
CH 8001 Zürich
T 00 41-43-2 44 04 44
F 00 41-43-2 44 04 40
pius.walker@adc.de

THOMAS WALMRATH
Creative Director
Springer & Jacoby Werbung GmbH & Co. KG
Poststraße 14–16
20354 Hamburg
T 0 40-3 56 03-1 53
F 0 40-3 56 03-2 22
thomas.walmrath@adc.de

HORST TH. WALTHER
Kommunikationstexter
Lindemannstraße 29
40237 Düsseldorf
T 02 11-6 79 03 55
F 02 11-6 79 81 15
mobil 01 72-2 10 54 27
horst.walther@adc.de

MANFRED WAPPENSCHMIDT
Creative Director Art
Leo Burnett GmbH
Alexanderstraße 65
60489 Frankfurt am Main
T 0 69-7 80 77-6 40
F 0 69-7 80 77-7 03
mobil 01 63-7 80 77 28
manfred.wappenschmidt@adc.de

HERMANN WATERKAMP
Creative Director
Leagas Delaney Hamburg GmbH
Waterloohain 5
22769 Hamburg
T 0 40-5 48 04-0
F 0 40-5 48 04-4 94
hermann.waterkamp@adc.de

HELLO WEBER
Creative Consultant
Budapester Straße 13
10787 Berlin
T 0 30-2 62 50 34-35
hello.weber@adc.de

REINHOLD WEBER
Creative Director, Geschäftsführer
Reinhold Werbeagentur AG
Weinbergstraße 31
CH 8035 Zürich
T 00 41 12 56 86 90
F 00 41 12 56 86 91
reinhold.weber@adc.de

TIMM WEBER
Creative Director Text
**Springer & Jacoby
5. Werbeagentur GmbH & Co. KG**
Gänsemarkt 35
20354 Hamburg
T 0 40-3 56 03-1 61
F 0 40-3 56 03-5 55
timm.weber@adc.de

ULI WEBER
Creative Director,
Geschäftsführender Gesellschafter
Leonhardt & Kern Werbeagentur GmbH
Olgastraße 80
70182 Stuttgart
T 07 11-2 10 99-68
uli.weber@adc.de

ALEXANDER WEBER-GRÜN
Creative Director Text
DDB Werbeagentur GmbH
Neue Schönhauser Straße 3–5
10178 Berlin
T 0 30-24 08 43 41
F 0 30-24 08 43 00
alexander.webergruen@adc.de

ULRIKE WEGERT
Creative Director Text
KNSK Werbeagentur GmbH
Alte Rabenstraße 1
20148 Hamburg
T 0 40-4 41 89-01
F 0 40-4 41 89-1 00
ulrike.wegert@adc.de

PROF. KURT WEIDEMANN
Kommunikationsdesigner
Atelier
Am Westbahnhof 7
70197 Stuttgart
T 07 11-6 36 54 34
F 07 11-63 42 96
kurt.weidemann@adc.de

MICHAEL WEIES
Art Director
**Condé Nast Verlag GmbH
Redaktion GQ**
Ainmillerstraße 8
80801 München
T 0 89-3 81 04-3 33
mobil 01 75-2 01 41 86
michael.weies@adc.de

MICHAEL WEIGERT
Creative Director, Geschäftsführer
weigertpirouzwolf Werbeagentur GmbH
Waterloohain 9
22769 Hamburg
T 0 40-43 23 90
mobil 01 72-4 34 85 92
michael.weigert@adc.de

JAN WEILER
Chefredakteur
Luigenkamer Weg 2
82541 Münsing
T 0 81 77-99 70 00
jan.weiler@adc.de

ARNFRIED WEISS
Creative Director
Arnfried Weiss Werbung
und Projekte
Lehmweg 35
20251 Hamburg
T 0 40-46 09 05 05
F 0 40-46 09 05 07
arnfried.weiss@adc.de

WALTHER WEISS
Art Direction Concept
Walther Weiss
Sierichstraße 106
22299 Hamburg
T 0 40-4 80 17 54
F 0 40-41 30 58 05
mobil 01 72-4 02 28 31
walther.weiss@adc.de

DENEKE VON WELTZIEN
Geschäftsführer Kreation
Jung von Matt/Alster
Werbeagentur GmbH
Glashüttenstraße 79
20357 Hamburg
T 0 40-43 21-11 18
F 0 40-43 21-12 14
denekevon.weltzien@adc.de

KONRAD WENZEL
Creative Director
Huth + Wenzel
Agentur für Kommunikation
Guiollettstraße 45
60325 Frankfurt
T 0 69-9 71 20 80
F 0 69-97 12 08 21
konrad.wenzel@adc.de

MATTHIAS WETZEL
Geschäftsführer Kreation
Xynias, Wetzel
Werbeagentur GmbH
Schwanthaler Straße 9–11
80336 München
T 0 89-55 25 55-25
F 0 89-55 25 55-31
matthias.wetzel@adc.de

THOMAS WILDBERGER
Freier Creative Director, Texter
RömerWildberger
Torstraße 175
10115 Berlin
T 0 30-24 08 86 90
mobil 01 72-5 43 18 80
thomas.wildberger@adc.de

KAI WILHELM
Geschäftsführender Gesellschafter
Hagström Wilhelm
Werbeagentur GmbH
Opernplatz 10
60313 Frankfurt am Main
T 0 69-92 03 96-10
mobil 01 72-6 71 98 65
kai.wilhelm@adc.de

KLAUS WILHELM
Art Director
Kaiser-Friedrich-Ring 67
65185 Wiesbaden
T 06 11-84 02 77
klaus.wilhelm@adc.de

FERDI WILLERS
Freier Creative Director, Texter,
Dozent IMK
Großer Hasenpfad 28
60598 Frankfurt am Main
T 0 69-6 03 13 70
F 0 69-60 60 73 79
ferdi.willers@adc.de

CLAUDIA WILLVONSEDER
Creative Director
Rüsselsheimer Straße 91 a
65451 Kelsterbach
mobil 01 51-15 72 83 10
claudia.willvonseder@adc.de

MATHIAS WILLVONSEDER
Komponist
Willvonseder Musik Studio
Rüsselsheimer Straße 91 a
65451 Kelsterbach
T 0 61 07-99 12 04
F 0 61 07-6 29 27
mathias.willvonseder@adc.de

HOLGER WINDFUHR
Art Director
Verlagsgruppe Handelsblatt GmbH
WirtschaftsWoche – Art Direction
Kasernenstraße 67
40213 Düsseldorf
T 02 11-8 87 22 54
F 02 11-8 87 97 22 54
holger.windfuhr@adc.de

CONNY J. WINTER
Fotograf, Regisseur
Studio Conny J. Winter
Tuttlinger Straße 68
70619 Stuttgart
T 07 11-47 16 73
F 07 11-4 78 01 20
mobil 01 71-2 63 10 29
conny.winter@adc.de

MARC WIRBELEIT
Executive Creative Director
TEQUILA\ GmbH
Axel-Springer-Platz 3
20355 Hamburg
T 0 40-36 90 74 12
F 0 40-36 90 74 01
marc.wirbeleit@adc.de

FRIEDER WITTICH
Regisseur
embassy of dreams
filmproduktion gmbh
Heßstraße 74–76, rgb
80798 München
T 0 89-2 36 66 30
mobil 0163-21 07 77 07
trieder.wittich@adc.de

HARALD WITTIG
Creative Director, Geschäftsführer
Saatchi & Saatchi GmbH
Uhlandstraße 2
60314 Frankfurt am Main
T 0 69-7 14 22 29
F 0 69-7 14 24 06
harald.wittig@adc.de

LARS WOHLNICK
Creative Director
Aimaq-Rapp-Stolle
Werbeagentur GmbH
Münzstraße 15
10178 Berlin
T 0 30-30 88 71-0
F 0 30-30 88 71-71
lars.wohlnick@adc.de

EWALD WOLF
Creative Director, Geschäftsführer
weigertpirouzwolf
Werbeagentur GmbH
Waterloohain 9
22769 Hamburg
T 0 40-4 32 39-2 32
F 0 40-4 32 39-2 22
ewald.wolf@adc.de

GREGOR WÖLTJE
Kreativer
Gabriel-von-Seidl-Straße 2
82031 Grünwald, Kreis München
T 0 89-26 76 29
F 0 89-26 02 41 41
gregor.woeltje@adc.de

THOMAS WULFES
Texter
Prast, Wulfes. Werbeagentur
Kapellstraße 27
40479 Düsseldorf
T 02 11-4 97 67 33
F 02 11-49 76 73 50
mobil 01 71-3 87 34 37
thomas.wulfes@adc.de

WERNER WÜRDINGER
Creative Director, Mitinhaber
WAW Werbeagentur Würdinger
Ellernstraße 41 A
30175 Hannover
T 05 11-28 39 00
F 05 11-2 83 90 25
werner.wuerdinger@adc.de

PAUL WÜRSCHMIDT
Creative Director
Eichenheide 22
61476 Kronberg
T 0 61 73-47 68
F 0 61 73-7 95 89
paul.wuerschmidt@adc.de

DIETRICH ZASTROW
Geschäftsführer Kreation
TBWA\
Axel-Springer-Platz 3
20355 Hamburg
T 0 40-3 69 07-1 22
F 0 40-3 69 07-1 00
dietrich.zastrow@adc.de

RALF ZILLIGEN
Chief Creative Officer
BBDO Campaign GmbH
Düsseldorf
Königsallee 92
40212 Düsseldorf
T 02 11-13 79 81 25
F 02 11-13 79 91 81 25
ralf.zilligen@adc.de

JÜRGEN ZIMMERMANN
Regisseur, Geschäftsführer
FBI Film Bureau International
GmbH
Glashüttenstraße 38
20357 Hamburg
T 0 40-43 70 36
F 0 40-43 70 67
juergen.zimmermann@adc.de

STEFAN ZSCHALER
Creative Director,
Geschäftsführender Gesellschafter
Leagas Delaney Hamburg GmbH
Waterloohain 5
22769 Hamburg
T 0 40-5 48 04-4 05
F 0 40-5 48 04-4 94
stefan.zschaler@adc.de

ULRICH ZÜNKELER
Creative Director Text
Kolle Rebbe Werbeagentur
GmbH
Dienerreihe 2
20457 Hamburg
T 0 40-3 25 42 30
F 0 40-32 54 23 23
ulrich.zuenkeler@adc.de

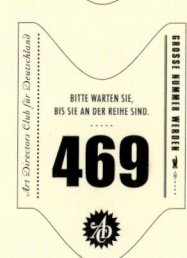

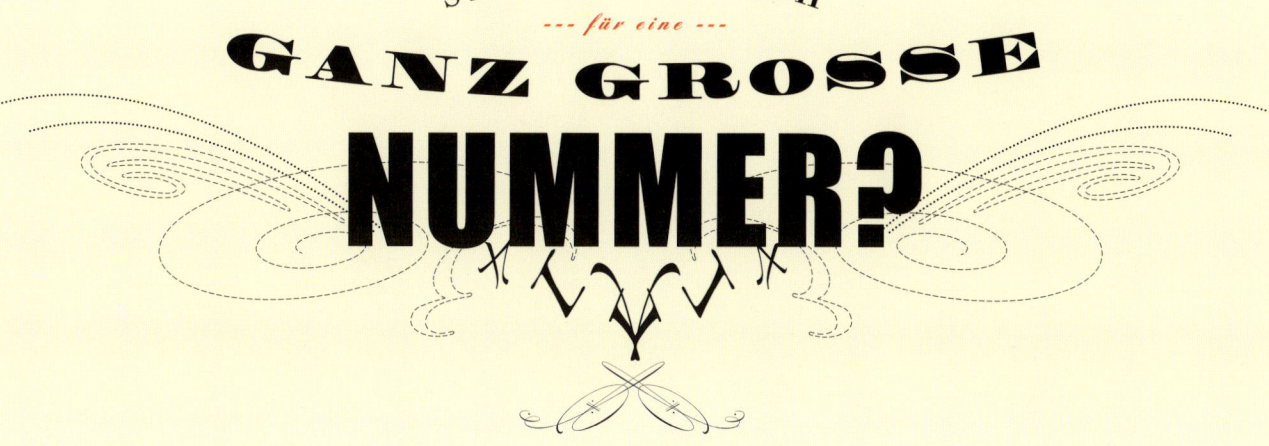

449 450 451 452 453 454 455 456 457 458 459 460 461 462 463 464 465 466 467 468 469 470

SIE HALTEN SICH
--- für eine ---
GANZ GROSSE NUMMER?

DER NAME ADC STEHT FÜR EXKLUSIVITÄT UND HOHEN ANSPRUCH: Nur die qualifiziertesten Fachleute der Kreativszene werden als Mitglieder aufgenommen. In der entsprechenden Sektion des Vereins wird über die Bewerbung auf eine Mitgliedschaft im ADC oder über den Vorschlag zur Aufnahme durch ein anderes Mitglied demokratisch entschieden.

Aktives Mitglied kann jeder werden, der in den Bereichen Werbung, Wort, Bild, Design, Editorial, Fotografie, Illustration, Funk, Film, interaktive Medien oder räumliche Inszenierung kreativ tätig ist und über Jahre hinaus vorbildliche Arbeiten gemacht hat.

WWW.ADC.DE

kempertrautmann sagt Danke für den mutigen Start.

Markt®

HONORARY
❧ ❦ MEMBERS ❦ ❧

| KREATIVE Vordenker | VORBILDER | VORDENKER KANN NUR SEIN, WER SICH VOM MITTELMASS befreit, —WER ES NOTFALLS AUCH ZERSTÖRT. | HINTERHER IST MAN KLÜGER! | VORBILDLICH, RICHTUNGSWEISEND, HERAUSRAGEND, KREATIV, INNOVATIV |

Mach' das, was der Kunde nicht ERWARTET, die Menschen aber erfreut.

—1979—
Hubert Troost
gestorben
1991

—1980—
Vicco von Bülow, Loriot
Höhenweg 19
82541 Münsing

—1981—
Tomi Ungerer
Dunlough
IR Goleen-Cork

—1982—
Heinz Edelmann
Valeriusplein 26
NL 1075 BH Amsterdam

—1983—
Willi Fleckhaus
gestorben
1983

—1985—
Rolf Gillhausen
gestorben
2004

—1986—
Jean-Paul Goude
c/o S. Flaure, 2é Bureau
13, Rue d'Aboukir
FR 75002 Paris

—1987—
Karl Gerstner
Mönchsbergerstraße 10
CH 4024 Basel

—1988—
Helmut Krone
gestorben
1996

—1989—
Reinhart Wolf
gestorben
1988

—1990—
Helmut Schmitz
gestorben
2000

—1991—
Günter Gerhard Lange
Neubeuerner Straße 8
80686 München

—1992—
Paul Gredinger
Seestraße 16a
CH 8800 Thalwil

—1993—
Hans Hillmann
Egenolffstraße 9
60316 Frankfurt am Main

—1994—
Wolf D. Rogosky
gestorben
1996

DEM BAUCHGEFÜHL DIE GEBÜHRENDE
Aufmerksamkeit WIDMEN.

—1995—
Peter Lindbergh

14, Rue de Savoie
FR 75006 Paris

—1996—
Michael Conrad

c/o Conrad Consulting
Aurorastraße 50
CH 8032 Zürich

—1996—
Walter Lürzer

c/o Lürzer GmbH Lürzer's Archiv
Hamburger Allee 45
60486 Frankfurt am Main

—1997—
Prof. Dr. Werner Gaede

Speerweg 67
13465 Berlin

—1998—
Prof. Dr. Dieter Rams

Am Forsthaus 4
61476 Kronberg (Ts.)

—1999—
Konstantin Jacoby

c/o Springer & Jacoby
Werbung GmbH & Co. KG
Poststraße 14–16
20354 Hamburg

—2000—
Rudolf Augstein

gestorben
2002

—2001—
Othmar Severin

Fürstenberger Straße 233
60323 Frankfurt am Main

—2002—
Robert Gernhard

Neuhaußstraße 12
60322 Frankfurt am Main

—2003—
Prof. Michael Schirner

c/o Institut für Kunst
und Medien Karlsruhe
Lorenzstraße 15
76135 Karlsruhe

—2004—
Armin Maiwald

You could be next.

Ehrenmitglieder --- **575**

Wir verbinden Menschen!

Seit 35 Jahren!

Seit 1970 ist *Red Box* das renommierte Nachschlagewerk der Werbe- und Kommunikationsbranche.

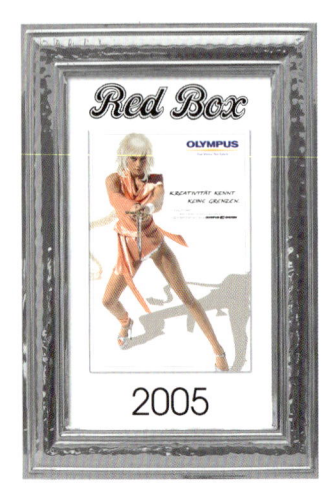

Bestellen Sie jetzt!
Die aktuelle *Red Box* 2005 inkl. Zugang zur *Red Box* Online Datenbank zum Preis von à € 150,- !
inkl. Porto und Verpackung

Red Box Verlag GmbH . Hansastr. 52 . D - 20144 Hamburg-Harvestehude
Tel. 040 - 450 150 0 . Fax 040 - 450 150 99 . info@redbox.de . www.redbox.de

Red Box Homepage
ist die Plattform um in den verschiedensten Bereichen und mit allen Produkten ausführlich und zielorientiert sofort vom Computer aus weltweit zu arbeiten und sich zu informieren.

Red Box Online Datenbank
ist das multimediale Pendant zu *Red Box*, es macht die Adressdatenbank tagesaktuell und weltweit nutzbar.

Red Box Profile
← Kooperationspartner
zeigt Unternehmensprofile, Produkte und Produktbeschreibungen. *Red Box* Profile vermittelt einen Eindruck, es steht als Bild, kann ein laufendes und/oder ein sprechendes Bild sein.

Red Box Portfolio
zeigt umfangreiche Entwicklungen und freie - sowie auch Auftragsarbeiten von Kreativen auf.

Red Box Showtime
gibt Nichtinserenten die Möglichkeit in *Red Box* Online ihre Kommunikationsdaten weltweit zu präsentieren.

Red Box Event
der Kalender für die Veranstaltungen der Branche.

Red Box POST
bietet die Möglichkeit sich über News zu informieren und eigene Informationen schnell ohne Streuverluste zu kommunizieren.

Red Pics
gibt Eindrücke zu den aktuellen Arbeiten und Aufträgen von Photographen. *Red Pics* kommuniziert in einer zeitgemäßen Photosprache.

www.redbox.de

DER VORSTAND

UND SEINE RESSORTS

Hans-Joachim Berndt
AUDIOVISUELLE KOMMUNIKATION

Matthias Kindler
EVENTS UND SCHATZMEISTER

Thomas Pakull
FACHFOREN

Mike Ries
HOCHSCHULNETWORK, HOCHSCHULRANKING

Delle Krause
SEMINARE UND NACHWUCHS

Michael Preiswerk
VORSTANDSSPRECHER

Dörte Spengler-Ahrens
SEMINARE UND NACHWUCHS

Sebastian Turner
ADC INSTITUT

Marc Wirbeleit
VISIONS, SONDERPROJEKTE

Ralf Zilligen
INTERNATIONALE BEZIEHUNGEN
(bis April 2005)

Felix Bruchmann
MITGLIEDER

Jochen Rädeker
ERSCHEINUNGSBILD, WERBUNG UND PUBLIKATIONEN

Die FÖRDERMITGLIEDER

IM JAHR 2004/2005

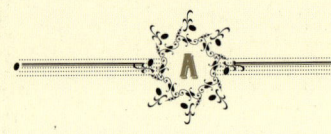

A

ACHT FRANKFURT GmbH & CO. KG, *Frankfurt am Main*
ARD-Werbung SALES & SERVICES GmbH, *Frankfurt am Main*
ARRI Film und TV Services GmbH, *München*
Art Directors Club Verlag GmbH, *Berlin*
Atlas Filmkontor GmbH & Co. KG, *Moers*
audioforce sounddesign, *Berlin*
AXEL SPRINGER AG, *Hamburg*

B

BARTEN & BARTEN Die Agentur GmbH, *Köln*
Bayerische Hypo- und Vereinsbank AG, Group Brand Communication, *München*
BBDO Berlin GmbH, *Berlin*
BBDO Campaign GmbH Stuttgart, *Stuttgart*
BBDO Germany GmbH, *Düsseldorf*
British American Tobacco (Industrie) GmbH, *Hamburg*
Büro X Werbung GmbH, *Hamburg*
Butter. Agentur für Werbung GmbH, *Düsseldorf*

C

Change Communication GmbH, *Frankfurt am Main*
Citigate Demuth GmbH, *Frankfurt am Main*
CMP Creative Media Production GmbH, *München*
Cobblestone Hamburg Filmproduktion GmbH, *Hamburg*
com:com GmbH, *Düsseldorf*
Condé Nast Verlag GmbH GQ, *München*
Corbis GmbH, *Düsseldorf*

D

DaimlerChrysler AG, Marketing Kommunikation Mercedes-Benz PKW, *Stuttgart*
DDB Group Germany GmbH, *Berlin*
Die Brandenburgs Werbeagentur GmbH, *Berlin*

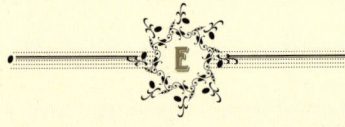

E

embassy of dreams filmproduktion gmbh, *München*
EURO RSCG GmbH Niederlassung Düsseldorf, *Düsseldorf*

F

Fachverband Außenwerbung e.V., *Frankfurt am Main*
Final Touch Filmproduktion GmbH, *Hamburg*
five_three double ninety filmproductions GmbH, *Hamburg*
Foote Cone & Belding Deutschland, *Hamburg*

G

Getty Images Deutschland GmbH, *München*
Gramm Werbeagentur GmbH, *Düsseldorf*
Grey Worldwide Düsseldorf GmbH, *Düsseldorf*
Gruner + Jahr AG & Co. KG, stern-Marketingleitung, *Hamburg*

H

H2e Hoehne Habann Elser, Werbeagentur GmbH, *Ludwigsburg*
hager moss commercial GmbH, *München*
HEIMAT Werbeagentur GmbH, *Berlin*
Heinrich Bauer Verlag KG, Zentrale Werbeleitung, *Hamburg*
Henkel KGaA, WSM-International Media, *Düsseldorf*
Heye & Partner Werbeagentur GmbH, *Unterhaching*
HORIZONT Deutscher Fachverlag GmbH, *Frankfurt am Main*
Hubert Burda Media, Burda Advertising Center GmbH – Geschäftsführung, *München*

I

IP Deutschland GmbH, *Köln*

J

J. Walter Thompson GmbH & Co. KG, *Frankfurt am Main*
Jahreszeiten Verlag GmbH, *Hamburg*

K

Kodak GmbH, *Stuttgart*
Kolle Rebbe Werbeagentur GmbH, *Hamburg*
Königsdruck, Printmedien und digitale Dienste GmbH, *Berlin*

L

LässingMüller Werbeagentur GmbH, *Stuttgart*
Leo Burnett GmbH, *Frankfurt am Main*
Leonhardt & Kern Werbeagentur GmbH, *Stuttgart*
Lowe Communication Group GmbH, *Hamburg*

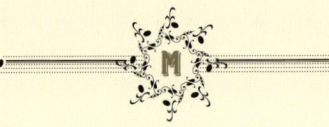

M

McCann-Erickson Brand Communications Agency GmbH, *Frankfurt am Main*
McCann-Erickson Hamburg GmbH, *Hamburg*
McDonald's Deutschland Inc., *München*
Messe Düsseldorf GmbH, *Düsseldorf*
MetaDesign AG, *Berlin*

N

Neue Sentimental Film Frankfurt GmbH, *Frankfurt am Main*

O

Ogilvy & Mather Werbeagentur GmbH & Co. KG, *Frankfurt am Main*

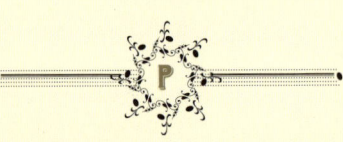

P

Palladium Commercial Productions GmbH, *Köln*
Papierfabrik Scheufelen GmbH & Co. KG, *Lenningen*
Peek & Cloppenburg KG, *Düsseldorf*
Philip Morris GmbH, *München*
PICTORION das werk GmbH, Digitale Bildbearbeitung, *Frankfurt am Main*
Pirates 'n Paradise GmbH, Film- und Videopostproduction, *Düsseldorf*
Pixelpark AG, *Köln*
plusform Präsentationssysteme, In der alten Krawattenfabrik, *Wunstorf*
PPS – Zentrum für Bildkommunikation, *Düsseldorf*
ProSiebenSat.1MediaAG, *Unterföhring*
PUBLICIS Deutschland GmbH, *Düsseldorf*
PX1@Medien GmbH, *Berlin*

R

Reader's Digest Deutschland Verlag Das Beste GmbH/Anzeigendirektion, *Düsseldorf*
Red Cell Werbeagentur GmbH & Co.KG, *Düsseldorf*
Reemtsma Cigarettenfabriken GmbH, West Central Marketing, *Hamburg*
Renault Nissan Deutschland AG, *Brühl*
RG Wiesmeier Werbeagentur AG, *München*
RMS Radio Marketing Service GmbH & Co. KG, *Hamburg*

S

Saatchi & Saatchi GmbH, *Frankfurt am Main*
Scholz & Friends AG, *Berlin*
Scholz & Friends Group GmbH, *Hamburg*
Schuster Thomsen Röhle Communication Ges. f. Marketing u. Werbung mbH, *Neuss*
Serviceplan Gruppe für innovative Kommunikation GmbH & Co. KG, *München*
Sioux GmbH, *Walheim*
Sorice Consulting Unternehmensberatung GmbH, *Düsseldorf*
SPIEGEL-Verlag Rudolf Augstein GmbH & Co. KG, *Hamburg*
Springer & Jacoby Werbung GmbH & Co. KG, *Hamburg*
.start GmbH, *München*
stöhr DDB MarkenKommunikation GmbH, *Düsseldorf*
Storyboards Deutschland GmbH, *Hamburg*
Studio Funk GmbH & Co. KG, *Hamburg*
SUPERillu Verlag GmbH & Co. KG, Verlagsleitung SUPERillu, Guter Rat, *Berlin*

T

TBWA\ Deutschland Holding GmbH, *Düsseldorf*
TELEMAZ COMMERCIALS GmbH & Co. KG, *Düsseldorf*
TEMPOMEDIA Filmproduktion GmbH, Zweigniederlassung Hamburg, *Hamburg*
Tony Petersen Film GmbH, *Hamburg*
Tsunami GmbH, *Köln*

U

UNIPLAN International GmbH & Co. KG, *Kerpen*

V

VCC Perfect Pictures AG, *Düsseldorf*
Verlag Der Tagesspiegel GmbH, *Berlin*
Verlagsgruppe Milchstraße GmbH, *Hamburg*
Vogelsänger Studiogruppe, Foto–Film–Video–Multimedia–Event, *Lage Pottenhausen*

W

w&v werben & verkaufen, Europa Fachpresse Verlag GmbH & Co. KG, *München*
Wieden & Kennedy Amsterdam, *CJ Amsterdam*

Y

Young & Rubicam GmbH & Co. KG, *Frankfurt am Main*

Z

Zebra Unternehmensberatung GmbH, *Hamburg*
zefa visual media gmbh, *Düsseldorf*

FÜR MEHR KREATIVIPÄT

Die IP Deutschland fördert kreative Ideen und bringt kreative Ideen ins TV – wo sie ein Millionenpublikum erreichen.

IP Deutschland ist der richtige Ansprechpartner für Ihre kreativen Konzepte und unsere Sender RTL, VOX, Super RTL und n-tv bieten die ideale Plattform für die Umsetzung Ihrer Ideen. Sicher werden Sie überrascht sein, wie groß die kreativen Spielräume bei unseren Sendern sind!

Wenden Sie sich mit Ihren Ideen und Fragen direkt an die 0221 / 58 86-350 oder informieren Sie sich unter www.ip-deutschland.de.

Die IP Deutschland – Ihr Ansprechpartner für mehr KREATIVIPÄT.

DON'T
dream it

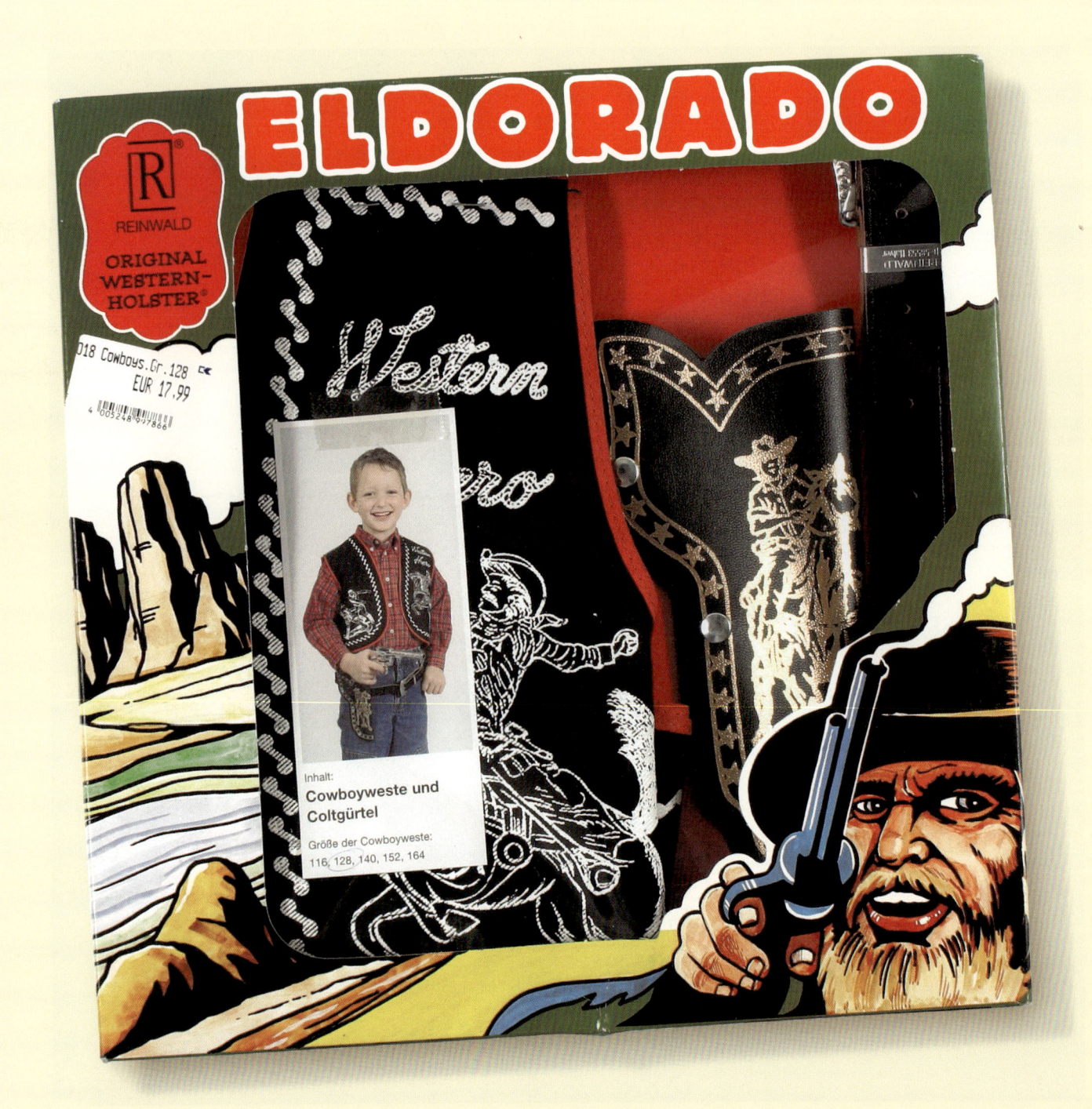

ELDORADO

REINWALD
ORIGINAL WESTERN-HOLSTER

018 Cowboys.Gr.128
EUR 17,99

Inhalt:
Cowboyweste und Coltgürtel

Größe der Cowboyweste:
116, 128, 140, 152, 164

BE IT!

DESIGN: **STRICHPUNKT**

WWW.STRICHPUNKT-DESIGN.DE

···✱···

SCHÖNLEINSTRASSE 8A
70184 STUTTGART

--

fon: +49.711.620 327-0 // *fax:* +49.711.620 327-10

Die

AGENTUREN, PRODUKTIONEN & VERLAGE

180 Amsterdam 159
235 Media 418
24+7 - 405
3007 - 336

A

abc DIGITAL 64, 90
Abendwind 163
ACHT, Frankfurt 156, 221
Aevum 165
Aimaq · Rapp · Stolle Werbeagentur GmbH 211, 358
Alter Ego 226
Appel Grafik Berlin 52, 59, 68, 73, 86, 112, 144, 337, 352, 367
Appel Grafik Hamburg 354
ART+COM AG 270, 429
Artur Wahl GmbH 312, 320, 471, 476
Atelier Brückner, Stuttgart 425
Atelier Markgraph 418, 420, 427, 432
attraktive grautöne, Stuttgart 425
Audioforce 161, 191, 238
Avantgarde Kreation GmbH 489
Axel Springer AG 472

B

BBDO Campaign GmbH Berlin 131, 236
BBDO Campaign GmbH Düsseldorf 240, 241
BBDO Campaign GmbH Stuttgart 377
Bertelsmann Offizin 394
Big Fish Filmproduktion GmbH 167, 196
Blunck & Will 178, 211
BM8 GmbH 220
BMZ und more 300
BRANSCH MAGAZIN 302
Brass-Fonts 250
BUMAT, Hockenheim 426

C

c-feld 308, 446, 448, 461, 467, 468, 469
Central Public 424
Cicero Werkstudio 377
Cobblestone Hamburg Filmproduktion GmbH 160, 166, 186, 197, 206, 213
Corbis 46, 361
Corporate Music, Kiel 426
Creative Lighting 424
Czernin Verlag Wien 336

D

DDB Berlin 30, 38, 54, 57, 70, 78, 91, 104, 141, 147, 166, 180, 184, 192, 197, 303
DDB Düsseldorf 93, 147
DDD System GmbH 258
DDE Reprotechnik GmbH 71, 150
Deli Pictures Postproduction, Hamburg 160, 186, 206
DeluxTheatre Lighting 427
Design Hoch Drei 420
Die Gestalten Verlag, Berlin 337
Die Scheinfirma 178
Digital Domain, Venice, Cal. 159
digitalunit.de 450, 466
Dog Postproduction 44
Dorten GmbH 372
Doublehead 160, 186, 206
Double Standards 360

E

EARDRUM 170
Eder Berlin 328
Effectiv-team 213
Einsatz Hamburg 370
Eisbrecher 428
Elephant Seven AG 263, 267
Engelhardt & Bauer 346
Ernst F. Ambrosius & Sohn Messebau 420, 427
erste liebe filmproduktion GmbH 189
Etizy digital artwork 276
Euro RSCG London 175

F

Factor Design AG 323, 370, 396
facts+fiction GmbH 424, 441
FEEDMEE DESIGN GMBH 224, 227, 486
FEUER AG 165
Filmakademie Baden-Württemberg GmbH 193
Film Deluxe GmbH 212
Final Cut 164
Five_three double ninety filmproductions gmbh 162, 170, 208
Fons Hickmann m23 384
Foote Cone & Belding 212, 236
Fork Unstable Media 246, 255
FOUR TO ONE: scale design 418, 426
Freisteel 420

G

G+G 336
GBK, Heye Werbeagentur GmbH 44, 299
giraffentoast 250, 318
Grabarz & Partner Werbeagentur GmbH 67, 80, 111, 118, 179, 232, 234, 237, 298, 303, 387
Groothuis, Lohfert, Consorten 394
Gruner + Jahr AG & Co. KG 464, 471, 475, 476

H

Hahn Nitzsche Studios GmbH Hamburg 171, 200, 213, 488
HAKUHODO Deutschland GmbH 297
Hastings Audio Network 167, 180, 184, 189, 196, 236
HEIMAT, Berlin 50, 109, 156, 161, 172, 191, 221, 230
Heine/Lenz/Zizka 392, 416
Heinz und Klaus Funk Musikverlag 179
Hermann Vaske's Emotional Network 156, 221
Hesse Design GmbH 364, 366, 380
Heye & Partner GmbH 169, 188, 322, 353, 413, 451
HFF, Drife Productions 169, 188
Hochhaus Werbeagentur GmbH 359
Hoffmann und Campe Verlag Corporate Publishing 333
Hürlimann + Lepp Ausstellungen 270

I

Image Refinery 46, 282
imagework 302
INSTANT Corporate Culture 451
Interkool 388
International 360
Interone Hamburg GmbH 248

J

janglednerves 425
JO!SCHMID Filmproduktion GmbH 163
Jochens.Hilbert 399
Jockers Architekten BDA 378
Johannes Bauer Repro 133, 316
Jung von Matt AG 32, 34, 39, 41, 58, 82, 84, 88, 89, 96, 112, 113, 116, 121, 132, 134, 146, 160, 167, 186, 189, 190, 193, 194, 200, 206, 238, 245, 257, 264, 274, 340, 348, 349, 355, 361, 362, 374, 386, 482
Juno Verlag GmbH & Co. KG 454
JWT 130

K

KATAPULT 216
Kauffmann Theilig & Partner 420, 427
kempertrautmann GmbH 158, 187, 204
kid's wear Verlag 450, 466
KMS Team 376, 422
KNSK Werbeagentur GmbH 64, 71, 90, 133, 181, 210, 241, 316, 434
Kolle Rebbe Werbeagentur GmbH 66, 150, 178
Konzeptküche Hamburg 434
Kramer & Giogoli 253
Kröger & Gross 150

L

Les Rythmes Digitales 175
Limelight, München 422
Lippsmeier & Partner 436
Lukas & Sternberg New York 388

M

M.E.C.H. McCann Erickson Communications House GmbH 46
Magazin Verlagsgesellschaft Süddeutsche Zeitung mbH 457, 458, 459, 460, 470, 473, 477
Maksimovic & Partners 259, 395
Mark 13 - 321
Markenfilm GmbH & Co. KG 158, 177, 181, 187, 204, 210
McCann Erickson BCA GmbH 363
Meiré und Meiré 252, 450
Metagate 43, 72, 140
Metro Imaging 282
Mit Out Sound, Sausalito, Cal. 159
Mutabor Design GmbH 426

N

NEUE DIGITALE GmbH 244, 249, 262
Neumann & Müller 436
nhb Hamburg 180, 185, 202
Nordpol+ Hamburg 251, 256, 266, 488

O

O/R/T München 35
Ogilvy & Mather 105, 164, 310, 321, 397
Onnen & Klein Reproduktion, Hamburg 56, 102, 110, 142, 296, 306, 326, 331
OPTICAL ART 194
OPTIX DigitalPictures 168, 189

P

Pack Shot Boys 70, 91, 147
Pagan Productions 164
Park Pictures, New York 159
Peermusic/NHB 195
Perky Park Music Berlin 189, 190, 213
Philipp Thywissen 344
Philipp und Keuntje GmbH 56, 102, 170, 296, 331, 332
PICTORION das werk 196, 488, 489
Piranha Media 444, 461
plantage* Agentur für Kommunikation GmbH & Co. KG 393
Poster Media e. K. 492
Procédés Chénel 432
Procon MultiMedia AG 432
Production International GmbH 489
Publicis Frankfurt 162, 168
Punchin Pictures 165
PX3 296, 331, 332

Q

Q Werbeagentur AG 398

R

Radical Media GmbH, Berlin 179, 180, 184
RDV Datakontext 490
recom GmbH 300, 374
Red Rabbit Werbeagentur GmbH 110
Reflektorium 323
Remaprint 336
Reprostudio Beckmann, Hamburg 323, 396
Romey von Malottky Produktionsbüro GmbH 142
Rosebud, Inc. 337
Rotfilter, Wien 388

S

Saatchi & Saatchi GmbH 174
Saint Elmo's Agentur für Kreative Energie GmbH 138
Sassenbach Advertising GmbH 253
Schäfer Repro 128
Scheufele Kommunikation GmbH 391
Schleuse 15 418, 432
Schmidhuber+Partner, München 426
Schmidt und Kaiser Kommunikationsberatung GmbH 208
Scholz & Friends 43, 52, 59, 68, 72, 73, 86, 108, 112, 124, 140, 144, 196, 328, 337, 352, 356, 367, 494
SCHOLZ & VOLKMER 254
Sehsucht GmbH 158, 180, 185, 187, 202, 204, 212
SHOWTEC 416
Signum3 259
Silbersee Film 488
SIZZER 158, 187, 204
sleek things GmbH & Co. KG 446, 448, 461, 467, 468, 469
Small Family Business 176
soDA Verlag s.A. 449
soup film GmbH 192, 211
SPIEGEL-Verlag Rudolf Augstein GmbH & Co KG 455
SPOT Tonstudio 436
Spot Welders, Cal. 159
Springer & Jacoby Design 142, 306, 326, 401
Springer & Jacoby Werbung GmbH 36, 40, 47, 62, 76, 92, 98, 106, 107, 111, 126, 127, 129, 135, 142, 171, 173, 177, 180, 185, 195, 202, 208, 213, 235, 265, 306, 314, 326, 400, 401, 480, 484, 490, 491, 492, 493, 495
Spy Films, Toronto 175
St. Luke's Communications 163
.start GmbH 35, 45
Stiletto-NYC 224
strichpunkt 334, 346, 410
Studio Düttmann 301
Studio Funk 67, 111, 178, 230, 232, 234, 236, 237, 241
Studio Orange 224, 486

T

TBWA\ 100, 128, 317, 344, 405
TBWA\CHIAT\DAY 282
TBWA\Worldwide 159
Tempomedia Frankfurt 174
The Audio Factory 166, 197
THE EVENT COMPANY 440
The Institute 174
The Shack GmbH 178
The Web Production 253
The Whitehouse 161, 176, 191
thinknewgroup 381
TLD Planungsgruppe 420
Tonhaus Hamburg 235
Tony Petersen Film GmbH 168, 171, 195
Totems Communication & Architecture 428
Trigger Happy Productions 172
TV Studio GmbH, Hamburg 158, 187, 204

U

Undercover GmbH 374
Unique Club Publishing 176

V

Vasata Schröder Werbeagentur GmbH 240
VCC Berlin 167
Verlag der Buchhandlung Walther König 392
Verlag Hermann Schmidt Mainz 334
Verlagsgruppe Handelsblatt GmbH 456
Vitra Design Museum 330
von Herzen 212
VOSS + FISCHER Marketing Event Agentur GmbH 436

W

Wake-Up-Music 173
walker Werbeagentur 42
weigertpirouzwolf Werbeagentur GmbH 354
Wieden + Kennedy Amsterdam 176
Wolfgang Scheppe 330
WUFFDESIGN 436

X

XL Video 432

Y

Y&R, Irvine 278
Young & Rubicam GmbH & Co. KG 120

Z

Zerone, Hamburg 278, 363

AUFTRAGGEBER: Die FIRMEN

1. FC Union Marketing GmbH 367
100 DAYS software projects 372
11 Freunde Magazin für Fußballkultur 116

A

adidas International 159
adidas-Salomon AG 244, 255, 282, 317
Aktion Mensch 441
Albrecht Kind GmbH 69
Alzheimer Forschung Initiative e.V. 344
Apollo-Optik GmbH & Co. KG 348
Art Directors Club für Deutschland e.V. 397
Ärzte ohne Grenzen e.V. 196
AUDI AG 174, 332, 426
Automobili Lamborghini S.p.A. 296, 331
Axel Springer AG 193, 194, 472

B

Background Records 404
Bayer HealthCare 240
Beiersdorf AG 128
Bertelsmann Offizin 394
Bisley office equipment 66
blush Dessous 131
BMW AG 32, 34, 35, 39, 41, 88, 189, 190, 200, 248, 288, 333, 482
British American Tobacco (Germany) GmbH 133, 316, 434
Bundesdruckerei GmbH 342
Bundeszentrale für politische Bildung 474

C

C4 Marketing Service 342
CHILDREN FOR A BETTER WORLD e.V. 138
Citroën Deutschland AG 175
Coca-Cola GmbH 127, 213
Copy Center Köln 241

D

DaimlerChrysler AG 90, 241, 328, 420, 427
DaimlerChrysler AG MKP/B 428
DaimlerChrysler Vertriebsorganisation Deutschland 127, 135, 267, 328, 480, 491, 492
Deutsche Gesellschaft zur Rettung Schiffbrüchiger 46
Deutsche Post AG 84
Deutsche Telekom 263
Deutsche Welthungerhilfe e.V. 108
Deutsches Rotes Kreuz e.V. 340
Die Neue Sammlung. Staatliches Museum für angewandte Kunst 422
Druck- und Verlagshaus Frankfurt am Main 150
DTP Akademie Rhein Main GmbH 342
Düring AG 42

E

Erstes Kölner Wohnzimmertheater 359
Evangelische Landeskirche in Württemberg 361

F

Fachhochschule Mainz 406
Ferrero Offene Handelsgesellschaft mbH 211
Festspielhaus Baden-Baden 352
Fix Foto GmbH 124, 494
Forschungsinstitut und Naturmuseum Senckenberg 418
Frankfurter Allgemeine Zeitung GmbH 59, 144, 337
Frankfurter Kunstverein, Siemens Arts Program 388
Friedrich-W. Dauphin GmbH & Co. 398

G

Gebrüder Mey GmbH & Co. KG 167
Germanwings 262
Graphic Europe 384
Gruner + Jahr AG & Co. KG 286, 290, 292, 294, 312, 320, 464, 471, 475, 476

H

Heineken Deutschland GmbH 358
Henkel KGaA 70, 91, 147
Hesse Family 391
HfG Offenbach 366
Historisches Museum der Pfalz, Speyer 425
Hochschule der Medien Stuttgart 363
Holsten-Brauerei AG 56, 102
Honda Motor Europe (North) GmbH 297
HORNBACH Baumarkt AG 50, 109, 156, 161, 172, 191, 221, 230
HSE (HEAG Südhessische Energie AG) 120
HypoVereinsbank AG 440

I

IFAW Internationaler Tierschutz-Fonds gGmbH 92, 107, 126
IKEA Deutschland GmbH & Co. KG 163
Incentive & More OHG 354
Ingo Wöhlke Rolladen- und Jalousienbaumeister 146
Inlingua Sprachschulen 178
INSTANT Corporate Culture 322, 451
interfilm Berlin Management GmbH 493

J

Jaguar USA 278
jaxx GmbH 370
Jüdisches Museum Berlin 270
Julius Bär 89, 121
Juno Verlag GmbH & Co. KG 100, 454

K

Kao Brands Europe – Guhl Ikebana GmbH 43
K-fee AG 160, 186, 206
kid's wear Verlag 450, 466
King Kong Mietstudios 377
Klingspor Museum Offenbach am Main 342
Kodak GmbH, Stuttgart 321
Kostümverleih Breuer 98
Krebsgesellschaft Nordrhein-Westfalen e.V. 140

L

Landesfischereiverband Bayern e. V. 353
Lauf Lunge und Sportschuhe GmbH 362
LBS Westdeutsche Landesbausparkasse 236
Lever Fabergé Hamburg 105, 164
Linde AG Wiesbaden 436
Lost and Found Personalberatungsgesellschaft mbH 380
LTU Touristik 132
Ludwig Görtz GmbH 484

M

Magazin Verlagsgesellschaft Süddeutsche Zeitung mbH 284, 457, 458, 459, 460, 470, 473, 477
McDonald's Deutschland Inc. 169, 188
Media Markt 158, 187, 204
medico international e.V. 416
Men's Health 319
Mercedes-Benz 36, 40, 47, 62, 76, 106, 111, 129, 171, 173, 177, 180, 185, 195, 202, 208, 220, 314, 400, 495
Microsoft Deutschland GmbH 489
MMK Frankfurt 366
Münchner AIDS-Hilfe e.V. 45
Musicline 258

N

NIKE 176
NOAH Menschen für Tiere e.V. 246, 264

O

OBI Bau- und Heimwerkermärkte GmbH & Co.
    Franchise Center KG 240
Olympus Europa GmbH 212
Opferperspektive e.V. 355, 494

P

Papierfabrik Scheufelen GmbH + Co. KG 346
Polaroid GmbH 72
Porsche Lizenz- und Handelsgesellschaft
    mbH & Co. KG 376

R

Raffles Hotel Vier Jahreszeiten Hamburg
    142, 306, 326, 401
Raymond Loewy Foundation International 392
Reise Szene Hamburg 234
Reisswolf Deutschland Akten-
    und Datenvernichtung GmbH 490
Renault Nissan Deutschland AG 162, 168, 256,
    266, 488
Riccardo Cartillone Schuheinzelhandels GmbH
    Berlin 251
Rosebud, Inc. 337
Roter Stern, Politische Buchhandlung 110
RUNNERS POINT
    Warenhandelsgeschäft GmbH 112, 386

S

SC Johnson Wax GmbH 236
Schirn Kunsthalle Frankfurt 249
Schmidt & Bender GmbH & Co. KG 257
Sixt GmbH & Co. Autovermietung KG
    58, 82, 113, 349
sleek things GmbH & Co. KG 308, 446, 448,
    461, 467, 468, 469
Smac 318
Smile Studio Dentalkosmetik 130
soDA Verlag s.A. 449
Sony Computer Entertainment Deutschland
    GmbH 405
Spex/Piranha Media 444, 461
SPIEGEL-Verlag Rudolf Augstein
    GmbH & Co. KG 455
Staatliches Baumanagement Osnabrück 378
Staatsministerium Baden-Württemberg 86
Stadt Augsburg, Kulturreferat 323, 396
Stadt Revue Verlag Köln 323
Stiftung Grünzug Neckartal 245, 374
Süddeutsche Zeitung GmbH 44, 299
Swiss International Air Lines 238

T

Tetra Pak GmbH 170
Theater Hebbel am Ufer 360
Thüringer Ministerium für Wirtschaft,
    Technik und Arbeit 57
Tourismus + Congress GmbH
    Frankfurt am Main 432
Toys For Big Boys GmbH 274
TUI Deutschland GmbH 96
Type Directors Club New York,
    german liaison committee 365

U

Ulrike Krasemann Event Management 399
UNHCR Deutschland 265
Uni Frankfurt 366
Universal Music 216, 393

V

Vaillant 300
Vattenfall Europe AG 429
Verein der Freunde der Nationalgalerie 235
Verlag Hermann Schmidt Mainz 334, 410, 412
Vitra Management AG 330
Viva Media AG 226
VIVA PLUS Fernsehen GmbH 224, 227, 486
Vivendi Universal Games Deutschland 424
Volkswagen AG 30, 38, 54, 78, 80, 93, 104, 141,
    166, 179, 180, 184, 192, 197, 237, 298, 303

W

W. L. Gore & Associates 165
Wall Street Institute 232
Weingut Kornell 413
Weru AG 52, 73, 112
Wieners+Wieners Werbelektorat GmbH 118
WirtschaftsWoche 456
WMF AG 64, 71, 181, 210
WWF Deutschland 310
www.h-a-p-p-y.net 336

Y

YAMAHA Elektronik Europa GmbH 68

Z

Zoologischer Garten Berlin AG 356

AUFTRAGGEBER: Die PRODUKTE

+rosebud 337
1. FC Union Berlin 367
100 DAYS 372
11 Freunde Magazin für Fußballkultur 116
6. Kurzfilmfestival der HdM 363

A

ADC Nachwuchswettbewerb 2004 397
adidas 159, 244, 255, 282, 317
Anti-Pelz-Website 246
Apollo-Optik 348
Aspirin 240
Astra Urtyp 56, 102
Audi 174, 332, 426
Autan 236

B

Bank Julius Bär 89, 121
Bertelsmann Offizin 394
BILD-Zeitung 193, 194, 472
Bisley 66
blush Dessous 131
BMW 32, 39, 41, 88, 189, 288, 302, 333, 482
BMW Williams F1 Team Collection 2004 200
BONAQA 213

C

Chrysler 241
Citroën C4 175
Copy Shop Köln 241

D

DaimlerChrysler 328, 420
Dauphin @just 398
decodeunicode 406
DER SPIEGEL 455
DHL 84
DOVE 105, 164
DTP-Typometer 410

E

Erkrather Kriminacht 364

F

Ferrero nutella 211
Festspielhaus Baden-Baden 352
Fix Foto 124, 494
Fluter Magazin 474
Forschungsinstitut und Naturmuseum Senckenberg, Luminale 2004 418

Frankfurter Allgemeine Zeitung 59, 144, 337
Frankfurter Rundschau 150
Freistaat Thüringen 57

G

Germanwings 262
Görtz Schuhe 484
Graphic Europa 384
Guhl 43

H

H.A.P.P.Y. Buch 336
Heineken 358
Hilfsorganisation für Opfer rechter Gewalt 355, 494
Honda Motorräder 297
HORNBACH Baumarkt AG 50, 109, 156, 161, 172, 191, 221, 230
HSE 120
Hurentour.de 354
HypoVereinsbank 440

I

IKEA 163
Inlingua Englischsprachkurs 178
INSTANT 322, 451
interfilm Kurzfilmfestival 493
ITS Reisen 132

J

Jaguar 278
jaxx 370
Jeep 90

K

K-fee 160, 186, 206
kid's wear Magazin 450, 466
King Kong Mietstudio 377
Kodak 321
Kölner Wohnzimmertheater 359
Kostuemverleih.com 98

L

Lamborghini 296, 331
Land Baden-Württemberg 86
Landesfischereiverband Bayern e.V. 353
Lauf Lunge 362
LBS 236
Linde AG 436
Lucky Strike 133, 316, 434

M

Matchbox 274
McDonald's 169, 188
Media Markt 158, 187, 204
Men's Health 319
Mercedes-Benz 36, 40, 47, 62, 76, 106, 111, 129, 171, 177, 180, 185, 195, 202, 208, 220, 314, 400, 427, 428, 492, 495
Mey 167
MINI 34, 35, 190, 248
MoMA in Berlin Ausstellung 235
monopol. Magazin für Kunst und Leben 100, 454
Museum für Moderne Kunst Frankfurt am Main 366
Museumsuferfest Frankfurt 2004 432
MusicLens Online-Musikempfehlungsmaschine 258

N

Neon Magazin 312, 320, 471, 476
Nike 176
NIVEA 128

O

OBI Bau- und Heimwerkermärkte 240
Olympus 212

P

Pattex 70, 91, 147
Polaroid 72
Porsche Design 376

R

Raffles Hotel Vier Jahreszeiten Hamburg 142, 306, 326, 401
Rammstein CD-Cover 393
Reise Szene Hamburg 234
Reisswolf 490
Renault 162, 168, 256, 266, 488
Riccardo Cartillone 251
Roter Stern, Politische Buchhandlung 110
RUNNERS POINT 112, 386

S

Scheufelen Diary 2005 346
Schmidt & Bender 257
Sixt rent a car 58, 82, 113, 349
Sleek Magazin 308, 446, 448, 461, 467, 468, 469
Smac 318
Smart 127, 135, 267, 480, 491
Smile Zahnstudio 130
Smith & Wesson 69

soDA magazin 449
Sony PlayStation2 405
SPEX 444, 461
Stadt Augsburg 323, 396
STAVES 413
stern 286, 290, 292, 294, 464, 475
Stiftung Grünzug Neckartal 245, 374
Süddeutsche Zeitung Klassik 44, 299
Süddeutsche Zeitung Magazin 284, 457, 458, 459, 460, 470, 473, 477
Swiss International Air Lines 238

T

T-Com 263
Tetra Pak 170
Theater Hebbel am Ufer 360
TUI 96
Type Directors Club New York 365

U

UNHCR 265

V

Vaillant 300
Vitra 330
Viva 224, 226
VIVA PLUS 227, 486
Vivendi Universal Games 424
Volkswagen 30, 38, 54, 78, 80, 93, 104, 141, 166, 179, 180, 184, 192, 197, 237, 298, 303

W

Wall Street Institute 232
WC-ENTE 42
Weru 52, 73, 112
Windstopper 165
WirtschaftsWoche 456
WMF 64, 71, 181, 210
WWF 310

X

Xbox 489

Y

YAMAHA Lautsprechersysteme 68

Z

Zoologischer Garten Berlin 356

DIE MACHER

A

Ackermann, Markus 472
Acord, Lance 159
Adams, Shelby Lee 450
Adaschkiewitz, Britta 105
Adler, Richard 164
Adolph, Daniel 34, 190, 482
Aguilera, Christina 208
Ahrens, Bastian 156, 221
Ahrens, Tobias 36, 40, 106, 129, 171, 173, 177, 195, 235, 400, 495
Akinci, Levent 54, 93
Albrecht, Michael 32
Albrecht, Thorsten 162
Aldorf, Frank 160, 186, 206
Allgaier, Serena 165
Allwardt, Benjamin 150
Altengarten, Christian 82, 113
Alzen, Niels 40, 158, 187, 204, 495
Anders, Dr. Bernd 46
Anderson, Matthew 175
Andrä, Christian 234
Andree, Mark 236, 241
Andres, Patrick 146
Anweiler, Dominik 251, 256, 266
Appelhans, Lenore 244
Ardelean, Alexander 484
Armbrecht, Dr. Wolfgang 32, 39, 41, 88, 189, 482
Armin, Adriana Meneses von 144, 337
Arnell, Vaughan 164
Arntz, Klaus 105, 164
Arp, Cecil 57
Arva, Thomas 484
Ascacibar, Felipe 163
Aßmann, Katja 340
Athey, David 248
Aulke, Gaylord 372
Aust, Stefan 455
Averbeck, Marion 393

B

Baarz, Danny 358
Bach, Claudia 434
Bachmann, Frank 142, 306, 326, 401
Bachmayer, Martin 489
Back, Joachim 170
Baer, Sacha 89, 121
Bahrmann, Ole 356
Baiker, Ralph 52, 73, 112, 144, 337
Baker, Mandy 258
Balkan Hot Step 176
Ballin, Cornelius 393
Balon, Andreas 388
Bandyopadhyay, Sharmila 461
Bannöhr, Frank 36, 40, 106, 129, 171, 173, 177, 195, 235, 400, 495
Barbian, Ulrich 405
Barche, Michael 133, 316, 434
Barnutz, Michael 244
Baron, Alexander 150
Baron, Stefan 456
Barrand, Chris 159
Bartel, Alexander 44, 299
Bartels, Ingmar 256, 488
Barth, Philipp 32, 146, 189, 355, 494
Barth, Stefanie 224
Barthelmess, Florian 47, 62, 76, 111, 314
Bartlett, Roland 363
Bassermann, Andrea 398
Bassewitz, David von 67, 111
Bättig, Barbara 384
Bauer, Jörg 372, 374
Baur, Christina 376
Baur, Gery van de 336
Baus, Oliver 195
Bay, Michael 174
Bazarkaya, Toygar 47, 62, 76, 111, 126, 208, 213, 314
Becic, Jagoda 174
Becker, Horst 120
Becker, Iris 256
Becker, Jesse 367
Becker, Kai 267
Becker, Uli 159
Beecken, Thomas 484
Beer, Hans 42
Behrendt, Sebastian 34
Behrens, Nils 69, 98
Beisert, Florian 158, 187, 204
Belser, Tim 204
Bentz, Oliver 248
Benzinger, Michael 208, 213, 492
Berendts, Arwed 138
Beresford, Annabel 224, 226, 227, 486
Berg, Martina 30, 38, 54, 78, 80, 93, 104, 141, 166, 179, 180, 184, 192, 197, 237, 298, 303
Bergemann, Steffen 364
Bergerhausen, Johannes 406
Berkmann, Marcel 251
Berndl, Ludwig 54
Besl, Martin 58, 82, 113
Besler, Michi 170
Bestehorn, Inga 66
Bezdeka, Christian 336
Bieber, Ann 168
Bielefeldt, Christoph 488
Bierl, Sascha 126
Bilen, Jasna 434
Bilgeri, Andreas 41, 88
Birkner, Florian 108, 356
Bisbee, Jackie Kelman 159
Bison, Oliver 195, 208, 213
Bittner, Patrick 259
Bitzer, Claudia 300
Blaschke, Anne 457, 459, 460, 470, 473, 477
Blecker, Olaf 458
Blimetsrieder, Silke 416
Bloching, Miriam 68
Blohm, Wolfgang 353
Blömer, Henner 84
Blomkamp, Neill 175
Blücher, Hasso von 364
Blume, Mathias 213
Boettcher, Jennifer 236
Bogensperger, Beate 35
Böger, Thomas 165
Bognar, Daniel 459, 460, 470, 477
Böhm, Andreas 30, 38, 54, 70, 78, 91, 104, 303
Böhme, Ansgar 44
Bomm, Thomas 124, 494
Boonen, Ralf 156, 221
Borchardt, Philip 100
Boretius, Boris 434
Borsche, Mirko 284, 459, 460, 470, 476, 477
Borthwick, Mark 450
Bot, Frans 358
Bouman, Olav 310
Bourguignon, André 262
Boyens, Franziska 71
Bradley, Yvette 255
Braeunig, Annette 170
Brandl, Isabella 162
Brandt, Kolja 167
Brandt, Mike 142, 306, 326, 401
Braschler, Mathias 475
Bräuchle, Johannes 361
Braun, Daniela 58, 82, 113, 134, 349
Braun, Esther 86
Braun, Dr. Helmuth 270
Braune, Tanja 36, 40, 490, 495
Brenken, Daniela 88
Bresch, Oliver 116
Breuer, Martin 175
Breuer, Waltraut 98
Briand, Virginie 482
Brigl, Florian 413
Brill, Thomas 444, 461
Brinkert, Raphael 72, 140
Brix, Corinna Teresa 471
Broadbridge, Sophie 42
Brockmann, Heike 254
Brodsky, Angelika 162
Bröhl, Esther 359
Brommer, Stefan 36, 47, 62, 76, 111, 195, 314
Brück, Carsten 359
Brucker, Cornelia 40, 106, 400, 495
Brückner, Prof. Uwe 425
Brüdgam, Berend 90, 181, 210
Bruhn, Sven 213
Brünig, Julia 36, 47, 62, 76, 111, 314
Brunner, Alexander 393
Brunner, Fabienne 238
Buchhammer, Markus 370
Büchin, Anna 358
Buchner, Otward 451
Bücker, Thomas 224, 227, 486
Budelmann, Sven 167, 180, 184, 190, 220
Budis, Jürgen 249
Bullock, Richard 159
Bundt, Tobias 56, 102, 332
Burchardt, Lina 38, 54, 70, 91, 93
Büren, Thilo von 451
Burger, Michaela 365
Bürger, Harald Fritz 106
Bürger, Tobias 179
Burghart, Manu 450
Burghauser, Klaus 129, 171
Bürgy, Fabian 245
Burrell, Carola 398
Burrichter, Maren 56, 102
Busch, K. D. 128
Büsges, Markus 384
Busse, Kaja 189
Butterhof, Kathrin 98
Büttner, Ralf 367

C

Cabaço, José 176
Cachandt, Daniel 128
Cammarota, Sascha 256
Campe, Simone 426
Caprano, Thomas 86, 196, 328, 367
Carstens, Silke 175
Cartillone, Riccardo 251
Casademont, Vladimir Llovet 454
Castrillo, Luis 227
Cecot, Markus 224, 486
Cerny, Philipp 112, 386
Cesar, F. A. 30, 54, 78, 93, 104, 303
Chabrowski, Binny-Jo 71
Chan, Lai-Sha 348
Cichy, Carolin 310
Ciuraj, Cathrin 144, 337
Cline, Peter 159
Clormann, Lorenz 68
Clough, Kate 164
Clow, Lee 159
Coates, Ray 179
Cohrs, Johann 110
Cojocaru, Daniel 310
Collée, Tobias 56, 102
Collins, Marc 56, 102
Corn, Heribert 336
Coutsoumbelis, Andreas 180, 185, 202
Cremer, Petra 150
Cruickshank, James cè 66
Czeschner, Olaf 244, 249, 262

D

Dahlhaus, Petra 128
Dalferth, Wolfgang 64, 71, 181, 210
Damen, Birgit 488
Dander, Alexa 165
Daniel, Simona 152, 173
Daniels, Mark 441
Dastyari, Soheil 212
Dauble, Stephanie 278
Daul, Christian 120
Daum, Jens 331
Davis, Mona 169, 188
Decker, Phil 165
Decker, Vera 344
Deisenhofer, Stephan 68
Delfgaauw, Martien 179
Deller-Sahm, Annette 361
Démoulin, Sabine 377
Denkewitz, Katrin 144, 337
Denzin, Britta 429
Denzinger, Birgit 348
Deterding, Gerritje 354
Dettmann, Katrin 100
Dias, Britta 140
Dieckert, Kurt Georg 100, 317, 405
Diederichs, Henning 248
Diehr, Oliver 353
Diekmann, Kai 472
Diekmann, Kathrin 352
Diener, Holger 177
Dietrich, Sandra 131
Dietz, Kirsten 334, 346, 410
Dilchert, Elke 30, 38, 54, 57, 70, 78, 91, 93, 104, 303
Dilger, Klaus 422
Dingler, Brigitte 245, 257
Dittmann, Jörg 150
Dlugosch, Martin 43
Döbereiner, Nico 399

DIE MACHER

Dolan, John 190
Dold, Mario 254
Dolezyk, Daniel 234
Dolkhani, Boris 165
Dolle, Silke 56, 102
Domke, Axel 332
Dormeyer, Daniel 168
Dörner, Philipp 488
Dorobisz, Marek 189
Dotcheva, Kapka 321
Dovenmühle, Melanie von der 171
Drabsch, Nicole 140
Drahorad, Florian 413
Dranaz, Eva 336
Drasch, Rudolf 72
Drescher, Henrik 444
Dreyer, Wiebke 57
Drobina, Zoran 171
Drust, Martin 147
Düring, Heinz 42
Dürrbaum, Jürgen 330
Düttmann, Uwe 34, 282, 288, 301, 333
Dvorak, Martin 381
Dworski, Alexander 236
Dyk, Paul van 216
Dypka, Iris 66

E

Ebert, Michael 471, 476
Eckstein, Axel 89, 121
Eckstein, Lothar 446, 448, 461, 467, 468, 469
Eckstein, Nicolaus 259
Edelmann, Thomas 450
Eder, Martin 469
Eendenburg, Dadi van 208
Ege, Florian 169, 188, 451
Ehlert, Dorothée 142, 306, 326, 401
Ehm, Sandra 376
Eichinger, Tobias 282, 482
Eichler, Sandra 471, 476
Eickmann, Carina 169, 188
Eikam, Markus 120
Einstürzende Neubauten 230
Eisele, Miriam 41, 88
Eisenbarth, Dr. Marc 39
Eiteljörge, Simone 98
Eizenhammer, Doris 426
Elie, Michelle 450
Elie-Meiré, Zec 450
Ellhof, Jörg Alexander 162, 168, 256, 266, 488
Elsässer, Corinna 133, 316, 434
Empter, Janina 142, 306, 326, 401
Endelmann, Caroline 150
Endert, Jan van 298
Engbert, Bastian 362
Engelhardt, Justus von 180, 185, 202
Engels, Silke 321
Erler, Johannes 323, 370, 396
Ernsting, Daniel 135, 480, 491
Ernsting, Mark 475
Ernsting, Philipp 90, 195, 241
Ersson, Andreas „Beavis" 180, 184, 196
Esders, Hans 56, 102
Esslinger, Andrea 213
Esterhues, Georg 168
Everke, Christoph 240
Ewigleben, Cornelia 425

Ey, Andrea 36, 47, 62, 76, 111, 173, 177, 195, 314, 400
Eysoldt, Robert 216

F

Faahs, Andreas 96
Farr, Jan-Peter 363
Farwick, Jo Marie 34, 190, 194
Fehrenbach, Stephanie 211, 358
Feicht, Thomas 322, 451
Feil, Hendrik 169, 188
Feist, Jennifer 156, 221
Fermer, Oliver 64, 90, 181, 210
Ferrell, Brenda 278
Ferry, Bryan 220
Feurer, Dorothea 245, 257, 264
Fiebig, Nicole 256, 488
Fiebranz, Sandra 56, 102
Fielding, Daryl 164
Fill, Jochen 336
Finke, Florian 246
Finke, Michael 332
Fippinger, Olaf 396
Fischer, Achim 224, 227, 486
Fischer, Florian 381
Fischer, Monika 475
Fischer, Stefan 133, 316, 434
Fitzgerald, Manfred 296, 331
Fleig, Paul 132, 361
Flemming, Esther 490
Flessner, Stefan 367
Fliege, Klaus 189
Flohrs, Oliver 245, 374
Florenz, Jürgen 240
Flores, Sean 282
Föcking, Mareike 444, 471
Foell, Kerstin 211, 358
Fohrmann, Maren 354
Fong, Michel 56, 102, 332
Forberger, Andreas 451
Foris, Gerald von 444
Fössel, Katja 337
Frank, Christian 160, 186, 206
Frank, Heike 234
Frank, Oliver 358
Franke, Niklas 251
Franz, Prof. Cornel 440
Fremder, Sebastian 167
French, Gregory 367
Frericks, Daniel 160, 186, 206
Frese, Fabian 241
Freund, Marc 244
Frickey, Jon 367
Frie, Carolin 434
Friedrich, Mike 428
Friedrichs, Andreas 359
Fritsche, Christian 39, 167, 348
Fritsche, Gunter 263
Fritsche, Timo 189
Fritz, Ingo 251, 256, 266
Fritz, Thomas 300
Frixe, Michael 147
Frömberg, Wolfgang 444, 461
Froning, Dr. Ferdinand 208
Fröscher, Jan 110, 412
Frost, Dieter 52, 73, 112
Frost, Jürgen 227

Fruth, Stephan 192
Fuchs-Eckhoff, Judith 142, 306, 326, 401
Fuhrmann, Meike 138
Fuhs, Heike 236
Funk, Klaus 67, 111
Funk, Manuel 255
Füreder, Klaus 44, 299
Furrer, Isabelle 156, 221
Fussenegger, Iris 384

G

Gaillard, Marie Toya 59
Gairard, Cedric 159
Gallus, Simon 384
Galow, Katja 105
Gamper, Mario 68, 352
Ganser, Stephan 362
Ganslmeier, Christoph 323
Gardemhour, Scott 174
Garton, Chris 66
Gasper, Harald 58
Gassner, Martin 248
Gast, Oliver 109
Gaubatz, Holger 162
Gauss, Friederike 473
Gebauer, Esther 450, 466
Gebhardt, Stefanie 358
Gedack, Reinhard 489
Gehlen, Ralf 110
Geigenmüller, Tobias 131
Geiger, Roland 167
Geiger, Uli 52, 73, 112, 144, 337
Gelhausen, Lars 167
Gemmeke, Dr. Claudia 364
George, Stefan 178
Georgi, Ingo 216
Gerber, Heiko 168
Gerecke, Holger 367
Gerken, Kai 178
Gerlach, Karlheinz 257
Gerlach, Yvonne 58, 82, 113, 349
Gernand, Nina 416
Gerritzen, Mieke 392
Gersdorff, Johan von 105
Gerstner, Henning 362
Geyer, Andreas 66, 150, 178
Geyer, Oliver 352
Gfrerer, Anneliese 440
Gibbins, Glenn 42
Giehl, Wolfgang 84
Giehs, Barbara 192
Giese, Sven 263
Gieselmann, Sina 146, 355, 494
Gill, Oliver 170
Giuliani, Thomas 200
Gley, Ove 160, 186, 206
Glietsch, Stephan 444, 461
Glüsing, Uwe 128
Gnädinger, Alexander 50
Gnoycke, Finn 150
Göbber, Anke 194
Göbel, Tilo 246
Godenrath, Matthias 258
Goerth, Sören 168, 208, 213
Goetz, Anja 393
Goetze, Markus 44, 299
Gold, Kerstin 317

Gold, Robert 167
Goldstein, Antony 176
Goller, Jochen 34, 190
Gollnick, Nina 171
Gonan, Erik 493
Goode, James 176
Gossow, Katharina 336
Gottwalt, Christian 457, 458, 459, 460, 473
Götz, Elmar 348
Götz, Marian 40, 235, 400, 495
Gradert, Tobias 180, 185, 202
Grammerstorf, Tom 72
Granser, Peter 346
Grebe, Elisabeth 388
Greene, Charles 140
Greib, Kai 249, 262
Grether, Daniel 195
Grieger, Jenny 308, 446, 448, 461, 467, 468, 469
Griffith, Mel 171, 195
Griffiths, Jo 164
Grimm, Tobias 102
Grimm, Ulrich 96
Grisanti, Aurora 450
Gröbner, Sebastian 112, 386
Groh, Alexander 213
Gröner, Anke 332
Groothuis, Rainer 394
Grosche, Michael 179, 298
Grotrian-Steinweg, Gesine 384
Grub, Herrmann 245, 374
Grube, Daniel 175
Grüger, Christiane 32, 39, 189
Grumbach, Tobias 241
Grün, Simone 92, 107, 127
Gründgens, Gregor 127, 213
Grundmann, Alexandra 227
Gudehus, Juli 390
Gundlach, Kai-Uwe 72, 333
Gürtler, Uli 142, 306, 326, 401

H

Haag, Martina 424
Haak, Kater 244
Haase, Mieke 308, 446, 448, 461, 467, 468, 469
Hablizel, Markus 444, 461
Hack, Oliver 220
Hackethal, Lothar 451
Hackner, Tanja 193, 194
Hader, Leander 68
Haegele, Michael 302
Haeusermann, Dirk 40, 92, 107, 127, 135, 400, 480, 484, 491, 492, 495
Hafemann, Melanie 118
Haferkorn, Claudia 429
Häfner, Michael 72
Hägerling, Stefan 150
Hahn, Georg 171, 200
Haid, Christiane 102
Haider, Doris 35
Hale, Elena 282
Hall, Richard 163
Halper, Markus 89, 121
Hamacher, Axel 227
Hammerling, Yasmin S. 44, 299
Hampe, Vera 133, 316, 434
Hamra, Ilan 444
Handelmann, Heino 493

Handl, Isabell 45
Handlos, Oliver 112, 116, 170, 331, 386
Hanebeck, Timm 58, 349
Hanke, Sascha 134, 200, 340
Hannappel, Werner J. 396
Hansen, Alexander 195
Hansen, Iver 40, 495
Hansen, Jan 267
Hansmerten, Catrin 450
Harbeck, Matthias 92, 107, 127, 135, 332, 480, 484, 491, 492
Harder, Katrin 147
Hardieck, Sebastian 240
Härle, Josefine 92, 107, 126
Hart, Erik 150
Hartmann, Hans-Peter 162
Hartz, Daniel 400
Harwood, John 455
Harzer, Daniela 86
Hassevall, Musse 162
Hauser, Tom 213
Häußler, Gerd 378
Häußler, Michael 52, 73, 82, 112, 113
Haveric, Emir 80, 303
Haydt, Daniela 434
Hayo, Peter 190, 213
Heffels, Guido 50, 109, 156, 161, 172, 191, 221, 230
Heger, Priska 238
Heggenhougen, Marianne 57
Hehmeyer, Kirsten 360
Heidtmann, Jan 477
Heier, Tanja 170, 296, 331, 332
Heilemann, Kristoffer 54
Heim, Robert 484
Hein-Benz, Jürgen 120
Heine, Achim 392
Heine, Olaf 393
Heine, Sonja 175
Heinecke, Gerald 162, 168
Heineking, Anja 142, 306, 326, 401
Heinemann, Mirjam 39, 482
Heintzsch, Carsten 174, 236
Heinzelmann, Markus 388
Heitkamm, Katharina 398
Heitmann, Erik 208
Heitmann, Joern 216
Heldt, Alexander 128
Helfenstein, Rolf 89, 121
Helfrich, Jens 162
Helm, Julia 127, 491
Hempel, Stefan 45
Henke, Andreas 254
Henkel, Lars 323
Henkelmann, Dirk 71
Henneka, Dietmar 451
Hennermann, Felix 44, 299
Hennes, Matthias 46
Hennings, Frank 128
Hennings, Jochen 178
Hennings, Torsten 232, 234, 237, 240, 241
Hennschen, Holger 482
Henselder, Knut 150
Henzler, Ulrich 428
Heppner, Peter 216
Hermansson, Benny 163
Herms, Ralf 337
Hermuth, Katrin 100
Herold, Marc 322, 451
Herold, Norbert 322, 451
Herrmann, Florian 165

Hertel, Maike 162
Herzog, Jörg 105, 164
Hess, Marion 398
Heß, Roland 194
Hesse, Britta 391
Hesse, Christine 380
Hesse, Claudia 189, 236
Hesse, Daniel 362
Hesse, Emma 391
Hesse, Greta 391
Hesse, Klaus 364, 366, 380
Hesse, Oliver 391
Heuel, Ralf 67, 80, 111, 118, 179, 232, 234, 237, 298, 303, 387
Heumann, Markus 64
Heumann, Wolf 58, 82, 113, 134, 200, 340, 349
Heuser, Anke 236
Heydebreck, Amélie von 100, 454
Hickmann, Fons 384
Hiebl, Simon 34
Hielscher, Kerstin-Anna 450
Hilbert, Alexander 399
Hilbert, Karin 193, 194
Hillingshäuser, Sascha 254
Hilmer, Roman 246
Himmel, Christoph 284
Himmler, Helmut 397
Hinninger, Werner 56, 102
Hinrichs, Jörn 30, 38, 54, 78, 80, 93, 104, 141, 166, 179, 180, 184, 192, 197, 237, 298, 303
Hinze, Nico 492
Hirrlinger, Peter 451
Hoefer, Nicole 35
Höfer, Kathrin 108, 356
Höfer, Nico 46
Hoff, Sebastian van't 297
Hoffman, Rob 208
Hoffmann, Andreas 167
Hoffmann, Annett 108
Hoffmann, Enite 471, 476
Hoffmann, Jörg 363
Höfler, Mark 251, 256, 266
Hofmann, Annett 108
Hofmann, Frederik 296, 331
Hofmann, Hannah 235
Hofmann, Vera 108
Höft, Thomas 323, 396
Hogrefe, Birgit 92, 107, 127, 135, 480, 484
Hohls, Kirsten 174
Hohmann, Till 180, 185, 202, 490, 493
Höhn, Alexandra 236
Hohndorf, Julian 172
Höhnemann, Hannes 177
Höll, Daniel 169, 188
Holland, Tobias 354, 482
Holle, Niels 64, 90, 181, 210
Holley, Heather 208
Holzhausen, Kristine 41, 88
Höntschke, Ingo 362
Hook, Oliver 257
Höpfner, Andreas 211
Höpker-Seibert, Jürgen 297
Horbach, Stefan 134, 200, 340
Horbelt, Andreas 440
Horn, Carsten 451
Horn, Hans 248
Hörner, Susanne 334
Hörning, Olaf 133
Hörrmann, Michael 86
Hrabec, Stepan 96

Hübner, Norbert 120
Hübsch, Antje 363
Hufnagl, Prof. Dr. Florian 422
Humbek, Sandra 80, 232, 237, 303
Hünemörder, Maja 377
Hunger, Reinhard 284, 460
Hunter, Mark 176
Hupertz, Christian 32, 39, 41, 88, 189, 482
Hupfer, Fei 196
Huth, Stephan 363
Huvart, Lars 397
Hyba, Malte 52, 73, 112

I

Iben, Sarah 179
Ihle, Marco 130
Illenberger, Sarah 320, 471, 476
Illies, Florian 100, 454
Illing, Holger 246
Illmer, Veronika 472
Immisch, Gunnar 451
Indemans, Franca 482
Irmler, Wolfram 488
Isernhagen, Martin 213
Isert, Anne 147
Isterling, Jan 90, 241

J

Jachmann, Lina 57, 141
Jackson, Jeffre 176
Jacobi, Gabi 211
Jacobi, Tom 286, 290, 292, 294, 464, 475
Jacobs, Michael 484
Jacobs, Tim 54, 93, 147
Jacobsen, Sven 43
Jaeckel, Daniel 160, 186, 206
Jafri, Faiyaz 319
Jäger, Achim 245, 257, 264, 374
Jäger, Nina 296, 331
Jaggy, Alexander 89, 121, 238
Jähn, Dietmar 424
Jahnke, Thiemo 297
Jahrreis, Otto Alexander 158, 187, 204
Jakimowitsch, Christian 40, 400, 495
James, Stephen 248
Janke, Michael 30, 54, 57, 78, 104, 303
Jann, Peter-Michael 179, 237, 298
Janowski, Markus 211
Jansen, Alfred 226, 461
Jansen, Ruth 158, 187, 204
Jao, David 44, 299
Jarisch, Manfred 474
Jervoe, Johan J. 169, 188
Jeutter, Andreas 132, 361
Jilka, Mario 258
Jochens, Oliver 399
Jochum, Armin 377
John, Felix 367
Jonsson, Bengt 160, 186, 206
Joosten, René 162
Jordt, Carmen 142, 306, 326, 401
Jorge, Kara 282
Jung, Richard 43, 72
Jung, Tobias 110

Junge, Heinz-Rudi 64, 71, 90
Jungkunz, Holger 334

K

Kaatz, Heike 175
Kafkoulas, Philipp 171
Kähler, Florian 180, 185, 202
Kähler, Maik 298, 490
Kainz, Sebastian 50, 109, 161, 172, 191
Kaloff, Constantin 160, 186, 206
Kammermeier, Arno 190, 213
Kander, Nadav 92, 107
Kappeler, Marc 449
Karcher, Eva 469
Karim, Noorman 236
Kartsolis, Thomas 474
Kaspar, Marcus 212
Kasparek, Christian 274
Kassaei, Amir 30, 54, 78, 104, 166, 180, 184, 192, 197, 303
Kastner-Linke, Susanne 92, 107, 484
Katzer, Majid 165
Kauffmann, Astrid 168, 488
Kausmann, Jana 450
Kaussen, Willy 190, 193, 194
Kayapinar-Yikici, Nilguen 36, 106, 173
Kedrowitsch, Dirk 267
Keller, Lars 227
Keller, Martina 422
Keller, Michael 422
Keller, Sabine 333
Kellerer, Stefan 64, 71, 181, 210
Kepenek, Ibrahim 464
Kerner, Diether 170, 296, 331
Kerstjens, Theo 147
Kessler, Gerd 484
Ketterl, Dr. Hans-Peter 39
Kiebert, Tanja 170
Kiefer, Gerhard 174
Kiefer, Stefan 455
Kiener, Annette 158, 187, 204
Kiening, Alexander 216
Kiesselbach, Dr. Theo 348
Kießling, Martin 44, 299, 451
Kilbinger, Hans Gerd 240
Kind, Gisela 69
Kind, Helmut 69
Kindler, Matthias 440
Kinkel-Clever, Eva 174
Kinze, Carlotta 450
Kinzel, Karin 43
Kirchhof, Andreas 265
Kirchhoff, Peter 58, 349
Kirchner, Anna 170, 332
Kirschenhofer, Betrand 488
Kisser, Thomas 173
Kitzing, Florian 317
Klage, Dr. Jan P. 59, 144, 337
Kläring, Tina 263
Kleebinder, Dr. Hans-Peter 35
Kleine-Benne, Wenke 180, 185, 202
Kleinert, Claudia 131
Kleinfeld, Gerrit 140
Klenk, Anne 416
Klenke, Ulrich 90, 241
Klier, Biggi 167
Klinger, Andreas 254

Die Macher --- 589

-- DIE --
MACHER

Klingler, Constanze 96
Klobuch, Susanne 236
Klockmann, Wolfgang 36, 40
Kloep, Rüdiger 441
Klotzek, Timm 471, 476
Klubert, Christa 280
Kluge, Alexander 45
Kluin, Menno 69
Knauss, Jan 232, 298
Kneer, Paul 193
Knemeyer, Verena 146
Knipping, Claudia 196
Knoss, Ralph 491
Koch, Andreas 422
Koch, Simone 96
Kochlik, Patrick 270, 429
Koell, Mario 404, 444, 461
Kohl, Claudia 32, 41, 88, 482
Kohle, Kerstin 227
Kohls, Kirsten 64, 71, 181, 210
Kohlsaat, John 434
Kohnle, Jeannette 346
Kolbe, Markus 138
Kolbe, Petra 363
Koller, Thomas-Michael 41, 482
König, Alexander 393
König, Arne 140
Könnecke, Daniel 265
Korell, Marcus 140
Koriath, Frank 224, 226
Korn, Bettina 330
Korn, Lothar 36, 47, 62, 76, 111, 173, 177, 180, 185, 195, 202, 220, 314, 400
Körner, Andreas 378
Kortemeier, Pia 66
Korzer, Jürgen 482
Koslik, Matthias 86
Kosnik, Tanja 69, 98, 126, 129, 491
Köster, Prof. Christian 169, 188
Kothe, Lutz 30, 38, 54, 78, 93, 104, 141, 166, 180, 184, 192, 197, 237, 298, 303
Kotte, Anatol 72
Kotzan, Mini 36, 47, 62, 76, 111
Kouloures, Elias 141
Koy, Dirk 376, 422
Koza, Daniela 412
Kraemer, Brigitte 290
Krämer, Yves 50, 109, 156, 161, 172, 191, 221, 230
Kranzfelder, Hannes 317
Kratisch, Jörg 322, 451
Kraus, Thorsten 254
Krause, Delle 397
Krause, Jan 135, 480
Kraushaar, Peter 127, 135, 267, 480, 491
Krauskopf, Talke 35
Krempl, Johannes 131
Krink, Tim 64, 90, 181, 210
Kröger, Jasper 450
Kröger, Lily 450
Kröger, Michael 450
Krogmann, Amelie 39
Krogmann, Nina 434
Kroll, Christian 32
Krömker, Julia 112, 116, 146, 167, 348, 355, 386, 494
Kruck, Manuel 240
Krug, Hermann 171, 173, 177
Krüger, Anikó 68
Krüwel, Andre 340

Kuechler, Frank 380
Kühl, Katja 362
Kuhlmann, Iris 455
Kuhlmann, Martin-Raju 446, 467, 468, 469
Kuhn, Bastian 57, 141
Kühn, Ute 393
Kuhnt, Christine 89, 121
Kunze, Christina 246
Kupka, Tina 43
Küpker, Christian 308, 448, 461
Kurkhaus, Frizzi 396
Kurt, Chris 258

L

Laakmann, Dr. Kai 333
Labonte, Simone 426
Lager, Sven 450
Lakowski, Boris 254
Lamberti, Valeska 128
Lambl, Florian 450, 466
Lamken, Mathias 158, 187, 204
Lamm, Michael 30, 57, 78, 104, 141, 166, 180, 184, 192, 197, 303
Lamprecht, Felix 220
Lange, Marion 166, 180, 184, 192, 197
Lange, Patrice 396
Lange, Wolf H. 160, 186, 206
Langenscheidt, Dr. Florian 138
Lanio, Dirk 248
Laß, Thorsten 106
Lassen, Oliver 39
Laur, Christian 354
Laustsen, Dan 170
Lechelt, Katharina 150
Leckebusch, Christina 434
Ledeboer, Mareike 72
Ledebur, Susanne von 449
Ledwidge, Ringan 176
Lee-Schmeisz, Susanne 232
Leeser, Till 92, 107
Leger, Rolf 146, 355, 494
Lehnen, Eva 476
Lehr, Jakob 270
Leick, Stefan 68, 352
Leifert, Petra 35
Leihener, Heiner 167
Leinweber, David 98
Leitmeyer, Wolfgang 425
Lemme, Marcel 189
Lemoine, Rick 179
Lemonheads, 174
Lenz, Melanie 262
Leonhardt, Ludwig 353
Leopold, Jan 321
Leube, Jan 52, 59, 73, 108, 112, 124, 144, 337, 356, 494
Leukhardt, Anne-Kathrin 86
Lewandowski, Hans-Jürgen 171, 195, 208
Lewis, Dennis 105, 164
Leyck, Axel 170
Liebhardt, Pamela 489
Lieck, Claus 300
Liermann, Gunter 240
Lieser, Silke 150
Lieutenant, Rouven 265
Lindemann, Arno 492
Linder, Anna 459, 460, 470, 477

Linderman, David 255
Lindhardt, Holger 102
Lindner, Torsten 124, 144, 337, 494
Linke, Dirk 288, 333
Linsenmeier, Harald 363
Lippoth, Achim 450, 466
Lo, Jean 236
Locherer, Claudia 144, 337
Lochte, Christiane 180, 184
Lockstein, Björn 34, 482
Loesch, Prof. Uwe 342
Loetscher, Martin 449
Logemann, Claas 354
Lohmann, Natalie 200
Löhn, Lars 488
Loick, Marcus 32, 34, 146, 482, 494
Lombardo, Mario 226, 404, 444, 461
Lommel, Benjamin 174
Loncar, Mario 361
Lony, Peter 166, 197
Loo, Martin van de 264
Löper, Björn 57, 141
López, Ana 178
Lord, Myles 492
Losch, Cathleen 30, 78, 104, 180, 184, 303
Lübke, Kay 52, 73, 112
Lüchtrath, Susanne 224, 227, 486
Lück, Dennis 43
Lück, Gabi 381
Ludorf, Dr. Stefanie 200
Luft, Silvi 40, 495
Lukas, Bernhard 39, 41, 82, 88, 113, 189, 482
Lüke, Günther 236
Lundgren, Jois 50, 109
Lunge, Lars 362
Lusty, Jason 30, 38, 54, 78, 93, 104, 166, 180, 184, 192, 197, 303
Lützenkirchen, Ulrich 30, 54, 78, 93, 104, 180, 184, 303
Lynch, John 164

M

Maarschalkerweerd, Sander van 158, 187, 204
Maasboel, Jens 208
Maasdorff, Anja 195
Mack, Maja 328
Mack, Manuel 173
Macke, Nicole 263
Mädler, Andreas 129
Madonia, Pier 328
Maecker, Melanie 129
Magistris, Fritz 337
Maierhofer, Knut 376
Maksimovic, Ivica 259, 395
Malvinsky, Boris 158, 187, 204
Malze, Mark 488
Mandel, Josh 159
Manger, Christine 71
Mansouri, Mona El 192
Manthey, Andreas 50, 161, 191
Marcinek, Brigitte 162
Markgraf, Diana 96
Märki, Patrick 376
Markowski, Patrick 472
Marquardsen, Anika 346
Martens, Julia 179
Maruschke, Andreas 57

Maryon, Dean 159
Marzuk, Mike 169, 188
Mathews, Silke 174
Maton, Helen 159
Matthiensen, Patrick 493
Matthies, Jörn 354
Matzer, Jochen 110
Matzke, Frank 424
Matzke, Michael 489
Maurer, Manuela 150
Maxbauer, Andreas 410
Maxbauer, Regina 410
May, Dennis 34, 116, 193
May, Tons 246
Mayer, Bernd 363
Mayer, Jörg 68, 108, 352
Mayrhofer-Mik, Gabriele 333
McAveety, Phil 176
McHugh, Peter 159
Mechitarian, Wahan 422
Meding, Jo Ann 240
Mehrwald, Marco 35, 45
Meier-Stuckenberger, Matthias 165
Meile, Heiko 162
Meilicke, Gerald 86, 328
Meiré, Mike 252, 450, 466
Meixner, Oscar 189
Melten, Egbert 310
Mende, Kerstin 43, 72
Mene, Chantal 140
Mengel, Ulrich 346
Mentzel, Anna 246
Menzel, Tim 193
Mergemeier, Jörg 58, 82, 113
Merrell, James 482
Merziger, Walter 213
Meske, Stefan 47, 62, 76, 111, 126, 208, 213, 314, 492
Meusel, Matthias 127
Meyer, Annabelle 176
Meyer, Michael 82, 113
Meyer, Peter 163
Meyer, Petra 196
Meyer, Thomas 59
Meyerdierks, Andrea 127
Meyer-Götz, Susanne 412
Michaelis, Cathleen 356
Michel, Thomas 70, 91
Mieke, Michael 161, 191, 216
Mihm, Moritz 181, 210, 241
Milczarek, Raphael 56, 102
Milde, Mareike 135, 480
Miller, Steve 180, 184
Mir-Ali, Parviz 432
Mirolla, Jessica 278
Mirzai, Tina 436
Mischkowski, Sölve 241
Mitchell, Tony 196
Mittelstaedt, Stephanie 162
Mittler, Karl Josef 441
Mix, Gregor 316
Moch, Christine 238
Mohnfeld, Edgar 112, 386
Mohr, Monja 35
Mokri, Amir 174
Molitoris, Jo 388
Möllemann, Anika 100, 405
Möller, Bernd 425
Mollison, James 470
Mommertz, Christian 321

Monath, Gert 270
Monheim, Dominik 110
Monshausen, Till 88
Moog, Annette 440
Morick, Matthias 177, 220
Moritz, Anja 35, 45
Moritz, Stephan 230
Morley, Susi 42
Morlinghaus, Christoph 127
Mothwurf, Ono 451
Mously, David 84
Mueller, Sonja 398
Mueller, Till 216
Mugar, Brandon 282
Mühlensiefen, Daniel 258
Mühling, André 457
Muhs, Birgit 358
Muller, Eliane 178
Müller, André 384
Müller, Ingo 150
Müller, Lothar 120
Müller, Robert 332, 441
Müller, Steffen 132
Müller, Thorsten 46
Müller-Fleischer, Kurt 110
Müller-Horn, Andreas 56, 102
Müller-Ötvös, Torsten 333
Müller-Using, Mathias 251, 256, 266, 488
Musalf, André 44, 299
Mustapic, Mirella 131
Myrzik, Ulrike 474

N

Nabrotzky, Verena 213
Nagel, Susanne 32, 34, 41, 482
Nagy, Tom 482
Nakielsky, Svenno 235
Nann, Christoph 490
Naters, Elke 450
Naumann, Pia 96
Nehls, Dirk 265
Nestel, Jogi 436
Neubert, Hans 398
Neumann, Bernhard 426
Neumann, Britt 179, 237, 298
Neumann, Ilse 142, 306, 326, 401
Nibbrig, Jessica 297
Nicholls, Steve 175
Niederbühl, Thomas 45
Niedermair, Brigitte 468
Niedzballa, Mark 173, 400
Niessen, Sandra 161, 191
Nikolai, Katrin 96, 146
Nilges, Christine 363
Nilsson, Christopher 255
Nitsche, Daniela 162
Nixdorf, Meike 278, 300
Noack, Melanie 40, 106, 495
Nolte, Julia 216
Nolting, Ralf 80, 179, 232, 237, 298, 303
Nonnenmacher, Gerhard 174
Noort, Leon van 297
Novotny, Jindrich 323, 396
Nowak, Olivier 39
Nowak, Wiebke 30, 78, 104, 166, 180, 184, 192, 197, 303
Nowotny, Pawel 267

Nugent, Corinna 213
Nwaisser, Michael 174
Nyland, Andreas 464

O

Occipinti, Gianni 476
Ochs, Benne 396
Odier, André 235
Oeding, Katrin 56, 102, 332
Oehlschlaeger, Lars 398
Ogris, Armin 333
Oheimb, Alexander von 100, 454
Okun, Michael 200
Okusluk, Jan 353, 451
Olf, Bettina 69, 98
Ollmann, Dirk 263, 267
Olowinsky, Maximilian 220
Öndül, Bensan 255
Oomkens, Sabine 240
Opel, Claudia 142, 306, 326, 401
Oppmann, Simon 310
Orrick, Richard 176
Osburg, Swantje Maria 308, 446, 448, 461, 467, 468, 469
Ossenbrink, Frank 82, 113
Osterhaus, Christian 108
Osterkorn, Thomas 464, 475
Otte, Ingo 118
Ottensmeier, Andreas 134, 200, 340
Otto, Arne 263, 267
Owen, Kate 190

P

Paerson, Jo 161, 191
Pagel, Florian 180, 185, 202
Pagenkämper, Tanja 400
Pahl, Sabine 167
Pakull, Thomas 35, 45
Panitz, Igor 35, 41
Pape, Prof. Rotraut 366
Paravicini, Heinrich 426
Pardeike, Peter 486
Parovic, Tania 226
Parr, Martin 450
Paßkowski, Sigrid 118
Patra, Julia 298
Pätzold, Patricia 80, 179, 232, 237, 298, 303
Patzschke, Reinhard 80, 179, 237, 298, 303
Paul, Dennis 270
Paul, Henning 252
Paulus, Germaine 259, 395
Pech, Marc 492
Pech, Pina 248
Peragine, Marcel 170
Peschmann, Konrad 178
Petermann, Peter 224, 486
Peters, Anke 34, 190
Peters, Ole 158, 180, 185, 187, 202, 204
Peters, Rüdiger 262
Petersen, Anke 168
Petersen, Julia 67, 111
Petersen, Tony 161, 171, 191, 195
Peterson, Matt 174

Petzenhauser, Christoph 192
Petzold, Andreas 464, 475
Peuckert, Jens 163
Peuker, Jan 321
Peulecke, Bert 35
Pfaffenbichler, Sebastian 190, 220
Pfaffenpichler, Sebastian 488
Pfeiffer-Belli, Michael 54
Pfennigschmidt, Axel 360
Philipp, Hans-Jürgen 133, 316
Philipp, Roy 106
Philips, Mark 159
Picareta, Paula 36, 47, 62, 76, 111, 314
Piepenstock, Nadja 110
Piskora, Oliver 434
Plass, Johannes 426
Ploj, Michael 248
Ploska, Katrin 124, 494
Plowman, Nathan 159
Poarangan, Siri 406
Poetzsch, Britta 46
Pohl, Nina 135, 480, 491
Pohl, Ulrich 254
Polcar, Ales 397
Polly, Melina 159
Ponsong, André 236
Popp, Martin 310
Porst, Sören 213
Portmann, Jens 127, 135, 480, 491, 492
Porz, Vera 174
Potthoff, Kay 349
Poulionakis, Andreas 40, 106, 129, 171, 492, 495
Pozniak-Bierschenk, Cristina von 378
Prager Symphoniker 161, 191
Prahm, Gabriela 265
Pratchett, Susan 164
Prats-Molner, Eduard 255
Preuß, David-Alexander 80, 298
Prilop, Jan-Christoph 308, 446, 448, 461, 467, 468, 469
Pritschow, Andrea 444, 461
Pross, Martin 86, 196
Prothmann, Michael 240
Puhl, Eskil 160, 186, 206
Püttmann, Raphael 68

Q

Quester, Peter 367

R

Rabenstein, Djamila 30, 38, 78, 104
Rädeker, Jochen 334, 346
Radtke, Richard 160, 186, 206
Rahns, Josephine 86
Rampl, Christine 457, 458
Ranjit 461
Rankin 105
Rapp, Andreas 211
Rauch, Stephanie 35
Rauschen, Matthias 58, 349
Rauter, Ulla 356
Rebmann, Mathias 59, 108, 356
Reeg, Andreas 292

Rege, Markus 238
Rehberger, Monika 360
Rehde, Malte 39, 41, 88
Rehm, Alexander 46
Rehn, Michaela 71
Reichenbach, Markus 449
Reidenbach, Felix 317, 332
Rein, Christian 169, 188
Rein, Christiane 92, 107, 127, 135, 480
Reinhardt, Andreas 84, 362
Reininger, Benjamin 90
Reinsberg, Dr. Dirk 310
Reiß, Alexander 429
Rell, Andreas 377
Remmling, Matthias 322, 353, 451
Rémond, Pascal 193
Rendtel, Kirsten 328
Renner, Ivo von 36, 274
Rentzow, Stefan 492
Renz, Sandra 323
Reps, Nina 200
Reveman, Joakim 196
Rewig, Matthias 220
Reys, Olaf 358
Richau, Daniel 263, 267
Richter, Sebastian 144, 337
Richter, Stefan 331, 490
Riebner, David 397
Riedel, Anton 224, 227, 486
Riedel, Knut 133, 316, 434
Rieken, Torsten 46
Riemland, Kai 426
Ringel, Max 489
Ringena, Jens 142, 326
Roegner, Dr. Harry 436
Röffen, Kai 344
Rohrer, Eva 422
Rohweder, Inken 89, 121
Romeiß, Julia 422
Römer, Alex 168
Römer, Michael 328
Römer, Miriam 160, 186, 206
Romer, Stephan 297
Römmelt, Peter 310
Ronachen, Nikolaus 177
Rönz, Cornelius 220
Rose, Bernd 240
Rose, Szymon 47, 62, 76, 111, 314
Roseblade, Simon 42
Rosenberger, Texas 336
Roskiewicz, Andrzej 359
Rösler, André 142, 306, 326, 401
Ross, Jerry 164
Rössle, Markus 336
Róta, Mark 160, 167, 186, 189, 190, 206
Roth, Tanja 173, 208, 400
Rothacker, Thilo 374
Rott, Mario 337
Rottmann, Michael 238
Ruderer, Jochen 226
Rudigier, Dr. Siegmund 376
Rüegg, Michael 238
Ruhe, Martin 158, 187, 189, 204, 213
Rühmann, Björn 251, 488
Rühmann, Lars 251, 488
Ruprecht, Iris 449
Ruschke, Robin 490, 493
Rusitschka, Alexandra 474
Rüster, Andrea 45
Rutter, Martin 216

S

Sacher, Eva 370
Salami, Said 241
Sametzki, Hans Christian 189
Sanchez Borges, Angel 404
Sander, Thomas 490
Sanjosé, Axel 422
Sassenbach, Thomas 253
Sasserath, Marc 162
Sauer, Melanie 422
Sauter, Prof. Joachim 270, 429
Sax, Malin 178
Sax, Rainer 263, 267
Scarfo, Diana 241
Schabenberger, Stefan 491, 492
Schacht, Torben 434
Schädel, Timo 158, 180, 185, 187, 202, 204
Schaer, Franziska 398
Schäfer, Andreas 489
Schäfer, Carolin 340
Schäfer, Kati 489
Schaffarczyk, Till 397
Schafhausen, Nicolaus 388
Schamoni, Deborah 211
Schandelmaier, Susanne 444
Scharlach, Alexander 332
Schatte, Boris 90
Schecker, Gitta 451
Scheer, Corinna 300
Scheer, Reinhold 46
Scheinert, Liane 332
Schellig, Hariet 212
Scheper, Ulrich 181, 210
Scheppe, Wolfgang 330
Scheufele, Beate 391
Scheven, Burkhart von 84, 362
Schieferecke, Jörg 374
Schierl, Alexander 316
Schierwater, Tim 34
Schif, Mimi 377
Schiffer, Bastian 406
Schill, Alexander 208
Schilling, Sandra 30, 54, 78, 93, 104, 180, 184, 303
Schindler, Florian 236
Schindler, Heribert 35, 88, 144, 337
Schlamp, Armin 422
Schlegel, Andreas 429
Schleidweiler, Vera 72
Schlink, Jan 138
Schmeil, Alexander 130
Schmid, Christina 362
Schmid, Gordon 131
Schmid, Katrin 238
Schmid, Martin 163
Schmid, Michael 163
Schmid, Oliver 372
Schmidhuber, Susanne 426
Schmidt, Christian 278, 300
Schmidt, Frank 224, 227, 486
Schmidt, Frank (SuK) 208
Schmidt, Frauke 84
Schmidt, Jochen 177
Schmidt, Julia 59, 86, 196, 328, 367
Schmidt, Matthias 328, 367
Schmidt, Peter 238
Schmidt, Rainer 344
Schmidt, Sönke 331
Schmidt, Stefan 100, 317, 405
Schmidt, Sylvia 171, 173, 177, 195
Schmidt-Friderichs, Karin 334, 410, 412
Schmitt, Uli 253
Schmuschkowitsch, Ilja 30, 54, 57, 78, 104, 303
Schnaack, Martin 489
Schnabel, Michael 276, 473
Schnapauff, Ulrich 92, 107, 126
Schnauder, Gabi 67, 111, 234, 387
Schneider, Ben 180, 184
Schneider, Bernhard 32, 39, 41, 88, 189, 482
Schneider, Dennis 34, 190
Schneider, Guido 250
Schneider, Hildegard 456
Schneider, J. Justus 36, 47, 62, 76, 111, 173, 177, 180, 185, 195, 202, 208, 314, 400
Schneider, Jessica 126
Schneider, Susanne 477
Schneider, Tim 50, 109, 156, 161, 172, 191, 221
Schneider, Verena 150
Schneider, Wolfgang 30, 38, 54, 70, 78, 91, 104, 166, 180, 184, 192, 197, 303
Schnitzler, Georg 359
Schnitzler, Philipp 116, 146, 355, 494
Schöber, Anne 328
Schoeffler, Eric 54, 93, 147
Schölermann, Marc 177
Scholten, Jan Willem 44, 299
Scholz, Claudia 381
Scholz, Rita 71
Scholze, Eva 328
Schomberg, Andreas 319
Schönharting, Anne 294
Schönlebe, Dirk 474
Schoppik, Katrin 440
Schotten, Petra 240
Schöttle, Claudia 328
Schrader, Dr. Margret 140
Schrader, Volker 363
Schreck, Matthias 259
Schreiber, Deliah 168
Schreiber, Gunther 256, 266, 488
Schrickel, Pierre 67, 111
Schröcker, Jürgen 50, 109, 156, 161, 172, 191, 221, 230
Schröder, Geraldine 106
Schröder, Margit 248
Schröder, Sven 332
Schrooten, Vanessa Rabea 58, 134, 349
Schubert, Anette 140
Schubert, Daniela 241
Schubert, Niels 334, 346
Schuchmann, Dominique 321
Schüler, Christoph 256, 266
Schulte, Stefan 211
Schulte-Vogelheim, Anja 461
Schultheiß, Susanne 328
Schulwitz, Silja 248
Schulz, Stefan 248
Schulz, Susi 367
Schulz, Todd 360
Schulze, Michael 68
Schupp, Jonathan 47, 62, 76, 111, 314
Schuster, Ninon 235
Schuster, Thies 80, 232
Schuster, Wiebke 488
Schuth, Werner 405
Schütz, Pia 120
Schwager, Andrew 133, 316, 434
Schwalfenberg, Gershom 455
Schwarm, Christian 372
Schwarz, Horst 378
Schwarze, Markus 258
Schwarzer, Karen 56, 102
Schwarzinger, Jasmin 36, 47, 62, 76, 111, 129, 171, 173, 177, 314, 400
Schwarzmaier, Gunter 312, 320, 471
Schweickhardt, Heiko 262
Schwieker, Klaus 133, 316
Schwingen, Hans-Christian 174
Seegers, Katrin 52, 59, 73, 108, 112, 124, 144, 337, 356, 494
Sehr, Kai 160, 186, 206
Sehr, Markus 208, 213
Sehrbrock, Alexander 135, 480
Seidl, Thomas 336
Seil, Thomas 211, 220
Seld, Constantin von 171, 195
Selimi, Bejadin 244, 249, 262
Selter, Anna 132, 374
Sengpiehl, Jochen 40, 90, 106, 127, 129, 135, 171, 241, 328, 480, 491, 495
Senn, Christoph 173
Sieben, Otto 163
Siebenhaar, Dirk 67, 111, 118, 234, 387
Sieg, Christina 147
Siegel, David 429
Siering, Maik 177
Sieverts, Simon 169, 188
Silber, Joachim 132, 274, 361
Simmons, Tim 280
Sindt, Sven 102
Singer, Vappu 71, 241
Sinken, Martin 424, 441
Sirry, Shahir 96
Skoluda, Anna Clea 288, 333
Skukalek, Rudi 489
Smith, Alex Wilson 32
Sofinskyj, Natalie 147
Soltek, Dr. Stefan 342
Solterbeck, Stephanie 489
Sombrowski, Alexander 492
Sorrenti, Vanina 450
Sossidi, Constantin 126
Spaetgens, Matthias 52, 59, 73, 108, 112, 124, 144, 337, 356, 494
Speh, Bernhard 67, 111
Speicher, Stefanie 133, 316
Sperling, Kim 90, 241
Spies, Trixie 236
Spingler, Wenzel S. 406
Spörl, Lukas 482
Sprung, Frank 181, 210
Sprungala, Hubertus 160, 186, 206
Stähelin, Jürg 89, 121
Stahl, Alexandra 168
Stahlknecht, Alexandra 165
Stamm, Britta 112, 386
Stasch, Claudia 40, 495
Stasch, Nick 45
Statz, Daniel 377
Stavrou, Katrin 35
Steffen, Jens 244
Steffens, Steffen 64
Stein, Alexander 493
Stein, Jens 86
Steinacker, Ingo 227
Steinberg, Neil 370
Steinegger, Christoph 388
Steiner, Sebastian 240
Steinhilber, Jan 38
Steinhof, Sabine 355, 494
Steinke, Milena 196
Steinküller, Tim 40, 495
Steinmetz, Volker 189
Sterly, Nicola 126
Stiller, Mathias 30, 38, 54, 70, 78, 91, 104, 166, 180, 184, 192, 197, 303
Stöcker, Kai 160, 186, 206
Stöcker, Ramona 211
Stöckigt, Jörg 322, 451
Stockmar, Tim 124, 144, 337, 494
Stoll, Christophe 246
Stolz, Mirko 84
Storath, Matthias 358
Störl, Norman 177
Storm, Dieter 56, 102
Strasser, Sebastian 166, 197
Stratmann, Peter 251
Stratos, Erika 212
Streckel, Anja 120
Streich, Katrin 135, 480
Stroeh, Peter 41, 88, 189
Strogalski, Thomas 362
Stroth, Sonja 370
Studios, Hahn Nitzsche 488
Stupeler, Tobias 424
Stüting, Stefanie 256
Sunkel, Philip 195
Swistowski, Joanna 69
Synek, Angelika 300

T

Talwalkar, Sachin 54, 93
Tamm, Olaf 140
Tang, Thi Nga 45
Tank, Christoph 180, 185, 202
Taubert, Felix 349
Taylor, Christine 405
Teetz, Adrian 340
Teller, Carsten 263
Terhart, Martin 34, 112, 116, 386
Tetens, Bettina 300
Theil, Jens 36, 106, 173
Theis, Gulliver 274, 482
Theux, Alexandra 40, 400, 495
They, Patrick 131
Thiede, Iris 367
Thiele, Hans 212
Thiele, Thomas 64
Thomas, Christopher 332
Thomas, Tobias 444, 461
Thomsen, Andreas 175
Thomsen, Axel 180, 185, 202, 490, 493
Thornton-Allan, Tim 190
Thul, Stefanie 142, 326
Thywissen, Philipp 344
Tibor, Tim 190
Tiedemann, Kay-Owe 178
Tietze, Jan 224, 486
Ting, Tricia 278
Toledano, Phillip 274
Tomasek, Stefanie 426
Tomfort, Anneli 126
Tomtschek, Herr 336
Tönsmann, Christian 396
Toth, Mate 156, 221
Tratberger, Christoph 130

Trau, Frank-Michael 43
Trenton, Adelina 244, 255
Trosse, Tobias 224, 227, 486
Trost, Tilmann 208
Trubatschow, Efgeni 367
Truhlar, Piet 68, 352
Tschernach, Boris 224, 486
Tubito, Paolo 176
Turner, Sebastian 59
Tursman, Donald 344
Twemlow, Alice 384

U

Ude, Dirk 84
Uebele, Prof. Andreas 365, 378
Uhlich, Dr. Gerald R. 356
Uhlig, Agnes 160, 186, 206
Ulmer, Götz 34, 112, 116, 190, 348, 386
Ulrich, Frank C. 428
Unbehagen, Géza 180, 185, 202
Unwerth, Ellen von 482
Urban, André 156, 221
Us 168

V

Vasata, Mirko 240
Vaske, Hermann 156, 221, 230
Vaz, Andy 404
Veken, Dominic 150
Venhaus, Ludwig 170
Vetter, Susanne 492
Viehmann, Uwe 444, 461
Vinck, Ole 211
Vivie, Antonia de 489
Vizard, Julian 163
Vleeshouwers, Sara 57
Vogel, Birgit 422
Vogel, Dr. Stephan 321
Vogt, Arne 455
Volkmer, Michael 254
Völler, Dirk 116
Vong, Mui 92, 107
Vorreiter, Felix 135, 480
Voß, Dirk 211
Voß, Nanke 133, 316
Voss, Oliver 34, 96, 112, 116, 146, 190, 193, 194, 348, 386
Vossen, Jürgen 50, 109, 156, 161, 172, 191, 221, 230
Vosshagen, Christian 72
Vries, Ulrike de 138

W

Wabbel, Julia 195
Wäcker, Klaus 158, 187, 204
Waechter, Johannes 470
Wagener, Matthias 263
Wagner, Thimoteus 39, 41, 88, 146, 167, 189, 482
Waibel, Peter 264
Walder, Pascal 212
Waldi, Julia 92, 107, 484
Waldron, Trudy 163
Walesch, Quentin 416
Walker, Patricia 42
Walker, Pius 42
Wallbrecher, Markus 265
Walter, Markus 189, 213
Walz, Stefan 245, 257
Wannicke, Kerstin 56, 102
Wannieck, Tobias 440
Warnecke, Öti 150
Warner, Steve 42
Watson, Ollie 176
Watterott, Katja 57
Wauschkuhn, Michaela 256, 266
Webecke, Ingo 193, 194
Weber, Birgit 116
Weber, Diana 50, 109, 156, 161, 172, 191, 221, 230
Weber, Frank 424
Weber, Inge 240
Weber, Marco 321
Weber, Nora 190
Weber, Timm 69, 98
Weber-Grün, Alexander 57, 141
Wedel, Feodor von 138
Wegert, Ulrike 64, 90, 181, 210
Wehrli, Ursus 66
Weigel, Susanne 240
Weiland, Jutta-Lange 96
Weiler, Jan 457, 458, 459, 460, 470, 473, 477
Weiner, Ann-Katrin 450
Weinmann, Nina 86
Weiretmayr, Richard 32
Weise, Niklas 172
Weishäupl, Hans 34, 193, 194
Weiß, Markus 263
Weiß, Volkmar 82, 113, 352, 482
Wejgaard, Ivo 212
Welker, Roland 138
Welker, Stefanie 245
Wellinger, Uli 377
Wellnhofer, Christina 84
Weltzien, Deneke von 32, 39, 41, 96, 189, 355, 482, 494
Welz, Michael 189
Welz, Norbert 297
Wember, Marina 323, 396
Wemmje, Birte 88
Wendland, Britta 393
Wengelnik, Holger 300
Wentz, Jan 220
Werner, Katja 150
Werner, Martin 208
Werner, Melanie 40, 106, 171, 235, 495
Werner, Michael Th. 169, 188
Werner, Nicole 195
Wespel, Patricia 128
Westphal, Bernd 332
Wessendorf, Marc 434
West, Byron 426
Wetzel, Anja 274
Weymann, Nico 482
Wichmann, Dominik 457, 458, 459, 460, 470, 473, 477
Wichmann, Raphael 265
Widder, Barbara 50, 109, 156, 161, 172, 191, 221, 230
Widmaier, Felix 334, 346
Widritzki, Patrizia 441
Wiechmann, Kai 274
Wiedemann, Esther 36, 47, 62, 76, 111, 129, 171, 173, 177, 314, 400
Wiegand, Thomas 162
Wieners, Claus 54, 93
Wieners, Ralf 118
Wientzek, Marc 50, 161, 191
Wiese, Dr. Ellen 344
Wigbels, Sonja 118
Wilcken, Andreas 190
Wild, Holger 296, 331, 332
Wildberger, Thomas 168
Wilfert, Patrick 216
Wilhelm, Sabine 395
Wilkesmann, Dirk 344
Wilkins, Marc Raymond 196
Will, Christian 112
Willborn, Niko 86
Willersinn, Kai 132
Willvonseder, Claudia 162
Willvonseder, Mathias 181, 210
Wimmer, Daniela 32
Windfuhr, Holger 456
Windhausen, Juan 129
Windhausen, Nicola 106
Winklbauer, Thomas 169, 188, 451
Winkler, Lars 224
Winkler, Daniela 144, 337
Winkler, Hannes 129
Winkler, Thomas 156, 230
Winschewski, Anke 71, 241
Winter, Magnus 96
Winterhager, Penelope 59, 144, 337
Wittgen, Rudolf 91, 147
Wittgenstein, Rudolf 70
Wittich, Frieder 169, 188
Wittig, Detlef 80, 303
Wittig, Harald 174
Witting, Lennart 317
Wittmann, Beate 424
Wöhler, Christiane 467
Wöhler, Philipp 86
Wolf, Michael 286
Wolfertstetter, Klaus 450
Wolgast, Britta 212
Wortmann, Hildegard 34, 190
Wübbe, Stefan 178
Wudtke, Daniel 130
Wulff, Söhnke 267
Wurch, Heike 212
Wurmdobler, Christopher 336
Wurz, Regina 213
Wyst, Andre 454

Y

Yom, Bill 47, 62, 76, 111, 314, 492
Young, Alan 163

Z

Zastrow, Dietrich 128
Zastrow, Kai 282
Zehender, Stephanie 346
Zeising, Holger 321
Zellmer, Sandra 365
Zenke, Sebastian 212
Ziegler, Anne 174
Ziegler, Julia 34
Zielke, Christoph 380
Zimmermann, Claus 258
Zinke, Gerrit 36, 106, 173
Zirden, Heike 441
Zitzewitz, Friedrich von 265
Zizka, Peter 416
Zlatoper, Michael 282
Zoelch, Michael 264
Zolyniak, Boris 96
Zucht, Monika 455
Zumbrunnen, Eric 159
Zünkeler, Ulrich 66, 150, 178

VERLAG HERMANN SCHMIDT MAINZ -- WWW.TYPOGRAFIE.DE

WANTED!

DARAN sind sie zu erkennen

DIE schönsten deutschen BÜCHER für TYPOGRAFIE, GRAFIK-DESIGN & WERBUNG

PREISRÄUBER

-- SPRICHT FÜR SICH --

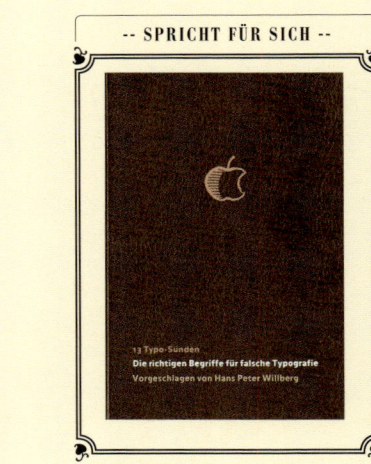

Karin und Bertram Schmidt-Friderichs [Hrsg.]
13 Typosünden

* Ausgezeichnet vom Art Directors Club für Deutschland 2004
* Nominiert beim Designpreis der Bundesrepublik Deutschland 2006

-- KOPFGELD --

Daniela Koza / Susanne Meyer-Götz
Brainstorm

* Ausgezeichnet vom Art Directors Club für Deutschland 2005
* Ausgezeichnet beim DDC-Wettbewerb 2004

-- DIE VERBRECHERKARTEI --

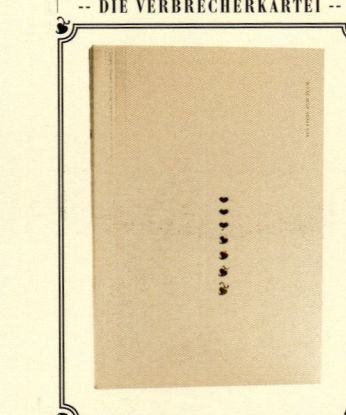

Verlag Hermann Schmidt Mainz
Verlagsverzeichnis 2004/2005

* BuchMarkt-Award in Gold 2005
* iF design award 2005 für exzellentes Design

-- HÄNGT SIE --

Verein der 100 Besten Plakate [Hrsg.]
100 Beste Plakate 03

* Ausgezeichnet unter den schönsten deutschen Büchern 2004

-- AUSGESETZT --

Florian Pfeffer [Hrsg.]
:output.07

* Award for Typographic Excellence, Type Directors Club of New York 2005
* iF design award 2005

-- VERPASST IHM EINEN! --

Armin Lindauer / FH Mannheim [Hrsg.]
Helmut Lortz | Denkzettel

* iF communication design award 2004 in der Kategorie Verlagsmedien

-- MIT DURCHSCHUSS --

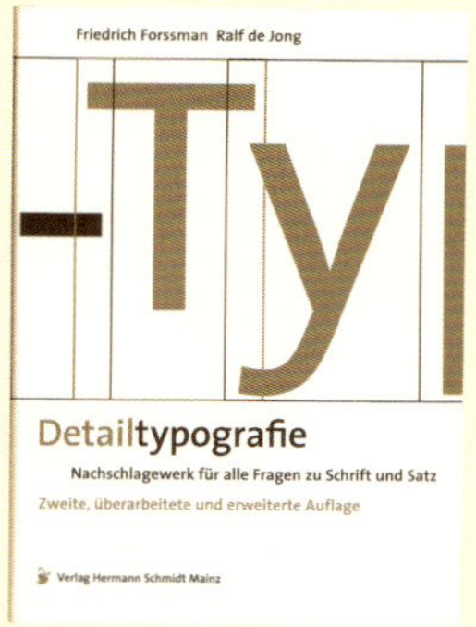

Friedrich Forssman / Ralf de Jong
Detailtypografie

* Premier Award 2004, ISTD

-- AUSGESTOSSEN --

Florian Pfeffer [Hrsg.]
:output.06

* Award for Typographic Excellence, Type Directors Club of New York 2004

-- HÖLLISCH --

FH Wiesbaden [Hrsg.]
Das 4. Buch

* Gold bei der Berliner Type 2004
* »Hohe Designqualität«, Red Dot Award 2004
* Joseph-Binder-Award / Design Austria 2004

-- DAS SPIEL IST AUS --

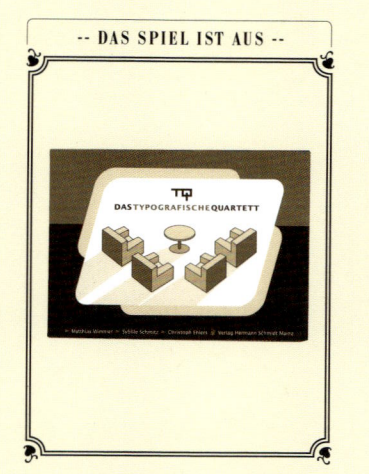

Matthias Wimmer / Sybille Schmitz / Christoph Ehlers
Das typografische Quartett

* Nominiert beim Designpreis der Bundesrepublik Deutschland 2006
* Anerkennung beim Designpreis Rheinland-Pfalz in der Kategorie Verlagsmedien 2004

-- WEGELAGERER --

Andreas Uebele
WegZeichen

* iF design award 2005 für exzellentes Design
* Nominiert beim Designpreis der Bundesrepublik Deutschland 2006
* Nominiert bei den New-York-Festivals 2005
* Bronze bei der Berliner Type 2004
* Joseph-Binder-Award / Design Austria 2004
* Ausgezeichnet beim DDC-Wettbewerb 2004
* Chicago Athenaeum: Museum of Architecture and Design 2004
* 2004 good design award, Ausgezeichnet bei den International TypoGraphic Awards 2004, ISTD

-- MAUSETOT ODER LEBENDIG --

Till Schafferczyk / Ogilvy & Mather [Hrsg.]
Der Mausetod

* Gold vom Art Directors Club of Europe 2004
* Silber vom Art Directors Club für Deutschland 2004
* Award for Typographic Excellence, Type Directors Club of New York 2004

-- VERMESSEN --

Andreas & Regina Maxbauer
DTP-Typometer

* Ouststanding Achievement award, HOW International Design 2005
* Award for Typographic Excellence, Type Directors Club of New York 2005
* Bronze vom Art Directors Club für Deutschland 2005
* Diplom für Typografie, Berliner Type 2004

-- SCHUFFFT --

Jochen Rädeker / Kirsten Dietz
Geschäftsberichte Finest Facts & Figures

* Award for Typographic Excellence, Type Directors Club of New York 2005
* Ausgezeichnet vom Art Directors Club für Deutschland 2005
* Nominiert beim Designpreis der Bundesrepublik Deutschland 2006
* Designpreis Rheinland-Pfalz in der Kategorie Verlagsmedien 2004
* Ausgezeichnet unter den schönsten deutschen Büchern 2004

-- JEDER TAG HIGH NOON --

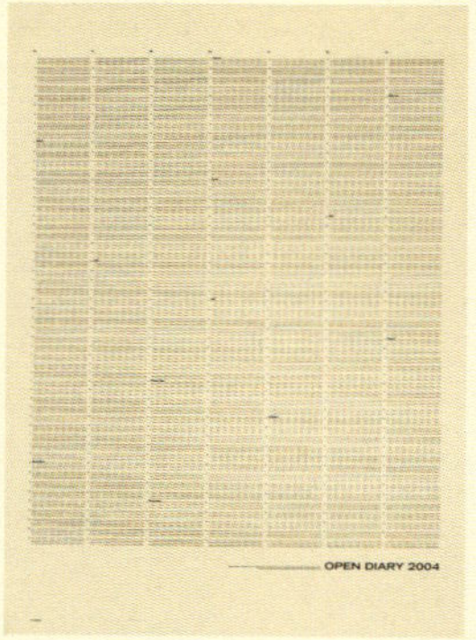

Michael Volkmer / Scholz & Volkmer
Open Diary 2004

* Ausgezeichnet vom Art Directors Club für Deutschland 2004
* Aufgenommen in das Annual des British Design & Art Direction 2004

IMPRESSUM

HERAUSGEBER	Herausgeber und verantwortlich für den redaktionellen Inhalt Art Directors Club Verlag GmbH Leibnizstraße 65 10629 Berlin Fon: 0 30-5 90 03 10 - 0 www.adc.de
KONZEPT UND GESTALTUNG	strichpunkt, stuttgart www.strichpunkt-design.de
REDAKTION	Susann Schronen, Skadi Groh
ADC PROJEKTMANAGEMENT	Skadi Groh
FOTOS	Abbildungen ADC Veranstaltungen: Wolf Heider-Sawall Westernmotive: Fotografie: Studio Michael Schnabel Styling: Sabine Heck Casting: Fischer Casting Produktion: Angelika Synek Assistenz: Thomas Herrmann Jury Porträts und Impressionen der Jurierung: Fotografie: Steffen Rieger für Studio Schnabel Assistenz: Friedrich Huebner Rahmen Jury Porträts: Dank an das Atelier für Kunst und Rahmen Stuttgart
ORGANISATION	Karin und Bertram Schmidt-Friderichs
HERSTELLUNG	Günter Busch, Regina Maurer
LITHOGRAFIE	City Repro Zweifel, Wirth & Kiefer, Mainz VisualMind Andreas Gallas, Stuttgart
SATZ	strichpunkt stuttgart Universitätsdruckerei H. Schmidt, Mainz: Claudia Fuchs, Volker Kehl, Nina Knobloch, Michael Staab, Jennifer Töpel
SCHRIFT	Satzschriften: Futura, Bauer Bodoni
DRUCK	Universitätsdruckerei H. Schmidt, Mainz
BINDUNG	Buchbinderei Schaumann, Darmstadt
EINBANDMATERIAL	Kunstleder Corolla natur
PAPIER	PhoeniXmotion, Xenon, gestrichen Feinstpapier, holzfrei, 135 g/m² von Scheufelen
VERLEGER	Verlag Hermann Schmidt Mainz Robert-Koch-Straße 8 55129 Mainz Fon: 0 61 31-50 60 30 Fax: 0 61 31-50 60 80 www.typografie.de
ISBN	3-87439-679-7

© 2005 by Art Directors Club Verlag GmbH
Nachdruck, auch auszugsweise, nur mit Genehmigung der
Art Directors Club Verlag GmbH

Die Deutsche Bibliothek – CIP-Einheitsaufnahmen
Ein Titelsatz für diese Publikation ist bei der Deutschen Bibliothek erhältlich.